KB080137

세뇌의
역사

조엘 딤스데일 지음
임종기 옮김

세뇌의 역사

Dark Persuasion

파블로프에서
한국전쟁
그리고
소셜 미디어까지

에이도스

CONTENTS

서문

도서관에서 자료를 찾다가 우연찮게 예전에 진료했던 환자와 마주쳤다. 한 5년 만에 보는 것 같았다. 우리는 서로를 훑었다. 책을 잔뜩 끌고 다니는 은퇴한 정신과 교수와 과거의 짐을 잔뜩 짊어지고 다니는 영민한 젊은 학자. 잠시 책들이 빼곡히 꽂힌 서가에서 이야기를 나눴다. 그녀는 나에게 무엇을 연구하고 있는지 물었다. 나는 세뇌에 관심을 가지게 되었다고 말했다.

"음." 그녀가 말했다. "그거 좀 케케묵은 진부한 주제 아닌가요? '공산주의자'나 '나쁜 과학', 뭐 이런 것들요?" 다시 말하지만 그녀는 똑똑하고 요점을 바로 말하는 스타일이었다. 앞뒤 재면서 눈치를 보는 사람은 아니었다. 왜 이렇게 별스러운 주제 연구에 많은 시간을 보내고 있는지 의아해했다. 물론 내가 유별난 구석이 있다는 점은 인정한다. 하지만 다른 사람들도 이 주제에 관심을 가질 것이라고 생각한 이유는 무엇이었을까?

집으로 돌아와 저녁 뉴스를 보는데, 늘 그렇듯 자살폭탄 테러범들과 총기난사 사건에 이어 정치 지도자들의 터무니없는 발언들('백신예방 접종은 자폐증을 유발한다', '지구 온난화는 신화다', 'COVID-19 바이러스는 별 문제 없다')이 이어졌다. 지도자들이 그런 얼토당토않은 말을 함부로 내뱉을 수 있는 상황이 심히 우려스럽지만, 더 큰 문제는 이들이 세상에 대한 그릇된 인식을 다른 많은 사람들이 따르도록 설득한다는 사실이다. 아까 만난 젊은 환자가 다시 생각났다. 그녀는 사람들이 남에게 설득당해 헛소리를 사실로 믿고 자기 파괴적인 폭력 행위를 자행하는 세상을 어떻게 이해할까?

정신의학자로서 나는 세상이 합리적으로 굴러간다고 믿으면 안 되는 사람 중 하나여야 한다. 나도 잘 알고 있다. 정치지도자들은 너무나 빈번하게 피리 부는 사나이 노릇을 해왔다. 하지만 20세기에는 뭔가 새로운 것들이 등장했다. 이 새로운 현상을 어떻게 표현해야 할지 아직 잘 모르겠다. '세뇌', '강압적 설득', '사고 통제', '어두운 설득'…. 이 용어들은 모두 특정 기술이 충격적일 만큼 쉽게 개인의 생각을 조종할 수 있음을 시사한다.

세뇌는 오랜 역사를 가진 주제이긴 하지만, 그렇다고 시대에 뒤떨어지거나 진부한 주제라고는 생각하지 않는다. 세뇌는 20세기에 행동과학과 신경과학과 약리학이 크게 발전하면서 꽃을 피웠다. 21세기에 세뇌는 확실히 더 발전할 것이다. 그렇다. 소련은 말할 것도 없고 영국, 프랑스, 독일, 중국, 북한, 캐나다, 캄보디아, 바티칸, 미국도 세뇌에 휘말렸다. '세뇌'라는 용어가 어설프고 비과학적인 용어라는 것도 사실이다. 세뇌를 뇌를 씻어낸다는 의미 그대로 받아들이는 사람은 아무도 없지만, 이 은유는 강력한 힘을 가지고 있다.

20세기 내내 미국 정부는 세뇌 연구에 대대적인 투자를 했다. 이른바 '맨해튼 마인드 프로젝트'이다. 하지만 군사기관과 정보기관만 세뇌 기술을 사용한 것은 아니었다. 뜻밖에도 많은 사이비종교들도 세뇌의 기술을 사용했다. 우리는 매일 이 유산을 마주하고 있다.

그럼에도 불구하고 옆에 사는 이웃이 아니었다면 나는 세뇌에 관심을 두지 않았을 것이다.

○

샌디에이고 북쪽 언덕으로 이사했을 때 사방이 눈부시게 빛나고 있었다. 유칼립투스와 아보카도와 오렌지 나무들이 작은 숲을 이루고 있고, 코요테, 꿩, 왜가리, 공작 등 야생동물들이 저마다 터를 잡고 있었다. 이 모든 것이 찬란한 에덴동산처럼 보였다.

하지만 몇 킬로미터 떨어진 곳에서 우리 이웃들은 스스로를 거세했다. 이는 시작에 불과했다. 이웃들은 영적 깨달음을 얻기 위한 학교 학생을 자처하며, 840제곱미터의 저택을 임대해서 문을 걸어 잠그고 안에서 조용히 살았다. 이웃들은 자기들을 '일종의 종교공동체'라고 생각했다. 하지만 임대료를 내고, 누구에게도 폐를 끼치지 않았으며, 웹사이트 디자인 컨설턴트로 생계를 꾸렸다. 기존 종교와는 사뭇 다른 집단이었으나 상대하는 고객은 주류에 속하는 사람들이었다. 이들이 마지막으로 맡았던 웹 디자인 중 하나는 페어뱅크스 랜치 폴로 클럽(Fairbanks Ranch Polo Club) 웹사이트였다.[1]

이들은 이 세상에서 길을 잃었다고 느끼는 뉴에이지 추종자들이었다. 세상 사람들과 다르다고 생각했던 이들은 자기들이 다른 별에서 왔으며, 몸은 단지 '차량'일 뿐이라고 믿었다. 이들은 자기들이 하늘에서 온 '원정팀'의 일원이라고 생각했다.

1995년 헤일-밥 혜성이 목격되었을 때 신도들은 혜성이 천국에서 보낸 것이며, 보이지 않는 우주선이 자기들을 고향으로 데려가기 위해 혜성을 뒤따라오고 있다고 생각했다. 신도들은 체계적으로 준비했다. 정확한 때, 즉 혜성이 지구에 가장 가까이 다가왔을 때, 지상의 몸인 차량에서 벗어날 수만 있다면, 다가오는 우주선을 타고 천국으로 이동할 수 있으리라 믿었다. 그러면 다음 차원으로 향할 거라고 믿었다. 이들이 손꼽아 기다린 날은 1997년 3월 22일이었다. 웹사이트에는 이렇게 고지했다. "헤일-밥 혜성의 접근은 우리가 기다려온 '표식'—우리를 집으로 … 문자 그대로 천국으로 데려다 줄 우주선의 도착 시간—이다. 바로 이 지구라는 행성, 이 교실에서 우리가 받아온 22년간의 수업이 마침내 끝을 맺게 됐다. 인간 진화의 수준을 '졸업'하게 됐다. 우리는 기꺼이 이 세상을 떠날 준비가 돼 있다."[2]

신도들은 여행에 대비해 왼손 약지에 똑같은 노란색 반지를 끼고, 신상 나이키 운동화를 신고, "천국의 문 원정팀"이라는 글자를 새긴

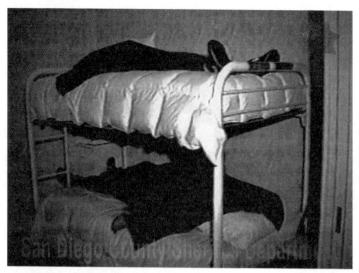

경건함의 표시로 천을 덮은 '천국의 문' 신도들의 시신
(보조 영상 비디오 장면, 샌디에이고 카운티 보안국 제공)

삼각 패치가 장식된 검은색 운동복을 입고 있었다.[3] 이들은 2층 침대 밑에 있는 더플백에 소지품을 챙겨 넣고, 여권과 운전면허증을 주머니에 넣은 다음, 마지막으로 보드카를 마시고, 바르비투르산염을 잔뜩 첨가한 푸딩이나 사과 소스를 먹었다. 검시관들은 현장에서 이 집단의 자살 계획을 상세히 기술해 놓은 쪽지를 발견했다. "보드카를 마시고, 푸딩 혹은 사과 소스를 몇 숟가락 떠먹고, 분말가루를 휘저은 다음 빨리 먹는다. 이후 '보드카 약'을 좀 더 마시고, 드러누워 휴식을 취한다. 확실히 끝내려면, 호흡이 느려진 후에 비닐봉지를 사용하라."[4]

이 집단은 우주로 수월히 질서정연하게 이동하기 위해서 연쇄적으로 자살을 감행했다. 첫 번째 집단의 신도들이 푸딩을 먹은 후에 깊이 잠들어 있는 동안, 동료들이 머리에 비닐봉지를 씌워 확실히 질식시켰다. 그러고는 시신을 경건히 대하며, 보라색 천을 덮었다. 이튿날 두 번째 신도 집단도 육신의 차량에서 내리기 위해 첫 번째 집단과 똑같은 준비를 했다. 하루 뒤, 마지막 집단은 바르비투르산염을 과다 복용했지만, 머리에 비닐봉지를 씌워주거나 몸에 보라색 천을 덮어줄 사람은 남아 있지 않았다. 이 상황을 예상한 그들은 목숨을 확실히 끝내고자 또 다른 약물(하이드로코돈)을 복용했다. 신도들은 모두 죽었고, 지상의 차량은 이제 텅 비어 껍데기만 남았다.

신도들은 자신의 신념을 기록으로 상세히 남겼는데, 이에 대해서는 뒤에서 다시 살펴볼 것이다. 이들의 죽음을 보고 나는 몹시 괴로웠다. 사이비종교 신도들의 자살이 시공간적으로 멀리 떨어진 곳에서 일어난 경우와 옆집에서 일어난 경우는 완전히 다르다. 어떻게 사람들이 그렇게 자살할 수 있었을까? 무엇 때문에 자신을 거세하고, 친구를 죽이는 일을 거들고, 마침내 자살에 동참했을까? 신도들이 가진 신념의 구체적 내용은 이상했지만, 사실 사람들은 많은 기이한 것들을 믿는다. '천국의 문'에서 무슨 일이 일어났는지 이해하기 위해 천착하던 나는 강압적인 설득이 몹시 흔한 일이라는 걸 깨달았다. 실제로 이와 같은 사건은 반복해서 꾸는 악몽처럼 20세기에 횡행했다.

세뇌가 어떻게 발전했는지를 이야기하기 위해, 나는 군사사(軍事史)에서 종교 연구까지, 의학에서 사회 및 행동과학에 이르기까지 다양한 분야에서 이루어진 백여 년간의 관찰 결과를 논할 것이다. 논의의 범위가 광범위하기 때문에 미리 간략한 로드맵을 제시하고자 한다. 20세기에 벌어진 세뇌의 모든 사례를 분석하기란 힘들 것이다. 따라서 가장 유용해 보이는 사건들에 초점을 맞추었다. 또한, 20세기에 앞서 18세기에 등장한 최면이나 메스머리즘* 같은 것들에 대한 논의는 피했다.[5]

20세기 이전에는 뜻밖에도 두 장소, 지하 감옥과 교회에서 강압적인 설득이 등장했다. 수 세기 동안 고문자들은 고문의 심리적 측면이 고통 그 자체만큼이나 설득에 효과가 있다는 사실을 발견했고, 교회 지도자들은 사람을 좀 더 쉽게 개종(혹은 회심)**할 수 있는 요인이 무엇인지 알게 되었다. 20세기에 있었던 대부분의 세뇌 사례에서는 열

● 역사상 처음으로 최면과 최면현상을 학문적인 차원에서 연구한 18세기 오스트리아 의사 프란츠 안톤 메스머(Franz Anton Mesmer)의 최면기법.

●● 이 책에서 영어 단어 'conversion'은 상황에 따라 개종(改宗), 회심(回心), 전향(轉向)의 의미로 쓰이고 있다. 개종은 자발적이든 혹은 국가나 공동체의 강압에 의해서든 믿고 있던 종교를 바꿔 다른 종교를 믿는 것을 의미하고, 회심은 보통 종교적 체험을 통해 과거의 생활을 뉘우치고 신앙에 눈을 뜨는 것을 의미하며, 전향은 (한국전쟁 당시 중공군에게 체포된 일부 미군이 공산주의자로 전향했듯이) 정치적, 이념적 신념이나 사상을 바꾸는 것을 의미한다.

개종(회심)과
고문
(20세기 이전, 1장)

심문 약물
(1922~
1957년, 3장)

냉전과
서방의 반격
(1953~1973년,
6장과 7장)

종교공동체의
살인과 자살
(1978~1997년,
10장과 11장)

파블로프의
과학과 스탈린의
공개재판
(1914~1938년, 2장)

냉전
공산주의의
공세와 세뇌
(1946~1954년,
4장과 5장)

인질의
돌발적 전향
(1973~2010년,
8장과 9장)

21세기
신경과학과
소셜 미디어
(12장과 13장)

이 책을 개괄적으로 요약한 20세기의 시기별 세뇌의 점진적인 변화상

광적인 믿음과 고문이 결합된 흔적을 발견할 수 있다.

20세기 초, 행동 조건화와 극심한 스트레스에 대한 파블로프의 연구는 과학적 실험을 제시함으로써 강압적인 설득에 혁명을 일으켰다. 파블로프는 레닌 그리고 스탈린과의 불미스러운 거래를 통해 자신의 연구소에 대한 아낌없는 지원을 대가로 "새로운 소비에트 인간"의 실현을 도왔다. 일부 역사가들은 스탈린이 진행했던 공개재판 동안 이루어진 비정상적인 자백을 파블로프의 어두운 영향력에서 찾기도 한다.

제2차 세계대전 당시에는 나치나 연합군 모두 공개 자백을 받아내는 일은 관심이 없었다. 대신 양쪽 모두 심문 중에 정보를 누설하도록 강요하는 약물 개발에 열을 올렸다. 군과 경찰은 의사와 협력하여 원래 산부인과 및 정신과 환자를 치료하기 위해 개발된 약물의 용도를 변경했다. 한편, 학자들은 이 약물이 신뢰할 수 있는 심문 물질인지

규명하려고 했고, 법률가들은 약물 사용의 윤리적 문제에 관해 논쟁을 벌였다.

냉전이 도래하자 양 진영은 마치 종교처럼 열을 다해 서로 맞붙었다. 이들은 영토를 점령하는 것만큼이나 적의 자백과 전향을 이끌어내는 일에 몰두했다. 여론조작용 공개재판이 재개되었고 피고인들은 또다시 믿기지 않는 자백을 했다.

한국전쟁 당시 미군 전쟁 포로들이 한국과 중국의 "사상 개조" 수용소에서 몰입 교육을 받은 채 상처를 입고 귀향한 역사가 있으며, 이러한 과정에서 '세뇌'라는 용어가 탄생했다. 이에 대한 대응으로 1950~60년대에 미국 정부는 감각 박탈, 환각성 약물, 집단 교화, 그리고 신경과학에 관한 연구에 박차를 가했다. 공산주의자들은 어떤 종류의 어두운 기술을 사용했을까? 이런 기법으로부터 미군을 어떻게 보호할 수 있을까? 우리는 어떻게 적으로부터 정보를 캐낼 수 있을까? 아니면 기억하지 않는 것이 더 나은 기억을 병사들의 정신에서 지울 수 있을까? 실제로 이러한 기술을 사용해 기억을 파괴했고, 그 때문에 생명을 잃기도 했다.

냉전시대에 이뤄진 연구는 강압적인 설득이 강력한 도구가 될 수 있음을 보여주었지만, 좀 더 시간과 인내가 필요했다. 그러다 1970년대에 이해할 수 없을 정도로 납치범에게 인질들이 동조하기 시작하는 '갑작스러운' 설득 현상이 수면 위로 떠올랐다. 이러한 현상을 보여주는 사례들이 세계 곳곳에서 쏟아졌다. 은행 강도 혐의로 기소된 패트리샤 허스트의 재판은 세뇌의 존재 여부와 세뇌가 피고의 범죄 혐의를 벗겨줄 수 있는지에 온 나라의 관심이 쏠렸다.

가이아나의 정글과 미국의 가장 부유한 교외 지역 등 다양한 장소에서 활동했던 종교 지도자들은 신도들을 대량 살인과 자살로 이끌었다. 이들은 어떻게 그런 일을 감행하도록 신도들을 설득했을까? 신도들을 치명적인 결말로 이끈 이 집단들의 공통된 관행은 무엇이었을까?

'세뇌'라는 용어가 모호하기는 하지만, 20세기를 되돌아보면 수많은 세뇌 사례가 있었다는 것이 드러난다. 외부와의 소통 차단, 수면 박탈, 극도의 피로, 집단적 참회 등의 상황에서 사람들은 그릇된 정보를 믿고 자기 파괴적인 행동을 자행하도록 반복적으로 설득되어왔다. 20세기 세뇌의 진화에는 각양각색의 인물들이 관련되어 있다. 세뇌의 악몽은 워싱턴, 뉴욕, 몬트리올과 같은 대도시, 텍사스주의 페리스와 같은 소도시, 그리고 미국의 최고 명문 대학들에서 반복해서 발생했다. 나는 21세기의 신경과학과 소셜 미디어의 발전이 훨씬 더 강력한 설득 도구를 만들어낼까 봐 두렵다. 그 위험을 무시하는 것은 어리석은 짓이다.

○

우리 중 몇몇은 세상을 이해하고자 하는 노력의 일환으로, 하나의 치유로써 역사를 기록하기도 한다. 전작 『악의 해부』는 나치 수뇌부들의 심리를 연구했다.[6] 이 책을 쓴 후 나는 새로운 의문이 생겼다. 어떻게 한 사람의 카리스마적 지도자가 한 나라를 잔학한 범행으로 이끌고, 궁극적으로 자멸로 이끌 수 있을까? 가능한 해답은 많지만, 나는 세뇌라는 개념을 하나의 설명으로 숙고하기 시작했다. 나는 세뇌가 20세기에 어떻게 발전했는지 추적하고 21세기에 어떻게 발전할지 가늠해보고자 이 책을 썼다. 연구 과정에서 나는 교회 지도자, 범죄자, 스파이, 교수, 의사, 자선 재단 등 놀랄 만큼 다양한 출처들을 접했다. 출판된 책, 출판되지 않은 기록 공문서, 기밀문서 등에 이들 인물들과 재단의 기록이 남아 있다.

마지막으로 고백하자면, 나는 지적 호기심에서 이 연구를 시작했다. 기록보관소에서 나의 동료들, 전문가 집단, 그리고 대학들이 이 모든 것에 엉켜 있을 줄은 꿈에도 생각하지 못했다. 이 책은 세뇌를 연구한 사람들이 공유하는 관계와 생각의 그물망을 설명하고 있다. 나는 그들의 공헌에 감탄하기도 하고, 그들의 행적에 아연실색하기도 한다. 어떤 사람들은 애국자였고 어떤 사람들은 기회주의자였다. 어떤 사람들은 훌륭한 사람이었고, 어떤 사람들은 악당이었다. 이들 개인의 역사와 이 개인들이 휘말린 사회적인 힘이 세뇌를 낳았다.

제1장

파블로프 이전
고문과 회심 혹은 개종

설득이 종종 폭력보다 더 효과가 있다.
이솝, 기원전 6세기

신이나 악마의 사자(使者)들—독재자, 경찰, 정치인, 성직자, 의사,
그리고 다양한 부류의 심리 치료사들—은
이 물질적인 뇌를 통해 인간에게 자신들의 의지를 관철하려 한다.
윌리엄 사건트, 1957

세뇌는 초창기 소련의 파블로프의 개 실험실에서 '탄생했지만' 난 데없이 불쑥 등장한 것은 아니었다. 파블로프가 설득을 강화하는 과학적 실험을 선보인 것은 사실이나 세뇌의 뿌리는 고문과 회심 혹은 개종의 전통적 관행으로까지 거슬러 올라갈 수 있다.

고문 기술은 수 세기 동안 존재해왔다. 예를 들어, 물고문은 2003년 아부 그라이브●에서 시작된 것이 아니다. 그에 앞서 제2차 세계대전 당시의 일본군, 알제리의 프랑스군, 그리고 팔레스타인의 영국군도 물고문을 활용했다. 사실상 물고문은 그보다 훨씬 더 먼 과거로 거슬러 올라가, 스페인 종교재판으로까지 이어진다. 당시엔 물고문은

● 이라크 바그다드 주에 위치한 도시로 이곳에는 후세인 집권 시절, 이라크 최대의 정치범 수용소가 있었다. 후세인이 축출된 후 미군에 의해 점거된 이 교도소는 포로들을 상대로 자행된 가혹한 고문과 성폭행으로 악명을 떨쳤다.

토카(toca)나 토르투라 델 아구아(tortura del agua)로 불렸고 좀 더 최근에는 서브마리노(submarino)로 불렸다.[1]

고문의 실효성에 대한 우려는 항상 있었다. 2004년, 트렌트 로트(Trent Lott) 상원의원은 미국이 자행한 고문에 대해 질문을 받자 이렇게 응수했다. "심문은 주일학교 수업이 아닙니다. 팬케이크를 주지 않는 정도로는 미국인의 생명을 구할 수 있는 정보를 얻을 수 없어요."[2] 로트 상원의원의 신념에도 불구하고, 거의 2천 년 동안 축적된 관련 자료들에 의하면, 고문은 신뢰할 수 없는 것으로 보인다. 고문을 통해 밝혀진 정보의 타당성은 의심스럽고, 일부 사람들은 놀랍게도 고문에 저항한다. 3세기, 로마의 법학자 울피아누스는 이렇게 논평했다. "[고문은] 까다롭고 위험하며 기만적인 것이다. … 많은 사람들은 고통 따위에 크게 신경 쓰지 않을 육체와 영혼의 힘을 지녔기 때문에, 그들로부터 진실을 얻을 수 있는 방법이 없다. … 반면에 다른 사람들은 고통에 너무 약해서 고통을 견디지 못하고 어떤 거짓말이라도 할 것이다."[3]

몇 세기 후, 가톨릭교회도 이렇게 고문을 받아들이는 정도에 차이가 있는 것에 대해 고민했다. 가톨릭교회는 고문을 이겨내고 고해하지 않은 사람들을 악마의 도움을 받은 간악한 죄인으로 단정하는 것으로 이 문제를 해결했다.[4] 어떻게 됐든 죄인은 처벌받아야 했다.

1510년에서 1750년까지의 프랑스 법원 기록을 보면, 고문은 진실이든 거짓이든 자백을 반드시 받아내지는 못했던 것으로 보인다. 고문을 당한 625명 중 90퍼센트는 물고문, 관절 분쇄, 기타 공포스러운 고문을 받았음에도 불구하고 자백을 거부했다.[5]

흥미롭게도 수 세기에 걸쳐 축적된 자료들에 따르면 고문 '위협'이 물리적 고문 자체만큼이나 효과를 발휘하는 것으로 보인다. 따라서 자백을 받아내고 싶다면 실제 고문 도구를 사용하지 않고 고문 효과를 발휘하는 편이 나을 수 있다. 피해자는 단지 자신의 상상으로 스스로를 고문한다.

통치자들은 일반적으로 고문을 정당화하기 위해 정당방위를 내세운다. 스탈린은 이렇게 논평했다. "부르주아 정보기관들은 사회주의 프롤레타리아트의 대표들에게 물리적 영향력을 사용하는데 사회주의 정보기관이 부르주아의 미친 첩보원을 더 인도주의적으로 대해야 할 이유가 뭐가 있겠는가?"[6]

현대에서는 고문 혐의가 노골적으로 부정되기도 했고, 고문은 비정상적인 행위의 일회성 사례라거나 고문 관련 보고들이 과장되었다는 주장, 혹은 고문 기술들은 '실제 고문'이 아니었다는 논리로 맞서고 있다. 덧붙여 말하자면, 이 '실제 고문'이라는 문제는 정부 당국이 강압적인 설득의 압력에 굴복한 개인의 죄책감이나 책임의 정도를 판결하려고 할 때면 반복적으로 표면화된다. 우리는 과거 1950년대에 귀환한 한국전쟁의 포로들과 1970년대 패트리샤 허스트의 은행 강도 혐의 재판과 같은 다양한 상황에서 그러한 주장과 맞닥뜨리게 될 것이다.

정부는 일반적으로 고문에 대한 반대를 순진한 이상주의라고 일축한다. 1941년 나치 독일에서 빌헬름 카나리스(Wilhelm Canaris) 제독은 소련군 포로에 대한 고문과 부당한 처우에 대해서 불평했지만, 빌헬름 카이텔(Wilhelm Keitel) 원수에게 묵살당하고 말았다. 빌헬름 카이텔은 이렇게 일갈했다. "기사도적 전쟁 개념에 빠져서 반대하는 모양인데 우리는 여기서 이데올로기를 상대하고 있다. 그러니 나는 이 방법을 지지하고 계속 이용할 것이다."[7]

사람들은 흔히 괴물 같은 고문 도구들 그리고(혹은) 고문하는 사람들의 동기에 집착한다. 고문하는 자는 피고문자에게 고통과 모멸감을 주면서 무엇을 경험했을까? 복수와 성적인 흥분과 억눌린 분노의 해소라는 만족감을 경험했을까? 이러한 질문은 중요하지만 이 책의 범위를 넘어선다. 이런 질문에 대한 답변 대신에 우리는 역사적으로 대부분의 사법권 내에서 고문자들이 사용해 온 심리적 도구에 초점을 맞춘다. 이 기술들 중 대다수는 20세기의 강압적인 설득에 속할 것이다.

나는 세뇌 연구를 시작하기 전에는 종교재판이 채찍질, 압박, 상해 등 일반적인 고문 기법에 따라 이루어졌다고 생각했다. 사실, 종교재판의 관행은 해마다 또 지역마다 달랐다. 또한 재판관마다 고문에 대한 의지가 달랐다. 일부 재판관들, 즉 교수형 선고를 선호한 재판관들(judices malitiosi)의 고문에 대한 의지는 훨씬 더 강했다. 일부 재판 관할권에서는 고문 기간이 엄격하게 지정되었다. 예를 들어, 재판관이

성모송*을 한번(혹은 열 번) 암송하는 시간 동안만 죄수에게 고문을 가할 수 있었다.[8]

종교재판에 대한 공포는 그 비밀스러움과 희생자가 밀고자와 대면할 수 없다는 특성 때문에 가중되었다. 교회는 종교재판의 정교한 규칙과 절차를 마련해두고 있었다. 고문은 허용되었지만, 고문 중에 피를 흘리는 건 이론적으로 금지되었다. 고문 시간과 내용은 비서가 세심하게 기록했으며, 규정상 의사가 참관하는 사례가 많았다. 보통 고문은 개인의 신상(discurso de su vida)을 묻는 일반적인 질문으로 시작되었다.[9] "당신은 누구입니까? 당신은 왜 체포되었다고 생각합니까?" 이런 필수적인 이야기는 오늘날 대다수 강압적인 설득의 시나리오에서 흔히 볼 수 있다.

흥미롭게도 고문으로 자백을 받아내는 일은 금지되었다. 고문을 해서 자백을 받는 일을 금지한 규칙이 아니라, 고문의 시기에 대한 규칙이었다. 고문을 받은 다음 날에야 피고는 공식적인 자백을 할 수 있었다. 겉보기에 인도주의적인 또 하나의 규칙은 한 개인은 단 한 번만 고문을 당할 수 있다는 것이다. 고문 기간이 일단 끝나면, 다시 고문을 받을 수 없었다. 하지만 안타깝게도 허점이 있었다. 고문 기간이 단순히 '중지'될 경우에는 다른 날에 재개될 수 있었다.[10] 당사자가 자신이 혐의를 받고 있다는 걸 인식하고 불안에 휩싸인 채 계속 기다리

● 성모 마리아에게 바치는 기도.

는 동안 중지 상태는 몇 년이고 지속될 수 있었다.

고문 사례의 역사는 피고문자를 설득하는 데 사용된 기법에 대한 증거를 생생히 보여준다. 역사학자 카를로 긴즈부르그(Carlo Ginzburg)는 16세기 이탈리아에서 일어난 흥미로운 사례를 소개한다. 메노키오(Menocchio)라는 방앗간 주인은 교회를 공개적으로 조롱하는 괴팍하고 솔직한 사람이었다. 그는 범신론적 믿음을 떠벌리고 다녔고, 예수 동정녀 탄생설을 부정했으며, 금서들을 읽었다. 고발당하리라는 걸 예상한 메노키오는 심문을 받을 때 어떻게 해야 할지 친구들에게 물었다. 친구들은 말을 많이 하지 말라고 충고했다. 혀는 목의 적이라는 걸 잊지 말라고 했다.[11]

첫 번째 심문은 1584년 2월 7일에 시작되었다. 메노키오는 종교재판소에서 친구들의 충고를 무시하고 태초에 대한 자신의 신념을 거침없이 이야기했다. "제 생각에는 모든 것은 혼돈입니다. 다시 말해, 흙과 공기와 물과 불은 뒤섞여 있습니다. 그리고 마치 우유에서 치즈가 만들어지듯이 이 모든 것이 하나의 덩어리를 형성하고 거기서 구더기들이 생깁니다. 이 구더기들이 천사들입니다. … 그 많은 천사들 중에는 신도 있습니다." 종교재판관들은 2년 동안 그를 심문하고 신성모독을 중단하라고 훈계한 후 1586년 석방했다. 그러나 메노키오는 무모한 논평을 공개적으로 계속했고, 이 때문에 1599년 타락한 이단자로 다시 체포되었다. 이번엔 심문이 무자비했다. 몇 달 후, 결국 그는 자신의 신념이 거짓이라는 점을 인정했다. 하지만 자백은 아무런 도

움이 되지 않았다. 그는 이단으로 정죄되어 산 채로 화형을 당했다.[12]

메노키오에 대한 역사를 보면 종교재판이 조급하지도 않았고, 성급하게 고문 도구를 사용하지도 않았음을 보여준다. 오히려 종교재판은 불쌍한 메노키오에게 탈출구가 없으며, 사실상 심문 중에 털어놓은 모든 말들을 종교재판소가 면밀히 검토할 것이라는 점을 확실히 전달했다. 입을 다물고 있으라는 친구들의 충고를 들었더라면 결과는 더 좋았을 텐데 메노키오는 너무 많은 말을 했다. 긴즈부르그는 종교재판 필기록의 일부를 인용한다.

> 주교 대리: 당신은 앞서 하나님이 공기와 흙과 불과 물에 불과하다고 말해놓고는, 우리의 영혼이 하나님의 주권으로 돌아간다고 말하고 있소. 그럼 이 영혼들이 어떻게 하나님의 주권으로 돌아갈 수 있겠는가?
>
> 메노키오: 잘 모르겠습니다. 저는 우리 인간 모두가 하나님으로부터 기원하는 정신을 가지고 있다고 믿습니다.
>
> 주교 대리: 당신의 말뜻은 이 하나님의 정신이 저 무질서로부터 태어난 정신이라는 건가?
>
> 메노키오: 저는 모릅니다.
>
> 주교 대리: 진실을 자백하고 다음 질문에 답하시오. 영혼이 하나님의 주권으로 돌아가고, 하나님이 공기와 물과 흙과 불이라고 당신이 믿는다면, 영혼이 어떻게 하나님의 주권으

로 돌아갈 수 있겠는가?[13]

이 심문에는 몇 세기 후에 러시아와 헝가리와 중국과 한국과 미국에서 사용했던 심문 기법을 고찰하다 보면 익숙해질 한 가지 특성이 있다. 그것은 바로 천천히 앞으로 밀고 나가는 빙하의 무자비한 무게다.

종교재판의 관행은 우리의 법 관념과 전혀 닮지 않았다. 무죄 추정의 원칙은 없었다. 만약 사람들이 고발되어 체포되었다면, 유죄가 틀림없었다. 때로 종교재판관들은 체포 이유를 굳이 밝히려 하지도 않았다. 대신에 죄수들에게 자기 양심한테 죄를 물어보고 진실을 자백하라고 말했다. 피고의 유죄는 (적어도 교회가 만족하도록) 이미 확정되어 있었기 때문에, 최종 재판의 유일한 목적은 이단을 근절하고, 공개 자백을 받아내고 권위에 복종시키는 것이었다. 스탈린의 여론조작용 공개재판은 이러한 전통을 그대로 따른 것이었다.

자백을 이끌어내기 위한 종교재판소의 많은 기법들을 제정 러시아의 비밀경찰 오흐라나(Okhrana)가 사용하기도 했다.[14] 심문관들은 수감자가 피로와 혼란을 겪고, 수면 박탈, 영양실조로 인해 불안에 휩싸여 있을 때 더 쉽게 자백을 할 수 있다는 점을 관찰했기 때문에, 수감자들을 혹독한 환경에서 무기한으로 수감했다. 오흐라나는 감옥에서 수감자의 수면 박탈의 양을 정확하게 통제할 수 있었고, 경찰은 정서적으로 불안한 용의자가 집에서 자학적 행동으로 스스로를 괴롭게 함으로써 수면 방해를 지속했다. 모순적인 지시와 약속, 협박에 시달린 죄수들은 점점 더 혼란에 빠졌다. 영국의 정신의학자인 윌리엄 사건트(William Sargant)가 관찰한 바와 같이, 죄수들을 이렇게 혼돈에 빠뜨리는 목적은 죄수들이 죄의식을 느껴 궁극적으로 구원을 얻고자 처벌받기를 갈망하게 만들려는 것이었다.[15] 사건트의 관찰 결과는 공개적으로 굴욕을 주어 속죄를 받아내기 위해 처벌 역할을 자임했던 종교재판을 상기시킨다.[16]

1970년대 크메르 루즈(Khmer Rouge)는 초보 고문자를 위한 입문서를 개발했다. 죄수들은 반복적으로 심문을 받았고, 계속해서 자백서를 쓰고 또 쓰라는 강요를 받았다. 목표는 죄수들을 처형하기 전에 적절한 자백을 받아내는 것이었다. "심문자 매뉴얼"은 자백을 받아내는 방법을 기술해 놓았다. 무엇보다도 초보 고문자들은 "조급하게 굴지 말라"고 규정해 놓았다. 보다 상세한 지침 중 하나는 이렇다. "예컨대, 음식 따위를 줘서 안심시켜라. … 그들을 겁주고, 교묘한 방법으로 혼란스럽게 하라. 그들이 생존할 수 있을 거라는 실낱같은 희망마저 포기하게 만들 작은 책략들을 꾸며라. … 계속 압박감을 높이지는 마라. 이런 따위의 말을 하라, '우리가 당신을 고문하게 만들거나 가혹하게 고문하게 만들지 마시오. 고문은 당신의 건강에 좋지 않고, 우리가 앞으로 서로를 상대하기 더 어렵게 만들 거요.' 만약 사소한 것이라도 불면, 큰 사안을 폭로하도록 격려하라. 중대한 사안을 밝히면 [우리가] 관대하게 대해줄 거라고 말하라."[17]

〈표 1〉 고문과 강압적 설득의 공통점

공포

수면 박탈

일기와 자백

가족과 친구들로부터의 고립

심문관의 인내심

친절함과 잔인함을 번갈아가며 보이기

비밀성

법적인 방어 불가

수천 년 동안, 다양한 문화권에서 설득의 도구로 고문을 활용해왔다. 극심한 고통을 가하는 고문 이외에도, 고문의 구성요소 중 다수를 20세기 강압적인 설득의 사례에서 찾아볼 수 있다(〈표 1〉을 참조).

○

세뇌는 고문에 그 기원을 둔 것 외에도 종교적 회심 혹은 개종의 전통에서 그 뿌리를 찾을 수 있다. 세뇌에 관한 책에서 개종을 논하는 게 이상해 보일지 모르지만, 개종은 급작스럽게 혹은 점진적으로, 신념 혹은 편의에 따라, 개인적 결정 혹은 국가의 행위에 의해 이루어지는 등 다양한 규모와 양상을 띠고 있다. 개종은 이질적이며, 어떤 개종은 실제로 다양한 강도의 강압을 수반한다.

국가가 주도한 개종으로 수많은 사람들이 휩쓸렸다. 어떤 사람들은 개종하느니 차라리 죽음을 선택했고, 어떤 사람들은 추방당했고, 어떤 사람들은 겉으로는 개종한 모습을 보였지만 남몰래 원래의 신앙을 고수했다. 많은 사람들은 마지못해서 혹은 줏대가 없어서 혹은 기회주의적인 태도나 종교적인 무관심에서, 강요받은 개종을 받아들였고, 어떤 사람들은 새로운 신앙을 심지어 소중히 여기기까지 했다.[18]

개인적인 선택으로 한 개종도 여전히 사회적 요인에 의해 형성된 것이며, 우리는 이 지점에서 개종과 세뇌의 공통점을 찾을 수 있다.[19] 확실히, 세뇌 기술은 개종에 비해 좀 더 조직적이고 융통성이 없으며, 일반적으로 신체적인 고립과 피로와 학대를 동반한다. 이들 특징의 영향력은 집단이 개인의 인정 욕구와 거절에 대한 두려움을 악용할 때 증폭된다. 세뇌 프로그램에는 세뇌 대상자를 무장해제 하기 위해 계산된 친절함을 보이는 기간뿐만 아니라 강도 높은 학습이나 교화 기간도 포함된다. 세뇌는 어두운 요소들이 있음에도 불구하고, 개종처럼 공개 자백을 한 후에는 구원과 새로운 사회 집단으로의 재탄생을 약속하는 경우가 많다.

회심과 강압적인 설득의 공통점 중 하나는 공포를 이용한다는 것이다. 조너선 에드워즈(Jonathan Edwards)의 1741년 설교, "진노하신 하나님의 손에 붙들린 죄인들"을 읽어보면, 신도가 아니더라도 오싹한 인상을 받는다. 이 설교를 듣는 동안 사람들은 공포에 떨며, 말 그대로 지옥에 떨어지지 않으려고 자리를 꽉 붙들고 있었다.[20] "한 마리 거미나 역겨운 벌레를 붙들고 있는 사람처럼, 지옥의 나락으로 떨어지지 않게 여러분을 붙들고 계신 하나님 … 하나님의 진노의 활은 당겨지고 화살은 시위를 떠날 준비를 마쳤습니다. 정의의 활은 여러분의 심장을 겨냥한 화살을 재고 시위를 당기고 있습니다. 그 화살이 여러분의 피를 마시지 못하도록 잠시라도 막고 있는 것은 오로지 하나님의 의지, 어떠한 약속이나 의무감도 없으신, 진노하신 하나님의 의지뿐입니다."[21]

세뇌와 회심은 강한 집단 압력에 기대고 있다. 세뇌와 회심은 엄청난 자기비판과 의심과 두려움과 죄의식으로 지치고 희망을 잃어버린 사람들을 표적으로 삼는다. 잠재적인 회심자는 기존의 사고방식을 포기하면 안도감과 고마움과 열정을 느낀다. 그들은 정화된 삶을 통해 새로운 시작을 느낀다. 회심의 이러한 양상은 개인이 일반적인 기존의 신앙으로 회심하든, 흔치 않은 신흥 신앙으로 회심하든 똑같다. 교회는 성장하고 변한다. 오늘날의 전통 교회나 '세습' 교회는 몇 세대 전에는 혁명적이었을 것이다.[22]

특히 부흥운동이나 복음주의 교회의 맥락에서 사람들을 좀 더 잘 회심시키는 상황을 연구하는 오랜 전통이 있다. 1859년, 조지 새먼(George Salmon) 목사는 당대의 부흥운동에 동반되었던 떨림과 울음과 기절을 관찰하고는 "마음과 몸이 서로 어떻게 작용하는지" 알아보기 위해서 회심에 대한 경험적 연구가 필요하다고 했다.[23]

약 40년 후, 에드윈 스타벅(Edwin Starbuck)은 새먼의 뒤를 이어 주로 부흥집회에서 회심을 경험한 137명을 대상으로 획기적인 연구를 진행했다. 모든 회심자에게는 여러 가지 공통점이 있었다. 회심 연령은 대개 청소년기나 20대였다. 나중에 살펴보겠지만, 이는 세뇌 피해자들의 전형적 연령대이다. 스타벅에 따르면 대개 회심하기 전에 불면과 식욕 상실뿐만 아니라, 우울감, 슬픔 또는 반추(표본의 70~90퍼센트)와 같은 특정한 취약 요인이 선행했다고 한다.[24]

스타벅은 회심은 일반적으로 영구적인 것은 아니었다고 보고했다. 남성의 경우는 약 25퍼센트만이 영구적인 회심을 보였고 여성의 경우는 약 15퍼센트만이 영구적인 회심을 보였다.[25] 현대의 연구 결과에서도 회심은 일시적인 특성을 보이는 것으로 나타난다. 예를 들어, 통일교로 개종한 사람들 중 소수만이 오랫동안 독실한 믿음을 가졌다. 최근에 회심한 집단의 신도들의 경우, 1년 후에도 여전히 교회에 다니는 사람은 5퍼센트에 불과했다.[26] 사실, 신·구 교파를 막론하고 모든 교파에서 교회 신도들의 이탈은 끊임없이 일어나고 있다. 문제는 집단 안팎으로 이동의 자유가 있느냐이다. 세뇌의 경우 이런 자유는 존재하지 않는다.

스타벅과 같은 시기에 저술한 제임스 류바(James Leuba)는 회심한 사람들은 죄의식을 갖고 있으며, 자신의 삶에 무언가 심오한 결핍이 있다고 생각한다는 사실을 관찰했다. 류바에 따르면 회심한 사람은 회심 과정에서 심오한 기쁨을 느낄 뿐만 아니라 전체 회심 과정에 대해 특유의 수동성(受動性)을 느낀다. "그들은 구경꾼이다. 그들은 환자가 자신의 질병 발병을 … 관찰하듯이 자신들의 의식에서 펼쳐지는 드라마를 관객 관점에서 지켜본다."[27]

회심은 현재의 삶의 덤불에서 벗어날 수 있는 길로 자신을 인도해준다. 금식, 철야 예배, 약물, 춤, 격렬한 운동 등과 같은 신체 활동이 회심을 부추길 수 있다. 또한 신참자라면 가족과 기존 친구들의 영향으로부터 거리를 둘 경우 회심이 훨씬 더 쉽게 일어난다.[28] 세뇌에서도 유사한 특징이 발견되지만, (굶주림, 수면 박탈, 약물, 피로, 사회적 고립처럼) 비정상성을 띤다.

종교적 회심 경험은 18세기에 등장한 신흥종교인 존 웨슬리의 감리교와 관련해 광범위하게 연구되었다. 소년 시절 웨슬리는 말 그대로 구원을 경험했다. 집에 불이 나는 바람에 맨 꼭대기 층에 갇혀 있다가 죽음 직전에야 구조된 것이다. 몇 년 후, 자기 실망감에 빠져 있던 시기에 웨슬리는 그리스도가 자신의 죄를 사해주었다는 믿음이 생기면서 회심했다. 안수를 받은 후 매일 3시간 동안 기도하고 정기적으로 금식을 하고 수감자들을 방문하여 위로하는 소그룹을 이끌었다. 찬송가를 부르며 힘을 얻었고, 아주 꼼꼼히 일기를 쓰며, 매시간 자신의 종교적 헌신을 1~9점 척도로 채점했다. 종교적 헌신을 1~9점 척도로 채점한 것은 다소 특이했지만, 다른 관점에서 보면, 그의 신앙은 21세기를 사는 우리에게도 그리 낯설지 않다.

웨슬리는 거리에서 야외 예배를 하면서 구원의 메시지를 전도했다. 따뜻한 마음, 찬송, 열렬한 기도, 공개 고해가 주는 기쁨에 대해 설교했다. 웨슬리의 설교는 청중의 마음을 사로잡았다. 언젠가 쓴 일기의 한 대목은 설교자로서 탁월한 능력을 증언한다. "반대 교리를 강하게 주장하는 사람 옆에 있던 다른 한 사람이 푹 고꾸라졌다. 그 사람이 그 광경에 깜짝 놀라 서 있는 동안, 근처에 서 있던 한 소년도 똑같이 발작을 일으켰다. 그 뒤에 서 있던 한 젊은이는 그를 뚫어지게 쳐다보더니 … 곧바로 울부짖으며 땅바닥에 머리를 부딪치기 시작했다. 여섯 사람이 달라붙어서야 겨우 붙들 수 있었다."[29]

웨슬리는 초기 신도들을 위한 속회(屬會)를 조직하고 그들에게 '규칙(the method)'을 따를 것을 촉구했다. 그리하여 "매서디스트(Methodist, 감리교도)"라는 이름이 붙었다. 신도들은 소그룹으로 나뉘어 정기적으로 모여 찬송가를 부르고 기도하고 고해하며, 구원받기를 희망했다. 자신의 죄악에 대한 인식은 회심으로 자연스럽게 이어지기 때문에 신도들에게 자신의 과오를 고해할 것을 반복적으로 요구했다. 고해는 집단 앞에서 구두로 하거나, 서면 일기로 교회 당국자에게 제출할 수 있었다.[30] 웨슬리의 신자들은 고해 방법을 체계화한 정형화된 지침을 받았다. "당신은 우리의 마지막 예배 집회 이후에 어떤 죄를 지었습니까? 어떤 유혹을 경험했나요? 어떻게 유혹에서 벗어났나요? 당신은 그것이 죄일까, 죄가 아닐까 하는 의혹과 관련해 무슨 생각을 하고, 무슨 말을 하고, 어떤 행동을 했나요? 당신은 숨기고 싶은 것이 없나요?"[31]

정신의학은 오래전부터 회심의 본질에 관심이 많았고, 웨슬리는 세뇌에 관한 영향력 있는 사상가인 영국의 정신의학자 윌리엄 사전트를 매혹시켰다. 1957년 출판된 책 『정신을 둘러싼 전쟁(Battle for the

Mind)』은 파블로프에 대한 연구에서부터 자백(고해)의 본질에 대한 견해에 이르기까지 광범위한 내용을 다루고 있다. 이 책의 부제는 사건트의 관심사("회심과 세뇌의 생리학", "전도사, 정신의학자, 정치인 그리고 주술사들은 어떻게 당신의 믿음과 행동을 바꿀 수 있는가")를 잘 보여준다. 엄격한 감리교 가정에서 자란 사건트는 자신이 교구 목사가 될 것이라는 가족의 기대에 반기를 들었다. 결국 목사 대신 정신의학을 선택하기는 했으나 회심과 감리교회에 대해 특별한 관심을 늘 가지고 있었다.[32]

사건트는 이 책에서 반복적으로 등장할 것이다. 사건트는 수십 년 동안 설득과 회심에 대한 생각에 매달렸다. 제2차 세계대전 동안 정서적으로 큰 상처를 입은 병사들의 기억을 회복시키기 위해 약물을 사용했다. 약물은 효과가 있는 듯 보였지만, 유도해낸 기억의 대부분이 거짓이었다. 하지만 사건트는 평생에 걸쳐 약물이 진실을 이끌어낼 수 있는지, 그리고 강렬한 감정적 흥분이 어떻게 지속적 행동 변화로 이어질 수 있는지에 대해 깊이 생각했다.

사건트는 영국의 정보국 MI5 소속 정신의학자였다고 전한다. 또한 세뇌를 연구하는 미국과 캐나다 수사관들의 자문을 맡기도 했다. 그뿐만 아니라 세뇌를 감형 사유로 제기한 형사사건에서 정신의학적인 증언을 하기도 했다. 정신약리학자 맬컴 레이더(Malcolm Lader)는 사건트의 다양한 관심사와 활동에 대해 논평하면서 "그에게서 악마적인 냄새가 났다"고 말했다.[33] 내가 이 모든 내용을 언급하는 것은 그저 흥미롭기 때문만이 아니라 종교적 회심과 세뇌가 잠재적으로 연관되

윌리엄 사건트
(웰컴 도서관 자료실 제공, PPWWS/A/19:box2.)

어 있다는 사건트의 다양한 발언들이 어떤 맥락에서 나온 것인지를 이해하는 데 도움이 되기 때문이다.

사건트는 자신의 책 서두에서 파블로프의 발견을 언급하면서 이 발견이 소련과 중국의 심문 및 세뇌 프로그램의 토대가 되었다고 주장한다. 스트레스와 쇠약 상태가 뇌 기능을 손상시켜, 심문을 받을 때 쉽게 회심하거나 굴복한다고 생각한 그는 종교적 신념의 신경적 측면, 즉 "인간의 뇌에 신념을 심거나 파괴하는 데 관여하는 메커니즘"에 흥미를 느꼈다. 사건트의 논리에 따르면, 종교적 회심은 피암시성●에 의존하며 이는 특정 행동에 의해 강화될 수 있다. "성공한 신앙

● 내부 또는 외부로부터 투입되는 자극을 암시로 받아들이는 경향성, 혹은 타인의 암시를 받아들이고 그에 따라 행동하는 경향성.

의 지도자들은 영적 은총을 베풀기 위해 생리학적 무기를 완전히 배제한 적이 없다. 금식, 육체적 징계, ⋯ 호흡 조절, 놀라운 미스터리의 공개, 북치기, 춤추기, 노래 부르기, 공황 유발, 공포, ⋯ 향(香), 마취성 약물. 이것들은 종교적 목적을 위해서 정상적인 뇌 기능을 바꾸는 데 사용됐던 많은 방법들 중 일부일 뿐이다."[34]

사건트는 회심이 육체적으로 쇠약해 있는 동안에 일어난다는 사실을 증명하는 데 열중했다. 다마스쿠스로 가는 길에 사울이 경험한 회심에 대해 깊이 생각한 사건트는 회심에 많은 요인들이 작용한다고 지적했다. 결국, 사도행전 9장 9절은 사울이 사흘 동안 "먹지도 마시지도 아니한" 끝에 회심이 일어났다고 분명히 말한다. 이처럼 다소 환원주의적 관점에서 사건트는 계속 회심의 동력에 관해 언급했다. 사건트는 윌리엄 제임스(William James)의 견해에 동의하며 이렇게 썼다. "감정적인 상황, 특히 격렬한 감정의 폭발은 매우 강력한 힘으로 정신의 재편을 촉진한다. 사랑, 질투, 죄의식, 공포, 후회, 혹은 분노가 갑작스럽고 폭발적인 방식으로 사람을 사로잡을 수 있다는 것은 익히 알려진 사실이다. 희망, 행복, 안정감, 결심 등 회심 특유의 감정도 똑같이 격렬할 수 있다. 그리고 이렇게 '폭발적인 방식으로 발생하는 감정은 상황을 처음 느낀 그대로 놔두는 경우가 거의 없다.'"[35]

윌리엄 제임스는 사건트의 종교에 대한 관심을 높이 평가했지만, 환원주의 때문에 좋아하지는 않았다.[36] 사건트를 과학 환원주의자로 몰아세우는 것은 부당하지만, 회심 경험을 유발할 수 있는 생리학적인 상태에 깊이 몰두했던 건 사실이다. 공포, 죄의식, 불안이 회심 경험에 절대적으로 중요하다고 확신한 사건트는 과학자들이 18세기 미국의 부흥운동을 연구함으로써 세뇌와 자백을 유도하는 방법에 관해 많은 것을 배울 수 있다고 제안했다.[37]

사건트의 일부 생각은 보는 관점을 조금 달리하면, 현대의 인류학적 통찰과 일치한다. 현대의 복음주의자들을 연구한 타냐 루어만(Tanya Luhrmann)의 통찰력 넘치는 저서에 따르면, 종교적 경험은 일반적으로 침묵, 금식, 고된 노동, 반복적인 찬송, 고립 등을 체험하는 시기를 동반한다. 더구나 회심자들은 흔히 위기, 굴욕, 절망과 같은 개인적 경험에 대한 서사를 자주 만들어낸다. 루어만은 신앙, 생물학, 사회에 대한 예리한 주장을 통해 종교적 회심의 신경생리학에 관심을 두었던 사건트에게로 우리를 직접 안내한다. "나는 신이 말한다면, 신의 목소리는 생물학적인 제약을 받는 인간의 마음 그리고 사회 공동체에 의해 형성되는 인간의 마음을 통해 들린다고 믿는다."[38]

○

세뇌, 고문, 회심을 한 장에 뭉뚱그려 다루었다고 불쾌함을 느끼는 사람도 있을 것이다. 나의 의도는 공통의 유산과 공통의 관심사를 지적하기 위한 것이었다. 하지만 정신의학자들과 심리학자들이 종교적 믿음의 어두운 측면에 특별히 주목한다는 사실을 인정할 수밖에 없다. 회심이 항상 긍정적인 것만은 아니다. 나는 종교에 눈이 멀어 현실을 제대로 보지 못하거나 성적 욕망에 대한 죄의식 때문에 스스로 거세한 환자들을 치료한 적이 있다.

정신의학자 존 클라크(John Clark)는 과학과 의학을 적으로 여기는 광신적 종파들의 위험성을 경고했다는 이유로 비난을 샀다.[39] 비록 곧 말을 바꾸어 누구나 자신의 의견을 피력할 권리가 있고, 그런 종파들이 침체된 문화에 활력을 불어넣는 역할을 할 수 있다고 말했지만, 비판자들은 그를 마술과 신앙 요법을 포용하는 절대주의자 집단을 강력히 비판한 인물로 기억한다. 클라크를 비롯해 다른 임상의들은 이전에 광신적 종파의 교도였던 환자들에 대한 관찰을 바탕으로 연구를 진행했다. 말할 것도 없이 신흥 종파로 개종한 것에 만족하는 사람들은 임상의를 만나러 오지 않았다. 그럼에도 불구하고, 임상의의 경고는 일부 신흥종교집단들에 대해서는 비극적인 예언이 될 것이다.

이번 장은 일종의 막간이었다. 고문자들과 종교집단이 사용하는 설득 기법의 개요를 살펴보기 위해 잠시 쉬어간 것이다. 20세기에 접어들면서 과학적 실험이 본격화되었다.

제1부

정신을 둘러싼 전쟁

제2장

파블로프의 개와 소련의
여론조작용 공개재판

소비에트 심리학은 파블로프의 개념,
즉…적절하게 통제된 환경 조건에서는
미리 설계된 사고 및 행동 유형을 갖도록
인간을 의도적으로 만들 수 있다는 믿음을 각색한 것이다.
미국 중앙정보국

개들은 안절부절못했다. 실험의학연구소 지하실 우리에 갇힌 개들은 낮 동안의 일로 인해 맥 없이 축 늘어져 있었다. 개들을 괴롭힌 것은 어둠이나 고립이나 피로가 아니었다. 끊임없이 뚝뚝 떨어져 사육장 바닥을 뒤덮는 물이었다.

1924년 9월 22일, 레닌그라드는 흐리고 비가 내리는 비교적 평범한 날로 시작했지만, 온종일 비가 거세져 급기야 네바 강물이 제방을 넘어 또다시 범람했다. 이번 홍수는 수 세기 만에 닥친 가장 큰 규모였고, 곧장 개들을 향해 다가오고 있었다.

사육장을 덮친 강물의 수위가 높아지자 개들이 짖기 시작했다. 처음에는 차가운 물속에서 발만 저벅거렸지만, 시간이 지날수록 배와 등까지 물에 잠겼고 급기야 콧구멍이 위쪽 철망에 불안하게 눌린 채 우리 안에 반쯤 떠 있는 처지가 되었다. 개들은 공포에 질린 듯 울부짖으며, 숨을 들이마시려고 필사적으로 코를 킁킁거렸다.

　마지막 순간, 범람한 거리를 헤치고 연구소에 도착한 개 조련사는 혼란스러운 상황을 목격했다. 개들은 공황 상태에 빠져 있었고 우리는 둥둥 떠다녔으며, 연구소를 잠식한 네바 강물에서는 악취가 풍겼다. 조련사는 개들을 한 마리씩 구조했지만, 우리에서 개를 꺼내기 위해서는 먼저 개의 머리를 물 밑으로 밀어 넣어야 했다. 공포에 질린 개들이 격하게 발버둥질했다.

　사건 이후 개들은 예전 같지 않았다. 개의 기질이 완전히 딴판으로 변한 것이다. 온순한 개들은 공격성을 보였고 사교성이 좋은 개들은 소심해졌다. 마치 완전히 새로운 '존재'가 각각의 개에 서식하는 것만 같았다. 연구자들은 심각한 상황에 더해 개들이 실험실에서 배운 모든 복잡한 학습을 까맣게 잊어버렸다는 사실에 충격을 받았다. 개들의 기억은 말끔히 지워졌다.

　연구소 관계자들은 몇 주 동안 개들의 기억상실에 관해서 이야기를 나눴고, 과학자들은 동료들에게 이 이상한 현상에 관한 내용을 담은 편지를 썼다.[1] 이 사건은 개에 대한 세심한 관찰과 실험으로 경력을 쌓은 노벨상 수상자 이반 파블로프(Ivan Pavlov)의 실험실에서 일어났다는 점을 제외하면 그저 흥밋거리로 치부됐을지도 모른다. 파블로프는 이후로 당시의 홍수에 관해 이야기했고, 외상 스트레스와 기억에 관한 그의 논평은 러시아 공산당 지도자들과의 관계 덕분에 널리 회자되었다.

파블로프는 모든 개 주인들이 알고 있는 것, 즉 '개가 학습한다는 사실'을 증명했을 뿐만 아니라, 학습이 개들의 생리적 반응에 어떤 영향을 미치는지를 보여주기도 했다. 파블로프에게 자기 개들은 대체할 수 없는 존재들이었고, 개들은 뚜렷한 개성을 지니고 있었다. 과학 강연에서 그는 개들의 이름을 언급하기도 했다. ("베카(Beka)는 엄청 빨리 배웠습니다.", "존(John)은 소심했어요.") 파블로프는 예컨대, 가온도와 같은 특정한 음(音)에만 반응하고, 다른 음은 무시하도록 개를 가르칠 수 있을 정도로 탁월한 조련사였다.

파블로프는 실험실 밖에서는 러시아 사회에 대한 예리한 관찰자이기도 했다. 그는 독재적이고 무능한 러시아 제정 체제를 경멸했지만 그 유산을 교정할 수 있다고 생각했다.[2] 과거 제정 체제를 싫어했음에도 불구하고 러시아 혁명도 못마땅해 했는데, 혼란이 계속되면서 굶어죽을 지경이었기 때문이었다. 파블로프는 자신의 정치적 견해를 숨김없이 솔직하게 밝히는 사람이었다. 그러나 러시아인 최초로 노벨 의학상(1904년)을 받았고 국가의 자랑이었기 때문에 보복으로부터 자유로울 수 있었다. 오늘날의 과학자들처럼, 파블로프는 자신의 명성을 연구소 지원금을 더 많이 확보하기 위한 협상카드로 이용했다. 국가가 심각한 빈곤에 시달리던 상황에서도 연구소는 확장되었다. 파블로프는 마지못해 이렇게 인정했다. "그래요, 우리 야만인들의 한 가지만큼은 인정해야 할 겁니다. 그들이 과학의 가치를 이해한다는 것 말입니다."[3]

1914년, 이반 페트로비치 파블로프(가운데)의 실험실에서(Snark / Art Resource, NY.)

파블로프는 공산주의자는 아니었으나 공산당의 몇 가지 신념에 대해서는 인식의 궤를 같이 했다. 그는 인간에게는 영혼이나 영적 유일성이 없다고 믿는 유물론자였다. 이러한 믿음은 종교를 비판했던 국가에게는 유리하게 작용했다. 파블로프는 개에 대한 자신의 연구가 사람에게도 적용되며, 변화가 가능하다고 확신했다. 세부적인 것들을 과학적으로 충분히 실험한다면, 수 세기에 걸친 억압적이고 미신적인 제정통치 체제의 유산을 극복할 수 있을 것이라고 믿었다.

공산주의자들은 파블로프의 생각에 박수갈채를 보냈다. 1919년 10월 레닌은 파블로프의 실험의학연구소를 방문했다. 레닌은 두 시간 동안 머물렀는데, 단순히 '사진 촬영'을 위해 방문한 것은 아니었다. 레닌은 파블로프의 실험이 '새로운 인간'을 빚어내려는 국가의 노력에 이바지하기를 희망했다. 파블로프의 한 동료가 상세히 기술했듯이, 레닌은 공산주의라는 새로운 세계를 건설하는 데 따르는 어려움을 설명하고 파블로프에게 조언을 구했다. 어떻게 하면 개인주의를 통제하고, 공산주의 사상에 부합하게 인간 행동을 빚어낼 수 있을까?

파블로프: 러시아 국민을 표준화하고 싶다는 말씀입니까? 국민 모두를 똑같이 행동하게 만들려 하십니까?

레닌: 그렇소. 그게 내가 원하는 거요. 그리고 박사는 인간 행동 연구로 우리를 도와줘야겠소.[4]

파블로프가 개들의 행동을 어떻게 만들어냈는지 상세히 설명하자, 레닌이 매료되었다. 레닌은 파블로프의 연구가 시사하는 바를 단박에 파악했다.

레닌: 적절한 교육으로 유전적 요인을 극복할 수 있다는 의미요?

파블로프: 특정한 조건하에서는 그렇습니다. 유전적 요인은 극복할 수 있습니다. … 조건반사는 무조건반사 또는 자연 본능이라고 불리는 것을 없앨 수 있습니다.

레닌: 좋군요. 훌륭해요. 그것이 바로 내가 알고 싶었던 거요.[5]

레닌은 연구소에 대한 재정 지원을 늘렸고, 파블로프에게는 개에 관한 이론을 인간을 상대로 테스트할 수 있도록 정신병 환자들에게 접근할 수 있는 권한을 주었다. 파블로프는 수면과 최면, 그리고 스트레스가 다양한 기질을 가진 사람들에게 미치는 영향을 연구하기 시작했다. 그는 저항이 심한 환자도 치료할 수 있다고 지적했다. 파블로프의 주장에 따르면, 필요한 것은 인내와 체계적인 연구뿐이었다. "물론 인간은 하나의 시스템이다. 거칠게 말하자면, 하나의 기계인 것이다. … 인간이라는 시스템을 연구하는 방법은 어떠한 다른 시스템을 연구하는 방법—부품들로 분해, 각 부품의 의미 연구, 부품들의 연결성 연구, 환경과의 관계성 연구—과도 정확히 일치한다."[6]

파블로프는 극심한 스트레스가 예측 가능한 반응을 이끌어낸다는 사실을 관찰했다. 개들이 어떻게 반응해야 할지 모르는 자극을 받거나, 일관성이 없거나 상충되는 명령들을 받을 경우, 개들의 행동은 파블로프가 "초경계(超境界) 붕괴"라고 불렀던 상태로 퇴행했다. 모든 개에게는 한계점이 있었다. 그 한계점이 무너지는 초경계 붕괴 상태에 직면하면, 개들의 기질이 변했다. 외향적인 개들은 소심해졌고, 소심한 개들은 공격적인 성향으로 돌변했다.

그뿐만 아니라 이러한 붕괴 이후에는 사람에 대한 선호도 변했다. 이전에 싫어했던 사육사들에게 우호적인 태도를 보이거나 이전에 좋아했던 사육사들에게 적대적인 태도를 보였다. 극심한 스트레스를 받으면 일부 개들은 너무 조용해져서 마치 최면 상태에 빠진 듯이 보였다.

파블로프는 이런 개의 행동을 대처 전략이라고 생각했다. 파블로프는 자신의 기법들이 실험적 신경증이나 심지어 정신병을 확실히 일으킬 수 있으며, 이와 같은 실험이 새로운 치료법을 평가하는 데 도움이 될 수 있다고 보고했다. 아울러 이러한 상황에서 개들을 좀 더 다루기 쉽게 만들기 위해 약물(브롬화물*) 실험을 했다.[7]

사람들을 대상으로 한 연구에서 파블로프는 심각한 외상을 입은 사람들은 특히 상충되는 지시들을 받을 때는 몹시 지칠 뿐만 아니라 남의 영향을 받기 쉽다고 언급했다. 파블로프는 정신병원과 개 연구실을 오가며, 트라우마가 겉으로 드러나지 않는 심리적 약점을 남긴다는 사실을 관찰했다.

큰 홍수가 발생하고 두 달 후, 자신의 개들이 마침내 안정을 찾고 새로운 행동을 학습하자, 파블로프는 "동물의 우리에 소리 없이 흘러들어가 바닥을 물웅덩이로 만들었던 … 작은 물줄기"에 개 한 마리를 의도적으로 노출시켰다.[8] 개는 별안간 얼어붙었다. 그 후 며칠 동안 개는 기질이 변했고, 학습된 행동을 또다시 잊어버렸다.[9] 이 현상은 눈에 띌 정도로 확연했다.

레닌이 사망한 후에도 파블로프는 정부와 긴밀한 관계를 유지했다. 소련의 정치가 니콜라이 부하린은 이렇게 말했다. "나는 그가 '인

● 과거에 진정제로 사용되었던 약물로 과다 투여할 경우 중증 정신장애를 일으킬 수 있다.

터내셔널가(歌)'를 부르지 않는다는 걸 안다. 하지만 그는 세계 최고의 생리학자이자 유물론자이다. 그리고 온갖 불평을 늘어놓기는 하지만 이념적으로는 우리를 위해 일하고 있다."[10]

파블로프의 수많은 아이디어는 스탈린의 지원을 받는 데 도움이 되었다. 파블로프는 행동을 교정할 수 있다고 믿었을 뿐만 아니라 후 천적 행동도 유전될 수 있다고 생각했다. 유전적 특질에 대한 이러한 견해는 스탈린의 견해와 일치했기에, 파블로프의 연구 결과는 소련 전역에 유포되었다.[11] 스탈린은 파블로프의 연구가 동물에게만 적용 된다고 말하는 사람들을 맹렬히 공격했다.[12]

파블로프는 말년에 레닌그라드 군의학 아카데미의 교수를 지냈 다. 소련 정부가 파블로프의 연구소를 후하게 지원한 덕분에 파블로 프는 357명의 조수를 고용하여 프로젝트를 진행했고, 심지어 자신의 연구소가 있던 마을의 이름을 파블로바(Pavlova)로 바꾸기까지 했다.[13] 1935년, 크렘린 궁전에서 열린 국제생리학자회의에서 연설하던 파블 로프는 자신과 국가의 복잡한 관계에 대해 이렇게 설명했다. "여러분 들도 알다시피, 저는 머리부터 발끝까지 실험가입니다. … 우리 정부 도 실험가입니다만, 비교할 수 없을 정도로 훨씬 더 높은 수준의 실 험가라 할 수 있습니다. 저는 승리로 끝날 이 역사적인 사회 실험의 완성을 열렬히 고대합니다."[14]

파블로프는 트라우마(외상)를 겪은 개들로부터 외상성 붕괴 이론 을 도출했고 이 이론을 인간을 대상으로 연구했다. 초기 공산주의 지도자들은 파블로프의 생각에 크게 매료되어 그의 기법이 새로운 러시아를 만드는 데 이바지할 가능성에 대단한 관심을 보였다. 〈프라우다〉에 실린 기사대로 파블로프는 그들이 자연을 지배하고 인간의 뇌를 지배할 수 있는 무한한 권력을 갖도록 도왔다.[15] 스탈린의 여론조작용 공개재판과 숙청은 수백만 명의 사람들을 극도의 스트레스 상황으로 몰아넣었고, 그들 대부분은 파블로프가 예측한 대로 심문을 받는 과정에서 붕괴되었다. 파블로프는 운 좋게도 여론조작용 공개재판이 시작된 해인 1936년에 자연사했다.

○

스탈린은—실제든 허구든 간에—반대 세력을 고문, 추방, 처형 등을 통해 처리하는 행태를 보였지만, 파블로프만큼은 비호했다. 스탈린의 칼날은 특히 가장 가까운 측근들을 겨누었다. 1919년부터 1938년까지 정치국 후보와 정회원 33명 중 스탈린의 숙청으로부터 살아남은 사람은 소수에 불과했다. 나머지는 처형되거나, 스스로 목숨을 끊거나, 감옥에서 죽거나, 의문스러운 상황에서 죽음을 맞았다.[16] 1934년, 중앙위원회는 139명의 위원과 부위원이 있었다. 1938년까지 그중 90명이 총살되거나 투옥되었다. 몇 년 후, 니키타 흐루쇼프(Nikita Khrushchev)가 지적했듯이, "약 10명만이 재판에 회부되었고, 나머지는 비밀 재판을 받은 후, 혹은 어떤 재판도 받지 않은 채 총살

됐다."[17] 스탈린은 또한 군부도 표적으로 삼아 제2차 세계대전 기간 내내 사망한 수보다 더 많은 수의 군 고위지도자들을 처형했다.[18] 그의 보복은 피고들뿐만 아니라 그들의 배우자와 자녀와 친척들까지 옭아맸다. 상황이 이러했지만, 파블로프는 스탈린의 의심에서 벗어나 있었다.

볼셰비키의 권력 장악 직후 5년간 이어진 러시아 내전으로 경제는 파탄에 이르렀다. 그 기간 동안 수백만 명이 전투, 기아, 발진티푸스, 혹은 체카(비밀경찰)의 '인민의 적' 처형으로 사망했다. 산업 및 농업 생산이 붕괴되었다. 사기업 금지와 식량 배급과 같은 통제 경제의 개입은 파산으로 이어졌고, 분노와 반란을 불러일으켰다. 이에 대응하여 소련의 경제 정책은 경제 규제 자유화에서 훨씬 더 엄격한 경제 통제 도입으로 전환되었다. 생산성이 하락하거나 경제를 향한 비판이 쏟아질 때면 스탈린은 그 원인을 자신의 정책이 아니라 반역과 사보타주로 돌렸다.

혁명의 국제적인 반향도 스탈린의 의심에 불을 지폈다. 스탈린은 스파이들이 소련에 잠입해서 공산주의가 무너질 때까지 절대 가만히 있지 않을 거라는 우려를 품고 있었다. 또한 독일에서 갑자기 부상한 히틀러라는 악몽은 스탈린의 편집증을 부채질했다. 스탈린은 소련의 생존을 위해서는 경계와 의심이 절대적으로 필요하다고 느끼며 이렇게 말했다. "[우리는] 필연적으로 독과 원한에 흠뻑 젖어 있어야 하며, 누구도 믿지 말아야 한다."[19] 역사학자 아치 게티(Arch Getty)가 통찰력 있게 지적했듯이, "비판은 반대와 같았고, 반대는 필연적으로 음모를 의미했다. 그리고 음모는 반역을 의미했다. 따라서 이런 논리로 보면 정권에 사소한 반대 혹은 이와 같은 반대를 신고하지 않는 것도 테러에 해당했다."[20]

참담한 경제, 사면초가에 몰린 국가 상황에서 시행된 반역자 공개재판은 엄청난 미디어 이벤트로 국가의 문제에서 시선을 돌리는 데 큰 역할을 했다. 공정한 조사의 가식 따위는 없었다. 대신 법정은 "미친개들에게―한 마리 개의 죽음"이라고 쓰인 현수막들로 장식되었다.[21] 법정 참관인들은 이례적이고 기이한 자백을 보고했으며, 소련 정부가 죄를 스스로 인정하도록 피고인들을 설득시키는 비밀 기술들에 정통해 있다고 생각했다. 많은 사람들은 비밀 기술이 파블로프의 작품이지 않을까 하고 생각했다. 사실 1930년대의 숙청 재판부터 오늘날까지 파블로프의 이름은 세뇌와 연관되어 있다.

1936년부터 1938년까지 대략 백만 명의 사람들이 대공포(Great Terror)라고도 알려진 대숙청 시기에 살해당했다. 스탈린의 소련 비밀경찰(NKVD) 국장은 기억에 남을 만한 논평을 했다. "이 작전 중에 추가로 천 명을 더 사살하더라도, 그리 큰 문제는 아니다."[22] 놀라울 정도로 다양한 사람들, 즉 지식인, 당 지도자, 농민, 외국인 등을 비롯해 반소련으로 낙인찍힐 수 있는 누구든 폭력의 소용돌이에 휩쓸렸다.

대부분은 스탈린이 수감 및 처형 할당량을 채우도록 지정한 초법적 장교들에 의해 살해되거나 강제노동수용소로 보내졌다.[23] 자백을 거부한 당 지도자들은 즉결 처형되었다. 대개는 그냥 어느 날 사라졌지만, 때로는 처형의 교정 효과를 공표하기도 했다. 전직 지도자들 사이에서 치명적 '심장병'이 유행하기도 했다. 중공업 인민위원인 세르고 오르조니키제(Sergo Ordzhonikidze)는 총으로 자살했지만, 언론은 이렇게 발표했다. "오늘 오후 휴식을 취하던 중 갑자기 병이 발병했고 몇 분 후 심장마비로 사망했습니다."[24] 정부가 일부 사람들의 자살 사실을 인정하자, 스탈린은 자살은 죽은 자들이 자신의 죄를 시인한 것이며, 한층 더 당을 기만해 "자신들의 행적을 감추려는 것"일 뿐이라고 선언했다.[25]

재판은 통상 20분 정도로 짧게 진행되었다. 중대한 재판조차 이삼 일 이상 지속되는 경우는 거의 없었다. 이 주요 여론조작용 공개재판이 진행되는 동안 종교적 아우라가 법정을 둘러싸고 있었다. 이는 피고인의 배신을 폭로하기 위한 일종의 공개 아우토다페(auto-da-fe: 화형식)였다. 창백하고 긴장한 죄수들은 겁에 질린 눈으로 청중을 바라보며 법정으로 입장했다. 안드레이 비신스키(Andrew Vyshinsky) 검사는 "인간쓰레기, 인간의 탈을 쓴 짐승 … 비열한 악당, 찌꺼기, 인간 말종"이라며 모욕감을 주고는 "저 저주받은 파충류를 박살내 줄 것"을 법정에 요청했다.[26] 그의 최종 진술은 최고의 선동이었다. "교활한 적을 그냥 놔둬서는 안 됩니다. … 온 인민이 분노로 치를 떨고 있습니다. 그리고 저 역시 검찰청의 대표로서 수백만 명의 함성에 검사의 분개와 격분의 목소리를 더합니다! 저는 미친개들을 총살할 것을, 놈들을 모조리 총살할 것을 요청합니다!"[27]

검사측은 피고가 자백하면 사실 입증을 위한 재판을 할 필요도 없다고 생각했다. 재판 대신에 검사의 혐의 진술과 죄수의 자백만 있으면 됐다.[28] 문제가 될 수 있는 피고 측 반대 심문은 없을 것이고, 검사의 주장은 이의 없이 받아들여질 것이다. 이는 절차의 효율성과 더 나은 드라마를 위해서 만들어진 것이다. 하지만 어떻게 사람들을 설득해 자백을 받아낼 수 있었을까?

세 가지 재판이 가장 큰 주목을 받았다. 우선 1936년 8월, 피고인 16명이 재판을 받았다. 이들은 스탈린과 개인적으로 만나, 스탈린이 사면을 약속하면 공개 자백을 하고 유죄를 인정하기로 했다. 스탈린은 동의했고, 재판이 속행되었다. 그러나 재판이 끝나자마자 총살되었다. 1938년 1월, 피고인 17명이 더 자백했지만, 이번에는 자비를 구하지 않았다. 실제로 한 피고인은 이렇게 말했다. "내게 관용은 필요 없다. 프롤레타리아 법원은 내 목숨을 살리지 말아야 하고, 살릴 수도 없다. … 나는 단 한 가지만 원한다. 차분하게 처형대에 올라 내 피로 조국을 반역한 자라는 오명을 씻는 것이다."[29] 1938년 3월, 세 번째 재판은 가장 저명한 부하린을 비롯해 피고인 21명을 옭아맸다.

공개재판은 스파이 네트워크의 구축, 산업 파괴, 경제 파괴, 스탈린 체제를 전복하고 트로츠키 체제를 수립하려는 시도 등 기괴한 음모를 기꺼이 자백한 당 최고 지도자들을 위해 마련된 행사였다. 이처럼 제기된 혐의들은 믿기지 않는 범죄부터 터무니없는 범죄에 이르기까지 다양했다. 예를 들어, 일부 유대인 공산당 지도자들은 게슈타포와 협력한 혐의로 기소되었다.[30] 또한, 다른 당원들은 돼지들에게 전염병을 퍼뜨리거나 벨로루시산 말에게 빈혈을 일으켜서 농업을 파괴했다고 자백했다.[31]

조지 오웰은 독자들에게 좌파가 우파이고 우파가 좌파이고, 네빌 체임벌린(Neville Chamberlain)이 스탈린처럼 통치하며 망명한 트로츠키와 같은 윈스턴 처칠을 두려워하는 1938년 영국을 상상해 보라고 권하며 소련에서 제기됐던 터무니없는 혐의들을 풍자했다. "지금 망명 중인 윈스턴 처칠 씨가 대영제국을 전복하려는 음모를 꾸미고 있다. 거의 매일 비열한 사보타주 행위가 드러나고 있다. 때로는 상원의 사당을 폭파하려는 음모가 드러나고, 때로는 왕립 경주 마구간에서 구제역이 발생하기도 한다. [런던] 타워의 경비병 가운데 80퍼센트가 [적] 첩보원으로 밝혀졌다. … 그 와중에도 처칠파는 자신들이 [진정한 지도자]라는 선언을 멈추지 않았다."[32] 조지 오웰의 풍자만큼이나 황당한 러시아에서의 사건들은 하나같이 믿기지 않는 일이었다.

추종자들은 스탈린을 공산주의 혁명의 살아있는 화신이자 지혜의 원천으로 여겼다. 한 저명 소련 작가는 황홀해하며 이렇게 선언했다. "나는 우리가 가장 영광스럽고 비길 데 없는 스탈린 시대에 살고 있다는 생각에 너무나 황홀해서, 울부짖고, 포효하고, 비명을 지르고, 고함치고 싶다! … 오 위대한 스탈린이여! 당신은 민중의 밝은 태양, 절대 지지 않는 우리 시대의 태양입니다."[33]

한편 트로츠키는 스탈린 신격화의 위험성을 경고했는데, 이는 현대의 일부 지도자들에게도 적용될 수 있는 경고성 성명이다. "스탈린을 비롯해 이 모든 사람들은 통제나 처벌을 받지 않은 탓에 타락했다. … 누구도 감히 스탈린을 비판하지 않기 때문에 그는 점차 자신에 대한 통제에 둔감해졌다."[34]

당은 점점 더 많은 사람들이 재판의 거대한 소용돌이에 휘말리는 동안에도 불신을 억누르고 정의가 실현되고 있다는 믿음을 갖도록 국민을 독려했다. 오웰이 『1984』에서 생생하게 묘사했듯이, 당 고위 간부들이 제거되자 문서와 사진들도 그에 따라 조작되었다. 한 유명한 사진에는 소련 비밀경찰국장(니콜라이 예조프)과 스탈린이 다정한 포즈를 취하고 있는 모습이 담겨 있었다. 하지만 숙청된 직후 예조프는 사진에서 자취를 감췄다. 이는 다음 세기에 심각한 가짜뉴스로 인해 발생할 현상을 보여주는 원시적인 전조였다.

서방의 공산주의 동조자들은 스탈린의 진보성을 찬양하며 그의 행동을 지지했다. 이들은 공산당을 절대적으로 옳은 것으로 보았고 국가 권력을 공고히 하기 위한 수단으로 재판과 처형을 지지했다. 막심 고리키는 노동수용소를 러시아의 혐오스러운 과거를 씻어낼 "진보의 횃불"로 여겼다.[35] 다른 사람들은 소련이 생존하려면, 진실과 도덕이 더 큰 대의에 복종해야 한다고 생각했다. 요컨대, 스탈린주의자들은 "진실"을 부르주아적인 사치로 여겼다.[36] 『한낮의 어둠』에서 심문관 이바노프는 그 점을 이렇게 주장한다. "하나의 집단적 목표는

1937년 4월, 모스크바 볼가 운하 변을 걷고 있는 클리멘트 보로실로프, 뱌체슬라프 몰로토프, 이오시프 스탈린, 그리고 니콜라이 예조프. (F. 키슬로프. 데이비드 킹(David King) 컬렉션의 일부. 2016년 테이트 아카이브가 데이비드 킹에게서 구입. 2016년 데이비드 킹이 테이트 아카이브에 제공 / ⓒ Tate, London / Art Resource, NY.)

모든 수단을 정당화하지. 그러니 집단적 목표는 개인이 모든 면에서 공동체에 종속돼야 하고, 공동체를 위해 희생해야 한다는 걸 허용할 뿐만 아니라 요구하기도 하지. 이는 곧 공동체가 개인을 실험용 토끼나 희생양으로 삼을 수 있다는 얘기야."[37]

　법정 참관인들은 전혀 다른 인상을 받았다. 뉴욕타임스 기자 월터 듀런티(Walter Duranty)를 비롯한 일부 예리한 참관인들도 수감자들의 자백과 검찰의 혐의 제기를 그대로 믿었다. 그는 수감자들이 자백한 이유를 "죄책감으로 인한 스트레스, [그리고] … 광신적인 볼셰비키파의 반(半)종교적 성격—유죄 판결을 받자 가슴을 치며 통곡하고 '모

보로실로프와 몰로토프와 스탈린. 원본 이미지에서 예조프가 삭제되었다. (F. 키슬로프. 데이비드 킹 컬렉션의 일부. 2016년 테이트 아카이브가 데이비드 킹에게서 구입. 2016년 데이비드 킹이 테이트 아카이브에 제공 / ⓒ Tate, London / Art Resource, NY.)

두 나의 탓이오'라고 외치게 한—으로 돌렸다.[38] 듀런티의 칼럼을 읽은 한 미국인 친스탈린주의자는 친구에게 "그런 사람들은 당에 적대적이었기 때문에 국가 전복 음모를 꾸미고 지도자들을 살해하려 했던 미친개들, 반대파 범죄자들, 이단자들, 이교도들, 선동가들이었다는 데 의심의 여지가 없다"고 말했다.[39] 여론조작용 공개재판에 대한 듀런티의 보도는 거센 비난을 받았고, 그 때문에 몇 년 후 뉴욕타임스는 그의 보도를 "이 신문에 실린 최악의 보도 중 하나"라고 표현했다.[40] 불행히도 이 재평가는 여론조작용 공개재판의 희생자들을 돕기에는 너무 늦었다.

다른 기자들도 재판에 현혹되었으나 스탈린 지지자들 중에도 피고인의 행동을 이상하게 여긴 사람들이 있었다. 뉴욕타임스에 기고한 해럴드 데니(Harold Denny)는 피고인들의 이해할 수 없는 행동을 전했다. "그들은 자신과 서로에게 불리한 증언을 열성적으로 하면서 완전한 자백을 보완한다. 명랑한 어린 학생들처럼 자리에서 벌떡 일어나 자신들이 얼마나 많이 알고 있는지 기쁘게 자랑하고 싶어 한다. … 이 불운한 남자들은 총살대를 향해 행진하고 있다. 아마도 그것은 전통적인 슬라브-동양의 죽음에 대한 초연함의 단면일 것이다. 온갖 미묘한 압박으로 자백을 받아낼 수 있다는 걸 안다. 하지만 이 피고인들은 강요받은 사람처럼 증언하지 않는다."[41]

조셉 E 데이비스(Joseph E Davies) 미국 대사는 재판이 반역의 증거를 입증했다고 믿었다.[42] 데이비스는 딸에게 보낸 편지에서, 자신은 오랜 세월 변호사 생활을 한 덕분에 증언의 타당성을 평가할 수 있는 능력을 갖췄다고 언급하며, 재판의 증언으로 보건대, 크렘린이 느끼는 두려움은 충분히 정당하다고 주장했다.[43] 하지만 좀 더 지각이 있는 다른 참관인들은 이 재판이 설득력이 없다고 생각했다. 미국의 전직 외교관 찰스 볼렌(Charles Bohlen)은 데이비스의 순진함을 비판하며 이렇게 말했다. "그가 국무부에 보낸 재판 관련 내용을 담은 몇 통의 전보를 생각하면 아직도 얼굴이 붉어진다."[44]

거짓말 같은 내용의 자백을 꿰뚫어본 좀 더 지각 있는 참관인들은 도대체 어떻게 공산주의자들이 피고들을 자아비판하게 설득했는지 알고자 했다. 여론조작용 공개재판은 20세기에 이른바 세뇌로 알려

1929년 11월 7일, 모스크바 붉은 광장, 블라디미르 레닌 영묘의 연단에 서서 1917년 혁명 12주년을 경축하고 있는 이오시프 스탈린, 니콜라이 부하린, 세르고 오르조니키제, 그리고 야니스 루주탁스. 세 사람 모두 스탈린의 숙청으로부터 살아남지 못했다. (Adoc-photos / Art Resource, NY.)

지게 된 것에 대한 집착의 시작이었다.

나치는 이 재판을 보고 스탈린이 어두운 설득이라는 새로운 무기를 개발한 것으로 의심하면서 불안해했다. 여론조작용 공개재판이 있은 지 10년 후, 나치 독일의 부총통 루돌프 헤스는 스탈린의 사악한 수법들이 자신에게 불리하게 사용될까 봐 우려했다. 뉘른베르크 감옥에서 쓴 글에서 헤스는 자기 주변 사람들이 모스크바 여론조작용 공개재판의 피고인들처럼 이상해 보였으며, 눈에 생기가 없고 몽롱해 보였다고 불평했다.[45]

니콜라이 부하린은 세 번째 여론재판용 공개재판의 주요 표적이었다. 저명한 마르크스주의 경제학자이자 코민테른의 수장이자 신문 편집자였던 부하린은 '구 볼셰비키' 중 최고 원로였고, 가장 인기가 높았던 인물 중 한 명이었다. 레닌은 그를 당의 총아로 여겼다. 스탈린의 입장에서 보면, 마치 제거 대상이라고 적힌 표식을 달고 다니는 것과 같았다. 스탈린은 부하린을 재판에 회부하고 석방하고 다시 심문한 후 다시 재판에 회부하는 등 그를 가지고 장난을 쳤다. 부하린은 오랜 투옥생활을 하면서 심문과 자백, 저항과 항복을 상세히 묘사한 긴 원고와 편지들을 썼다.

부하린은 독일, 일본, 영국에 러시아 영토를 내주기 위해 레닌과 스탈린을 암살하려는 음모를 꾸민 혐의로 기소되었다. 터무니없는 혐의였기에 부하린이 자백했을 때 세계는 충격을 받았다. 그는 음모에 대해선 전혀 알지 못하지만, 긍정적이고 영속적인 국가는 소련뿐이며 소련을 위해서라면 자신은 기꺼이 죽을 수 있기에 음모에 대한 모든 책임을 그대로 받아들인다고 썼다.[46]

부하린은 감옥에서 스탈린에게 감정에 호소하는 7쪽짜리 장문의 편지를 썼다. 편지에서 그는 무엇보다도 군말 없이 처형을 받아들일 테니 굴욕적 재판은 피하게 해달라고 요구했다. 그는 용서를 구하고 가족과 작별할 기회를 달라고 간청했다. 그러고는 몇 페이지 뒤에 자신이 살 수만 있다면, 삶의 행로를 바꾸고 스탈린을 위해 계속 일하겠다고 약속했다.

> 단도직입적으로 말하고자 합니다. … a) 나는 자백을 철회할 의향이 없습니다. b) 나는 당신에게 어떤 요구도 하고 싶지 않으며, 상황을 바꾸거나 현 방침에서 상황을 타개해주기를 간청할 생각도 없습니다. 하지만 나는 당신의 개인적인 통지를 받고자 편지를 쓰고 있습니다. …
> 나는 조사 과정에서 자백한 범죄에 대해 무죄임을 명예를 걸고 맹세합니다.[47]

이어지는 재판에서 부하린은 처음에는 자백하는 듯 보였다. "볼셰비즘의 입장을 버리는 것은 반혁명적 강도질에 편승하는 것을 의미합니다. … 나는 조국 앞에, 당 앞에, 전 인민 앞에 무릎을 꿇습니다. 내 범죄는 헤아릴 수 없을 정도로 극악무도합니다."[48] 그리고는 갑자기 말을 바꾸어 비꼬듯 이야기했다. "난 내가 알지도 못하는 범죄 혹은 전혀 생각해 보지도 못한 범죄마저 책임지고자 합니다."[49]

아서 쾨슬러가 쓴 『한낮의 어둠』의 등장인물 루바쇼프는 부하린을 상대로 한 심문과 그의 모순적인 자백 사건을 살짝 반영한 인물이다. 쾨슬러는 소련 심문관의 기술을 노련하게 포착하고 당의 무오류성에 대한 피고의 믿음을 설명한다. "당은 절대 잘못을 범할 수 없어." 루바쇼프가 말했다. "자네와 나는 실수할 수 있지만, 당은 절대 실수하지 않아. 동지, 당은 자네와 나 이상의 존재야. ··· 당은 역사적인 혁명적 사상의 화신이야." 루바쇼프는 이 문제를 곰곰이 생각하고는 중얼거린다. "개인은 아무것도 아니고 당이 전부였어. 나무에서 부러진 가지는 시들 수밖에 없는 거야."[50] 소설 속 인물 루바쇼프의 진술은 1936년 부하린의 당에 대한 논평을 반영한다. "누구든 발전은 항상 앞으로 전진한다는 믿음에 의해 구원받는다. 마치 바닷가로 흐르는 시내와 같다. 누구든 시내 밖으로 몸을 내밀면, 완전히 밖으로 떠밀려 나간다. ··· 시냇물은 가장 힘든 곳들을 지나치기 마련이다. 하지만 시냇물은 가야만 하는 방향으로 계속 흐른다. 그리고 그 흐름 속에서 인민은 성장하고 더 강해지며, 새로운 사회를 건설한다."[51]

소련은 어떻게 죄수들을 자백하도록 설득했을까? 우리는 방대한 역사적 기록에서 파블로프의 흔적을 발견한다. 죄수들은 자백하면 더 좋은 음식을 받았고, 더 좋은 감방에 수감되었다. 심문관들은 죄수들의 당원으로서의 양심과 가족에 대한 걱정을 건드렸다. 만약 이러한 방식이 전혀 먹혀들지 않으면, 강력한 다음 단계로 저항하는 죄수에게 한 번에 몇 주간 독방 감금을 시키고, 수면을 박탈했다.

눅눅한 감방에 격리되어 있던 죄수들은 생매장된 기분을 느꼈다. 죄수들은 대개 밤에 심문을 받았으며, 구타와 고문을 받기도 했다. 기록보관소에서 발견한 일부 자백서에는 혈흔이 남아 있다.[52] 심문은 예측할 수 없었다. 때로는 다행히도 짧았고, 때로는 48시간 동안 지속되었다. 심문받은 수감자들은 감방으로 풀려났다가 잠시 후 다시 불려와 또다시 심문을 받을 수도 있었고, 며칠 후에 다시 소환될 수도 있었다. 지속적인 수면 박탈에 죄수들은 당혹감과 혼란을 겪고 무감각해졌다. 생존자들은 영혼을 짓누르는 수면 박탈의 압박감에 대해서 언급한 바 있다.[53]

심문관의 행동과 태도는 일관성이 없었다. 온화한 태도를 보이고 걱정해 주기도 하며 관대한 처벌과 좋은 음식과 석방을 약속하기도 했고, 아니면 별안간 고함을 치기도 했다. 고문을 받는 동안 다른 수감자들의 비명 소리가 들리는 곳에서 심문이 진행되었다. 심문은 몇 달 동안 계속되었다가 중단되기도 했다. 생존자들은 50~60번의 심문을 받고 수면을 박탈당한 이후 혼미한 상태에 빠졌다고 증언했다. "한 인간이 자동화 기계처럼 돼버린다. … 이 상태에선 종종 자신이 유죄라고 확신하기까지 한다."[54]

사소한 생각이나 행동에 대한 죄책감도 사실 여부에 관계없이 중대한 자백의 토대가 될 수 있다. 종교재판에서처럼, 죄수들은 당이 이유 없이 사람들을 체포하지 않으니, 자신들이 했을 말이나 저질렀을 행동을 다시 생각해 보라는 말을 듣게 된다. 윌리엄 사건트는 이렇게 썼다. "죄수는 어떤 사소한 부분에 대해서든 자가당착에 빠질 때까지 반대심문을 받는다. 이때 반대심문은 죄수를 후려치는 몽둥이로 이용된다. 그렇게 뇌는 정상적인 기능을 멈추고, 붕괴되고 만다. 결국, 기존 사고 패턴이 억제되면서 높은 피암시성 상태에 놓여, 상대가 바라는 대로 쉽게 자백하기로 서명하고 자백하기에 이른다."[55]

부하린은 감옥에서 하소연하듯이 이렇게 썼다. "이렇게 계속 지낼 수는 없다. 곧 다리가 부러질 것만 같다. 조작된 상황을 견딜 수 없다. 이런 상황에선 말할 수 없다. 눈물을 터뜨리고 싶지도 않고 기절하거나 참지 못해 히스테리를 부리고 싶지도 않다."[56] 또 다른 피고인은 목덜미를 잡힌 채 질질 끌려 다녔고, 목이 졸렸으며, 고무막대로 두들겨 맞았고, 5주 동안 고문을 당했으며, 그런 시련을 겪는 동안 하루에 겨우 2~3시간밖에 자지 못했다고 토로했다. "그들은 자백을 받아내기 위해 내 목을 뽑아버리겠다고 위협했다."[57]

소련의 수법은 종교재판과 러시아 제정 체제의 비밀경찰이 사용한 기법과 유사하지만, 파블로프의 각본에 근거해 개선된 것으로 보인다. 죄수에게 모순된 정보 공세를 퍼붓고 죄의식과 불안감을 심어준 후에는 자백을 쉽게 받아낼 수 있었다. 죄수들은 영양실조와 수면 부족, 극심한 불안으로 인지 기능이 크게 떨어지면, 쉽게 자백했다. 이 지경에 이르면, 죄수들은 구원을 받는 수단으로 처벌을 원했다.

한 숙청 피해자는 심문 과정을 생생하게 묘사했다. "나는 지난 10년 동안의 일들을 머릿속으로 되짚어 보았다. 개인적으로 접촉했거나 편지를 보낸 사람들 모두를 생각했다. 갑자기 오랫동안 잊고 있던 한 사건이 떠올랐다. … 맙소사! '바로 그랬었지!' 하고 생각했다. [당시 심문관이 말했다] '다시 집에 갔다가, 모레 돌아와. … 언제 적과 처음 접촉했는지, 무슨 생각으로 적의 편에 서게 됐는지 말하시오. 당신이 기꺼이 자백하고 다시 충성스러운 소련 지지자가 되고 싶은 마음을 우리에게 보여준다면, 우리는 최선을 다해 당신을 도울 거요.'[58]

스탈린은 심문과 재판을 지휘했다. 자백할 생각이 없어 보이면, 스탈린은 심문관들에게 고문의 강도를 높이라고 충고했다. "이 신사를 쥐어짜서 자신의 더러운 일에 대해 자백하도록 강요할 때가 되지 않았나? 그자는 어디 있나? 감옥에 있나 호텔에 있나?"[59] 스탈린은 검사에게도 충고했다. "[피고인들]이 말을 너무 많이 하게 하지 마시오. 그자들, 입 다물게 하시오. … 그자들, 떠들게 그냥 놔두지 마시오."[60] 스탈린은 비밀경찰의 주위를 서성이며 반복적으로 위협했다고 한다. "당신, 자백을 받아내지 못하면, 모가지 날아갈 줄 알아. 알겠어?"[61]

많은 수감자들은 자신들의 삶을 성장 과정, 소양, 결점 등에 걸쳐 광범위하게 비판하는 글을 작성해야 했는데, 이는 1950년대 한국과 중국에서 사용된 심문 기술의 예고판이었다. 심문관들은 수감자의 자아비판 글을 읽은 후 불충분하다며 수감자에게 처음부터 전부 다시 쓰라고 명령했다. 수감자들은 정확히 무엇에 대해 써야 하는지, 심지어 정확히 무슨 이유로 자신들이 기소됐는지조차 듣지 못한 채 자신들이 체포된 이유에 대한 가설을 세워야 했다. 수감자가 감금과 정신적 혼란과 고문의 공포 속에서 자신이 아주 사소한 일이라도 반국가적인 행위를 저지른 것은 아닌지 의심하는 것은 당연했다. 그런 사소한 일을 자백하면, 수감자는 그 정도론 충분치 않다는 말과 함께, 스스로 자기 마음을 낱낱이 뒤져 다른 반국가적인 행동들을 찾아내야만 한다는 말을 들었다.

　어떤 수감자들은 국가의 적들과 교류한 일은 인정했지만, 반국가적 행동을 한 일은 부인했다. 심문관들은 국가의 적들과의 교류가 사교적인 만남에 불과한 것이라 해도 적의 사기를 높이는 데 기여했다고 대답했다. 죄수는 이런 말을 들었다. "자, 어서 자백해. 넌 스파이와 연루되어 있어. 넌 분명 스파이야" 뒤이어 심문관은 무심한 듯한 태도로 다음과 같은 말을 꺼내 죄수를 혼란스럽게 만들었다. "우리는 네 자백이 필요해. 아무도 네 정체를 알 수 없을 거야. 넌 당이 뭉개버릴 해충에 지나지 않거든."[62]

　심문관들은 피고인의 자백 증언들을 자세히 열거하며, 죄수들에게 질문할 목록을 제시하고 허용되는 답변을 규정했다. 피고인들은 마지막 순간까지 당황하지 않게 대본을 암기하라는 지시를 받았다.[63] 재판은 검찰이 지시한 대본에 따라, 치밀하게 짜인 안무에 따라 진행되었다. 오랫동안 훈육을 받아 당에 헌신하도록 조건화된 당원들은 목숨을 바칠 각오가 되어 있었다. 자백 의식(儀式)이 필요했다. 재판의 무대 연출은 피고인들이 증언의 여러 부분을 진술하는 동안 시선 처리를 어떻게 해야 하는지까지 확장되었다.[64] 한 재판 기록을 보면, 검사 비신스키는 피고인 레프 카메네프(Lev Kamenev)에게 대사의 단서를 읊어 주었다.

　　비신스키: 1933년, 당신이 글로 당에 충성을 표명한 논설과

진술에 대해 어떻게 평가해야 합니까? 기만행위였나요?

카메네프: 아닙니다. 기만행위보다 더 나쁩니다.

비신스키: 배신행위입니까?

카메네프: 배신행위보다 더 나쁩니다.

비신스키: 기만행위보다 더 나쁘고 배신행위보다 더 나쁘다는 건 무슨 말입니까, 반역인가요?

카메네프: 바로 그렇습니다.[65]

이러한 자백은 터무니없는 내용들로 가득했다. 한 죄수는 1932년 코펜하겐의 브리스톨 호텔에서 트로츠키의 아들과 음모를 모의했다고 증언했다. 문제는 그 호텔이 1917년에 철거되었다는 점이었다. 심문관들은 피고가 죄상을 인정할 범죄를 만들어냈지만, 있지도 않은 만남의 세부 내용을 짜 맞추기 위해, 만남을 가졌을 법한 코펜하겐의 몇몇 적당한 호텔들의 이름뿐만 아니라, 피고의 행적을 숨길 수 있을 법한 오슬로의 호텔 이름도 외무부에 요청했다. 재판 준비 과정에서 심문관들이 미끄러져 넘어지는 바람에 실수로 자료 목록이 뒤죽박죽 뒤섞였다. 결과적으로 심문관들은 피고인에게 존재하지도 않는 호텔(당시 오슬로에는 호텔 브리스톨이 있었다)에서 있었던 허구의 만남을 자백하라고 지시했다.[66] 피고는 지시에 따라 증언했다.

사람들은 때로는 자백을 했다가 철회하기도 했다. 이런 경우 재판은 잠시 휴정에 들어갔고, 죄수는 다시 자백할 때까지 고문을 당했다. 한 저명한 피고인은 다시 법정에 출석해서 법관에게 말했다. "어제, 순간적으로 극심한 수치심에 사로잡혀 차마 제가 죄를 졌다고 말할 수 없었습니다. … 저는 제게 개인적으로 제기된 모든 가장 심각한 혐의에 대해 전적으로 완벽한 유죄임을 인정하고 저의 대역죄와 배신 행위에 대해 전적인 책임을 수용한다는 저의 진술을 기록해 줄 것을 법원에 요청하는 바입니다."[67]

법원은 피고의 협조적인 태도를 높이 평가하면서도 처형을 멈추지는 않았다.

어떤 이들은 자신의 일생을 이끌어준 북극성과 같은 당을 향한 충성심과 존경심 때문에 자백했다. 이들의 항복은 평생 당 앞에서 보인 자기 비하 패턴의 다음 단계일 뿐이었다. 자신들이 사랑하는 당한테 기소당했고, 고발당한 범죄는 무죄였기에 절망에 빠질 수밖에 없었다. 그들의 입장에서 자백은 당을 위한 최후의 희생이었다. 당의 지혜를 의문시할 사람은 누구인가?[68] 대외무역인민위원인 아르카디 로젠골(Arkadii Rozengol)은 최후 진술에서 이렇게 선언했다. "이토록 일에 열정을 다하고, 이토록 행복하고 즐거운 웃음을 들을 수 있는 나라 … 사랑이 이토록 찬란한 나라는 지구상에 어디에도 없습니다. 그러니 나는 말합니다, '안녕, 나의 사랑하는 조국이여!'"[69] 오랫동안 중앙위원회 위원이었던 경제행정관 게오르기 프야타코프(Georgy Pyatakov)는 유죄를 인정하며 엎드렸다. "나는 오물을 잔뜩 뒤집어쓰고 뭉개지고 내 죄과로 모든 걸 박탈당하고 당을 잃고 친구도 잃고 가족도 잃고 나 자신도 잃은 채 여러분 앞에 서 있습니다."[70]

역사학자 유리 슬레즈킨(Yuri Slezkine)은 이러한 자백과 스탈린의 관계가 욥의 이야기에서 신의 관계와 섬뜩하게 닮았다는 점을 예리하게 지적했다. 무죄 항변은 스탈린의 희생자들과 마찬가지로 욥에게도 헛된 일이었다. 유일한 탈출구는 회개와 신의 지혜에 대한 믿음뿐이었다. "지파의 일부 구성원은 칼에 찔려 죽거나 들짐승에게 잡아먹히거나 전염병으로 죽게 될 것입니다. … 그러나 지파는 무슨 일이 있어도 승리할 것입니다."[71] 종교와 강압과 자백 간의 이러한 독특한 반향은 20세기 세뇌의 발전에 늘 따라붙었다.

◯

소련은 기존의 고문 기법에다 극심한 스트레스, 수면 박탈, 그리고 보상과 처벌을 세심하게 이용함으로써 행동을 빚어낼 수 있다는 파블로프의 통찰력을 더했다. 심문관들은 지치고, 혼란스러워하고, 반항적 태도를 보이고, 망각을 갈망했던 피고인들에게서 엉뚱한 자백을 성공적으로 받아냈다. 고문에 시달리고 거짓 자백을 했음에도 불구하고, 일부 피고인들은 여전히 공산주의 신앙을 확고히 믿으며 죽어갔다.

혼란에 빠진 세계는 소련이 새로운 강력한 설득 무기를 손에 넣었다고 생각했다. 제2차 세계대전이 임박하면서 독일군과 연합군 모두

이에 대해 우려했다. 독일군과 연합군은 그와 같은 강력한 심문으로부터 아군을 어떻게 보호할 수 있을까? 반대의 질문 역시 똑같이 설득력이 있었다. 어떻게 이러한 기술을 적을 심문하는 데 사용할 수 있을까? 전쟁이 시작되자 정부는 어두운 설득을 위한 지름길을 찾고자 약물로 눈을 돌렸다.

제 3 장

약물을 이용한 정보 추출
제2차 세계대전과 군대

순응하지 않는 인적 정보원(情報源)으로부터 정보를 추출하는 데
성공할 수 있다고 약속하는 모든 기술은
사실상 첩보 작전에서 관심의 대상이 된다.
미국 중앙정보국, 1993

스탈린의 세 번째 여론조작용 공개재판은 제2차 세계대전이 시작
되었을 때도 끝나지 않은 상황이었다. 군부는 일부러 관심을 갖고 재
판을 지켜보고 있었다. 소련은 무고한 사람들이 자신의 목숨을 희생
해서라도 범죄를 자백하도록 설득하는 새로운 기술을 개발했을까?
이러한 수법을 이용해 적을 훨씬 더 효율적으로 심문할 수 있을까?
제2차 세계대전이 발발했을 때 심문과 관련한 이런 질문은 더는 가
상의 이야기가 아니었다.

군은 파블로프의 기술이나 고문보다 더 빠른 효과를 보이는 강압
적인 설득 도구를 원했다. 수면 박탈과 불안이 포로의 저항력을 떨어
뜨릴 때까지 기다리기보다는 약물로 적을 꾀어 군사 기밀을 캐낼 수
있기를 바랐다. 파블로프는 불안을 치료하는 데 19세기에 처음 합성
된 브롬화물을 사용했다. 하지만 브롬화물은 반감기가 길고 독성이

쉽게 쌓였다. 나치와 연합군은 모두 효과가 더 좋은 것을 찾기 시작했고, 산과학(産科學)과 정신의학이라는 뜻밖의 경로를 통해 목적을 이룰 수 있었다.

이런 걸 보면, 대부분의 의학은 우연의 결과다. 발견은 예측할 수 없을 뿐만 아니라 새로 발견된 약물은 예상치 못한 방식으로 이용되는 경향이 있다. 심문용 약물은 원래 완전히 다른 의료 목적으로 개발되었으나 전쟁 중에 전혀 다른 용도로 사용되었다.

1853년 의사 존 스노우(John Snow)는 일곱 번째 아이를 낳는 빅토리아 여왕의 산통을 줄이기 위해 클로로포름을 사용했다. 《랜싯(Lancet)》의 한 사설은 "위험한 관행"의 무책임함을 비판하면서 "이 나라의 특정 사회 계층은 왕실의 사례를 너도나도 따르고 있다"고 경고했다.[1] 여왕은 실제로 유행의 선도자였기에, 산고를 겪을 때와 분만 시에 마취제 사용이 급증했다. 클로로포름 마취의 위험성에 대한 사례 보고가 점점 더 많아졌지만, 일부 다른 관찰 결과가 나와 군(軍)의 관심을 끌었다.

클로로포름은 안전하게 투여하기 어렵기 때문에 출산을 위해 다른 약물을 찾았다. 의사들은 통증을 완화하고 통증의 기억을 없애주는 복합 약물로 눈을 돌렸다. 이상하게 들릴지 모르지만, 오늘날에는 대장 내시경과 외래 수술 시에도 유사한 복합 약물들이 일상적으로 투여된다. 감정과 기억마저 차단된다면 마취를 깊게 할 필요는 없을 것이다. 마취약을 이용해 '최후의' 통증을 없애고 통증에 대한 기억을 차단해서, 환자가 통증을 기억하지 못하면 통증이 실제 "발생"했다고 할 수 있을까?

20세기 초, 독일 프라이부르크의 산부인과 의사들은 분만의 고통을 줄이려는 목적으로 스코폴라민과 모르핀의 사용을 체계화했다. 《영국의학저널(British Medical Journal)》이 스코폴라민과 모르핀의 사용을 긍정적으로 평가한 부분을 보면, "[프라이부르크에서] 개발된 진정한 소위 '반마취 상태(황혼의 수면)'와 우리 대다수가 자유롭게 되는 대로 처치해 온 통상적인 치료 간에는 엄청난 차이가 있다."[2] 이 프라이부르크 처치법은 효과가 매우 뛰어나 일부 산모는 출산 당시 아기가 태어난 것도 기억하지 못했기 때문에 놀라움으로 신생아를 맞이했다. 독일 의사들은 이러한 처치를 되머슐라프(Dämmerschlaf) 또는 반마취(twilight sleep)라고 불렀다.[3] 안전성에 대한 우려와 신이 부여한 분만의 고통을 없애는 짓은 옳지 않다는 종교계의 반발이 지속적으로 제기됐음에도 불구하고 독일 의사들의 기술은 국제적으로 빠르게 퍼져나갔다.[4]

1916년 텍사스주 댈러스 근처의 작은 마을에서 산부인과 의사 로버트 하우스는 반마취 처지를 받은 한 산모가 가정 분만을 하는 동안 흥미로운 관찰을 했다. "[아기가 태어났을 때] 우리는 아기의 무게를 재고 싶어 체중계를 가져오라고 부탁했다. 남편은 저울을 찾을 수 없다고 했다. 곤히 잠들어 있는 것처럼 보이던 아내가 목소리를 높이더니, '부엌에 저울 있어요. 사진 뒤 못에 걸려 있어요' 하고 말했다.

이 여성이 산고를 겪지 않았고, 아이를 언제 낳았는지 기억하지 못하면서도 귓결에 들은 물음에 정확하게 대답할 수 있다는 사실이 아주 인상적이었다. … 나는 [다른 반마취 상태에서의 분만 시에도] 예외 없이 산모가 [내 질문에] 늘 사실 그대로 대답하는 현상을 관찰했다. [이는] 내가 어떤 사람을 상대로 어떠한 질문을 던져도 진실을 대답하게 만들 수 있다는 사실을 증명해준다."[5]

조금은 비약적인 추론이었지만, 하우스 박사는 사람들에게 스코폴라민을 사용해 강제로 진실을 말하게 할 수 있으며, 스코폴라민은 수감자들의 무죄(또는 유죄)의 증명에 도움이 될 수 있다고 진정으로 믿었다. 스코폴라민을 증언 평가의 중요한 도구로 여긴 박사는 "통계적으로 체포된 사건의 3분의 1은 오류로 보이며, 모든 유죄 판결이 사건의 사실에 의해 보증되는 것은 아니"라고 논평했다.[6]

하우스 박사의 설명에 따르면, 1922년 2월 댈러스 지방 검사는 두 명의 수감자에게 스코폴라민을 투여할 것을 요청했다.[7] 스코폴라민을 투여받은 한 죄수는 특정한 범죄를 시인했지만 다른 범죄에 대해서는 부인했다. 또한 은행을 강탈했던 갱단의 일원을 지목했다. 이전에는 거부했던 일이었다. 그의 증언은 스코폴라민이 진실을 성공적으로 유도해낸다는 걸 증명한 것으로 여겨졌다. 스코폴라민을 투여받고 인터뷰를 하고 난 이튿날, 죄수는 하우스 박사에게 글을 남겼다. "질문은 기억나는데 그때 어떻게 대답했는지 모르겠어요. 제가 뭘 말했는지 하나도 기억나지 않아요. 의식을 되찾은 후에 저는 실험

중에 가끔 들을 수 있었던 어떤 질문에도 대답하고 싶은 욕망을 느꼈다는 걸 깨닫게 됐어요. 질문을 받으면 제 마음은 대답하려고 실제 사실에 집중하는 것만 같았고, 저는 대답을 꾸밀 어떠한 의지도 없이 자발적으로 말할 것만 같더군요."[8] 살인 혐의로 재판을 곧 받게 될 다른 수감자는 스코폴라민을 투여받고 나서도 단호하게 결백을 공언했다. 실제로 그는 결국 무죄를 선고받았다.

뒤이어 다른 사례들도 나타났다. 앨라배마주에서 한 무리의 도끼 살인자들이 약물을 투여받은 후 자백했다.[9] 오클라호마에서 수십 년간 수감생활을 하던 두 사람은 스코폴라민을 투여한 뒤 뒤늦게 밝혀진 사실 덕분에 석방되었다.[10] 하지만 미심쩍은 사례들도 있었다. 하와이의 한 운전사는 스코폴라민을 투여받고 인터뷰를 하던 중에 살인과 납치를 했다고 자백했다. 그러나 이후 두 번째 인터뷰에서는 자신의 자백을 철회했다. 그 사이에 경찰은 실제 범인을 검거했다.[11] 그럼에도 불구하고 언론은 스코폴라민을 진정한 "진실 혈청"이라고 호들갑을 떨었다.

심문 도구로 "진실 혈청"을 탄생시킨 것은 산과학만이 아니었다. 정신의학도 있었다. 1870년대, 독일의 의사 카를 칼바움(Karl Kahlbaum)은 말을 못하고 정신이 혼미 상태에 있으며, 주변 환경과 교감하지 못하는 중증 정신병 환자들에 대해서 묘사했다. 이들은 때로는 공간을 응시하거나 얼어붙은 듯 부자연스러운 자세로 꼼짝하지 않거나 일정한 율동으로 움직이며 어색하게 걸음을 옮겼고, 말을 하더라도 횡설

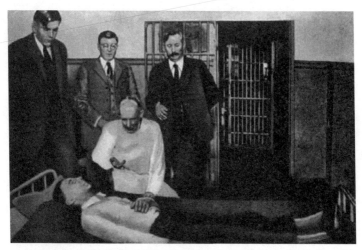

1922년 댈러스 카운티 교도소에서 로버트 하우스가 한 수감자에게 진실 혈청을 투여하는 동안, 검사와 주 상원 의원과 보안관이 지켜보고 있다. (출처: Emilio Mira y Lopez's *Manual of Juridical Psychology* [1932].)

수설하는 경우가 많았다.[12] 칼바움은 이 장애를 '긴장병(catatonia)'이라고 불렀다.[13] 치료에도 문제가 있었다. 환자들은 먹지도 마시지도 않았기 때문에 튜브를 통해 먹여줘야 했다. 20세기 초에는 긴장병 치료약은 브롬화물과 아편제뿐이었다.

바르비투르산염은 1864년에 최초로 합성된 진정제 화합물이지만, 의료용 진정제로 사용되기까지는 40년이 더 걸렸다.[14] 흡수율과 효과 시간이 다른 바르비투르산염 화합물이 수없이 많았던 것이다.

1930년 위스콘신 대학교의 윌리엄 J. 블레크벤(William J. Bleckwenn)은 흥미로운 논문을 발표했다. 마취제로 바르비투르산염을 시험하고 있던 블레크벤은 바르비투르산염의 하나인 (아미탈이라고도 하는) 아모바비탈이 긴장병 치료에 효과가 있을지 궁금해했다. 정신과 환자 50명에게 정맥 주사로 아모바비탈을 투여하자 몇 분 만에 심한 초조함이 잦아드는 효과가 나타났다. 그뿐만이 아니었다. "몇몇 사례의 경우 환자가 잠들기 직전 1~2분 동안 의식이 명료해지는 시기가 있었다. 이 짧은 시간 동안 환자는 이성적이었고 자신의 상태를 완벽하게 이해했다. … 초기 수면기가 지나자 환자는 몽롱해 보였다. [하지만] 환자들은 다른 사람들에게 질문을 하기도 하고 대답도 했다. 이들은 축구 점수, 질병의 지속 기간, 그리고 가족 및 친척에 관해서 이야기하고 영양분을 섭취했다. 여러 환자들이 빠르게 회복됐다."[15]

진정제를 투여하면 무기력한 환자가 더 악화할 것이라고 생각했을 수도 있지만, 역설적으로 긴장병 환자는 진정제 주사를 맞은 후에 "생기를 띠었다." 긴장병이 시사하는 바는 환자가 겁에 질려 얼어붙었을 때, 바르비투르산염의 진정 효과가 환자를 "해동"하는 듯하다는 것이다. 정맥 내 바르비투르산염 투여로 긴장병을 치유한 일은 정신의학 사상 기적에 가까운 발견이다.[16]

아미탈은 다른 정신질환의 치료에도 기적적인 효과가 있는 것으로 밝혀졌다. 환자들은 때로 익숙한 환경에서 도망쳐 기억을 완전히 잃어버리는 삶의 시련에 봉착하기도 한다.[17] 이 상황을 시적으로 "둔주(遁走)" 또는 도피라고 한다. 초기의 한 정신의학자는 이러한 환자들의 상황을 "부모로부터 떨어졌는데 자기 신상을 알지 못하는 어린아이가 처한 곤경"과 유사하다고 설명했다. 그는 실연이나 탈출구가 없는

재정적 어려움이 공통적인 촉발 요인이라고 보고했다.[18]

　오늘날 둔주는 일반적으로 심인성 기억상실증 또는 해리성 기억상실증이라고 한다. 이 장애는 보통의 건망증보다 훨씬 더 심각하다. 사람들은 자기 이름이나 직업, 거주지 또는 가족을 기억하지 못할 수 있으며, 새로운 정체성을 가지고 몇 년 동안 방황할 수도 있다. 이 기억상실증은 머리 부상이나 약물로 인한 결과가 아니라 심한 스트레스에 대한 반응으로 갑자기 발생하는 경우가 많다.[19] 둔주는, 특히 환자가 갑자기 자신의 정체성을 회복하는 장면은 신문이나 영화에서 끊임없이 등장하는 소재이다. 신문은 일반적으로 "'진실 혈청'으로 되살아난 기억상실증 환자의 기억", "기억을 잃은 남자가 약혼녀와 재회하다", 혹은 "한 교사 또다시 사라져. 이번엔 버진 아일랜드에서"와 같은 헤드라인을 쓴다.[20] 대중매체에서는 자주 등장하지만, 둔주는 실제로는 드물다. 내가 본 수천 명의 환자 중에서 둔주 사례는 두 명밖에 없었다.

　기억상실이 심각한 정서적 고통을 반영한다는 전제하에 둔주 환자들은 최면 혹은 항불안제의 도움을 받기도 한다. 치료를 받고 며칠이 지나면 환자의 기억이 다시 명료해지기 시작한다. 그러나 가장 극적인 치료법은 아미탈 정맥주사이다. 이 약물을 투여하면 몇 분 안에 기억과 감정이 되살아난다. 그런데 흥미롭게도 최면과 아미탈 간에는 경계가 모호하다. 두 경우 모두 의사는 암시를 이용한다. 의사는 환자에게 아미탈 투여와 함께, 약물이 예전에 스트레스로 단절되었던 기억을 회복할 수 있도록 긴장을 풀어주는 효과가 있을 거라고 조언('암시')한다. 이렇게 볼 때, 아미탈만이 일종의 기억재생약으로 작용한다고 보는 것은 옳지 않다. 암시 자체도 중요한 역할을 한다.

긴장병과 둔주는 포탄 쇼크 또는 외상후스트레스장애(PTSD)로도 알려진 전투피로증에 비해 상대적으로 드물다. 고대로부터 현재에 이르기까지 전투는 늘 심리적 상처를 남겼다.[21] 제1차 세계대전 당시, 병사들은 강력한 무기와 정적인 참호전으로 전사했고, 수많은 병사들, 특히 참호에서 상대적으로 오래 복무한 병사들은 전장의 정신과적 사상자가 되었다.[22] 어떤 병사들은 탈영했고 어떤 병사들은 명령을 거부했고 어떤 병사는 제자리에 "얼어붙었다." 뚜렷한 뇌 손상이 없었음에도 불구하고, 실명이나 마비와 같은 신경학적 증상이 나타난 병사도 많았다. 제2차 세계대전 당시, 튀니지의 엘 게타르에서 철수한 병사들의 3분의 1이 정신과적 사상자였다.[23]

군 측은 전투피로증 피해를 입은 군인이 총알에 맞은 군인과 똑같은 사상자라는 것을 알게 됐다. 초기의 정신질환 치료는 휴식과 긴장해소가 정신적으로 불안정한 병사들의 회복에 도움이 되리라는 희망을 갖고 전선에서 철수하는 데 초점을 맞췄다. 하지만 병사들이 "정신 차리고" 전투에 복귀하도록 하기 위해 좀 더 강경한 접근 방식, 즉 강도 높은 훈련과 준(準)처벌 훈련을 사용하는 사람들도 있었다.[24] 포탄 쇼크를 치료하는 약물은 별로 없었다. 아편제와 브롬화물과 같은 기존의 약물은 독성, 부작용, 중독 위험, 그리고 불만족스러운 반감기 특성 때문에 한계가 있었다.

정신과 의사들은 환자들이 바르비투르산염 정맥주사를 맞으면 "비밀을 털어놓는" 것처럼 보인다는 사실을 관찰했다. 1932년 아이오와 출신인 정신과 의사 에리히 린데만(Erich Lindemann)은 이 약물주사를 맞고 수다스럽게 말이 많아졌다는 한 환자의 자기 보고를 다음과 같이 기술했다. "재밌는 건 제가 원래 말하려던 게 아닌 것들을 말하고 있다는 거예요. 뭐든 생각나는 대로 막 말하고 싶어져요. … 지금껏 이렇게 말해본 적이 없는 것 같아요. 그냥 말이 입에서 막 나와요. 제가 무슨 말을 하고 있는지 알다가도 모르겠어요. 조그만 감시자가 이젠 없는 것 같아요. 계속 말하고 또 말하게 돼요. 이성은 입을 다물라고 하는데 … 저는 말하고 모험을 해보고 싶은 기분이에요." 린데만은 이 약물이 환자들에게 평온함을 느끼게 하고 "보통 낯선 사람에게는 말하지 않는" 개인적 문제조차도 이야기하고 싶은 욕구를 준다고 지적했다.[25]

정신의학자들은 진실의 약물 자체를 찾고 있지는 않았으나 말을 못 할 정도로 정신질환 장애가 심한 환자들을 돕고자 약물 사용에 개방적이었다. 정신분석이 인간 행동을 이해하는 매혹적인 방법임이 입증되고 있었지만, 많은 정신의학자들은 정신분석의 속도에 조바심을 냈고, 정신분석이 주요 정신질환 환자에게 도움이 되는지 의문을 가졌다.

영국에서 정신의학자 스티븐 호슬리(Stephen Horsley)는 '지지적 정신요법'과 바르비투르산염 정맥주사를 결합한 "마취분석" 치료법을 기술했다. 때로는 여러—특별히 '세언스(séances)'라고 불렀던—회기 (session)에 걸쳐 약물 처치를 반복했다.[26] 호슬리는 바르비투르산염이 기억력을 향상시키고, "부끄러움과 어색함이 사라지면 환자는 '비밀이라고 느끼는' 정보를 자발적으로 제공하게 된다"라고 보고했다. 감동적인 사례 보고에서 호슬리는 프랑스에서 군복무를 하는 동안 반복적인 두주와 전쟁신경증으로 15년 동안 고통을 겪어온 제1차 세계대전 참전용사를 치료했다고 말했다. 호슬리는 이렇게 썼다. 이 약물을 사용하면 "의사는 통상적 방식으로는 한 달이 걸려도 얻을 수 없는 관련 정보량을 한 시간 만에 얻을 수 있다."[27]

바르비투르산염 정맥주사는 제2차 세계대전 당시 트라우마 치료에 가장 많이 쓰였다. 이 치료법은 소산(消散)●을 촉진하고 억압된 기억을 재경험하게 했다. 이 기법을 '마취암시', '마취분석', 혹은 '마취합성' 등등 어떻게 부르든 간에, 이 모든 개입은 약물로 인해 회복된 기억이 어떤 것인지를 깨닫게 했다. 이 기법은 전쟁의 공포에 휩싸인 수천 명의 군인과 민간인에게 사용되었다. 기억이 사실이 아닐지라도 강렬한 기억을 표현하는 것에는 카타르시스를 주는 무언가가 있었다.[28] '사실이 아닐지라도'라는 단서는 심문에 약물을 사용할 때 매우

● 정신적 외상 사건의 기억과 연합되어 있던 정서와 감정이 그 사건의 반복적인 경험이나 정신 치료를 통하여 방출되어, 깨끗이 제거되는 일.

중요했지만, 불안 장애를 겪는 군인을 돕는 것이 목적일 때는 회복된 기억의 진실성은 그리 중요하지 않았다. 하지만 약물을 써서 하는 심문에서 '진실'을 회복하려면, 약물 중독이 정확성을 보장하지 않는다는 사실과 씨름해야 한다.

로이 그린커(Roy Grinker)와 존 스피겔(John Spiegel)은 1943년 튀니지의 전장에서 '마취요법'을 생생하게 묘사한 바 있다.[29] 조시아 매이시 주니어 재단(Josiah Macy Jr. Foundation)에서 서둘러 제작한 이들의 논문은 의사들에게 전투피로증 치료 방법을 교육하려는 목적으로 미육군항공대 소속 군의관에 의해서 널리 배포되었다.[30] 논문의 저자들은 이 약을 기적의 약물로 설명하지는 않았지만, 환자가 일부 기억을 되찾고 정신과 의사의 도움을 받을 수 있을 만큼 이야기하는 데 도움이 된다는 것은 분명하다고 보았다. 일례로 자기 이름조차 기억하지 못하고 말도 못하는 보병 환자가 있었다. 의사들은 환자에게 바르비투르산염 정맥주사를 놓은 후 관찰한 내용을 이렇게 썼다.

환자는 떨지 않고 침대에 조용히 누워 있었다. 그때 그는 카이루완 패스(Kairouan Pass)에 있으며, 주변에 박격포탄이 떨어지고 있다는 말을 들었다. "포탄"이란 단어가 나오는 순간 그가 몸을 떨었다. … 그러더니 침대에서 벌떡 일어나며, "스티브! 스티브, 괜찮아?" 하고 소리쳤다. … 그러고는 휘청거리며 방 안을 돌아다니면서 뭔가를 찾았다. 가끔 그는 날아오는 포탄 소리를 들은 듯이 몸을 움츠렸다. 그러더니 두려움에 떨며 바닥에 웅크렸다.

"바로 그때 박격포탄이 날아들어 근처 참호에 떨어졌어요. 나는 쓰러졌지만, 얼른 일어나 참호로 향했어요. 거기에 군인 둘이 있더군요. 위쪽에 상사가 있었어요. 머리가 터진 채 죽어 있었죠. 다른 군인은 밑에 깔려 있었어요. 아직 숨이 붙어 있었지만, 가슴 한쪽이 찢어져 있었는데, 폐의 일부가 보였어요. 그는 울고 있었어요. 맙소사, 지금도 그의 울음소리가 들려요. 구역질이 났고, 기분이 엉망이었어요. 아무런 생각도 나지 않았어요. 몸이 떨려서 거의 움직일 수가 없었어요. 사방에서 포탄이 떨어지고 있었죠. 여전히 포탄 소리가 들려요. … 난 전선으로 돌아갈 수 없어요. 더는 못 참아요."

그 순간 환자가 한 손으로 두 눈을 가리고는 군의관의 어깨에 머리를 파묻었다. 그러고는 갑자기 웃으면서 말했다. "내 이름이 기억나요. 내 이름은 프 … 그리고 살던 곳도 기억나요. 맙소사, 내가 말할 수 있다니, 정말 기적이군요."[31]

○

산과학과 정신의학에서 내놓은 이러한 관찰 결과는 군 측에 큰 흥미를 불러일으켰다. 나치와 연합군 측 모두 심문을 용이하게 하는 약물의 사용 가능성에 크게 주목했다. 약물은 전통적인 심문보다 훨씬 더 빠르게 정보를 추출할 수 있는 방법이 될 수 있었다. 또한, 약물이 정말로 "진실"을 강요한다면, 약물의 사용은 심문 중에 발생하는 잘 못된 정보의 효과를 줄여줄 것이다.

포로수용소가 있던 다하우에서 나치 친위대 의사 쿠르트 플뢰트너(Kurt Plötner)는 생포한 적군이나 스파이를 심문하는 데 메스칼린●을 사용할 수 있을지 궁금했다. 라이프치히 대학교에서 의학 강사로 재직하고 있던 그는 휴직 중에 다하우 강제수용소의 의학 실험실에서 일했다. 플뢰트너는 수감자들을 대상으로 고산증, 저체온증, 말라리아, 새로운 제형의 청산가리 약물 등의 효과와 관련해 치명적인 실험을 했다.[32] 이에 덧붙여 진행한 연구 중 하나는 수감자들의 커피에 몰래 메스칼린을 첨가하고 반응을 관찰하는 것이었다. 어떤 수감자들은 현기증을 느꼈고, 어떤 수감자들은 화를 냈고, 어떤 수감자들은 나른해했다. 이후 플뢰트너가 "가장 은밀한 비밀"을 밝혀내고자 수감자들을 심문하자 조심성 없이 솔직하게 비밀을 털어놓았다. 다하우의 정보 보고서는 아주 간략했다. 플뢰트너는 수감자들에게 성적 환상과 간수들에 대한 분노에 대해서 질문했다. 그는 이렇게 썼다. "점잖은 수감자들은 심문 기간 내내 계속 점잖은 태도를 보였으나 … 정

● 선인장과(科) 다년초인 구슬선인장의 일종인 로포포라(Lophophora williamsii)의 화두(花頭) 페요테(peyote)에서 추출한 환각물질 약물.

신적 자제는 거의 없었고, 증오심과 복수심의 정서는 모든 경우에 드러났다고 말할 수 있을 것이다." 하지만 그는 메스칼린의 군사적 이용 가능성에 만족하지 않았으며, "심지어 가장 강력한 용량의 메스칼린을 투여하더라도 다른 사람에게 자신의 의지를 강요하는 것은 불가능하다"고 지적했다."[33]

나치가 메스칼린을 연구하는 동안, 미국전략정보국(Office of Strategic Services; OSS)은 전쟁 포로 심문을 위한 약물을 연구하기 위해 특별위원회를 소집했다. 이 그룹에는 저명한 학자, 정보국 관리, 그리고 다소 놀랍게도 연방마약국 초대 국장 J. H. 앤슬링거(J. H. Anslinger)가 있었다.

이 위원회가 잠재적 심문 약물로 마리화나를 잠정 승인했다는 점을 감안하면, 앤슬링거가 위원회의 위원인 것은 기묘한 일이다. 앤슬링거는 마리화나를 "젊음의 암살자"라고 부르며, 끊임없이 마리화나를 비판했던 자였다. 그는 이미 공식적으로 이렇게 표명한 바가 있었다. "모든 부모는 자녀에게 마리화나의 끔찍한 영향에 대해 말해 줄 의무가 있다. … 수 세기에 걸쳐 살인과 테러의 전과가 있어 온 이 적에 대해 지속적인 법집행과 함께 지속적인 반대 교육을 해야 한다."[34] 그러나 앤슬링거의 참여는 위원회 위원 및 연구결과에서 보인 많은 특이점 중 하나에 불과했다. 위원회에 뒤늦게 합류했던 정보요원 조지 H. 화이트(George H. White)는 자신이 작전 현장에서 터득한 기술을 위원회의 학자들과 공유했다. 화이트는 훗날 CIA의 가장 기괴한

Research & Development 4,840
x Drugs
x Interrogation SECRET
x Prisoners of War.

OFFICE OF STRATEGIC SERVICES

INTEROFFICE MEMO

TO: General Donovan   DATE: June 4, 1943

FROM: Mr. Allen Abrams, Acting Director, Research & Development

SUBJECT: Report on T.D.

On October 31, 1942, at the request of the Psychological Warfare Branch of M.I.S., the National Research Council activated a committee to investigate the feasibility of using drugs in the interrogation of Prisoners of War. Responsibility for the facilitation of the Committee's efforts was transferred from M.I.S. to the Office of Research and Development of OSS on January 1, 1943.

The committee consisted of Dr. Winfred Overholser (chairman), Professor of Psychiatry at George Washington University and Director of St. Elizabeth's Hospital, Washington, D.C.; Dr. John Whitehorn, Professor of Psychiatry at Johns Hopkins; Dr. Edward A. Stricker, Professor Psychiatry at the University of Pennsylvania; Dr. Lawrence S. Kubie, Associate in Neurology at the Neurological Institute, New York City; Mr. E. P. Coffy, Director of F.B.I. Laboratories, and J. H. Anslinger, Commissioner of Narcotics in the Treasury Department. More recently the committee has been assisted by Dr. Watson W. Eldridge of St. Elizabeth's Hospital and Captain George H. White and James A. Hamilton of OSS.

1943년 6월 4일, 전략정보국 메모 표지
(Record Group 226, entry 210, box 346, WN 13398, 미국 국립문서보관소)

LSD 연구 중 일부를 수행하게 된다.

위원회는 메스칼린이 군사적인 심문 도구로 유용할 것이라는 증거에 별 감흥을 받지 못했음에도 1943년 1월 필라델피아의 한 병원에서 자원한 세 명의 장교를 대상으로 메스칼린을 사용해보기로 한다. 이 약물은 긴장을 풀어주지도, 정보를 조금이라도 누설하게 만들지도 못했다.[35]

이후 위원들은 뉴욕시의 신경연구소에 입원한 군인들을 대상으로 투여량과 투여 방법을 달리해가며 마리화나를 시험했다. 마리화나를 액상 형태로 경구 투여했을 때 신체적 불편함을 유발했지만, 군인들은 기밀 정보를 누설하지 않았다. 다음으로 위원들은 위원회 직원들이 일하고 있는 방에 마리화나 증기를 분사하는 방법을 시도했다. 이러한 에어로졸 스프레이 방법이 어느 정도 효과가 있다고 판단한 이들은 마리화나가 들어 있는 담배를 피우는 방법을 실행했다. 이 방법도 유망해 보였다. "[이 방법은] 사람들을 책임감이 없는 상태로 만들고, 말이 많아지게 해 정보를 거리낌 없이 누설하게 했다. (정보 중 일부는 약물의 영향 없이는 누설하지 않을 정보로 보였다)."[36]

마지막으로 위원들은 지원자가 아니라 실제 상황에서의 피험자를 대상으로 현장 약물 연구를 의뢰했다. 1943년 5월, 그들은 이전에 여러 범죄 혐의를 자백하지 않았던 뉴욕의 갱스터인 리틀 어기(Little Augie)에게 담배에 마리화나를 몰래 넣어 주었다. 연구자가 보고했듯이, 실제로 "피험자는 자신이 경찰의 끄나풀이었던 적이 없다는 사실 그리고 몇몇 끄나풀을 죽이는 데 가담했던 사실을 자랑삼아 이야기했다." 하지만 리틀 어기는 두 개비의 담배를 피운 후 말을 늘어놓기 시작하더니, 여러 이름을 밝히고 연이어 장황하게 폭로했다. 무엇보다도 자신이 수년간 유명한 마약 단속반원에게 뇌물을 주어왔다는 사실, 동료(호크아이)가 도박 단속을 피하기 위해 식당 감독관에게 뇌물을 주어왔고, 두 명의 경관이 주류 사업자를 갈취해 오고 있다는 사실을 폭로했다.[37]

이러한 희망적인 관찰에도 불구하고 위원회는 마리화나가 진실의 약물로 사용될 가능성에 대해 많은 경고를 했다. 이를테면 약물에 대한 민감성은 개인차가 크기 때문에 투여량이 중요했다. 어떤 피험자들은 투여량을 적게 했을 때 기분 좋은 이완상태에 빠져들어 자유롭게 떠들어대며, "무분별하고 방종한 개인적 일화"를 말하기 시작했다.[38] 궁극적으로 위원회는 마리화나를 은밀하게 투여할 경우의 잠재적 능력에 주목했다. 하지만 은밀하게 투여해야 한다는 이런 발상은 이후 CIA가 후원하는 LSD 연구에서 참담한 결과를 초래했다.

한편, 군대 내의 다른 사람들은 암페타민을 심문 보조제로 단독으로 사용하거나 진정제와 함께 사용하는 것에 관심을 가졌다. 이 조합의 이론적 근거는 진정제가 이완을 유도하고, 암페타민은 수감자가 "생각할 시간이나 속임수를 꾸밀 시간"을 주지 않고 말을 거침없이 털어놓게 한다는 점이었다.[39] 한 탈영병에 대한 단일 사례 연구를 상세하게 다룬 초기 보고서에 따르면, 병사는 체포되자 내내 기억상실증을 겪었다고 주장했다. 메스암페타민을 투여하고 심문을 하자 병사는 처음에는 약물로 인해 말실수하는 일은 없을 거라고 장담하며 거만한 태도를 보였다. 그러나 약물이 효과를 보이자, "병사는 자신이 일말의 주저함도 없이, 생각도 조심성도 없이 말하고 있으며, 더 나쁜 것은 아무것도 하지 못하고 방관할 수밖에 없다는 걸 깨닫기 시작했다." 의사들은 의기양양하게 인터뷰에서 발췌한 내용을 제시하며, 환자가 실제로 모든 것을 기억하고 있음을 보여주었다.

질문: 당신의 첫 직장은 어디였나요?

답변: 음. 그릴이요.

질문: 거기서 얼마나 오랫동안 일했나요?

답변: 잘 몰라요 … 음 … 한 2개월쯤 ….”

질문: 사회보장카드는 없었나요?

답변: 물론 있었죠. 그게….

질문: 그 카드는 어디서 구했나요?

답변: 어디서 구하다니요? 우체국이죠.

질문: 우체국 직원이 묻지 않던가요?

답변: 물론 물어봤죠.

질문: 나이를 묻지 않던가요?

답변: 물론 물었죠, 하지만….

질문: 당신의 생일이 언제라고 말했나요?

답변: 1924년 5월 6일 … 오, 이런… [환자는 손을 빌며 울기 시작했고, "이제 그 사람들이 인정사정없이 나를 벌할 거야"라며 앞뒤가 맞지 않는 말을 중얼거렸다.][40]

진실 약물을 이용한 심문의 가장 유명한 사례로는 1945년 루돌프 헤스(Rudolf Hess) 부총통이 조사를 받았을 때 벌어진 사건을 들 수 있다. 그에 앞서 몇 년 전(1941년 5월 10일) 헤스는 메서슈미트 비행기를 훔쳐 스코틀랜드로 날아가, 영국군이 전쟁에서 물러나도록 설득하려고 했다. 그의 행실이 너무나 기이했던 터라 전쟁 기간 동안 정신병원에 수용되었다. 그곳에서 자살을 시도했고 지속적인 통증과 가려움증을 호소했으며 직원들이 자신에게 신경독과 "낙타의 선(腺) 분비물"을 먹이고 있다고 비난했다. 헤스는 식사할 때면, 행여 음식에 독이 들어 있지나 않을까 싶어 갑자기 경비원과 접시를 바꾸곤 했다. 또한 헤스는 영국인이 트럭을 몰고 병원 옆을 요란하게 지나다니면서 자신의 수면을 방해한다고 믿었다.[41]

하지만 헤스의 가장 두드러진 증상은 기억상실이었다. 심문을 받는 동안 그는 아무것도 기억나지 않는다고 주장했다. 헤스의 기억 결손은 대단히 이례적인 현상이었다. 기억에 일관성이 없이 오락가락했고, 기억 결손은 때로는 믿을 수 없을 만큼 너무 광범위했다. 예컨대, 헤스는 스키가 무엇인지, 셰익스피어가 누구인지 모른다고 주장했다. 수감자들은 심문을 빨리 끝내고자 기억력 문제를 자주 언급하곤 한다. 헤스는 단순히 꾀병을 부리며, 기억상실증을 가장한 것일까, 아니면 해리성 장애를 겪고 있었을까? 1945년 5월 17일, 헤스는 기억에 도움이 되는 아미탈을 처치 받은 후에 인터뷰하기로 동의했지만 유용한 정보는 밝히지 않았다.[42]

헤스는 이후 뉘른베르크 국제군사재판소에서 전쟁 범죄 혐의로 재판을 받았다. 그곳에서도 헤스는 계속 기억상실증을 주장했다. 격분한 로버트 잭슨 수석 검사는 또다시 아미탈 투여 인터뷰를 강요하려 했지만 헤스는 이를 거부했다. 이처럼 20세기에 가장 유명한 재판에서 증언을 강요하기 위해 심문 약물을 사용하려 했던 것이다. 예전에 헤스에게 아미탈을 투여했을 때 아무것도 밝히지 못했다는 점을 감안하면, 뉘른베르크에서 어떤 새로운 정보가 밝혀졌을지는 의문이다.

약물을 이용한 심문의 윤리와 밝혀진 정보의 진실성의 문제를 놓고 끊임없이 논쟁이 이어졌다.[43] 결국 미국에서 이 문제는 1963년 타운센드(Townsend) 대 새인(Sain) 사건에 대한 대법원 판결을 통해 해결되었다. 1954년 새해 첫날, 시카고 경찰은 찰스 타운센드를 강도와 살인 혐의로 체포했다.[44] 타운센드는 첫 심문 당시 심각한 상태의 헤로인 중독자였다. 그는 범행을 부인했다. 수감 중에는 금단증상을 겪었다. 한 교도소 의사가 페노바르비탈과 스코폴라민을 투여했더니, 금단증상이 완화되었다. 그 후 타운센드는 다시 심문을 받았고 이번에는 자백했다. 피고인과 시카고 경찰 모두 진술의 상당 부분에 동의했다.

하지만 타운센드는 경찰에게 폭행을 당했으며, 경찰이 자신이 자백해야만 의사를 불러 심한 금단증상을 치료해주기로 약속했다고 주장했다. 타운센드는 또한 약물을 투여받은 후에 어지럽고 졸렸으며 시야가 흐려졌다고 진술했다. 이후 잠이 들었는데 그다음 기억나는 것은 보석금 보증서라고 생각했던 문서에 서명한 것이었지만, 알고 보니 자백 조서였다고 주장했다. 이러한 타운센드의 주장에 대해 경찰은 부인했다.

시카고 배심원단은 타운센드의 유죄를 인정하고 사형을 선고했다. 몇 차례의 항소 끝에 대법원은 하급 법원이 자백이 이성적인 지성과 자유의지의 결과인지 아니면 강압에 의한 것인지 제대로 고려하지 않았다는 이유로 타운센드에게 유리한 판결을 내렸다.[45] 포터 스튜어트(Potter Stewart) 대법관은 "약물 투여로 유도된 자백은 형사재판에서 헌법상 용납될 수 없다"고 간결하게 말했다.[46]

헌법으로 금지된 것이든 아니든 간에, 약물 효과로 얻은 자백은 무고한 사람에게서 자백을 유도해낼 수 있기 때문에 신뢰할 수 없다는 사실은 여전히 변함이 없다. 어떤 사람들은 자신의 무의식에서 비롯된 것이든 아니면 심문관의 암시에서 비롯된 것이든 결코 일어나지 않았던 일들(일명 거짓 기억)을 기억하는 것처럼 보인다.

참 묘하게도 교황 비오 12세는 1953년 제6차 국제형법회의를 상대로 한 연설에서 같은 인식을 보였다. 교황은 마취분석(narcoanalysis)이 종종 잘못된 결과를 초래한다고 말하면서 조목조목 비판했는데, 이는 공산주의 치하에서 자행되는 강제 자백을 명확히 암시했다. 교황은 자신의 비판을 1100년 전에 만들어져 오랫동안 지속되어 온 정책인 강제 자백에 반대하는 교회 회칙에 결부시켰다.

사법 수사는 신체적·정신적 고문과 마취분석을 배제해야 합니다. 그 이유는 첫째, 피고인이 실제로 유죄라고 하더라도 자연권을 침해하기 때문입니다. 둘째, 너무 자주 잘못된 결과를 초래하기 때문입니다. 신체적·정신적 고문과 마취분석이 성공적으로 자백을 [받아내는 것]은 [피고인]이 실제로 유죄이기 때문이 아니라 고문으로 기진맥진해져 심문관이 요구하는 진술을 할 준비가 되어 있기 때문입니다. … 우리는 자백으로 진행된 널리 알려진 화려한 재판에서 풍부한 증거를 발견합니다.

약 1100년 전인 866년, 위대한 교황 니콜라오 1세는 자백을 강요해서는 안 되고, 자의로 해야 한다고 [주장했습니다]. 자백은 강제해서는 안 되고, 자발적 의사여야 한다는 겁니다. … 이후 오랜 세월이 흘러도 정의가 이 규칙에서 벗어나지 않았기를 우리는 바랍니다."[47]

심문과 관련해서 교황이 천사의 편에 서 있는 사이에 어떤 예상치 못한 인물들이 심문 약물 사용을 옹호했다. 1950년, 유엔 인권규

약이 입안되고 있을 때 예상치 못한 논쟁이 벌어졌다. 유엔 위원들은 "누구든 고문을 당하거나, 잔인하거나 비인간적이거나 굴욕적인 대우를 받아서는 안 된다"는 데 이미 동의하고 있었다. 당시 이집트의 위원인 A. M. 라마단(A. M. Ramadan) 박사는 공산주의 국가들과 프랑스에서 진실 혈청이 사용되고 있음을 언급하면서 자백을 받아내기 위해 사용하는 진실 혈청을 금지할 것을 유엔 인권규약에 포함하자고 요청했다. 놀랍게도 위원회 위원장인 엘리노어 루스벨트(Eleanor Roosevelt)는 라마단 박사의 동기를 높이 평가하면서도 "전체 실험 대상자들에 대한 정보가 아직 미미한 데다 특정 약물의 금지를 명시하

교황 비오 12세 (ⓒ DeA Picture Library / Art Resource, NY.)

는 것이 위험할 수 있다고 주장했다."[48] 결국 진실 약물의 금지는 문서에 포함되지 않았다.

○

이른바 진실 약물을 경험적으로 시험하는 것은 문제가 많다. 실험실 연구는 '가상 모델'로 확정적인 것은 아니지만 그래도 여전히 꽤 흥미롭다. 실험실 연구는 심문을 모의실험하지만, 예컨대 누설하지 않으려는 사안을 캐내기 위해, 포로에게 진실 약물을 투여하고 심문하는 상황에서 포로가 어떤 상황에 처하는지를 윤리적으로 재현할 수는 없다.

1924년, 뉴올리언스 기자들은 일련의 질문들에 대한 그릇된 답변을 열심히 암기한 다음 스코폴라민을 투여받고 나서 인터뷰를 했다. 허위 답변을 제시하려는 그들의 노력은 실패로 돌아갔고, 옳은 대답을 내놓았다.[49]

그렇다고 해서 이 연구가 약물이 실제 상황에서 효과가 있다는 걸 증명한 건 아니다. 사람들은 확실히 스코폴라민에 취했다. 하지만 이 약물이 말을 하도록 강제할 수 있을까? 더 큰 문제는 말을 할 때 진실을 말할까 아니면 그냥 허튼소리를 할까 하는 문제다. '술 속에 진리가 있다(In vino veritas)'는 옛말은 사람들이 술에 취하면 속마음을 드러내기 마련이란 걸 암시하지만, 실은 사람들은 술에 취했을 때 허튼소리를 내뱉기도 한다.[50] 또한 진정제를 복용한 환자는 질문자의 암시에 더 쉽게 반응해, 진실이 아니라 질문자가 원하는 답처럼 보이는 이야기를 할 수도 있다는 우려가 있다.

예일대학교의 한 연구팀은 다른 실험을 설계했다.[51] 연구자들은 '흥미로운 심리 실험'에 참여할 지원자를 모집한 후, 피험자들에게 정신과적 설문을 작성해달라고 요청했다. 어떤 피험자들은 '정상'으로 판정되었던 반면 다른 피험자들은 완벽주의나 성적(性的) 불안과 같은 다양한 정서적인 문제를 드러냈다. 첫 번째 연구자는 피험자에게 굴욕감이나 죄책감과 관련된 사건 한 가지를 이야기해 달라고 요청했다. 그런 다음, 연구자는 피험자에게 사건을 위장하기 위해 이야기를 꾸며내도록 하고, 두 번째 연구자가 질문할 때 사실대로 이야기하지 말라고 지시했다. 사건의 대략적인 주제(예컨대, '돈 문제')에 대해서만 들은 두 번째 면접관은 피험자들에게 아미탈을 투여했다. 피험자들은 실제 사건을 털어놓을까, 아니면 꾸민 이야기를 고수할 수 있을까?

인터뷰한 피험자 아홉 중 한 명(대학원생)은 재정적으로 궁핍한 부모가 저축한 교육비를 자기가 써버리고 있는 현실 때문에 죄의식을 느꼈다. 사실 정치적인 대의를 위해 부모의 돈을 쓰고 있었다. 하지만 여자 친구의 낙태 비용으로 돈을 써버렸다고 이야기를 꾸며냈다. 피험자는 아미탈을 투여한 상황에서 꾸며낸 이야기를 주장했고 실제로 자신이 부모의 돈을 어떻게 사용하고 있는지 밝히지 않았다.

다른 세 명의 피험자들은 꾸며낸 이야기를 고수했다. (즉, 아미탈은 진짜 비밀을 캐내지 못했다.) 이 세 사람은 피험자들 중에서 심리적으로 가장 건강하다고 여겨지던 사람들이었다. 다양한 정서적 문제를 지니고 있던 다른 여섯 명의 피험자는 꾸며낸 이야기를 계속 고수하는 데 어려움을 겪었다. 아미탈은 꾸며낸 이야기를 무너뜨리고 두 명의 피험자에게서 진실을 이끌어냈고, 나머지 네 명에게서는 진실을 부분적으로 밝혀냈다. 연구자들은 아미탈에 대한 민감성은 개인의 심리적 건강에 달려 있다고 결론지었다. "우리로 하여금 자백하거나 저항하도록 강요하는 본질적인 힘은 우리 안에 있다."

이후 연구자들은 예일대학교 연구를 독창적으로 확장했다. 연구자들은 건강한 대학생들을 피험자로 선정해서 정맥에 바르비투르산염, 알코올, 스코폴라민, 모르핀, 암페타민, 아트로핀, 그리고 메스칼린(어휴!)을 주사하고 이 물질들에 대한 반응을 반복적으로 테스트했다. 피험자들은 약물을 투여받기 전에 어머니의 이름처럼 개인적인 정보를 적고 인터뷰 중에는 공개하지 말라는 지시를 받았다. 그런 다음 연구조교가 그럴듯하게 들리는 군사기밀("군대가 화요일 오후에 도착할 예정이다")을 알려주었고, 이 정보 역시 밝히지 말라고 말했다. 마지막으로, 연구자들은 예일대학교의 '꾸민 이야기' 방법을 다시 이용했다. 피험자는 굴욕적인 사건을 떠올린 다음 그에 대해 새롭게 이야기를 꾸며 지어내라는 요구를 받았다. 4~8시간 동안 약물을 이용한 심문으로 연구자들은 피험자들로부터 정보를 캐내고자 했다. 피험자들 중 누구도 군사기밀을 털어놓거나 개인사의 내용을 밝히지 않았지만 두 명의 피험자는 자신들이 꾸며낸 이야기를 지키지 못하고 사실을 조금 털어놓았다. 결국, 확실히 인위적인 실험 상황의 맥락에서 진실의 약물은 학생들을 "반혼수상태, 약간의 정신착란, 공황 상태, 도취감에 빠뜨리거나 현저하게 말을 많이 하게 하거나 일시적인 해리 반응을 보이게 했지만" 설득력 있게 학생들의 "비밀을 밝혀내지는" 못했다.[52]

또 다른 아미탈 테스트는 뉴저지의 육군병원에서 시행되었다.[53] 여러 가지 군형법 위반 혐의를 받고 있던 병사들은 자신의 죄를 부인했다. 먼저 면담을 한 정신과 의사는 이들에게 아미탈 처치 심문을 받을 수밖에 없지만, 검사 중 밝힌 내용은 무엇이든 법정에서 사용할 수 없다고 말했다. 여기서 문제는 정신과 의사가 실제 범죄에 관한 진실을 확실히 캐낼 수 있을까 하는 것이었다. 이 연구는 대학생들을 대상으로 한 인위적인 실험보다 훨씬 더 실제 군 심문에 가깝다는 점을 유의하라. 정신과 의사는 아미탈 처치 심문을 하기 전에 수감자들과 친분을 쌓는 데 힘썼다. 더군다나 정신과 의사는 수감자에게 다짜고짜 범죄에 관해 묻기보다는 잠시 화제를 돌리며 "그 얘기는 나중에 하자" 따위의 말로 수감자를 안심시켰다.

이러한 노력에도 불구하고 아미탈의 효과는 신뢰할 수 없었다. 아미탈의 효과를 방해하는 흥미로운 특징이 있었다. 연구자들이 관찰한 바에 따르면, 의사와 환자 간에 좋은 관계가 형성되지 않으면 심문은 성공적이지 못했다. 그러나 우호적인 관계가 형성되더라도 협조를 이끌어내기 위해서는 많은 양의 아미탈이 필요했을 뿐만 아니라, 환자가 두서없이 중얼거리거나 오랫동안 엉뚱한 공상에 빠져들었기 때문에 정확성이 떨어졌고 대화는 갈팡질팡했다. 이보다 훨씬 더 중요한 사실은 연구자들이 지적했듯이 "날짜와 특정 장소에 관한 증언은 환자의 시간 감각 상실로 인해 신뢰할 수 없고 종종 모순된다는 점이다. 이름과 사건들은 진실성이 의심스럽다. 환자들은 실제로 진실을 숨기려는 의도 없이 모순되는 진술을 하는 경우가 많았다."

심문에 이용된 약물에 대한 고전적인 고찰에서 정신의학자 루이스 고트샬(Louis Gottschalk)은 몇 가지 중요한 교훈을 지적했다.[54] 먼저 심문에 이용되는 약물의 효과가 단지 약리학적 속성 때문만은 아니라는 점을 강조했다. 많은 사람들이 위약(僞藥)에 반응한다. 약물이 통증을 완화하거나 진실을 말하게 하는 등 특정 효과가 있을 거라는 말을 들을 경우, 약물이 비활성 상태일지라도 30퍼센트의 사람들은 그 효과를 경험한다. 또한, 약물을 투여하는 방법도 매우 중요하다. 위협적이지 않은 방식으로 (적어도 처음에는) 저용량을 투여하는 게 피험자의 경계심을 누그러뜨리는 데 도움이 된다. 고트샬은 폭발성 있는 주제에 관한 이야기를 섣불리 꺼내면 실패할 수밖에 없다고 경고하기도 했다. 적어도 피험자가 어느 정도 신뢰감을 느낄 때까지는 비교적 가벼운 문제에 인터뷰의 초점을 맞추는 게 훨씬 더 생산적인 결과를 얻을 수 있다는 이야기였다.

또 다른 논문에서 고트샬은 "정보원이 자신이 가진 모든 정보를 실토하도록 강요할 수 있는 '진실 혈청'은 없다"고 단언했다. 오히려 사람들은 약물의 영향을 받는 동안 거짓말하거나 진실을 왜곡할 수 있다. 고트샬에 따르면, 남의 영향을 받기 쉬운 개인들, 즉 권위에 경외심을 갖거나 죄의식이나 우울증에 시달리는 사람들은 상대적으로 정보를 잘 숨기지 못하고, 무의식적으로 정보를 계속 왜곡하거나 사실을 환상과 혼동할 수 있다. "이런 상황에서 심문관은 언어적 내용이 사실에서 환상으로 바뀌고 있는 경우, 정보 제공자가 약물에 깊이 취한 척하고 있지만 실제로는 속이고 있는 경우, 약물에 취한 상태에서 털어놓은 상반된 이야기들 중 어느 것이 사실인지 파악해야 하는 경우, 약물에 취한 피험자에게 중요한 정보가 없어서 털어놓지 못하는 경우를 구별하기가 매우 어려울 것이다."[55]

이러한 관찰 결과를 통해 고트샬은 훈련이 군인들이 진실 약물을 이용한 심문에 저항하는 데 도움이 될 수 있다고 믿었다. 군대를 보호하는 방법에 대한 그의 제안은 냉전이 절정에 달했던 시기, 즉 한국전쟁과 그 후 10년 동안 매우 중요하게 받아들여졌다.

> 정보 제공자는 약물이 말을 많이 하게 만들거나, 감정이 격해지게 만들거나 정신적으로 혼란스럽게 만들거나 졸리게 할 수는 있지만, 진실을 말하게 강요할 수는 없다는 걸 알아야 한다. … 정보 제공자는 자신이 경험할 수 있는 기괴하거나 불편한 반응은 … [일시적인 현상이니], 그 반응에 당

황할 필요는 없다. 정보 제공자는 약물 투여 초기에 졸음, 혼란, 방향 감각 상실[을 가장]해서 심문관을 혼란스럽게 만들 수 있다. 그는 환상에 빠질 수도 있다. 무서우면 무서울수록 좋다. 서로 모순된 이야기들을 할 수 있다. 정신병을 가장할 수 있다. … 이러한 계략을 통해 자신이 제공한 정보의 신뢰성과 관련해서 심문관의 마음에 심각한 의구심을 불러일으킬 수 있다.

하지만 고트샬은 문제의 본질을 잘못 파악했다. 정부의 다음 과제는 우리 군인들의 비밀 누설을 어떻게 막을 것인가가 아니라 그 반대였다. 어떻게 하면 우리 병사들에게 사상을 심어 전향시키려고 끈질기게 집착하는 적으로부터 병사들을 보호할 수 있을까? 이 문제는 5년 후 한국과 중국에서 모습을 드러냈다.

제4장

한국, 냉전의 서막

전쟁의 불가피성을 없애려면 제국주의를 철폐해야 한다.
스탈린, 1951

1945년 평화가 찾아오고 세계는 안도의 한숨을 내쉬었으나 그것도 잠시였다. 항복 논의가 진행되는 와중에도 연합국은 서로 간에 다른 종류의 전쟁을 준비하고 있었다. 포탄과 총성이 난무하는 세계대전이 아니라 소규모 전쟁들로 얼룩진 이데올로기와 교리의 끊임없는 전투였다. 1946년 처칠은 이렇게 경고했다. "미국은 지금 세계 권력의 정점에 서 있습니다. 이 조용한 오후에 여기 서 있는 저는 지금 수백만 명의 사람들에게 실제로 일어나고 있는 일과 앞으로 일어날 일이 생생히 떠올라 몸서리를 치게 됩니다. 최근 연합군의 승리로 빛을 발한 장면에 그림자가 드리워졌습니다. … 발트해의 스테틴에서 아드리아해의 트리에스테에 이르기까지 철의 장막이 대륙을 가로질러 내려왔습니다."[1]

소련은 중유럽 및 동유럽을 점령했고, 소련과 미국은 전 세계에 걸쳐 대리전쟁과 상대국이 지원하는 정권을 불안정하게 만드는 활동들로 대결했다. 서방은 소련 정부를 잔인한 전체주의 체제라고 치부했고, 소련 정부는 서방을 제국주의자들과 인종차별주의자들이라고 맞받아쳤다. 스탈린은 자신이 "파시즘 온건파"라고 불렀던 민주주의 제도에 대한 신뢰를 분쇄하는 데 전념했다.[2]

냉전은 단지 제국과 영토와 무역에 한정된 것만은 아니었다. 냉전은 자유민주주의와 공산주의 간의 이념전쟁이기도 했다. 제임스 포레스탈(James Forrestal) 미 국방장관은 미국이 적국과 대치하고 있는지 종교와 대치하고 있는지 확실하지 않다고 생각했다.[3] 냉전은 적의 전향에 목적을 둔 신념의 전투였다. 놀랄 것도 없이, 이 장기간의 전투는 세뇌에 대한 폭발적인 관심을 불러일으켰다.

세뇌의 발전 양상을 이해하기 위해서는 냉전 초기의 몇 가지 상황을 살펴보는 것이 유용하다. 〈표 2〉는 냉전 초기를 축약한 연표이다.

제2차 세계대전 이후에 찾아온 승리감과 안도감은 사라졌다. 제2차 세계대전 이후에 맞이할 것만 같았던 평화의 꿈은 신기루와 같았고 대신 새로운 악몽이 위협했다.[4] 중국은 공산당에게 패망했고, 소련은 1949년 원자폭탄 실험에 성공했다. 1940년대 후반까지 냉전은 세계를 휩쓸었다. 일찍이 1945년 캐나다에서 소련의 광범위한 스파이 조직이 적발되었을 뿐만 아니라, 미국에서도 휘태커 체임버스(Whittaker Chambers)와 앨저 히스(Alger Hiss)에 대한 폭로와 함께 소련 스파이들이 줄줄이 적발되었다. 영국의 정보기관도 비슷한 위기에 처했다.

<표 2> 축약한 초기 냉전 시대 연표

1945년	• 나치 독일의 항복 • 히로시마와 나가사키에 원자폭탄 투하 • 일본의 항복 • 소련의 중유럽과 동유럽 점령 • 루스벨트 사망 • 캐나다와 미국에서 벌인 소련의 광범위한 스파이 활동을 소련인 망명자가 폭로함
1946년	• 처칠이 "유럽에 철의 장막이 쳐졌다"고 경고함 • 스탈린은 공산주의와 자본주의는 공존할 수 없다고 공표함 • 미국은 도미노 이론이 그리스와 터키 원조를 정당화한다고 주장함 • 이란, 네덜란드령 동인도 제도, 라트비아, 프랑스령 인도차이나에서의 대결
1947년	• 트루먼 독트린 - 공산주의 영향권 내에 놓인 국가들을 원조함 • 미국의 소리(Voice of America) 방송 시작 • CIA와 코민포름(공산당 정보국)의 창설 • 조지 F. 케넌(George F. Kennan)의 공산주의 봉쇄 전략 • 적색 공포, 그리고 비미(非美) 활동 조사 위원회 앞에서 충성심 검열
1948년	• 베를린 봉쇄의 시작 • 소련의 '미국의 소리' 전파 방해 • 소련이 체코슬로바키아 쿠데타를 일으킴
1949년	• 나토(NATO) 창설 • 베를린 봉쇄 종료 • 모택동에게 장개석이 패배함 • 소련의 원자폭탄 실험 성공 • 민첸티 추기경 여론조작용 공개재판
1950년	• 한국전쟁 발발 • 매카시 시대의 도래 • 로젠버그 부부가 스파이 혐의로 기소됨 • 클라우스 푹스의 소련 스파이 활동 자백
1951년	• 도널드 맥클린과 가이 버지스가 영국에서 모스크바로 망명 • 공산주의 저지 조약-앤저스(ANZUS), 상호안전보안법
1952년	• 트루먼의 연두교서 - "우리는 위험한 시대를 통과하고 있습니다. … [우리는] 또 다른 세계 전쟁의 그림자에 휩싸여 있습니다."

1953년	• 스탈린 사망 • 아이젠하워 대통령 취임 • 한국전쟁 종료를 위한 휴전
1954년	• KGB 창설 • CIA가 과테말라 쿠데타를 조장함 • 상원의 조셉 매카시 상원의원 불신임 결의
1955년	• 바르샤바 조약 체결 • 존 포스터 덜레스 국무장관이 대량 보복 독트린을 발표함

(양쪽 모두에서) 수많은 스파이 조직 적발에 더해 심각한 문제로 대두됐던 공산주의자들의 인질 납치 사건도 있었다. 오늘날에도 인질 납치는 드문 일이 아니다. 매년 200여 명의 미국인이 보통 돈이나 복수 때문에 전 세계 어딘가에 인질로 잡혀 있다.[5] 냉전 초기에는 돈보다는 적을 체포하고 납치해서 설득하여 자백을 받아내거나 자기편으로 전향시키는 것이 목적이었다. 이러한 납치는 결코 유럽에만 국한된 일이 아니었다. 일본과 한국, 심지어 미국에서도 빈번히 일어났다. (예컨대 1948년, 미국에서 있었던 카센키나 사건(Kasenkina affair)을 들 수 있다).[6] 이들 납치 사건은 적이 도처에 숨어 있다는 사실을 일깨우는 충격적 사건이었다.

나는 1940년대와 1950년대에 아이오와에서 성장한 냉전 시대의 아이였다. 스탈린의 여론조작용 공개재판은 과거의 일이 되었고, 세계는 적의 '제거'를 목표로 삼았던 전쟁에서 회복되어 가고 있었다. 반면에 냉전은 적의 '전향'을 목표로 삼았다. 냉전 시대의 세뇌 하면 희미하게 떠오르는 한 가지 사건이 있다. 나는 지금도 여전히 헝가리 추기경 요제프 민첸티(Jozsef Mindszenty)가 미국 대사관 발코니에서 밖을 내다보는 광경이 '떠오른다.' 오스트리아-헝가리의 민족주의자이자 엄격한 보수 가톨릭 지도자인 민첸티는 어떤 형태의 전체주의나 가톨릭교회에 대한 간섭에 반대했기 때문에 좌파와 우파 세력 모두에게 반복적으로 체포되었다. 1949년, 공산주의자들은 추기경을 몇 달 동안 고문한 후에 여론조작용 공개재판에 회부해서 종신형을 선고했다. 그의 최종 구금은 7년 동안 지속되었고, 그중 4년은 독방에 감금되었다. 1956년 헝가리 혁명이 발발했을 때, 민첸티는 감옥에서 탈출하여 미국 대사관으로부터 망명 허가를 받아, 그곳에서 1971년까지 살았다.[7]

1948년 체포되기 직전, 민첸티는 신도들에게 자신이 고문당할 것이니 감옥에서 하는 자백은 모두 거짓일 거라고 경고했다. 실제로 재판을 받기 전 민첸티는 반복적인 구타와 수면 박탈을 당했다. 영양실조로 체중은 약 반으로 줄었다. 다른 고문 피해자들의 끊임없는 비명소리가 그를 짓눌렀다. 그럼에도 불구하고 민첸티는 자백을 거부했다. 심문을 받는 동안 그는 사람들에게 어떤 적대 행동도 하지 않았다고 말했다. 그러자 심문관이 말했다. "그게 사실이라면 당신은 여기에 있지 않았을 거요."[8] 이런 대화의 흐름은 종교재판과 스탈린주의자의 심문에서 보았던 패턴과 동일했다. 이런 패턴은 이후 전 세계적으로 강압적 설득의 사례들에서 재현되었다.

추기경은 (당연하게도) 약물중독을 우려했고, 무감각해졌고, 독방에 갇혔을 때는 환시(幻視)를 경험했다. 자백하기 전까지 구타가 계속될 것이며, 자백하지 않으면 노모를 불러 심문을 할 거라는 협박을 받았다. 심문관들은 좋은 경찰 역과 나쁜 경찰 역을 번갈아가며 심문했지만, 추기경은 완강히 자백을 거부했다. 그러나 결국 무너지고 말았다. 그를 덮친 것은 고독이었다. 그는 이렇게 썼다. "소음은 신경질 나게 하지만, 독방 감금의 정적은 서서히 신경을 파괴한다. … 수감자에게는 시계가 없다. 그러므로 수감자가 시간의 흐름을 따라가기가 쉽지 않다. 무(無)활동은 고독을 더욱 악화시킨다. … 수감 생활의 가장 큰 고통은 단조로움이다. 그것은 머지않아 신경계를 박살내고 영혼을 여위게 만든다."[9]

이처럼 협박을 가하며 심문관들은 그에게 (헝가리 왕관 보석 절도와 같은) 기괴한 범죄들을 자백할 것을 요구했고, 편지에 쓰인 비뚤어진 글씨체는 죄의식을 반영하는 증거라며 내밀었다. 심문관이 공모자들의 이름을 대라고 할 때 민첸티 추기경은 주저하지 않고 이미 죽은 두 사람의 이름을 댔다. 이러한 엉터리 자백은 심문관들을 부추길 뿐이었다. 결국 자백서에 서명을 하긴 했으나 기이한 약어, 즉 라틴어, coactus feci("나는 행위를 강요받았다")의 약어, "C.F."를 서명에 덧붙였다. 이 옛 표현은 교회에서 자주 사용되어 왔는데, 민첸티는 터키의 헝가리 침공 당시 가톨릭 신자들이 강압 아래 억지로 자백서에 서명해야 했을 때 이 표현을 사용한 사실을 알고 있었을 것이다.[10] 또한 이 약

1949년 스파이 혐의로 기소
된 재판 현장의 헝가리 추기경
요제프 민첸티(ⓒ Tallandier /
Bridgeman Images.)

어느 19세기 초 교황 클레멘스 14세가 강압에 못 이겨 마지못해 예수
회를 해산할 때도 사용되었다.[11]

몇 달간 심문을 받은 끝에 민첸티는 반역과 암시장 거래를 자백하
고, 이틀간 여론조작용 공개재판을 받았다. 잔뜩 겁에 질린 추기경의
모습에 충격을 받은 서구사회는 그가 베일에 싸인 공산주의 정신 통
제의 또 다른 희생자라고 확신하게 되었다.

영국 의회의 의원들은 추기경이 사실일 리 없는 혐의를 자백했다
는 사실에 충격을 받았고, 공산주의자들이 약물을 투여한 것이 틀

림없다는 주장들로 소란이 일었다. 한 의원이 물었다. "동유럽의 장막 뒤에서 벌어지고 있는 이 모든 재판에서 보이는 죄수들의 태도는 모든 의지와 모든 의식을 마비시키는 약물 투여 때문 아닐까요?"[12] CIA도 같은 의견을 내놓았다. 민첸티의 공허한 눈빛과 단조로운 목소리는 "그가 어떤 원인불명의 환각성 약물의 영향을 받았거나 최면의 가수(假睡) 상태에서 심문을 받았을 거라는 점"을 암시했다.[13] '세뇌(brainwashing)'라는 용어는 1년 뒤에야 만들어졌기 때문에 누구도 민첸티의 상황을 설명하는 데 그 단어를 사용하지 않았다. 그러나 언론 보도와 정부의 관찰 결과에 따르면, 결론적으로 정말 놀라운 일— 비밀스런 공산주의자들의 영향력을 보여주는 사례—이 일어난 게 분명했다.

나는 추기경의 자백이 놀라울 정도로 새로운 형태의 어두운 설득의 결과였는지는 확신하지 못한다. 몇 개월에 걸쳐 가혹한 취급과 독방 감금과 고문을 당하면 누구라도 심문에 굴복해 자백할 수 있다고 생각한다. 왜 사람들이 그렇지 않을 것이라고 생각하는가? 게다가 성공적으로 세뇌되었다면, 진술서 서명 란에 "이 자백은 오직 강압에 의한 것이다"라는 비밀 메시지를 덧붙였을까? 마지막으로 잿빛 얼굴은 극도의 피로를 반영하고 있는 듯하다. 왜 그를 〈칼리가리 박사의 밀실〉(1920)이나 〈프랑켄슈타인〉(1931)과 같은 영화의 캐릭터처럼 세뇌된 좀비라고 단정지을까? 그는 지칠 대로 지쳤고, 괴롭고 기운이 다 빠진 듯이 보였다. 이는 흑마술 따위에 홀려서가 아니라, 정말로 지칠

대로 지쳤고, 괴롭고, 흥분제와 메스칼린의 혼합물에 취했기 때문이다.[14]

하지만 헝가리 사람들이 공산주의자들이 비밀 기술을 사용했다고 말한 것에는 일말의 진실이 있다. 추기경을 고문한 자들은 조직적이었고 인내심이 강했다. 또한 심문관들은 수면 박탈이 자신들의 가장 강력한 도구 중 하나라는 것을 이미 알고 있었다. 셰익스피어는 "잠자는 자는 치통을 느끼지 않는다"고 했다. 이렇게 바꾸어 말해도 정확할 것이다. "잠자는 자는 고통을 겪지 않는다."[15]

○

공산주의의 비밀스러운 설득 기법에 대한 문제는 1년 후 중국에서, 그리고 한국에서 놀라운 보고들이 하나둘 들어오기 시작하면서 더욱 부각되었다. 국공내전이 장기화되는 동안에 많은 서양 선교사, 학자, 기자들이 중국에 남아 있었다. 1949년 마오쩌둥의 군대가 결국 승리하자, 중공군은 이 서양인들과 많은 중국 지식인들을 구금했다. 이후 이 수감자들을 상대로 중공군이 이상한 심문 방법과 사상 주입 방식을 사용하고 있다는 소문이 나돌았다.

이때 억류되었던 사람들의 자서전은 셀 수 없이 많지만, 나는 앨린 리케트(Allyn Rickett)와 아델 리케트(Adele Rickett)의 자서전이 특히 흥미로웠다. 당시 이들은 중국에서 공부하는 대학원생들이었지만, 1951

년에서 1955년까지 스파이 혐의를 받아 투옥되었다. 구금 상태에서 이들에 대한 처분은 분명 특이한 점이 있었다. 리케트는 투옥의 목적이 처벌이 아니라 재교육이라는 말을 들었다. 그들은 감옥에서 새로운 인생관을 배우고, 공부와 상호 비판을 통해 자신들의 사상을 개조하는 데 시간을 보내야 했다.[16]

수감자들은 가혹한 대우를 받았고 장기간 심문과 교화 교육을 받았다. 심문관들은 지식인들에게 지식인은 '인민'이 아니며, 자신들의 범죄를 깨닫게 될 거라고 말했고, 리케트 같은 서구에서 온 사람에게는 학식의 허울 뒤에 진정한 의도를 숨기고 있는 제국주의의 꼭두각시라고 말했다. 수감자들은 장문의 자서전을 쓰라는 요구받았지만, 어떻게 쓰든 간에 불충분하다는 판정을 받고 처음부터 다시 써야 했다. 그렇게 쓴 자서전에서 보이는 아주 작은 내용의 불일치도 거짓말의 증거로 간주됐다.

이처럼 중공군이 수감자들을 다루는 방법은 대부분 러시아의 심문 전략을 따랐지만, 새로운 설득 무기인 집단 압력(group pressure)을 도입했다. 수감자들은 다른 수감자들과 함께 작은 감방에 갇혀 매일 자신의 범죄를 자백하도록 강요당했고, 다른 수감자들은 이런 자백을 가차없이 비판했다. 다른 수감자들은 억지 자백을 재빨리 알아차리고 잔인할 정도로 솔직한 태도를 보였다. ("당신 그따위 허풍으로 누굴 속일 생각이오?"). 공산당 간부들은 공개 자백을 하라고 권했다. "우리가 듣고 싶은 말은 당신의 솔직한 생각이오. 여기서 솔직하다는 이유로 질책 받은 사람은 아무도 없소. 하지만 만약 당신이 거짓말을 하며 사실을 숨기고, 자신이 범죄를 저지르지 않은 것처럼 가장하려 한다면, 우리는 그걸 썩 좋아하지 않을 거요. ⋯ 당신은 중죄를 저질렀으니 그것이 옳은지 그른지 생각해 보는 게 좋을 거요. 이제 당신들끼리 그 문제를 얘기해 보시오."[17]

세계와 단절된 채 읽을거리라고는 공산주의 선전물밖에 없는 상황에서 앨린 리케트와 아델 리케트 그리고 다른 수감자들은 공산주의 이론을 공부하고 공산주의에 관한 강의를 끊임없이 들어야 했다. 한 수감자가 게으름을 피우면, 감방에 있는 모든 수감자들이 처벌을 받았기 때문에 서로에게 끊임없이 압력을 가할 수밖에 없었다.

몇 달, 때로는 몇 년 동안 그렇게 압력을 받은 후 많은 수감자들이 자백했고, 그러고 나서야 석방되어 중국에서 추방되었다. 그들은 인터뷰와 뉴스 기사를 통해 자신들이 겪은 혹독한 시련을 세상에 알렸다. 사람들은 이들이 공산주의로 전향하지 않을 것이라 예상했지만, 모두가 그렇지는 않았다. 구금당했던 경험은 이들의 세계관과 자신에 대한 관점을 변화시킨 것처럼 보였다. 그중 일부는 서구의 제국주의와 인종차별주의보다 더 나은 세계를 건설하기 위해 함께 노력하는 중국 대중에게서 매력을 느끼기도 했다. 매카시즘 추종자들은 이들의 자백을 근거로 미국 귀환자들이 반역죄를 저질렀다며 위협했기 때문에 귀환한 중국 억류자들 대다수는 자신이 속해 있는 세계가 어디인지 혼란스러워했다.

자유의 몸이 된 앨린 리케트와 아델 리케트는 정신과 의사의 상담을 받아야 했고, 기자회견에 참석해 질문 세례를 받았다. 기자들은 아델의 "정신이 몰라볼 정도로 일그러져 있다"고 보도했다. 앨린은 깜짝 성명을 통해, 자신이 중국에서 했던 공부가 어떤 의미에서는 스파이 활동의 한 형태였으며, 그런 점에서 자신은 관대한 대우를 받은 듯하다고 공개적으로 인정했다. 이러한 발언은 또 하나의 비열한 비겁함의 증거로 여겨졌다. ("중국이 그렇게 좋았다면 왜 중국에 머물지 않았는가?")[18]

　억류자들의 자서전 외에도 이전에 중국에 수감된 사람들에 대한 연구도 속속 나오기 시작했다. 가장 주목할 만한 연구는 1951년 중국에서 추방된 중국인 학자 15명과 서양인 25명을 인터뷰한 미 공군 정신과 의사 로버트 리프턴(Robert Lifton)의 연구였다. 리프턴은 이 광범위한 인터뷰(그리고 이후 귀환한 미국인 포로들을 대상으로 한 인터뷰)를 근거로 삼아 중국의 설득 기술을 설명하기 위해 '사상 개조(thought reform)'라는 용어를 만들어냈다.

　사상 개조는 예전에 러시아가 썼던 방법과 유사했지만, 강조점이 달랐다. 러시아에서는 자백 후엔 숙청이나 추방이나 제거가 뒤따랐다. 하지만 중국에서는 자백의 목적이 재교육과 갱생이었다. 물론 강압도 있었지만, "범죄 사상을 없애고 새로운 도덕규범을 확립"하고자 하는 복음주의적 열정과 맞닿아 있었다. 리프턴은 사상 개조를 죽음과 재탄생의 과정에 비유하면서 공개 자백을 "무아지경의 회개와 연극적인 참회"로 보았다.[19]

리프턴은 사상 개조가 단계적으로 일어난다고 지적했다. 감옥에 새로 들어온 중국 지식인들은 따뜻한 환영을 받았고, 서로를 알아가도록 격려 받았다. 낙관론과 사명감이 있었다. 그런 다음 수감자들에게 옛 사회의 부패에 대해서 교육하고, 지식인으로서 자신들이 그처럼 타락한 사회 계층 출신임을 보여주었다. 그러고 나서 이들은 새로운 사회의 일원이 되기 위해 과거를 청산하라는 권고를 받았다. 중국 공산당은 수감자들이 바깥세상으로부터 배울 수 있는 것을 걸러내면서 환경을 철저하게 통제했다. 중국 공산당은 순수성, 자백, 그리고 자신들의 교의를 절대적으로 수용할 것을 요구했다. 중국 공산당 간부들은 슬로건으로 가득 찬 언어를 사용했고, 세계를 "인민"과 "반동분자"로 이분화했다. 이는 후대의 사이비종교들이 곧잘 사용한 방법이었다.

마지막으로, 수감자들이 자신의 삶의 역사를 정리하며 자신과 동료 수감자들을 비판하는 갈등(혹은 투쟁)의 시기가 있었다. 이들은 항상 정통성에서 벗어나는 징후를 찾아내기 위해 예의주시했다. "'인민'의 이익보다는 개인의 이익을 우선시하는 '개인주의'… 어떤 문제에 '과학적' 마르크스주의적 접근보다는 개인적 관점을 적용하는 '주관주의.' 자신을 '계급의식 이상'으로 보는 과도한 초연주의인 '객관주의' … '일탈', '기회주의', … '수정주의' … '파벌주의', '이상주의', '친미 관점'" 등등 긴 비판 목록이 이어졌다.[20]

리프턴이 설명했듯이, 사상 개조는 고해성사를 해야 한다는 강박으로 이어졌고, 고해성사는 충격적이면 충격적일수록 더 좋았다. 또한, 사상 개조는 부흥회와 같은 집회로 이끌었는데 거기서 학생들은 국가가 자신들의 모든 죄를 말끔히 씻어주었다며 기뻐했다. 리프턴의 말에 따르면, "고해성사는 곧 속죄였고 구원으로 이어졌다."[21]

결국 사상 개조된 죄수는 새로운 정체성을 얻었다. 그런데 석방된 후에도 새로운 이념은 지속될까? 리프턴에 따르면, 죄수들은 석방되었을 때 충격을 받았다고 한다. 수감자들은 떨쳐낼 수 없는 슬픔과 세상에 대한 혼란스러움, 가시지 않는 죄의식과 수치심을 안고 휘청거리며 중국을 빠져나왔다. 무엇보다 그들은 자신의 문화에서 이방인이 된 기분을 느꼈다.

한국전쟁 당시에 포로로 잡혀 있던 병사들은 중국 지식인들이나 서양 선교사들과는 다른 경험을 했다. 중공군은 포로들을 전향시키기 전에 전보다 훨씬 잔인한 방법을 써 그들의 기를 꺾었다. 뒤에서 나는 한국 땅에서 미군 포로들에게 사용된 기술을 상세히 설명할 것이다. 그러나 우선 역사적 맥락을 설정하는 것이 중요하다. 한국전쟁은 틀림없이 미국 입장에서는 가장 잊힌 전쟁 중 하나이기 때문이다.

○

대부분의 사람들은 세뇌를 대중적 대화의 소재로 끌어들인 전쟁의 세부 사항을 알지 못한다. 지리적 맥락에 주목하는 것이 중요하다. 한국에서 서울은 북한과의 국경에서 불과 56여 킬로미터 떨어져 있어 거리가 그리 멀지 않다.[22] 한반도는 여러 번에 걸쳐 서쪽으로는 중국의 일부였고, 북쪽으로는 러시아의 일부였던 만주와 맞닿아 있다. 지리적 배경 탓에 침략군들은 한국의 국경을 자주 침범했다. 일본은 1910년에 한국을 병탄하고, 1931년에 만주를, 1937년에 중국을 침략했다. 당시 중국은 내전이 한창이었으나 일본이 점령함에 따라, 내전은 일본 점령기 동안 수면 아래 가라앉아 있었다.

1945년 제2차 세계대전이 끝나고 일본 제국이 물러나자, 중국의 내전이 재개되었고 결국 마오쩌둥이 1949년에 승리를 거두었다. 이후 중국은 러시아와 느슨하고 (양면적인) 관계를 맺었고 만주는 러시아와 중국으로 나뉘었다. 한국은 38선을 경계로 러시아가 주둔하고 있는 북한과 미국이 주둔하고 있는 남한으로 나뉘었다. 러시아와 미국이 35년간의 혼란스러운 일제 강점기 이후 한국의 안정화와 발전을 돕고 선거가 치러진 후에는 떠날 거라고 여겼다면, 그건 순진한 생각이었다.

1950년 6월, 북한군이 갑자기 남한을 침공하여 한반도 전체를 점령하는 데 거의 성공했다. 그러나 전선이 북쪽으로 이동하자, 중공군은 북한군을 지원하고자 만주 국경을 넘어 물밀 듯이 밀려들었다. 전쟁 내 전선은 반복적으로 남과 북을 오르락내리락했다. 주로 중국이, 이차적으로는 러시아가 북한을 지원했고, 미국과 유엔이 남한을 지원했다.[23] 전쟁의 한 국면에서 더글러스 맥아더 장군은 북한에 눈

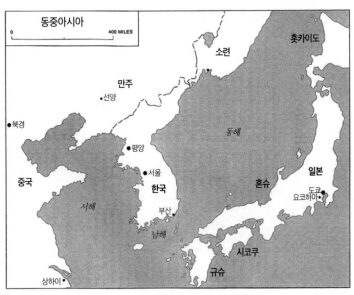

한국전쟁의 지리적 배경(출처: Billy C. Mossman, United States Army in the Korean War: Ebb and Flow, November 1950–July 1951[Washington, DC: Center of Military History, United States Army, 1990].)

부신 공격을 가했다. 대성공을 거둔 이 공격은 러시아와 중국과의 직접적인 충돌로 전쟁을 확산시킬 수도 있을 만큼 위협적이었다. 하지만 트루먼 대통령이 맥아더를 명령불복종으로 해임한 이후로 미국은 공산주의의 위협에 시달리게 되었다. 그리고 전쟁은 교착상태에 빠져들었다.

이 잔혹한 전쟁에서 수백만의 사람들이 죽었다. 장맛비에 찜통더위가 극성이었던 여름, 아니면 혹한의 겨울. 전투를 벌이기에 어느 계절이 가장 힘들었는지 말하기는 어렵다. 전쟁 초기에 북한에 억류된 포로들의 사망률은 산악 지형과 극한 기온 때문에 유독 높았다. 북한의 포로수용소는 불충분했기에 북한군은 많은 포로들을 즉결 처형했다. 남은 포로들은 중공군에게 넘겨지기 전까지 북쪽으로 죽음의 행진을 했다. 사망자 중에는 미군이 약 3만 6천 명에 달했다.[24] 중국이 포로 통제권을 갖고, 1951년 7월 휴전 협상이 시작된 이후로 포로 사망률이 떨어졌지만, 1953년 불안한 휴전협정이 체결되기까지는 2년이나 걸렸다.

수감 중에 그리고 수감 이후에 포로들이 보인 행동은 미국 정부에 큰 충격을 주었다. 중공군은 미군 포로들에게 세균전을 자백하고 반전 선전에 참여하게 하기 위해 무슨 짓을 했을까? 더 심각한 것은 전쟁이 끝난 후 소수의 포로들이 귀환을 거부하도록 중공군은 어떻게 설득했을까? 포로들은 또한 포로 상태에서 불명예스럽게 '죽었다'는 이유로 비난을 받았다. 이러한 사건들은 미국 문화가 무력하고 너무 자유주의적인 탓에 포로들이 굴복했다는 생각과 연결되었다. 이때 모든 것을 설명할 수 있는 마법의 단어, 세뇌가 등장했다.

제5장

한국전쟁과 세뇌의 탄생

세뇌를 당하면 희생자의 마음에 안개가
뒤덮여 현실과의 연결이 끊어진다. …
세뇌는 새로운 것으로 인간의 본성에 반하고
공산주의와 불가분의 관계에 있다.

에드워드 헌터, 1956

　한국전쟁은 영토를 빼앗기 위한 전쟁이자 적을 이념적으로 전향시
키기 위한 전쟁이었다. 양측 모두 상대방에게 대대적인 선전 공세를
퍼부었다. 주요 전투병은 미국과 유엔의 지원을 받는 남한군과 중국
과 러시아의 지원을 받은 북한군이었다. 이차적으로, 중공군이 개입
하자 중국 국민당 또한 중공을 적대하는 엄청난 선전전에 가담했다.
전쟁은 휴전협정이 교착상태에 빠지면서 2년을 더 지속했는데, 주로
포로들에게 석방 즉시 가길 원하는 나라를 스스로 선택하는 권리를
주자는 문제 때문이었다. 포로들이 내놓는 답변은 엄청난 선전 가치
가 있었다. 양측 모두 포로로 잡힌 병사들이 조국을 버리고 자신 편
으로 망명할 수 있게 설득하려 애썼다.

　일부 미군이 중국 망명을 선택한 사실은 미국에게 큰 타격이었다.
포로들에게 실제로 무슨 일이 일어났고, 어떻게 그런 일이 벌어진 것

일까? 이를 둘러싸고 많은 사람들이 이 현상을 설명하고 포로의 결정을 이해하기 위해 노력했다. 어떤 목소리는 신랄했고 어떤 목소리는 훨씬 더 미묘한 뉘앙스를 띠었다.

가장 목소리를 높인 사람은 제2차 세계대전 당시 OSS(CIA의 전신인 전략사무국)에서 심리전 선전 전문가로 일했던 기자 에드워드 헌터였다. 보도에 뛰어난 재능을 발휘했던 헌터의 말솜씨와 재치 있는 문구를 만들어내는 능력 덕분에 '세뇌(brainwashing)'라는 용어가 탄생하게 되었다. 세뇌에 해당되는 중국어는 '시나오(洗腦)'로, 속세에서 물러나 명상을 통해 마음을 씻거나 정화함으로써 변화를 성취하는 것을 의미한다. 이는 '브레인워싱'만큼 인상적이지는 않다. 철학자 비트겐슈타인은 "새로운 낱말은 논의의 대지에 뿌려진 신선한 씨앗과 같다"고 말했다.[1] 헌터의 신조어는 잡초처럼 번성했다.

책의 표지를 보면 헌터의 고전 『붉은 중국의 세뇌』를 맛보기할 수 있다.[2] "'세뇌(Brain-washing)'는 … 자유세계의 정신을 파괴하여 자유세계를 정복하려는 무시무시한 공산주의의 새로운 전략이다. … 이 책은 중국 공산당들이 악용한 심리학과 도착적 복음주의의 결합을 어떻게 활용하는지를 보여주는 최초의 책이다. … [이 책]은 자유세계와 자유의 개념 자체를 상대로 벌이는 심리 전쟁에서 나타나는 새롭고 소름끼치는 극단성을 처음으로 폭로한다."

헌터는 중공군의 구금에서 풀려난 중국인 지식인들과 서양인들을 인터뷰하면서 세뇌 과정을 "외부에 잔악행위를 드러내지 않고" 수감자를 "살아있는 꼭두각시인 분별없는 공산주의 자동인형—인간 로봇"으로 변환시키는 과정으로 설명했다.[3] 선전 전문가인 그의 말이 옳았다. 그가 만든 용어는 뇌리에 쏙 박혔다.[4]

헌터에 따르면, 처음에 죄수들은 모의 처형과 유사 기아 상황과 수면 박탈에 시달렸다. 중공군은 죄수들에게서 모든 것을 빼앗은 후 뭐든 조금씩 주면서 반드시 감사를 표하게 만들었다. 또한 공산주의 소책자를 암기하고 토론해야 했다. 포로들은 모둠으로 나눈 다음 그 안에서 자신과 서로를 비판했다. 이를 거부하는 자들은 독방에 감금되었다. 간수들은 포로 설득을 가리키는 '교정'과 '갱생'과 같은 용어를 사용하여 자백을 받아내려 했다. 로버트 리프턴처럼 헌터는 그런 식으로 자백을 받아내려는 행위에 대체로 중세 종교의 특성이 있음을 인식하고는, 자백은 용어의 원 의미상, 정화와 더 큰 힘(예컨대, 교회나 국가)에의 순응을 모두 의미한다고 언급했다.

세뇌가 파블로프 접근법의 연장이라고 확신한 헌터는 재교육 수용소의 지도자들을 "공산주의에 취한 신비주의적 파블로프주의자들"이라고 불렀고 중국 공산당이 "위대한 파블로프 성벽" 뒤에서 정신을 통제하고 있다고 주장했다. 그는 공산주의 국가들이 파블로프의 기술을 이용해 "개인이 집단의 '우리'로 대체되는 … 인간 존재의 곤충화"를 양산하고 있다고 비난했다.[5] 헌터는 세뇌에 관한 수많은 책을 쓰고, 의회에서 증언을 했으며, 자리만 되면 어디서든 연설하는 등 지칠 줄 모르는 사람이었다. 최소한의 참고자료만 가지고 격식은 벗어버리고, 열정적으로 글을 썼는데, 뒷받침하는 자료(이를테면 '성경, 273, 276'과 같이)는 엉성하기 짝이 없었다.[6]

　말발이 번지르르하긴 했지만 헌터는 사실 중국 공산당이 사용하는 많은 기술의 특징을 포착했을뿐더러 자신의 뿌리 깊은 보수적 신념을 통해 세상을 보았다. 하원 비미활동위원회(HUAC)는 세뇌에 관한 이야기를 듣기 위해 그를 자문위원으로 위촉했다. 위원회에서 그는 중국의 활동뿐만 아니라 미국의 약점에 대해서도 귀가 따가울 정도로 이야기했다. 헌터는 공산주의자들이 우리 지도자들을 평화적 공존을 믿는 패배주의적 자유주의자들과 지식인들로 변화시키고 교수들을 스스로 객관적인 역사가로 착각하는 바보들로 개조시켰다고 비미위원회에 경고했다. 아울러 미국의 도덕적 가치 파산에 대해 거세게 규탄했다. 왜 그토록 많은 미군 병사들이 공산주의자들에게 협력했을까? 헌터에 따르면 이들은 리더가 아니라 함께 어울리는 전통에서 자란 유약한 사람들이기 때문이었다. 헌터는 이렇게 말했다. "공산당 같은 것은 없다. … 이는 러시아 생리학자 파블로프의 연구 결과를 토대로 한 … 공산주의의 음모이자 공산주의의 심리전 조직이다."[7]

　비미위원회 위원들은 헌터에게 빠져들었다. 마침내 마음에 쏙 드는 한 남자를 찾아낸 것이다. 문제는 중국학자들이나 미국 포로들을 검진한 정신과 의사들 중 헌터의 전제에 동의하는 사람이 사실상 하나도 없다는 것이었다. 정신과 의사들은 헌터의 화려한 언변을 싫어했고, 중국의 교화 활동을 좌우하는 어떤 미스터리한 혁명적 발견이 있다는 주장을 받아들이지 않았다. 헌터의 주장에 동조한 사람들은 대부분 다른 언론인들과 공산주의의 음모에 대한 우려에 집착하는 사람들이었다. 선전 전문가로서 헌터가 내놓은 단순한 메시지는 학자들의 전문적인 지식을 압도해버렸다.

네덜란드의 정신의학자 요스트 메를로우(Joost Meerloo)도 세뇌라는 용어에 맞먹는 아주 인상적인 대체 용어 '정신살해(menticide)'라는 말을 만들어냈다. 가족 중에 유일한 생존자로 나치를 탈출한 메를로우는 전체주의 정권은 필연적으로 정신강탈 또는 정신살해로 나아갈 수밖에 없다고 경고했다.[8] 이런 위험은 공산주의에만 국한된 것은 아니었다. 메를로우에 따르면 오히려 "정신살해는 공산주의에 대한 집단 히스테리가 있는 미국을 포함한 모든 곳에 존재하는 전염병이다."[9]

메를로우는 강제 자백은 역사적으로 흔한 일이지만, 공산주의의 교화 활동에는 유독 체계적인 특성이 있다고 지적했다. 이러한 강압적인 기술은 매우 강력하기 때문에 사실상 누구나 교화 과정에서 지칠 대로 지쳐버릴 수 있다고 보았다. 그는 헌터와 마찬가지로 감각 입력이 제한될 때 파블로프식 조건형성이 쉽게 일어난다고 말하면서 이 기술의 기원을 파블로프에게로 거슬러 올라갔다. "파블로프는 … 방해 자극이 가장 적은 조용한 실험실에서 조건반사가 가장 쉽게 형성될 수 있음을 [발견했다.] 모든 동물 조련사는 경험을 통해 그 사실을 알고 있다. 야생동물을 길들이기 위해서는 격리와 지속적인 자극을 반복해야 한다. … 전체주의자들은 이 규칙을 따랐다. 그들은 자기들의 정치적 희생자들을 고립 상태에 계속 놓아둘수록, 최대한 빨리 조건화시킬 수 있다는 점을 알고 있다."[10]

중국이 강압적 설득 기술을 개발했다는 주장은 북한과 중국에 억류된 미군(과 영국군) 포로들의 이해할 수 없는 행동으로 인해 촉발되었다. 대부분의 미군 포로들은 전쟁 초기에 생포되어 가혹한 감금 상태에서 수년을 보냈다. 미국 입장에서 한국전쟁은 갑작스럽게 일어났고 계획도 부족했다. 전쟁 초기에는 탄약이 부족했고, 병사들이 화장실에 갈 때 화장지 두 장으로 제한될 정도로 보급품이 너무나 모자랐다.[11] 당시 한국은 100년 만에 찾아온 가장 추운 겨울이었는데도, 군인들은 그처럼 가혹한 환경에 적합하지 못한 군복을 입고 있었다. 생포된 군인들의 사기는 뚝 떨어졌고 수용소의 상황은 최악이었다. 군인들은 영양실조 상태였고 적절한 치료를 받지 못했으며, 확성기에서 공산주의 선전 방송이 쏟아지는 임시막사 안에 무리 지어 있었다.

대부분의 미군 포로들은 전쟁 첫 3개월 사이에 북한군에게 생포되어, 수용소에 도착하기 전까지 무자비한 죽음의 행진을 강요당했다. 이후 전쟁 중에 잡힌 미군 포로들은 중공군에게 생포되거나 중공군으로 이송됐기 때문에, 북한군의 잔인함을 피할 수 있었다. 북한군에 생포된 포로들이 살아남아 중공군에게 넘겨지면 놀랍게도 새로운 간수들이 미소를 지으며 담배를 주고 악수로 맞이했다. 이것이 약 3년 동안 지속될 교화 과정의 시작이었다.

이러한 상황에서 포로들은 세균전을 벌였다고 자백하고 반전 선전에 참여하기 시작했다. 게다가 소수의 포로들은 휴전이 최종적으로 확정되었을 때 귀환을 거부했다. 미국은 사악한 공산주의의 손이 움직이는 것을 보았다.

세균전에 대한 주장은 논쟁을 불러일으켰지만, 전쟁은 항상 혼란, 불결함, 영양실조, 효과적인 정부의 부재 등으로 인해 전염병을 달고 다녔다. 제2차 세계대전 당시 유럽 전장에서는 감염이 만연했다. 또한 제2차 세계대전 당시 일본 731부대는 만주에 억류된 약 1만 명의 포로들을 대상으로 세균전 무기 실험을 했다.[12] 몇몇 기록을 보면 포로들에게 박테리아를 접종했다. 다른 기록에는 말뚝에 포로를 묶어 놓고는 다양한 거리에서 탄저균과 콜레라균이 든 폭탄을 터트려 감염률을 실험했다고 한다.[13]

제2차 세계대전 후 일본에서는 전염병이 기승을 부려 65만 명이 넘는 사람들이 콜레라, 이질, 장티푸스, 성홍열 또는 디프테리아에 감염되었고, 10만 명이 넘는 사람들이 전염병으로 사망했다.[14] 전쟁이 끝나자 미국은 일본의 세균전 전문가들을 기소하지 않고, 이들의 전문지식을 이용해 미국의 생물학 무기 연구기지인 메릴랜드 주의 포트 데트릭(Fort Detrick)에서 대규모 생물학전 프로그램을 구축했다.

1952년 3월, 중국과 북한에서 탄저병과 전염병이 유행한다는 보고가 있었고, 한겨울에도 희한하게 곤충들이 목격되었다. 한국의 전염병 발생은 전쟁이 몰고 온 자연스러운 간접 영향의 또 다른 징후였을까, 아니면 좀 더 사악한 원인이 있었던 것일까? 중공군은 전염병이 미국에서 비롯됐다고 믿고는 생포한 일부 미군 조종사들에게 북한에 세균탄을 떨어뜨린 걸 자백하라고 설득했다.[15] 미군을 세균전에 엮을 수 있다면 북한군과 중공군은 중대한 선전 쿠데타를 이룰수 있을 것이다. 이는 제2차 세계대전 당시 증오의 대상이었던 일본과 연합국을 연결하여 공산주의의 대의를 강화하고 미국을 전 세계적인 비웃음거리로 만들 수 있었다.

미국 측은 생포된 미국 전투기 조종사 78명 중 절반이 세균전 프로그램에 참여했다고 자백한 사실을 설명하기 위해 세뇌를 끌어들였다. 미국은 미군 포로들의 주장을 "치밀하게 계획된 거짓 캠페인"이라고 규정하며 완강히 부인했다.[16] 전투기 조종사들은 미국에 돌아오자마자 자신들의 자백을 부정했다.

워커 마후린(Walker Mahurin) 공군 대령은 중국 공산당에게 받은 심문에 대해 이렇게 썼다. "한창 심문을 받는 과정에서 어느 순간 그 사람들이 나의 생각을 교란하기 시작했다. 나는 얼결에 데트릭의 육군 캠프를 방문했다고 불고 말았다. … 물론 이 발언은 그들이 원하는 말이었고, 그들은 내게 세부적인 방문 내용을 쓰라고 강요했다. 이렇게 정보를 불게 하더니 전부 자백하라고 나를 아주 강하게 압박하기시작했다."[17]

생포된 다른 조종사들은 난방이 되지 않는 냉골 임시막사나 물에젖은 구덩이 안에서 고통스런 자세로 족쇄를 채우고 수면과 음식을 박탈당한 채, 강도 높은 협박을 받았다고 보고했다. 그동안 포로들은 계속해서 자본주의하에서 중국이 겪고 있는 시련, 제국주의의 죄과, 사회주의의 약속 등과 관련한 질문에 시달렸다. 미국으로 돌아온 공군 조종사 존 퀸(John Quinn)은 자신이 받은 심문을 이렇게 설명했다. "그[심문관]는 내가 무슨 생각을 하고 있는지, 내 기분은 어떤지, 공산주의란 무엇인지 따위의 진부한 질문으로 끊임없이 나를 괴롭혔다. 무기력하게 당할 수밖에 없는 처지에 있는 사람에게 어떤 일이 벌어지는지 조리 있게 이야기할 수 없다. ··· 나는 사람들이 나와 다른 포로들이 겪은 일을 어렴풋하게나마 느낄 수 있기를 바란다. 포로들은 주문에 걸려 있는 한 기꺼이 주인의 명령을 따르는 산송장들, 조종당하는 인간 로봇 신세라는 거다."[18]

전쟁이 교착상태에 빠지면서 중국의 사상 개조의 힘은 점점 더 강해지는 듯 보였다. 공군 정신과 의사인 루이스 졸리언 웨스트(Louis Jolyon West)는 중국의 포로수용소에 수용된 미군 포로들을 대상으로 여러 시기에 걸쳐 코호트 연구(전향적 추적조사)를 하고 얼마나 많은 포로들이 자백하거나 협력했는지 조사했다. 불과 1년 사이에 허위 자백을 한 미군 포로의 비율은 25퍼센트에서 75퍼센트로 3배나 증가했다.[19] 이는 공군 포로에서부터 코끼리, LSD, 패티 허스트(Patty Hearst)에 이르기까지 다양한 분야에서 세뇌를 연구한 웨스트의 많은 인상적인 연구들 중 첫 번째 사례였다.

몇 년 후, 학자들은 중국의 고위 심문관 한 사람을 찾아내 그에게 심문이 어떻게 이루어졌는지 물었다. 그는 무자비한 행위를 언급하지는 않았지만, 포로를 심문하는 몇 가지 기술을 설명했다.

> 포로들이 처음 우리 수용소에 오면 자기 자신, 가족, 군대에 입대하기 전의 삶, 군 경력, 사회 활동, 정치 소속 등에 관한 정보를 요구하는 양식을 작성했다. … 며칠이 지나고 우리는 포로들을 차례로 불러 인터뷰했다. 한두 시간이 될 수도 혹은 하루 종일 할 수도 있고, 심지어 이틀 내내 할 수도 있다. … [우리는] 그들에게 서면 진술을 요구했다. … 우리는 그들이 작성한 문서를 읽고 나서, 하루나 이틀 후에 다시 불러 더 많은 이야기를 하면서, 그들에게 자신들에 관해 더 자세히 설명할 수 있도록 문서를 훨씬 더 구체적으로 작성하라고 요구했다. 그들은 아주 쉽게 굴복했다. … 이들이 알고 있는 것을 하나하나 실토하게 하는 건 아주 쉬웠다.[20]

무자비한 행위와 끝없는 심문에 대한 응답으로, 포로들은 반전 탄원서에 서명하고 고향 신문사의 편집인은 물론이고 가족들에게 편지를 써, 전쟁을 제국주의의 행태라고, 미국을 인종차별주의 국가라고 맹비난했다. 1952년 11월, 산타바버라 출신의 라랜스 설리반(LaRance Sullivan) 상병은 집에 보낸 편지에서 이렇게 썼다. "저는 전쟁이 엄마나 나 같은 평범한 사람들을 위해서가 아니라 소수의 월스트리트 사람들을 위해서 벌어지고 있다는 걸 깨닫게 됐어요. … 처음 생포되었을 때는 죽겠구나 싶었어요. 하지만 아시겠지만, 엄마, 전 여전히 살아있어요. 저는 우리 가족 모두가 평화로운 분위기 속에서 계속 잘 지내기를 진심으로 바라요. 어쩌면 곧 모든 군인들이 돌아가게 될지도 몰라요. 엄마, 한 가지는 확실해요, 모두가 평화를 위해 힘쓴다면, 언젠가는 평범한 사람들이 이길 거예요."[21]

다른 병사들은 전쟁을 삶의 무의미한 낭비라고 비난하며, 자기 예금계좌에 든 돈으로 〈뉴 매세스(New Masses)〉와 〈데일리 워커스(Daily Workers)〉 같은 공산주의 신문을 후원해 달라고 요구했다. 그들은 미국을 위선적이고 인종차별주의적인 국가라고 비난했고 매카시 상원의원과 하원 비미활동위원회를 맹비난했다. "저는 3년간 수감 생활을 하면서, 난생 처음으로 모든 인종과 피부색을 초월해 각양각색의 사람들이 함께 일하고 함께 노는 완전한 평등을 보았어요. 그런 광경을 볼 때면 어릴 적 우리나라에서 겪었던 일이, 저와 다른 흑인 소년들이 경찰 앞에서 모자를 벗지 않았다는 이유로 채찍질을 당했던 일이 생각나요." 한 포로는 집에 보낸 편지에서 짧게 이렇게 썼다. "미국에서는 평화를 위해 싸우는 게 불가능해요. 평화를 위해 싸우려는 사람은 누구든 기소되고 심지어 처형당할 겁니다. 로젠버그 부부가 평화를 지지하는 발언을 했지만 미국 정부가 그들에게 한 짓을 보세요."[22]

많은 편지 내용들이 수취인들에게는 "사실로 들리지" 않았다. 한 이등병은 미국이 과거 포로였던 사람들을 어떻게 대하고 있는지 비판하는 장문의 편지를 집에 보냈지만, 그 얘기는 가족들에게는 옳은 소리로 들리지 않았다. 그의 누나는 이렇게 말했다. "그 편지는 동생이 쓴 게 아닐 거예요. 동생은 그렇게 쓸 만큼 똑똑하지 못해요. 왜냐면, 군대에 입대했을 때 동생은 고작 열일곱 살이었고, 여전히 중학교 2학년생 수준일 테니까요. … 다른 누군가가 주소를 적고 '버드'라고 서명하고 편지를 써 넣었겠죠."[23]

다른 가족들은 자기들이 받은 편지에서 보이는 일관성 없는 문체를 지적했고, 그 점 때문에 편지의 진위성에 의구심을 가졌다. 모리스 윌스(Morris Wills) 일병은 이런 내용의 편지를 썼다. "제가 알기로 그곳에서 평화운동이 일어나고 있다고 들었어요. 그러니 아버지께 평화운동이 저를 빠르고 안전하게 집으로 데려다줄 거라는 믿음을 가지고 아버지가 최선을 다해 평화운동을 지지해 주시기를 제 진심으로 바란다고 전해 줘요." 계속해서 편지는 밀 수확과 집안의 농장에 고용한 일꾼들에 대해서 이야기했다. 그러나 윌스 일병의 누나는 동생이 예전엔 아버지를 "아빠"라고만 불렀다고 말했고, 농장에 고용한 일꾼이 없으며, 밀을 심지도 않았다고 지적했다.[24] 이와 같은 편지의 숨겨진 오류는 편지를 강제로 쓰게 한 사실을 보여주는 단서였다.

많은 수용소의 환경이 너무나 열악했기 때문에 일부 포로들은 그저 아스피린을 얻기 위해 평화 청원서에 서명할 수밖에 없었다.[25] 이러한 열악한 환경 때문에 포로들은 선전 편지와 탄원서에 서명할 수밖에 없었을 것이다. 좀 더 형편이 좋은 음식과 의복과 숙소를 제공받는 것에 대한 대가를 지불했던 것이다.

포로 송환 문제는 휴전협상의 발목을 잡은 핵심 걸림돌이었다.[26] 어떤 전쟁이든 끝나고 나면, 포로들은 당연히 고국으로 돌아가고 싶어할 것이다. 그러나 제2차 세계대전 이후, 전쟁으로 이탈한 수백만 명의 사람들이 다양한 이유로 자기 '집'으로 돌아가고 싶어하지 않았다는 건 분명한 사실이다. 집이 없어졌거나 이웃과 마을이 없어졌거나 심지어 나라가 사라졌기 때문이었다. 게다가 어떤 사람들은 돌아가면, 위험과 맞닥뜨렸다. 예컨대, 소련으로 돌아온 많은 포로들은 즉시 이적행위 혐의로 기소되어, 강제 노동수용소의 강제 노동형에 처해졌다.

트루먼 대통령은 북한군과 중공군 포로들 중 많은 이들이 북한에 재정착하기를 원하지 않는다는 것을 알고는 모든 포로들에게 송환 국가나 장소를 선택할 권리를 주자고 요구했다. 그들이 귀환을 꺼리는 태도는 특히 중공군 포로들이 국민 정부에 정착하는 걸 선호할 경우, 북한과 중국으로서는 선전의 측면에서 재앙이 될 터였다.[27] 이런 이유로 휴전 논의가 지루하게 계속 이어지는 사이에 전투는 계속되었고 포로들은 몹시 지쳐갔다. 마침내 조인된 휴전협정은 유엔의 감독 하에 3개월의 대기 기간 이후에 포로 송환을 허용하기로 결정했다.

일부 북한군 포로와 중공군 포로들이 송환을 원하지 않는다는 것도 문제였지만, 일부 미군 포로들이 귀국보다는 중국에 머물고 싶어한 사실은 미국을 정말 혼란에 빠뜨렸다. 비록 2명이 나중에 마음을 바꾸기는 했지만, 군인 23명이 귀국을 원하지 않는다고 선언했을 때 미국은 충격에 빠졌다.[28] 한 군인의 어머니는 깜짝 놀라며, 이렇게 말했다. "잭의 마음이 아픈 걸까요? 아마도 그 애의 두통이 재발했을 거고, 그자들이 그런 지경에 있는 아이를 부추겼을 거예요. 아이가 불치병에 걸렸을지도 몰라요. … 잭은 우리에게 짐이 되고 싶지 않았을 거예요. 그자들이 가족을 두고 협박했을지도 모르죠. 아니면 공산주의가 인류에게 도움이 될 거라고 속였을지도 몰라요." 메릴랜드 주지사는 21명의 포로 중 한 명에게 공산주의와 절연하고 집과 가족에게 돌아오길 청하는 테이프 녹음 메시지를 보냈다. "존, 집으로 돌아오세요, 미국의 자유와 존엄의 품으로 돌아오세요. 미국은 제국주의적 야망이 없어요. 세계의 황제가 되려는 자들은 바로 공산주의자들입니다."[29]

미국으로 돌아오기를 거부한 21명의 군인들은 어떤 사람들이었을까? 그들의 배경은 어떠했을까? 가장 신뢰할 수 있는 정보는 기자 버지니아 파슬리(Virginia Pasley)의 놀라운 보도에서 나왔다. 교조주의적 선전선동 기사들로 더럽혀진 분야에서 그녀의 분석은 명료함과 철저함이 돋보인다. 버지니아는 전국을 누비며 군인들의 고향을 방문해 그들의 부모와 친척과 목사와 지도교사와 일반 교사들과 대화를 나눴다. 오늘날에도 아주 힘든 작업이었겠지만, 사람들을 쉽게 수소문

한국전쟁 이후 귀환을 선택하지 않은 미군 포로들
(Bettmann / Getty Images.)

할 수 있는 인터넷이 없었던 1950년대를 생각하면 정말 놀라운 성과
였다.

　귀환을 택하지 않은 미군 포로들 대부분은 가난에 찌든 작은 마
을이나 시골에서 자랐다. 21명 중 단 4명만 고등학교를 마쳤고, 5명
은 중학교 2학년 이상을 마치지 못했다. 또한 대부분은 결손가정 출
신이었고, 그중 3명은 청소년 기관과 마찰을 빚은 적이 있었다. 대다
수는 불우한 어린 시절을 보냈지만, 놀랄 만큼 평온한 성장기를 보낸
이들도 있었다. 한 어머니는 아들에 대해서 이렇게 말했다. "잭은 늘
착한 아이였어요. 내가 기억하기로 그 애가 저지른 짓궂은 장난은 치

약 한 통을 몽땅 먹고 끔찍한 두드러기가 났던 일뿐이었요."[30]

귀환을 포기한 포로들 중 생포됐을 당시 스물한 살이 넘은 사람은 여섯 명밖에 없었고, 세 명은 겨우 열일곱 살로 모두 청년들이었다. 그들은 징집병이 아니라 지원병이었다. 스무 명의 포로는 공산주의를 입에 담을 수 없는 더러운 말이라 생각하는 것 말고는 아는 게 없었다. 대부분은 자신들이 한국에서 무엇을 위해 싸우고 있었는지 전혀 알지 못했다. 이웃과 동창들은 그들을 학교에서 활동이나 스포츠에 전혀 참여하지 않았던 외로운 늑대로 묘사했다. 그럼에도 불구하고, 군 생활은 문제가 없었다. 그들 중 일부는 무공훈장을 받기도 했다.

리처드 코든(Richard Corden) 병장의 어린 시절 사제는 그를 "아무것도 가진 게 없고, 행복해할 만한 일도 없는 소년"으로 묘사했다. "그 애는 놀랍도록 영리한 소년이었고 리더십의 자질이 확실히 있어 보였어요. 하지만 목적의식이 거의 없었어요. … 잘은 모르겠지만, 그 일은 어릴 적에 겪었던 어떤 일이 점점 발전한 결과라는 생각이 듭니다. 그 애는 지금 혼란스러울 겁니다. 제정신이 있는 소년이라면, 그 애가 한 짓을 하지 않았을 겁니다."[31]

파슬리의 체계적인 접근 방식은 고등학교를 졸업하기 전에 가출한 윌리엄 코와트(William Cowart) 일병에 관한 자료를 광범위하게 기술한 연구에서 볼 수 있다. 윌리엄을 가르쳤던 한 교사는 이렇게 말했다. "그 애는 해결해야 할 정서적인 문제가 꽤 많았어요. 화가 잦았고 … 계부와 사이가 좋지 못했어요. 극도로 불안정했고, 친구를 사귀고 관계가 틀어지기보다는 차라리 같은 반 학생들을 멀리하는 쪽을 선택했어요." 또 다른 교사는 한국에서 온 코와트의 편지가 간절한 갈망으로 가득 차 있었다고 말했다. 교장은 이렇게 말했다. "이해하기 쉽지 않은 소년이었습니다. 가끔은 곧잘 이야기도 잘하고 잘 협력하기도 했지만, 때로는 시무룩했고 화를 내며 못미더운 표정을 짓곤 했지요. 제 생각에 그 애는 조국에 대한 충성을 져버릴 만한 아이는 아니었어요." 파슬리는 한 이웃을 찾아내 인터뷰하기도 했다. 이웃은 이렇게 말했다. "빌리는 살면서 행복하거나 만족한 적이 없는 이상한 소년이었어요. 우리 집에 자주 들락거렸지만 걔를 좋아했던 건 아니에요. 하지만 저기서 개에 관한 영상을 보고는 털썩 주저앉아서 울었어요. … 조용하고 침울한 애였어요. 낙천적으로 생각하려고 했지만 허사였죠. 제가 보기에 당시 그 애는 너무 어렸어요. 그 애를 거기에 보내지 말았어야 했어요."[32]

본국 귀환을 하지 않겠다는 결정을 발표한 후, 미군 포로들은 3개월의 대기 기간을 가졌고, 그 사이에 가족들이 나서 설득해 마음을 바꾸려고 애썼다. 감동적인 편지와 녹음테이프를 보냈지만, 대개는 이를 확인하거나 받아보지 못했다. 한 어머니는 아들에게 집으로 돌아오라고 간청했다. "아들아, 나를 실망시키지 말아라. 난 널 포기할 수 없구나. 사랑한다." 한 아버지는 아들에게 이렇게 편지를 썼다. "아들아, 내가 널 안고 있다고 상상해봐라. 내가 네 바로 곁에서 네뺨에 입을 맞춘다고 상상해봐라. 아들아, 우리 모두는 네가 집에 돌아오길 간절히 바란다. 내가 장담하는데, 넌 결코 해를 입지 않을 거야. [그들에게] … 집에 돌아가고 싶다고 말해. 그러면 널 보내줄 거야."[33]

포로의 부모들은 불충한 아들을 키웠다는 이유로 지역사회에서 배척당했다. 호킨스 일병의 어머니는 아들을 절대 학대하지 않았다며 〈오클라호마 시티타임스(Oklahoma City Times)〉에 반박 글을 올렸다. "누가 그 애들에게 치욕을 줬는지 묻는다면, 저는 누가 봐도 빤한 무력감 속에 편안히 앉아 그 빨갱이 악마들이 우리 미국의 아들 스물한 명을 빼앗아가게 내버려 둔 채 우리 자신을 선전하기 위해 '더러운 쓰레기 치워버려 속시원하다'고 떠들어댄 우리라고 말하겠습니다. 그 아들들 중 하나는 공교롭게도 제 아들입니다. 저는 공산당놈들이 저를 궁지에 몰아붙이도록 넋 놓고 가만히 있지는 않을 겁니다. … 죄 없는 자 이 소년들에게 먼저 돌을 던져라. 너희가 심판받지 않으려거든 남을 심판하지 말아라."[34]

한국전쟁은 약 3년 동안 지속되었고, 약 160만 명의 미군이 참전했다. 휴전협정이 체결되었을 당시, 미군은 수천 명이 전투에서 사망했고, 9만 8천 명이 부상당했으며, 포로의 38퍼센트가 억류 중 사망했고, 21명이 중화인민공화국으로 망명했다. 한국전쟁 당시 미군 포로 사망률은 제1차 세계대전 당시 동맹국 포로수용소 사망률(4퍼센트)과 일본 내 미군 포로 사망률(35퍼센트)과 베트남 전쟁 당시의 미군 포로 사망률(16퍼센트)보다 높았다.[35] 한국에서 포로 사망률이 높았던 이유는 혹독한 기후 조건 이상의 문제 때문이었다. 당시 미군에 억류된 공산군 포로의 사망률은 2퍼센트에 지나지 않았다.[36]

나머지 생존 포로들은 자신이 반역자인지 희생자인지 확신하지 못하는 고국으로 귀환했다. 고통스러운 시간이었다. 완벽한 승리를 거두지 못한 한국전 결과, 막대한 손실과 계속되는 냉전 대결이 미국을 무겁게 짓눌렀다. 이 난처한 순간에 위로하는 척하며 더 괴롭히는 자들인 욥의 위로자들은 장광설을 늘어놓기 시작했다.

○

전쟁을 연구하든, 자동차를 만들든, 병원의 감염 관리를 모니터하든 간에, 프로젝트에 무엇이 잘못되었는지 분석하는 것은 늘 좋은 습관이다. 이러한 품질보증 사고방식은 비난보다는 침착성을 유지하고 문제 해결에 관심을 가질 때 효과가 있다. 이와는 반대로, 한국전쟁 이후 장광설을 늘어놓은 자들은 악인 처벌의 열렬한 지지자들이었다. 이 선동가들은 비미활동위원회에서 헌터가 격노했던 방향으로 계속 향했다 그들은 미국 교수와 정치인은 나약하고, 자유주의는 우리의 힘을 약화시켰다고 떠들어댔다. 이게 바로 우리 군인들이 그토록 형편없이 행동한 이유라고 주장했다.

헌터 외에도 유독 눈에 띄는 선동가가 둘 더 있었다. 육군 정신과 의사인 윌리엄 E. 메이어(William E. Mayer) 소령은 포로 귀환 파일을 검토하고, 〈U.S. 뉴스 앤 월드 리포트(U.S. News and World Report)〉와의 인터뷰에서 속마음을 털어놓았다.[37] 왜 그토록 많은 미군 포로들이 죽었고 왜 그토록 많은 미군 포로들이 적군에 협력했을까? 메이어는 그 원인을 미국의 문화와 교육으로 돌렸다. 또한 미국인들이 너무 유약하고 진취성이 부족하다고 보았고, 미군은 더 강해질 필요가 있다고 보았다. 메이어는 특히 북한군의 감언이설에 속아 넘어간 미군 포로들은 "어머니 중심주의"—아들의 성숙성과 독립성을 저해하고 숨막히게 하는 과잉보호형 어머니—문화에서 자란 이들이라고 말했다. 메이어는 순회강연에 나서 자신의 논평에 살을 붙였다. 왜 그토록 많은 포로들이 죽었을까? "그들은 나약했기 때문에, 그리고 인성, 충성심의 발달, 리더십 결여 때문에 죽었습니다. … [그들은] '절망염(Give-up-itis)'에 걸렸고 질병 수준의 소심함, 의존성 그리고 너무나 미숙했고, 극도로 불안정했던 아이였고 … 밤에 울다가 지쳐 잠들던 아이였고 … 어머니 얘기를 많이 하던 아이였습니다. 결국 과잉보호를 받던 아이였습니다."[38]

메이어는 파블로프식 조건형성이 군인들의 나약한 행동과 관련이 있다는 점을 부정했음에도 불구하고, 중국 시스템을 사람들을 지속적으로 조종하고, 이에 순응하는 사람에게 보상하는 체계로 설명했다. 근데 이것이 바로 파블로프의 본질 아닌가?

메이어는 (자주 그랬던 것처럼) 주제에서 벗어나 화제를 돌리고는 이렇게 말을 이었다. "많은 사람들이 20~30년대 시카고 대학에서 청년공산주의자연맹(Young Communist League)과 관련해 일종의 자유연애 활동을 하는 단체가 있었다는 이유를 들어 질문을 하는 경우가 많습니다만" 공산주의자들은 "섹스나 성적인 방법을 이용하지는 않았습니다."[39] 정신과 의사 루이스 졸리언 웨스트는 대단히 절제된 말로 반박했다. "제 견해로는 메이어가 내린 결론의 대부분은 유용한 데이터에 비추어 보건대 타당하지 않습니다."[40] 이는 경멸이 가득 담긴 미묘한 비난을 학문적 용어로 표현한 것이었다.

다음 욥의 위안자는 기자 유진 킨케이드(Eugene Kinkead)였다. 1957년 〈뉴요커〉에 기고한 글에서 킨게이드는 비슷한 주제에 불을 지피며 에세이의 서두를 이렇게 시작했다. "미국이 치른 전쟁을 제외한 모든 전쟁에서 적군의 포로수용소에 수감된 미군들의 행위는 군대에 예상치 못한 문제를 일으키지 않았으며 나라 전체에 특별한 우려를 일으키지도 않았다." 이 에세이는 그런 맥락에서 미군들이 탈출을 시도하지 않았고 수용소 내에서 규율과 충성도가 낮았으며, 수용소에서 무모하게 죽었다는 등의 주장을 이어갔다. 마지막 결정타는 21명의 군인이 공산주의자로 전향했다는 것이었다. 킨케이드와 그가 인터뷰한 군 관리들에 따르면, 전에는 그런 일이 없었다고 한다.[41]

킨케이드는 논의에 열을 올리며 포로 세 명 중 한 명이 적군에 협력했다는 주장을 펼쳤다. 그는 "포로들 중 38퍼센트가 … 포로 상태에서 죽었다"고 잔인하게 덧붙이며, 이 통계치의 원인을 "포로들 스스로의 무지나 무기력함" 탓으로 돌렸다. 즉, 킨케이드에 따르면 모든 죽음의 원인은 공산주의자들의 잔인한 대우가 아니라 군인들 자신의 나약함이었다.[42] 이는 이후 그가 한 권의 책으로 확장한 논쟁의 서막에 불과했다.

이와 대조적으로, 미군은 귀환자들을 매우 신중하고 철저하게 분석했다. 미군 측은 한국에서 돌아오는 3주간의 귀환 항해 동안 병사들을 광범위하게 연구했다. 정신의학자들과 심리학자들은 각 병사에 대한 방대한 관련 기록을 모아 다른 병사들의 보고서와 교차 검토했다. 평균적으로 포로들은 185건의 비난을 동료 병사로부터 받았으며, 한 병사는 자신의 행동에 대해 약 800건의 불만을 다른 병사들에게서 지적받은 것으로 나타났다.[43] 중국의 기술들에 관해 더 많은 걸 알아낼 목적으로, CIA 요원들도 진기한 세뇌 및 심문 기법으로 아미탈을 이용해 귀환병들을 인터뷰하고자 했지만, 미공중위생국의 반대로 무산되었다.[44]

군인들은 또한 로르샤흐 검사와 문장완성 평가를 받았다. 그들은 침착하고 거의 무관심했지만, 로르샤흐 검사에서 마치 "분노에 휩싸여 당장이라도 공격할 것처럼" 본질적인 난폭성과 공격성을 드러냈다.[45] 로르샤흐 카드 중 하나에 대한 공통된 반응은 "두 남자가 뭔가를, 아마도 다른 남자의 가슴을 찢어내 심장을 꺼내고 있는 광경"이었다.[46]

이 모든 정보를 취합해 군 측은 군인 3명 중 1명은 낮은 수준에서 협력했고, 7명 중 1명은 훨씬 더 깊이 협력했다는 결론을 내렸다. 선전방송 참여나 자신들이 좋은 대우를 받고 있다고 선언하는 것은 경미한 협력으로 간주되었다. 215건의 더 심각한 사건이 특별 수사관에게 넘겨졌고 결과적으로 47건이 군법회의에 회부되었다.[47]

연구자들은 이 전쟁이 적군이 포로들의 정신을 조직적으로 조작하려고 시도한 최초의 전쟁이었으며, 포로들의 사기를 떨어뜨리기 위해 치밀하고 집중적으로 시도했다는 사실을 인정했다. 적들은 '세뇌'보다는 '교화'가 경험적 현실에 더 가깝다는 것을 알게 되었다.

미군 측은 중공군의 포로에 대한 처우가 고문에 해당하는지 여부를 광범위하게 논의했다. 고문과 가혹 행위의 경계선을 어디에 그을 수 있을까? 이는 오늘날까지도 우리를 괴롭히는 질문이다. 일부 군 관리들은 "고문"을 "한 사람을 기절시키거나 의지력을 잃게 할 만큼의 극심한 고통"으로 한정지었다.[48] 반복적으로 걷어차이거나, 두들겨 맞거나, 고통스러운 경련을 일으킬 만한 자세로 묶여 있거나, 혹한의 날씨에 노출되어 있는 것처럼 단순히 불편한 일들은 이들이 보기에는 고문에 속하지 않았다. 군 측은 고문을 받고 항복하는 행위는 용서받을 만하다고 생각했다. 하지만 훌륭한 군인이라면, '보통의' 가혹한 대우 앞에서는 협력을 거부해야 한다. 훌륭한 군인은 의식을 잃을 정도가 아니면 혹독한 취급을 당해도 자백이나 협력을 거부할 수 있어야 했다. 참담한 취급을 받아 자백할 수는 있겠지만, 그것으로 자백을 정당화할 수는 없다는 말이었다.

어느 정도가 되어야 심문이 "지나친" 것일까? 스탈린의 소련 시절과 마찬가지로, 중공군의 심문은 지속시간과 빈도 면에서 예측할 수 없었다. 일부 포로들은 50차례 이상에 걸쳐 심문을 받았다. 한 전투기 조종사는 한 번에 20시간 동안 심문을 받았다. 동료 포로들이 처형되는 광경을 목격해야만 했고, 다른 조종사들과 고국에 있는 자신의 가족들도 이제 표적이 됐다는 말을 들었다. 심문이 길어지는 동안 체중은 거의 32킬로그램이나 빠졌다. 기억력과 논리적 사고력이 떨어지기 시작한 그는 결국 독방에 감금된 지 330일 만에 한국어로 작성된 자백서에 서명하고 말았다.[49]

킨케이드는 이와 같은 증언은 안중에도 없었다. 그가 보기에 군인들이 너무나 심약한 나머지, "한 병의 알약과 수세식 변기 없이는 실성할 듯 보였다." 전투에 앞서 강인하게 훈련된 군인이라면 적군에 자백하는 일은 없었을 것이다. 킨케이드는 이 군인들에 대한 비난을 이렇게 결론지었다. "군 측은 모든 미국의 부모와 교사와 성직자들이 우리 아이들 각자에게 우리의 생활방식과 공산주의자들의 생활방식의 차이를 구체적으로 각인시켜주고, 우둔하고 고리타분한 정신 상태에 빠져 있는 모든 아이들에게 정의를 확고하게 숭상하고 부정의에 대해서는 끊임없이 적대하는 모습을 보고 싶어한다."[50]

사려 깊은 연구자들은 그처럼 성급하게 비난하지는 않았다. 찰스 W. 메이요(Charles W. Mayo) 박사는 유엔에서 공산주의자들이 사용하는 고문 방법에 관해 연설했다. 박사의 발언은 〈U.S. 뉴스 앤 월드 리포트〉에 그대로 실렸는데, 이 기사에는 미군 전투기 조종사 포로 여

섯 명이 경험한 학대 행위와 중공군이 허위 자백을 받아내는 방식을
상세히 묘사하고 있다.

킨케이드와 달리 메이요는 중공군의 잔악 행위 혐의를 벗겨주지
않았다. 예를 들어, 고국으로 돌아온 전투기 조종사들 중 한 명인 워
커 마후린 대령은 3주 동안 잔인한 심문을 받은 끝에 자살을 기도했
다. 대령은 처음 3개월간의 감금 중에도 자백을 거부했고, 이후 3개
월 동안 독방에 감금되었다. 그동안 매일 죽음의 위협을 받았고, 잠
을 잘 수 없을 정도로 매일 밤 감정이 고조되어 있었다. 이후 6주 동
안은 이른바 '더 우호적인' 대우를 받았는데, 이 과정에서 다른 군인
들이 그가 세균전에 참여했다고 자백하고 고발하는 광경을 지켜보았
다. 다른 군인 한 명은 4개월 동안 고문을 당했다. "다섯 시간 내내 차
렷 자세로 서 있었고, 크기가 180센티미터도 안 되는 문 없는 감방에
8일 동안 갇혀 있었다. 간수 둘에게 땅바닥에 붙들려 있으면서 다른
간수에게 걷어차이고 얻어맞기도 했다. 22시간 동안 차렷 자세로 서
있다가 쓰러진 적도 있었다. … 15센티미터 정도 되는 거리에서 얼굴
에 비추는 스포트라이트를 받으며 3시간 동안 심문을 받기도 했고,
뒤통수에 댄 권총을 느끼며 자백을 강요받기도 했다. … 3일 동안 아
무것도 못 먹고 방치되기도 했다. … 총살형 집행대 앞에 선 채 마지
막 기회라는 말을 듣기도 했고, 집 서까래에 손과 발이 묶인 채 매달
려 있기도 했다."[51]

메이요는 유엔에서 모든 심문에는 하나의 "패턴"—자기가 보기에

공산주의자들이 파블로프식 조건반사 수법을 사용하고 있음을 시사하는—이 있었다고 발언했다.

> [포로들은] 저항하면, 발로 차이고 뺨을 맞는 처벌을 받는 동시에 죽음의 위협을 받았다. ⋯ 반면 협력하겠다는 의사표시를 하면, 곧 더 좋은 대우를 받을 거라는 약속과 함께 보상으로 조금 더 많은 음식을 받았다. 일부 우리 군 포로들이 그처럼 퇴행적인 동물 수준의 반응—저항은 곧 죽음과 직결되며 ⋯ 인간과 짐승을 구별해주는 도덕 원칙보다 어떤 면에서든 생존이 더 중요해 보이는—을 보인 것은 결코 놀랄 일이 아니다. 내게 놀라운 게 있다면, 너무나 많은 우리 군인들이, [거짓으로] 자백한 군인이든 자백하지 않은 군인이든 모두가 어떻게든 끝끝내 사나이답게 행동했다는 사실이다.[52]

○

향후 미국의 정신의학, 심리학, 사회학을 이끌 수많은 학자들이 포로 평가에 적극적으로 참여했는데, 기자인 킨케이드와 헌터뿐만 아니라 동료인 메이요와도 확연히 다른 관점을 보였다. 이 학자들의 연구는 흥미로운 해석을 내놓았지만, 너무 학술적이어서 (불행히도) 보는 사람이 많지 않았다. 재밌게 쓰인 선정적 기사가 있는데, 누가 훌륭한 과학적 보고서를 읽고 싶겠는가!

전문가들은 '세뇌'라는 용어를 싫어했고, 세뇌가 가진 선정적 이미지에 분개했으며, 중국의 세뇌 기법에 근본적으로 새로운 것이 있다는 사실을 강하게 부인했다. 오히려 오랫동안 이어져 온 심문 관행의 연장선상에 있는 것으로 보았다. 아울러 중국 공산당의 심문 방식에 악마적 '파블로프주의'가 있다고 생각하지 않았다. 한 학자는 사람들이 공산주의로의 전향을 "파블로프 박사와 푸 만추[●]의 악마적인 음모"로 여기는 것은 어리석은 생각이라고 논평했다.[53]

전문가들은 '파블로프'라는 말이 추종자들이 소유한 어떤 비밀스럽고 강력한 기술을 의미한다면, 이는 터무니없는 소리라며 일축했다. 하지만 '파블로프'라는 말이 오랜 시간에 걸친 시행착오, 바람직하지 않은 행동에 대한 처벌, 바람직한 행동에 대한 보상을 의미한다면, 심문 과정의 중요한 요소라는 점에 동의했다.

어떤 연구자들은 포로수용소 내에서의 사기 붕괴를 사회적 배경 때문이라고 지적했다. 많은 군인들은 모든 면에서 전쟁에 나설 준비가 되어 있지 않았다. 훈련과 장비는 형편없었다. 중공군이 참전하면서 전선이 급격하게 변했기에 수많은 연합군 진지가 격파되었고, 대부분의 부대에서 지도력이 저하되었다. 너무나 명확한 적을 상대로

● 영국의 작가 색스 로머(Sax Rohmer)가 창조한 세계 정복의 야망을 가진 중국인 악당 캐릭터.

연합국과 함께 싸웠던 제2차 세계대전과 달리, 한국전쟁에서 미군은 보다 더 근본적인 차원에서, 정확히 누구를 위해서, 또한 무엇을 위해서 싸우고 있는지 몰랐기에 적에 협조하는 일이 많았다.

결국 포로들이 중공군에게 넘어갔을 때, 포로들은 자기를 생포한 자들이 보이는 관대한 처사에 어리둥절했지만, 이는 "벨벳 장갑 속 강철 주먹"과 같은 관용이었다. 중공군은 포로들의 부대 지휘 체계를 파괴하고, 사병들을 장교들로부터 분리시키고, 밀고자들을 회유해서 군인들 사이에 불신을 조장했다. 또한 우편물을 미리 확인하여, 나쁜 소식이 있는 경우에만 집에서 온 편지를 허용했다. 많은 포로들이 의욕을 잃고 사기가 뚝 떨어져 포로들의 13퍼센트만이 동료에 대한 관심을 보였다. 다른 포로를 밀고하는 일은 흔했다.[54]

중공군들은 체계적이었고, 신중하게 속도를 조절해가며 끝없이 요구사항을 늘어놓았으며, 아무리 사소한 일이라도 포로들에게 어느 정도 참여를 요구했다.[55] 중공군의 접근 방식은 졸리 웨스트가 "DDD"(쇠약(debility), 의존성(dependency), 두려움(dread))라고 부른 것에 기대고 있었다.[56] 중공군은 포로들을 고립시킨 후 사회적 지원을 박탈하고, 생명 유지의 기본 권리를 심문관의 손아귀에 쥐어주었다. 간수들은 수용소 분위기를 삭막하고 획일적인 환경으로 만들었다. 개인위생 문제를 해결하지 못하게 만들어 포로들의 자존감을 떨어뜨렸고, 끊임없이 모욕감을 주었으며, 무의미해 보이는 규칙 준수를 강요했다.[57] 간수들은 반(半)기아, 장시간의 심문, 수면 박탈, 지속적인 죽음의 위협 등의 방법을 이용해 포로들을 쇠약해지게 만들었지만, 때로 명령에 따르게 하기 위해 감질 나는 당근책을 주기도 했다. 무엇보다도 그들은 포로들의 운명을 완벽하게 통제할 수 있으며 저항은 무익하다는 점을 포로들에게 분명히 인식시켰다.

본국으로 송환된 포로들에 대한 미 육군의 연구 결과에 따르면, 포로의 15퍼센트가 선전방송을 하고 동료 포로들을 고발하는 등 일상적으로 중공군에 협력했지만, 이들 중에 실제로 공산주의로 전향한 사람은 드물었다. 고국으로 돌아온 후, 미군 포로들의 45퍼센트는 삶의 방식으로써 공산주의에 '공감'을 표했지만, 공산주의자가 된 사람은 드물었다. 미군 포로들은 이데올로기적인 이유보다는 기회주의적인 이유(예컨대, 더 좋은 음식을 얻고자 하는 이유) 때문에 중공군에 협력했다.[58] 미군 포로들 중 5퍼센트만이 중공군의 압력에 저항할 수 있었고 80퍼센트는 무기력하게 중립을 지켰다. 한 연구자가 기술했듯이, "그들은 그저 무관심하거나 불안해하며 갈등이 격화되는 것을 지켜보기만 했다."[59]

협력 수준은 군인들의 연령, 교육 수준 혹은 계급과 같은 배경의 특성에 따라 다르지 않았다.[60] 스트레스는 굴복과 상관성이 있었을까? 이 질문에 대한 답은 그 질문을 어떻게 하느냐에 달려 있다. '스트레스'를 심각하게 고통스러운 사건으로 정의한 연구자들은 높은 수준의 스트레스가 더 큰 저항을 일으킨다고 보고했다. 상습적인 압박과 학대의 관점에서 스트레스를 정의한 다른 연구자들은 앞서와 반

대되는 결과를 발견했다.[61]

킨케이드에 따르면, 한국전쟁 이전의 전쟁에서는 그처럼 많은 포로들이 변절하거나 적에 협력한 사례가 없었다. 하지만 이는 사실이 아니다. 전시 이적행위는 한국전쟁에서만 있었던 일은 아니었다. 레베카 웨스트(Rebecca West)는 늘 그렇듯 예리한 글을 통해 영국군 포로들이 나치에 협력한 사례를 서술하고 있다. "반역자들 중에는 어린아이처럼 생각하고 어린아이처럼 느끼고, 악의 없이 단지 누군가 단 것을 나눠준다는 이유로, 또는 영문도 모르고 덩달아서 어린아이처럼 배신하는 사람들도 있었다."[62]

제2차 세계대전 중 러시아군에 의해 생포된 독일군의 10퍼센트는 공산주의에 공감했고, 더 많은 독일군 포로들이 더 좋은 대우를 받기 위해 적군에 협력했다.[63] 제1차 세계대전 당시, 독일군은 영국군에 복무하는 아일랜드 군인들을 표적으로 삼아 이적행위나 변절을 이끌어내야 한다고 생각했다.[64] 1812년 전쟁(제2차 미영전쟁) 당시, 군인들은 아군을 이탈했고, 미국의 남북전쟁 당시, 약 5,000명의 "개조된 남부군 병사들"이 북부군에 합류했다. 신경학자 해럴드 울프(Harold Wolff)는 이 "개조된 남부군 병사들"이 19세기의 세뇌된 전쟁 포로에 해당한다고 생각했다.[65] 조지 워싱턴조차 자신의 군대 일부가 "애국심"이 부족하다고 불평한 적이 있었다.[66] 어느 집단이나 이탈자들이 있기 마련이지만, 한국전쟁과 관련해 킨케이드를 비롯한 여러 연구자들은 군인들의 나쁜 행동의 원인을 병사 개개인의 약점보다는 국가적 차원의 도덕적 타락에서 찾았다.

킨케이드는 이적행위가 이분법적 흑백논리에 속하기라도 한 것처럼 한국에서 비정상적으로 광범위하게 일어났다고 주장했다. 포로의 39퍼센트는 선전 탄원서에 서명한 것을 인정했으며 16퍼센트는 일종의 선전 녹음을 했다. 이 군인들을 어떻게 분류해야 할까? 미 육군은 적과의 협력 정도에 따라 등급이 나뉜다고 결론지었다. 모든 죄수는 감옥이 로스앤젤레스에 있든 만주에 있든 상관없이 교도관들에 조금이라도 순응할 수밖에 없다. 순응은 어느 정도까지 인정할 수 있을까? 군 측은 이러한 질문과 씨름하며 다양한 반응을 정의하려고 노력했다.[67]

모든 것이 끝이 난 후, 결국 귀환한 미군 포로 4천 명 중 단 10명만이 재판을 받아 이적행위로 유죄 판결을 받았다. 많은 군인들이 중공군에 협력하기도 하고 저항하기도 했다. 킨케이드는 이적행위를 평가할 때 그처럼 단정 짓기 어려운 미묘한 상황을 용납하지 않았지만, 그 차이는 중요하다. 예를 들어, 어떤 포로들은 심문관에게 교묘한 말(예컨대 "다시는 인민지원군의 재산을 훔치다 '적발'되는 일은 없을 것이라고 약속합니다")은 통하지 않을 거라는 걸 알고 가짜 자백을 했다.[68]

킨케이드는 미군 포로들은 탈출 시도를 하지 않았다고 주장했다.[69] 실제로 몇 번의 탈출 사례가 있었지만, 주변 환경을 고려할 필요가 있다. 가장 가까운 중립국인 버마는 약 3,219킬로미터나 떨어져 있는 데다 미군은 한국인들 틈에 숨어들 수도 없었기 때문에 쉽게 탈출할 수 없었을 것이다. 제2차 세계대전 중에도 미군에 억류된 독일군 포로 436,000명 중 단 28명만이 잡히지 않고 탈출했다. 아마도 그들은 한국에 억류된 미군 포로들보다는 쉽게 숨어들 수 있었을 것이다.[70]

킨케이드와 메이어는 사기 저하와 변절의 원인이 유약한 환경에서 자란 군인들에게 있다고 주장한다. 이 점을 자세히 살펴보자. 1950년에 대부분의 미군 포로들은 대략 스무 살이었다. 대공황 시대와 제2차 세계대전 당시의 생활 여건을 "유약한" 환경으로 볼 수는 없다. 게다가 많은 사람들이 (지금도 그렇듯이) 가난에서 벗어나고 교육을 보장받고자 군에 입대했다.

킨케이드는 미군 포로들과 비교해볼 때 200명의 터키군 포로들은 군인으로서의 역할을 훌륭히 다했고, 군인정신을 저버리지 않고 사상 주입에 저항했으며, 스스로 죽음을 맞이하지 않았다고 주장했다. 미군 포로와 터키군 포로의 차이는 아마도 생포 시기에 차이가 있기 때문일 것이다. 잔악 행위와 생활 조건은 한국전쟁 첫 해에 최악이었다. 포로로 잡혀 사망한 미군 2,634명 중 99퍼센트가 전쟁 첫 해에 사망했다.[71] 터키군 포로들은 대부분 전쟁 후반에 생포되었고, 더 중요한 점은 중공군에는 터키어 통역자가 거의 없었기 때문에 터키군 교화는 비현실적인 일이었다.[72] 중공군이 수용소에 억류되어 있던 터키군 포로들과 의사소통하기 위해서는 네 단계—북경어에서 한국어로, 한국어에서 영어로, 영어에서 독일어로, 그리고 마지막으로 독일어에서 터키어로—의 통역이 필요했다.[73] 이는 결코 세뇌하기에 적합한 조건이 아니었다.

전쟁 기간 동안 지리적·시간적 측면에서 포로에 대한 처우에 큰 차이가 있었기 때문에 전체 생존율을 비교하기란 쉽지 않다. 나는 뉴햄프셔 출신 포로들의 사망률이 62퍼센트인 반면에 하와이 출신 포로들의 사망률이 16퍼센트에 불과했던 이유를 도덕적 기질로 설명할 수 있을지 의심스럽다.[74] 킨케이드는 전시 경험의 복잡성을 거의 고려하지 않고 단순히 미군을 정형화시킨 것이다.

○

대중문화에서 세뇌는 누구에게나 강요할 수 있는 악마적인 새로운 힘이었다. 귀환 포로들 사이에 위장 요원이 있다는 두려움과 정부 고위직에 스파이가 만연해 있다는 의혹이 일었다. 사람들은 공산국가가 어디든 공격할 수 있는 무시무시한 신무기를 가지고 있다고 믿었다. 영화 〈맨츄리안 캔디데이트(The Manchurian Candidate)〉에는 파블로프의 긴 그림자가 드리워 있다. 레이먼드 쇼(Raymond Shaw) 병장은 동료 포로들 중 한 명을 살해하라는 명령을 받는다. 소련의 파블로프연구소 출신으로 묘사된 사악한 연 로(Yen Lo) 박사는 열광적인 청중인 공산주의자들에게 이렇게 이야기한다. "우리는 살인하되 살인한 사실을 기억하지 못하도록 미국인들을 훈련시켰습니다. … [포로들의] 뇌는 세척됐을 뿐만 아니라 드라이클리닝됐습니다."[75]

전문가들은 세뇌를 일종의 고딕 공포소설 이야기로 치부했지만, 강압적인 설득 기법은 강력하며, 미국은 이를 방어해야 한다고 믿었다. 전문가들에게는 군인들의 한계점에 관한 좋은 자료가 있었다. 85일 동안 지속적인 전투와 포격과 수면 부족에 계속 시달린 후에는 군인들의 50퍼센트가 심신이 파괴될 것이고, 전투 140일이 지난 후에는 75퍼센트, 전투 210일을 겪은 후에는 90퍼센트가 심신이 파괴될 것으로 예상된다.[76] 즉, 군인들의 한계점과 관련해 '용량반응곡선'이 존재했다.

하지만 적의 어두운 설득 공작에 맞서 저항하는 군인에게 무엇이 도움이 될까? 공군 정신과 의사들은 미래의 군인들에게는 생존 훈련이 필요하다고 생각했다.[77] 군인들은 훈련기간 동안 유사상황을 경험함으로써 가혹한 환경이나 강압적인 심문 전략처럼 예상되는 상황을 훈련해야 한다는 것이다. 군인들은 먹을 게 해충밖에 없다면, 해충 섭식의 메스꺼움을 극복해야만 한다. 또한 미국 역사와 정부, 적들의 실체, 그리고 적들과 싸우는 이유에 대해서 보다 더 철저히 교육받을 필요가 있었다. 이와 같은 훈련은 적의 손아귀에 들어갔을 때 강압에 쉽게 굴복하지 않게 해주는 일종의 예방접종이었다. 그러나 저명한 신경학자 해럴드 울프가 경고했듯이, 예방접종조차도 늘 효과가 있는 것은 아니다. 왜냐하면 "일부 개인들의 정서적인 삶은 선천적으로 취약하고, 그들의 사랑과 헌신과 믿음과 충성의 수준은 낮기 때문이다."[78]

중공군은 심문에 대한 기존 지식을 바탕으로 저항과 협력이 사회적으로 엄청난 파급력이 있다는 사실을 인식하면서 심문 지식을 확장해나갔다. 미국 정부는 '세뇌'가 왜곡되고 과장된 용어라는 것을 인정하면서도 공산주의의 위협에 맞서기 위해 새로운 방안을 찾는 데 관심을 가졌다. 만약 '중공군'이 무기를 가지고 있다면, '우리(미군)'도 최소한 그만한 무기를 가지고 있어야 했다.

이렇게 MK울트라 프로젝트(Project MKUltra)의 추악한 이야기가 시작되었다. 미 정부는 데이터를 확보하기 위해 과학자들과 협력하기 시작했다. 미 국방부의 고문으로 일했던 해럴드 울프와 로런스 힌클(Lawrence Hinkle)은 과학적으로 강압적인 설득을 연구하고자 코넬대학교에 사회생태학연구소를 설립했다.[79] 1956년, 이들은 사회생태학이라는 새로운 분야의 목적을 이렇게 밝혔다. "개인은 자기가 속한 전체 환경과의 만족스러운 관계 유지에 전적으로 의존하는 생명체[이다.] 한 인간의 생명은 음식과 수분과 공기의 충분한 섭취 … 그리고 충분한 휴식과 활동에 달려 있다. 또한 자신이 속한 환경 안에서 다른 인간들, 특히 자신에게 특별한 의미를 갖는 인간들과 만족스러운 관계를 유지하는 것도 똑같이 필요하다."[80]

이들이 친절히 밝힌 전문(前文)은 과학자협회와 CIA의 MK울트라 프로그램 사이의 불안한 협력을 소개하고 있다. 그것은 재앙이 될 것이다.

제6장

CIA의 반격

시체들

우리는 … 우리를 상대로 쓰는 방법보다 더 분명하고
더 정교하고 더 효과적인 방법으로 적을 전복시키고 파괴하고
섬멸하는 법을 터득해야 합니다.
아이젠하워 대통령에게 보낸 위원회 보고서, 1954년 9월 30일

스탈린의 여론조작용 공개재판에 뒤이어 한국전쟁 포로들에 대한 비난이 이어지자 미국은 뇌전쟁 공격을 감행하기로 했다. CIA 국장 앨런 덜레스(Allen Dulles)가 문제를 제기했다. "러시아인들은 해치우고 싶은 인간을 딱 찍어서 이들이 저지르지 않은 범죄를 순순히 자백하게 만들거나 소련의 선전 대변인으로 만든다. 새로운 기술들은 뇌에 저장된 사고를 말끔히 씻어내고 … 아마도 어떤 '거짓말 혈청'을 사용해 피해자가 앵무새처럼 반복하는 새로운 뇌 처리 과정과 새로운 사고를 만들어낸다."[1]

독립위원회는 아이젠하워 대통령에게 효과적인 세뇌 방법을 찾기 위해 미국이 주도적 역할을 해야 한다고 조언했다.[2] 이 임무를 실행하는 데는 두려움도 있었고, 정치적 입장도 있었지만, 무엇보다도 프

로그램을 추진할 과학적 근거가 크게 부족했다. 전문가들, 즉 한국전쟁 포로들을 치료한 정신과 의사들과 심리학자들은 중공군이 세뇌와 설득을 위해 강력한 기법을 사용했지만 이 기법이 혁명적인 발명품은 아니라는 것도 알았다. 하지만 이들은 냉전 기간 동안 새로운 무기를 찾고 있던 정부의 연구자금을 받는 데 일말의 주저함도 없었다.

정부 입장에서 세뇌는 신중하게 평가해야만 하는 위협이었다. 이에 따라 국가는 강력하고 자금이 풍부한 정보국을 활용해 공산주의 체제와 싸우는 데 집중했다. 소련은 단순한 세계 정복 이상을 원하는 것처럼 보였다. 그들은 대대적인 허위 정보 유포 활동과 잠입 정보요원들을 이용해 서방세계에 대한 신뢰를 무너뜨리고자 했다. 서방이 어떻게 대응할 수 있을까? 한 CIA 작가는 민첸티 추기경의 재판에 대해 숙고하고는 이렇게 논평했다. "자백하는 사람의 정신을 재편하고 재교육한 일이 없었다면, '자백'의 스타일, 맥락 및 방식을 설명할 길이 없다. … 인간 정신의 기능적 조직의 근본적인 변화는 전통적인 육체적 고문 방법으로는 야기할 수 없는 것이다. 따라서 훨씬 더 새롭고 더 섬세한 기법들이 활용됐을 거라고 생각하지 않을 수 없다."[3]

정보국 분석가들은 이러한 설명할 길 없는 자백이 정신 수술이나 전기 충격이나 약물에 의한 것일 수 있다고 추측했고, CIA는 그 가능성을 조사하기 위해 학계로 눈을 돌렸다. 학계는 정부 자금이 지원되는 한, 국가를 보호할 준비가 되어 있었다. '블루버드(Bluebird)', '아티초크(Artichoke)', 'MK울트라' ― 1950년대와 1960년대에 활약했던

CIA의 행동 연구 프로그램의 암호명들—는 80여 개 대학에 보조금을 쏟아 부었다.[4] 블루버드는 사람들에게 너무 잘 알려지게 되면서, 보안 문제로 1951년에 단계적으로 중단되었고 아티초크가 그 프로그램을 떠맡았다.[5] 나는 이 모든 연구를 간단히 'MK울트라 자금지원 프로젝트'라고 부를 것이다. '맨해튼 마인드 프로젝트'라고 불리기도 했던 이 다양한 프로그램들은 행동 통제와 사회적 영향력과 선전에 초점을 맞춘 비밀 연구에 수십억 달러를 쏟아 부었다.[6] 이 계획안은 "한 사람의 의지에 반하여 그리고 본인이 알지 못하는 사이에 그로부터 정보를 얻을 수 있는 모든 방법에 대한 평가와 개발에 초점을 맞추었다. … 우리는 한 개인을 우리의 명령을 따를 정도로 통제할 수 있을까? 그런 수단들이 우리에게 불리하게 사용될 경우 어떻게 대응할 수 있을까?"[7]

대부분의 MK울트라 문서가 파쇄됐지만, CIA와 학계 간 협력의 목적을 설명하는 문서들은 아직도 많이 남아 있다. 한 계약 업체는 다음과 같은 과제를 이행하라는 지시를 받았다.

> 요원들이 배반(그리고·혹은) 교화 기술에 굴복할 수 있을 가능성을 정확하게 예측할 목적으로 요원들을 평가하라.
> 비밀 임무를 수용하도록 선발된 요원을 사전 조건화하라.
> 선발된 요원들이 자신의 생존에 위험할 수 있고, 이전에 의식적으로 표현한 의도와 관심과는 정반대되는 행위를 수행

하도록 유도하라.

요원에게 적의 심문과 정치적 교화에 저항할 수 있는 지속적인 동기를 부여하라.[8]

MK울트라는 미국에서 가장 뛰어난 행동과학자들(마거릿 미드, B. F. 스키너, 칼 로저스)을 지원했다. 아이러니하게도, 행동 통제를 활용하는 정부의 위험성에 대해서 경고한 사람은 CIA의 지원을 받은 심리학자 칼 로저스(Carl Rogers)였다. "우리는 발전한 우리의 지식을 이용해서 전에는 꿈도 꾸지 못했던 방법으로 사람들을 노예로 만드는 길을 선택할 수 있다. 이로써 우리는 사람들을 스스로 인격을 상실했다는 사실을 절대 인식하지 못할 정도로 아주 세심히 고른 수단으로 비인격화하고 통제할 수 있다. … [혹은 우리는] 행동과학을 창의성을 개발하는 방식에 활용할 수도 있다. … 행동과학은 [개인이] 마주하는 삶과 삶의 문제에 새롭게 적응할 수 있는 방법을 [찾는 데] 도움이 될 것이다."[9]

기초 연구자금이 필요했던 연구자들은 미 정부, 미국국립보건원뿐만 아니라 정보기관과 군으로까지 손을 벌렸다. 민간재단들도 연구를 지원했지만, 그중 상당수('컷아웃*' 또는 보안기관을 위해 일하는 중개기관)는 비밀리에 정부로부터 자금 지원을 받았다. CIA는 일부 연구자

───────

● 비밀 활동 회원들 간의 접촉을 숨기기 위해 쓰이는 사람이나 회사.

들이 CIA를 위해 연구하기를 꺼린다는 사실을 알았다. 그럴 경우, 우회적인 경로로(예를 들어, CIA 임무와의 관련성 여부와는 무관하게 모든 종류의 연구를 지원하는 재단을 통해) 자금을 지원해 반감을 누그러뜨렸다. 이처럼 CIA 임무와는 무관하게 지원하는 보조금이나 "위장 보조금"은 다양한 재단의 합법성을 구축하는 데 도움이 되었다.[10] 일부 학자들은 일부러 모른 체했든, 아니면 너무나 순진했든 간에 CIA가 자신들을 지원한 사실을 몰랐다고 주장했다.[11] 심지어 사회적 규범과 통제에 대한 저명한 연구자인 어빙 고프먼(Erwin Goffman)도 CIA의 지원금 대상자 명부에 올라 있었다.[12]

코넬대학교의 사회생태연구소는 CIA의 자금을 대학 연구자들에게 전달하는 핵심 통로 중 하나였다. 이 연구소의 기원을 보면 깜짝 놀랄 만한 개인들이 등장하는 이야기가 펼쳐진다. 덜레스 CIA 국장의 아들 앨런 메이시 덜레스 주니어(Allen Macy Dulles Jr.)는 한국전쟁 중에 머리를 크게 다쳐 장애를 입고 귀국했다. 덜레스는 아들의 장애를 고치기 위해 코넬대학교의 신경학자 해럴드 울프에게 도움의 손길을 뻗었다. 울프는 부상당한 덜레스를 재활시키려고 애쓰는 가운데, 자신의 학과에서 그에게 각종 이상한 과제들을 시켰다.[13] 울프는 제2차 세계대전 중 OSS에 복무했었기 때문에 이미 CIA의 심사를 받은 적이 있으며, 적어도 한 동료에 따르면 덜레스도 울프를 "파블로프의 제자였다는 이유로" 택했다.[14] 울프는 미국에서 가장 저명한 신경학자들 중 한 명이었다. 두통, 그리고 두뇌와 행동의 미묘한 상호 작용

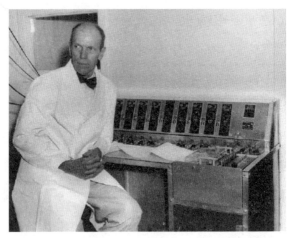

해럴드 울프. 의학 센터 아카이브(Medical Center Archives)의 허가 하에 전재
(New York-Presbyterian / Weill Cornell Medicine)

에 관한 전문가인 그는 《신경학 아카이브(Archives of Neurology)》의 편집
장이자 미국 신경학회장이었다.

울프는 박학다식한 사상가이자 청중을 매혹시키는 강연자이자,
스트레스와 정서 반응이 대부분의 질병의 진행에 영향을 미친다고
믿는 자상한 의사였다. 연구에 몰두해 있던 그는 자신의 연구실에 뜻
깊은 격언을 붙여 놓았다. "실험 없는 날은 없다"[15] 또한 그는 엄격하
고 독재적인 면모를 지녔고 유머가 없었으며, 지독히 경쟁심이 강해
상당히 위협적인 사람이었다. 울프는 개인적으로 편두통을 앓기도
했다. (야심이 강하고, 성공 지향적이고, 완벽주의 성향에 유능하며, 비현실적인 기대
치를 가진) 전형적인 편두통 환자에 대한 그의 설명을 보면, 편두통 환
자였던 자신을 묘사하고 있다는 의심을 가질 법도 하다.[16] 울프는 일

을 할 때는 오로지 한 가지 생각밖에 할 줄 몰랐다. 그런 그의 모습을 지켜보았던 가까운 동료들 중 한 사람은 우스갯소리를 하듯 이렇게 말했다. "강의 중에 개가 들어와서 양탄자에 토하더라도, 계속 강의만 할 것이다."[17] 하지만 이러한 단점에도 불구하고, 그는 정신신체의학의 선도자들을 자기 주위로 끌어 모아 '울프 팩(Wolff Pack)'이라는 별명을 가진 집단을 결성했다.

70년 전에는 신경학과 정신의학이 오늘날처럼 뚜렷하게 다르지 않았다. 정신의학의 한 분야인 정신신체의학은 신경과학과 정신분석 이론과 생물학적 정신의학 간의 차이를 해소하려고 노력했다. 울프는 당시 가장 저명한 신경병리학자 및 정신과 의사들과 함께 연구하는 등 정신신체학 운동의 선두주자였으며, 이 운동의 교육적 계보를 이어갔다.[18]

울프에게 아들을 치료해 준 점에 대해 감사를 표했던 덜레스는 CIA의 연구 안건을 발전시킬 수 있는 다른 뛰어난 연구자들을 찾는 데 도움을 준다면 울프의 연구를 지원하겠다고 제안했다. 울프는 사회생태연구소 설립을 도와줄 인물로 코넬대학교 의대 교수인 동료 로런스 ('래리') 힌클을 택했다. 나는 래리 힌클을 개인적으로 알고 있었는데, 좀 정이 안 가는 타입이었다. 거대한 몸집에 퉁명스럽고 냉소적인 사람으로, 얼간이를 절대 용납하지 않았고, 늘 군인다운 태도를 취했다. 래리는 전국 단위의 회의가 있을 때면, 강의실 뒤편에서 모습을 드러내 불운한 발표자들에게 칼날 같은 질문을 던지곤 했다. 다행히 나는 그의 관심을 끌지 못했다. 하지만 그 겉모습 이면에는 신랄한 유머 감각을 지닌 유쾌하고 따뜻한 사람이었다.

힌클은 심혈관 역학(疫學)에 큰 공헌을 한 뛰어난 내과 의사였다. 울프와 마찬가지로 스트레스가 잠재적으로 치명적인 영향을 미칠 수 있다고 믿었던 그는 질병은 사회 환경의 맥락에서 연구하는 것이 중요하다고 강조했다. 이런 점에서 '사회생태학'이라는 명칭은 인간이 사회적 환경과 어떤 관계가 있는지에 대한 합리적인 과학적 관심을 반영한다. 다만 이 경우 연구소가 '사회적 환경'에 초점을 맞췄다는 것은 연구소가 적으로부터 비밀을 강제로 캐내는 심문, 세뇌, 그리고 약물에 대한 연구를 지원한다는 걸 의미했다.

협업 초기에 울프와 힌클은 국방부 고문으로 일하며, 공산주의의 심문 기술을 조사했다. 이 둘의 훌륭한 논문은 새로운 연구소 이름의 기원을 설명해주는 흥미로운 결론에 이르렀다. "인간은 사회적 동물이다. 인간의 건강은 먹는 음식과 음료에 달려 있는 것만큼이나 동료들과의 만족스러운 관계 유지에 달려 있다. … 다른 사람들과 함께 살아가는 모든 인간은 집단 내에서 인정받고 받아들여지는 일종의 심리적 삶의 방식이 필요하다."[19]

울프와 힌클은 1953년 코넬대학교에 사회생태학연구소를 설립했다. 연구소는 처음에는 학생 기숙사 밀실에 있었다. 수년에 걸쳐 뉴욕의 여러 타운하우스로 자리를 옮기면서 울프와 CIA는 미등록 전화와 우편물을 이용해 연락을 주고받았다.

1956년, 뇌 기능장애 전문가인 제임스 L. 먼로(James L. Monroe) 공군 대령이 연구소에 합류했다. 연구소 상임이사이자 재무 책임자를 맡았던 먼로는 코넬대학교 외부의 연구자들에게 지원을 확대했다. 칼 로저스는 인간생태학(Human Ecology) 그룹 위원회에 합류하여 감정에 관한 다양한 연구자금을 지원받았다. 몇 년 후, 로저스는 자신이 참여한 사실을 설명하면서 한때 자금 조달에 어려움을 겪었지만, 사회생태학연구소로부터 지원을 받은 이후로는 다른 연구 지원을 받는 데 훨씬 더 수월해졌다고 언급했다. 로저스는 이 시기의 경력을 되돌아보며, 다시는 비밀 자금을 "눈곱만큼도" 받고 싶지 않다고 말했다.[20]

로저스가 연구소에 관여하면서 연구소는 어느 정도 합법적인 재단으로 인정받게 되었다. 비록 CIA가 로저스를 이용했을 수도 있지만, 그의 면담 연구와 행동 영향력 연구에 흥미를 느낀 것도 사실이었다. 한편, 사회생태연구소는 1965년까지 LSD, 감각 박탈, 고립 등 다른 방대한 연구 포트폴리오에 자금을 지원했다.[21]

사회생태연구소에 점차 환멸을 느낀 힌클은 CIA가 점점 더 지배력을 행사하고 근본적으로 인간생태학에 대한 기초 연구보다는 CIA 작전상의 문제에 관심을 갖는 것에 불만을 토로했다.[22] 게다가, 연구소에 파견된 일부 CIA 요원들에 대해 의구심을 품었다. 몇 년 후, 힌클은 연구소의 문제점을 이렇게 꼬집었다. "처음부터 해럴드 울프의 '인간생태학' 개념의 높은 지적·인본주의적 목표와 전문 정보요원들의 과학적으로 미숙하고 본질적으로 비도덕적인 작전 사이에 화해할 수 없는 갈등이 있었음이 분명했다. 이 갈등은 울프 박사가 애써 무시하려 함으로써 더욱 커졌다."[23]

힌클은 불만을 토로했지만, 울프는 "일단 무엇을 할지 결정을 내리고 나면 자신의 관심사 말고는 어떠한 관심사에도 신경을 쓰지 않았다."[24] 결국 힌클은 1956년 7월 위원회를 떠났다. 그해 말, 정보요원 조지 화이트(George White)와 울프 박사 사이에 오고간 편지 내용은 함께 일하고 있던 요원들에 대한 힌클의 우려를 완벽하게 잘 대변해준다. 화이트의 편지 내용에는 이런 글이 있었다. "다양한 압박의 정도에 따라 적의 공황 상태가 어떻게 달라지는지 보여주는 그래프를 만들 수 있을까요?" 이에 울프가 차분히 답했다. "당신의 아이디어는 매우 도발적이군요. 그래프 자료 충분히 만들 수 있습니다. 따뜻한 인사를 전하며."[25]

그렇다면 누가 누구를 이용하고 있었을까? CIA가 정보국의 목적을 이루기 위해 순진하고 우직한 학자들을 이용하고 있었을까, 아니면 학자들이 '그들'이 원하는 방향으로 정보국을 이끌었을까? 물론 각 협력의 세부 내용에 따라 다르겠지만, 해럴드 울프로 말하자면 그렇게 호락호락한 상대는 아니었다. 몇 년 후 코넬대학교 측이 사회생태연구소의 파란만장한 역사를 평가했을 때, 검토위원회는 유감스럽게도 울프의 영향력이 대단히 크다는 점을 인정했다. 위원회 의장은 이렇게 말했다. "제 기억으로는 … 해럴드 울프는 하고 싶은 일은 마음대로 하는 그런 사람이었습니다. CIA가 어떤 프로그램을 따로 제시하지는 않았다고 생각합니다. 그의 프로그램이 CIA가 원하는 것과 일치했다면 해럴드도 괜찮았을 테지만, 해럴드가 CIA의 지시를 곧이곧대로 따른다는 것은 상상도 할 수 없었습니다." 이에 대해 래리 힌클은 이렇게 대답했다. "그는 [이 대학의] 교무처로부터 무엇을 하라는 지시조차 받지 못했다."[26]

1962년 해럴드 울프 박사의 예기치 않은 죽음이 없었다면 사회생태학 연구는 MK울트라 기금으로 수년간 더 지속되었을 것이다. 박사는 CIA 본부에서 전 U2 조종사 프랜시스 게리 파워스(Francis Gary Powers)를 심문하던 중 뇌졸중으로 쓰러졌다.[27]

CIA와 코넬대학교 사회생태연구소 간의 밀통은 세뇌 연구를 지원하기 위한 가장 악명 높은 전선이었지만, CIA는 다른 많은 재단들과도 관계를 맺고 있었다. 오늘날까지도 정부기관들이 공동 관심사를 실현하고자 재단과 파트너 관계를 맺는 것은 흔하디흔하다. 의식, 신경과학, 전시 정신의학, 그리고 LSD에 관심이 있던 메이시 재단은 정보기관의 세뇌 포트폴리오와 긴밀히 연관되어 있는 연구들을 지원했다.

1930년대와 1940년대, 조시아 메이시 주니어 재단의 설립자인 케이트 메이시 래드(Kate Macy Ladd)는 종교, 정신 및 신체, 건강(특히 편두통), 그리고 학제 간 연구의 증진에 관심이 많았다. 재단은 정신신체의학의 발전을 지원했고, 군 임무 적합성과 개선된 전투피로증 치료에 초점을 맞춘 군 정신의학을 발전시키는 데 힘썼다. 1940년 전쟁 신경증에 관한 메이시 회의는 윌리엄 사건트의 전투피로증 치료 약물에 관한 연구에 중점을 두었다. 이 메이시 회의은 초청받은 사람만 참석할 수 있는 권위 있는 학제간 포럼으로 MK울트라가 지원하는 많은 과학자가 참석했다. 1946년부터 1953년까지 메이시의 의료 책임자였던 프랭크 프리몬트 스미스(Frank Fremont-Smith)가 포럼을 이끌며, CIA가 밀었던 사이버네틱스, 조건반사, 최면, LSD 등에 관심을 집중시켰다.[28] 1958년, 재단은 파블로프의 연구와 그것이 러시아의 다른 행동과학 연구에 미친 영향을 집중적으로 파악하고자 국립과학재단과 손을 잡았다.[29]

LSD 연구의 초기 개척자인 해럴드 A. 에이브럼슨(Harold A. Abramson)은 LSD가 심리치료 과정에서 정보 누설을 부추긴다는 사실을 밝힌 자신의 연구를 지원해 준 메이시 재단에 거듭 감사를 표했다. 에이브럼슨한테 오랫동안 심리치료를 받은 환자들은 LSD를 투여 받은 상황에서 동성애적 환상과 인종차별적 사고처럼 지금껏 숨겨왔던 내용들을 털어놓기 시작했다.[30] CIA는 특별히 심리치료에 관심이 있지는 않았지만, 약물이 정보 누설을 촉진할 수 있다는 사실을 알고는 매우 흥미를 느꼈다. 에이브럼슨의 LSD에 관한 전문지식과 CIA와의 관련성은 향후 불운한 결과를 초래했다.

메이시 재단 기금은 심문 약물을 연구한 핵심 연구자인 루이스 고트샬을 지원하기도 했다.[31] 해럴드 울프는 통증 측정 도구뿐만 아니라 두통(래드 여사의 일생의 병)에 대한 연구 지원도 메이시로부터 받았다. 존 릴리(John Lilly)는 메이시로부터 감각 박탈 부유 탱크에 대한 연구 지원을 받았다. 메이시는 마거릿 미드의 컬트에 관한 연구에 자금을 지원하기도 했다. 지원 대상은 광범위했다. 이런저런 이유로 메이시는 세뇌에 대해서 할 말이 있을 만한 모든 주요 학자들의 연구에 '관심'을 가졌다.

찰스 게쉬크터(Charles Geschickter)는 CIA 행동연구에 예상치 못한 또 다른 자금 출처 노릇을 했다. 조지타운대학교에서 유방암을 연구한 저명한 병리학자인 그 역시 1953년부터 1972년까지 CIA의 자금을 게쉬크터 재단으로 보냈다. 이 자금은 포로를 상대로 한 심문 연구와 LSD 및 기타 환각제 사용 연구를 지원하는 데 쓰였다. 게쉬크터는 뉴욕의 해럴드 에이브럼슨, 오클라호마의 졸리 웨스트, 그리고 UCLA의 LSD 연구에 자금을 지원했다. 재단의 또 다른 관심사는 버섯에서 독성 화합물을 찾는 것, 그리고 사람들을 무력화시키거나 수면을 유도하는 방법이었다.

결국 CIA의 연구와 관련된 스캔들이 터지자, 상원위원회는 게쉬크터 박사의 재단과 CIA의 유착관계를 밝히기 위해 심문했다. 에드워드 케네디(Edward Kennedy) 상원의원은 게쉬크터에게 중앙정보국이 병원에 안전가옥을 만들어 연구를 수행하려고 했는지 물었다. 게쉬크터는 회피하듯이 이렇게 대답했다. "전 전혀 모르겠습니다. … 그들이 무슨 계획으로 자금을 제공하려 했는지 저는 전혀 모릅니다." 게쉬크터는 이 모든 것을 대학교의 엉성한 장부관리 탓으로 돌리거나 기억이 안 난다고 주장했다. 당시 중앙정보부는 실제로 정서 스트레스를 연구하고, 마취제를 연구하고, 중독성 정신병을 유발하는 화합물을 찾으려 하고, 뇌진탕으로 인한 기억상실의 발생 메커니즘을 연구하고, 레이더를 이용해 수면을 유도하는 방법을 연구하고 있었다. 게쉬크터는 레이더의 수면 유발 연구를 기억해내며, 레이더는 정말로 효과가 있었지만, 레이더의 적정 사용량을 맞추는 것이 까다로웠다고 말했다. 너무 많이 레이더에 노출되면, "요리되는 고기와 같이 뇌의 온중추(溫中樞)*가 손상될 것이다."[32]

결국 인간생태학재단(이 단체의 이름은 몇 년 사이에 조금 바뀌었다)은 뉴욕에서 워싱턴으로 이전되었고, 같은 건물을 게쉬크터 의학연구기금과 함께 썼다. 이렇다 보니, CIA는 같은 건물에 있는 두 개의 주요한 CIA 비밀 재단으로부터 정보를 캐내기가 전에 비해 훨씬 수월했다.[33]

수많은 대학들이 이런저런 계좌를 통해 MK울트라로부터 자금을 받았다. 1960년대와 1970년대에 이 사실이 밝혀지자, 오늘날로서는 이해하기 어려울 정도의 분노가 일었다. 그 후, 미국이 베트남 전쟁의 수렁에 빠지면서 미국인들은 정부 당국에 본능적인 경계심을 가졌다. "CIA—군(軍)—닉슨—암살—음모"는 하나의 거대한 괴물이었고, 무엇이든 이 괴물과 관련된 것들은 불신을 받았고 오명을 썼다. 분명히 알 수 있듯이, MK울트라의 후원을 받은 연구들 중 일부는 그

● 뇌의 열 발산 중추로 간뇌시상하부 앞과 중앙핵군에 존재한다.

와 같은 악명을 떨쳤지만, CIA로부터 연구 지원을 받은 것 자체가 죄는 아니었다. 이 문제는 연구의 세부 내용과 자금에 결부된 조건과 관련이 있다.

일부 연구자들은 수상한 연구를 제안했다. 울프의 제안은 수십 년이 지난 지금도 여전히 경악을 금할 수가 없다. "뇌 기능과 피험자의 기분, 생각, 행동 조건화, 기억, 언어 메커니즘 등에 미치는 근본적인 영향을 확인하기 위해 잠재적으로 유용한 비밀 약물(그리고 다양한 뇌 손상 처치)을 유사한 방법으로 테스트할 것이다. 이 약물들을 연구하는 동시에 적절한 해독제를 찾아내거나 대응책을 마련할 예정이다. '이들 연구 중 피험자에게 잠재적인 해를 끼칠 수 있는 연구의 경우, 연구소는 필요한 실험을 수행하기 위해 적합한 피험자들과 장소를 중앙정보부가 제공해 줄 것을 기대한다.'"[34]

기밀 연구에는 장단점이 있다. 이 연구는 임무 중심이기 때문에 신속하게 진행될 수 있다. 전쟁 억제나 국가안보 수호의 목적을 내세워 관료적 장애물을 제거할 수 있으며 후원자들은 종종 놀라울 정도로 독창적인 아이디어를 기꺼이 고려한다. 반면, 임무 중심의 기밀 연구가 만병통치약은 아니다. 기초 연구는 모든 지식을 가치 있는 것으로 간주하는데, 임무 중심적 접근 방식은 때로 처음에 임무와 무관해 보이는 독창적인 아이디어를 인정하지 않을 수도 있다. 어떤 아이디어가 실현될지 예측하기 어렵다. "놀라울 정도로 독창적인" 아이디어는 흔히 "멍청한" 것으로 판명될 수 있다. 훌륭한 과학은 무자비하게 비판적이다. 학자들이 자신의 연구에 대해 이야기하지 않으면, 다른 사람들이 잠재적인 오류를 발견할 수 없기 때문이다. 그러나 기밀 연구에서는 연구 방법과 통계 분석 등 보고되지 않은 모든 것을 검토하고 비판할 수 없기 때문에 연구 결과의 가치를 판단하기가 어렵다. 때로는 방법론의 세부 내용이 의도적으로 은폐되기도 하고, 때로는 실수로 누락되기도 한다. 아울러 공식적으로 거론하지 않은 것은 반복실험을 할 수 없기도 하다. 이러한 비판과 반복실험 과정은 기밀 연구에서 차단된다. 남의 것을 차용한 요리법에 익숙한 사람은 누구나 이문제를 안다. 식재료들과 요리법이 철저히 공개되지 않는 한, 요리를 그대로 재현할 수는 없다.

○

1943년 앨버트 호프먼(Albert Hofmann)이 LSD의 환각 효과를 발견하자 전 세계 정보기관들은 이 화합물은 물론이고 그와 유사한 화합물들에 주목하기 시작했다. 이것은 제2차 세계대전 당시 결론을 맺지 못한 심문 약물 연구의 논리적 연장선이었다. LSD를 이용해 강압적 설득을 이끌어낼 수 있을까? MK울트라가 기밀 환각제 연구 지원에 매달린 것은 우연이 아니었다.

정부는 약물이 심문을 가속화할 수 있는지 알고자 했지만, 과학자들은 이 약물이 정신질환을 이해하는 모델을 제시해 줄 수 있을

지, 혹은 인간의 성장과 창의력의 밑거름이 될 수 있을지 궁금했다. CIA가 추진했던 환각제 기밀 연구 포트폴리오는 방대했는데, 그중에는 LSD의 유효 용량, 특정 인물에게 LSD를 은밀하게 투여하는 방법, 그리고 LSD가 정부 지도자에게 정신질환을 유발할 수 있는지의 여부 혹은 정부 지도자를 무력화시키거나 정신적으로 혼미하게 만들 수 있는지의 여부 따위를 규명하는 프로젝트도 있었다. MK울트라 연구는 약물에 대한 내성이 생길 수 있는지 또는 해독제가 효과적일 수 있는지를 시험했다. 하버드대학교의 헨리 비처(Henry Beecher)는 전함이나 도시의 상수도처럼 군사적인 공격 목표물에 LSD를 풀어 놓을 수 있을지 궁금했다.[35] 1968년 시카고 민주당 전당대회 기간 동안 이피족이 상수도에 LSD를 붓겠다고 위협하면서 물 공급 위험이 되풀이되자, 리처드 데일리(Richard Daley) 시장은 도시의 모든 저수지를 24시간 감시할 것을 명령했다.[36]

LSD 연구는 말 그대로 치명적인 결함이 있었다. 자원한 적이 없는 아무것도 모르는 피험자들을 대상으로 실험을 진행했기 때문에 분노한 대중의 반발을 두려워한 정보기관은 MK울트라 LSD 프로젝트를 축소하기 시작했다. 미국 전역에서 사람들이 뜻하지 않은 LSD 환각 체험을 한 것이다. 이러한 은밀한 LSD 투여는 환희, 깨달음, 공황, 정신병, 자살 등 온갖 사태를 유발했다. 연구자들은 학생, 죄수, 중독자, 정신질환자, 그리고 아동들의 약물에 대한 반응을 연구했다. 과거 죄수로 복역했던 마빈 윌리엄스(Marvin Williams)는 자신의 체험을 이렇게 묘사했다. "나는 내가 어떤 일을 당하는지도 몰랐다. … 우리는 물로 보이는 것을 한 잔씩 계속 건네받았고 그들의 말대로 그것을 마시고는 꽈당 하고 쓰러졌다. 나는 무슨 일이 일어나는지 몰랐다. 지붕과 하늘이 폭발했다. 정말 괴상한 일들이 일어났다. 정말 말도 안 되는, 현실은 아니지만 진짜 말도 안 되는 일이 벌어지고 있었다. 나는 사방에 야생동물들이 우글거리는 정글에 있는 것 같았다. 그 모든 미친 짐승들은 나를 죽이려 하고 … 다시는, 두 번 다시는 이런 일을 겪고 싶지 않다."[37]

CIA에서 가장 화려한 경력을 가진 요원들 중 한 명인 조지 화이트(George White)는 MK울트라와 해럴드 에이브럼슨과 함께 수많은 LSD 프로젝트에 참여했다. 한 동료는 화이트에 대해 이렇게 말했다. "조지는 광견병에 걸린 개의 가죽이라도 단숨에 벗겨낼 수 있는 사람이었다."[38] 170센티미터의 키에 체중이 90킬로그램이나 나가는 대머리 남자 화이트는 옛 전략사무국 출신 요원으로 거칠고 저돌적 성격이 일부 미국 과학자들의 어두운 면을 자극했다.

자신의 악명 높은 "한밤의 절정" 프로젝트 일환으로 화이트는 샌프란시스코의 텔레그래프 힐에 있는 아파트 한 채를 빌린 다음, 매춘부들을 고용 이들의 고객이 훨씬 더 쉽게 정보를 털어놓을 수 있는지 확인하고자 음료에 LSD를 몰래 타게 했다. 한 CIA 요원은 이렇게 밝혔다. "우리가 너무 겁이 나서 약물을 직접 복용하지 못할 경우에는 그 약물을 샌프란시스코로 보냈다." 그러면 거기서 화이트가 약물을 실험했다.[39] 그들은 마린 카운티의 한 모임에서 에어로졸 형태로 만든 LSD를 시험했지만, 모두 헛수고였다. 바람에 약물이 흩어졌기 때문이다. 이처럼 무모할 정도로 다양한 방법으로 사람들에게 몰래 약물을 먹이고 반응을 관찰했다. 이는 14년 동안 단속적으로 이어진 장기 연구 프로그램이었다.[40]

하지만 연구 자체의 질에 대한 과학적 의구심이 제기되었다. 1963년 CIA 감찰관은 이들 약물 연구가 과학적 근거가 있는지 의문을 제기했다.[41] 결국 많은 연구에서 관찰자들은 과학적인 훈련을 받지 않은 요원들이었고, 피험자를 관찰한 시간도 몇 시간밖에 되지 않았다. 따라서 장기적인 효과에 대한 정보가 불충분했으며, 의료 지원이 부족한 탓에 위험한 상황이 자주 발생하곤 했다.

CIA가 많은 자금을 지원했음에도 불구하고 연구자들을 끌어들여 요구사항을 이행하게 하는 것은 그리 쉬운 일이 아니었다. 한 첩보 기관의 수장은 "모든 미국 과학자들의 마음속에 숨어 있는 악동"에게 호소하며, "과학자들에게 '당신의 모든 정상적인 준법 개념을 창밖으로 던져버리시오. 여기에 큰 소동을 일으킬 기회가 있소'라고 말하는 것이 비결이었다고 말했다."[42] 때로, 중앙정보국은 진짜 악동 과학자들과 함께 일할 때 기대치보다 더 많은 것을 얻었다. 로체스터대학교의 심리학과 학과장인 리처드 웬트(Richard Wendt)는 자신이 "말 못하는 사람조차도 말할 수 있게 만드는 아주 특별한" 약물 혼합물을 발명했다고 주장했지만, CIA가 자신과 정부(情婦)를 유럽으로 데려가 스파이 혐의자를 상대로 한 실험을 감독하게 하기 전까지는 성분을 밝히지 않겠다고 했다. 결국 그 약물 혼합물 시험은 실패로 끝났고, CIA는 소위 새로운 성분이란 것이 바르비트루산염과 암페타민과 마리화나의 화합물일 뿐이라는 사실을 알고는 격분했다.[43]

MK울트라 프로그램에 관한 소식은 결국 외부로 유출되었다. 1970년대에 열린 미국 상원청문회에서 에드워드 케네디 상원의원은 비밀리에 실험 대상이 된 사람들의 생명과 안위를 위태롭게 만든 프로그램을 맹비난하며 국민을 대변했다. "물론 이 분야에서 진전이 있어야 한다면, 누구도 약물 실험의 필요성에 의문을 제기하지 않을 것입니다. 하지만 오늘 여기서 들은 잠재적 부작용에 대한 심각한 허위 진술과 … 참여자들에게 전혀 고지하지 않음으로써 이와 같은 비극적인 후유증에 대처하거나 치료할 준비를 전혀 하지 못하는 상황이 있어서는 안 됩니다."[44]

MK울트라는 약물에 집착했을 뿐만 아니라, 사회적 고립이 행동을 형성하는 데 미치는 영향에도 주목했다. 건강한 정상인들을 대상으로 한 실험에서 피험자들은 2~3일간 감각 격리를 당한 후에는 환각을 경험하기 시작했고 명료하게 생각할 수 없었으며 쉽게 세뇌되는 것으로 나타났다. 하지만 이러한 지식은 단순히 사람들의 비밀을 "캐내는" 방법을 터득하기 위한 것이 아니었다. 과학자들은 임상적으로도 실질적 영향을 미친다는 사실을 발견하기도 했다. 감각 박탈 연구를 통해 연구자들은 철폐(철제 호흡 보조 장치)를 달고 사는 소아마비 환자의 고통이 어느 정도는 감각 격리 때문이라고 추정했다. 마찬가지로, 임상 연구자들은 중환자실에서 자주 발생하는 혼란과 정신착란 역시 어느 정도는 감각 격리에서 기인한 것이 아닐까 하는 의문을 갖기 시작했다.

MK울트라는 기억이 어떻게 형성되고 지워지는지, 어떤 생물학적 요인이 폭력을 유발하는지와 같은 신경과학적인 질문에 매료되었다. 이처럼 기억의 신경과학에 관한 연구와 감각 격리의 영향에 관한 연구의 대부분은 몬트리올에서 일어난 일련의 참혹한 연구에서 절정에 이르렀다. 이에 대해서는 다음 장에서 논의할 것이다.

이 모든 연구 분야에서 정부기관과 과학자들은 서로를 이용해 자신의 의제를 홍보했다. 과학자들은 연구비를 마련하기 위해 고군분투했고, 자신들의 아이디어가 중대할 뿐만 아니라 연구비 지원 기관의 목적에도 부합한다는 주장을 폈다. 연구비 지원 기관도 결코 순진하지 않았다. 이들도 과학자의 의도를 간파했고 연구 적용의 과학적 장점과 기관의 필요성에 얼마나 부합하는지를 신중하게 고려했다.

MK울트라 프로그램 관리자인 시드니 고틀립(Sidney Gottlieb) 박사는 뛰어난, 괴짜 같은 화학자였다. 동료들은 박사를 "야수"나 "멀린"이라는 애칭으로 불렀다.[45] 제임스 본드 시리즈의 Q에 비유되기도 했고, 펄프 소설에서 뛰쳐나온 미친 과학자로 묘사되기도 했다.[46] 고틀립은 1951년 에이브럼슨 박사가 주도한 LSD 연구에 참여했고, 이후 개인적으로 약물 실험을 20번 이상 했다.[47] 하지만 그는 자신에게만 실험을 한 것은 아니었다. 연구소에 있을 때는 일상적으로 LSD와 다른 약물들을 연구진의 음식이나 음료나 담배에 몰래 넣었다. 결과는 종종 "흥미롭거나 매혹적"이었지만, 때로는 기분 나쁜 환각체험이 벌어지기도 했다. 은밀히 약물을 투여 받은 한 CIA 요원은 공포에 질린 상태로 건물을 뛰쳐나갔고, 차후에 이렇게 보고했다. "지나치는 모든 자동차들이 기괴한 눈을 가진 끔찍한 괴물이었다. … 고통의 시간이었다. 절대 깨어나지 못할 꿈만 같았다. 꿈속에서 누군가가 계속 쫓아오는 것만 같았다."[48]

LSD의 효과는 투여 환경에 따라 크게 다르다는 것을 이해하는 것이 중요하다. 초기에 심리치료의 보조제로 LSD를 투여하던 때 치료사들은 LSD가 기분 나쁜 환각체험을 일으키는 경우는 드물고 오히려 통찰력과 행복감을 상승시켜준다고 보고했다. 반면, LSD를 위협적인 환경에서 투여하거나, 더 나쁘게 몰래 투여했을 경우에는 공포가 뒤따랐다. 존 레넌과 그의 아내 신시아는 만찬장에 갔다가 집주인이 내놓은 LSD를 탄 커피를 마신 적이 있다. 신시아는 이렇게 증언했다. "존이 울면서 벽에 머리를 세게 부딪치고 있었어요. 저는 토하려용을 썼지만, 뜻대로 되지 않았어요. 잠을 자려고 했지만 잠을 잘 수가 없었어요. 아무리 발버둥 쳐도 헤어 나올 수 없는 악몽을 꾸는 것만 같았어요. 거의 사흘 동안 이 악몽에서 벗어나지 못했어요."[49]

MK울트라 프로그램과 관련한 여러 건의 소송과 의회 질의가 이어지면서 이 프로그램에 관한 소식이 알려지자 고틀립은 의회에서 MK

울트라의 근거에 대해 설명했다.

> CIA의 판단에 따르면, 소련과 적색 중국 공산당 모두 미국
> 이 알지 못하고 미국의 생존에 영향을 미칠 수 있는 인간 행
> 동 교정 기술을 사용하고 있다는 명백한 증거가 있었습니
> 다. … 우리 정보기관이 이 분야에서 할 수 있는 게 무엇인
> 지 최우선적으로 규명하는 것이 가장 시급해 보였습니다.
> [우리는] 잠재적인 적들에게 미국이 긴급한 국가안보 문제
> 들을 예의주시하고 있다는 점을 노출시키지 않고, 미국의
> 학술 및 연구 공동체를 활용하여, 긴급한 국가안보 문제에
> 꼭 필요한 해답을 가능한 한 최단 시간에 제시하고자 [이 재
> 단을 이용했습니다.] … [이] 나라는 진짜 비밀 전쟁에 연루
> 되어 있습니다. … 나는 이 모든 연구가 매우 불쾌하고 매우
> 어렵고 매우 민감한 일이지만, 그 무엇보다도 매우 시급하
> 고 중요한 일이라고 생각합니다.[50]

고틀립은 한편으로는 사과하면서 다른 한편으로는 지난 수십 년
동안 CIA가 직면한 위협을 의회에 상기시켰다. 1973년 CIA 국장 대
행이었던 버넌 월터스(Vernon Walters) 장군의 태도는 그리 공손하지 않
았다. "미국인들은 항상 정보에 양면적인 태도를 취해 왔다. … 미국
인들은 위협을 느낄 때는 많은 정보를 원하고, 그렇지 않을 때는 모든

것을 다소 부도덕한 것으로 간주하는 경향이 있다."[51]

MK울트라 프로젝트 일환이었던 두 가지 악명 높은 연구를 살펴 보는 것이 유익할 듯싶다. 두 연구는 모두 LSD를 이용한 치명적인 실 험이었다.

○

사람들은 흔히 과학을 홀로 처박혀 연구하는 외톨이들의 학문으 로 생각한다. 사실, 과학은 본질적으로 매우 사회적이다. LSD를 연 구한 MK울트라 연구자들이 속한 분야처럼 세상에 드러나지 않은 분 야들에서도 연구자들은 항상 서로를 알고 있다. 이 연구자들 중 일부 는 1960년대 이후로도 오랫동안 세뇌 연구에서 계속 역할을 했다.[52]

매사추세츠 종합병원에서 레지던트로 있을 때, 나는 운 좋게도 체 스터 피어스(Chester Pierce)와 함께 일한 적이 있었다. 키가 크고 머리가 희끗희끗한 이 아프리카계 미국인 정신과 의사는 재치가 넘치고 따 뜻했으며, 현실적이고 실용적이었다. 그는 스토아적 지혜의 샘이었다. 내가 인종차별의 생리적 피해에 대한 연구에 수십 년간 매달린 것도 그의 영향 덕분이었다. 내가 이런 말을 하는 이유는 존경하는 친구이 자 스승을 기억하기 위해서이기도 하지만 어느 날 그가 들려준 이상 한 이야기를 지금 상황에 맞게 설명하기 위해서다.

"내가 졸리 웨스트와 함께 오클라호마에서 코끼리를 죽인 이야기를 한 적이 있었나요?"

"네?"

체스터와 나는 들쭉날쭉한 자금 지원과 우리의 경력, 그리고 연구하면서 맞닥뜨리는 수많은 위기들에 관해서 이야기하고 있었다. 우리는 늘 그렇듯 삶의 예측 불가능성과 겸손의 필요성 등 체스터가 가장 좋아하는 주제를 가지고 이야기를 나누고 있었다. 적어도 코끼리 이야기를 꺼내기 전까지는 말이다.

졸리 웨스트 박사는 한국전쟁 포로 귀환을 연구한 주요 정신과 군의관 중 한 명이었다. 공군에서 근무했던 초기에도 사회 문제와 생물학적 정신의학에 대한 넘치는 에너지와 광범위한 관심으로 인정받았다. 오클라호마대학교의 정신의학과 학과장으로 근무하던 졸리는 군에서 관심을 갖던 문제들을 계속 연구했으며, MK울트라의 재단으로부터 연구비를 지원받았다.

졸리는 LSD에 대해 궁금했다. 사실, 정신의학계 전체가 LSD가 매료되었다고 해도 과언이 아니었다. 어떻게 그렇게 적은 복용량으로 주의력과 지각에 심각하게 혼란을 줄 수 있을까? 이것이 조현병의 기원에 대해서 뭔가를 말해줄 수 있을까? 이 파괴적 질병에 생물학적 뿌리가 있을까? CIA는 조현병의 생리학에 특별한 관심은 없었지만, 심리적 불안정에 영향을 미칠 수 있는 약물에는 관심이 많았다. 적을 세뇌시키는 데 LSD를 사용할 수 있을까?

수컷 아시아코끼리들은 일 년에 한두 번씩 반복해서 발정이 일어

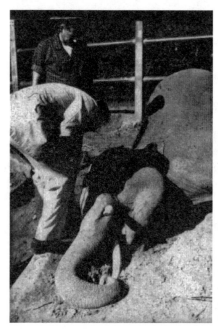

투스코의 죽음(루이스 졸리언 웨스트 문서 [Collection 590], box 5. UCLA 찰스 E. 영 리서치 도서관(Charles E. Young Research Library), 도서관 특별 컬렉션.)

나는데, 이때 광폭해지고 대단히 공격적인 행동을 보인다. 오클라호마 시립동물원에는 열네 살짜리 수컷 코끼리 투스코(Tusko)가 있었다. LSD가 투스코에게 발정상태의 행동과 유사한 행동을 유발할 수 있으며, 이를 통해 심리적 불안정에 대한 통찰을 얻을 수 있을까?

졸리와 체스터 그리고 수의사 워렌 토머스(Warren Thomas)는 악명높은 코끼리 실험을 설계했다. LSD 투여 전날, 위약 대조군으로 페니실린을 함유한 주사침을 투스코에게 쏘았다. 코끼리는 깜짝 놀라 고개를 쳐들고는 항의의 뜻으로 나팔소리를 내지르며, 2~3분 동안 안절부절못하는가 싶더니, 다시 평상시의 활동 상태로 돌아갔다. 이튿날 연구팀은 투스코에게 LSD를 투여할 계획이었다. 그런데 얼마만큼 투여해야 할까? 0.025밀리그램의 LSD가 인간에게 환각을 유발할 수 있다는 것은 알았지만, 코끼리에게는 얼마를 투여해야 할지 아무도 몰랐다. 코끼리의 체중이 인간 체중의 30배이기 때문에 투여량을 30배로 해야 한다고 추정할 수는 없다. 상이한 종들의 약물 대사는 서로 다르기 때문이다. 끔찍하게도 연구자들이 계산을 잘 못하여 297밀리그램의 LSD가 들어 있는 주사침을 투스코에게 쐈는데, 이는 인간 복용량의 거의 1만 2천 배에 해당했다. 이 저자들은 1962년 《사이언스》에 실은 논문에서 당시 상황을 이렇게 설명했다. "투스코는 울부짖으면서 날뛰고, 우리 안을 빙빙 돌기 시작했는데, 이는 전날 보였던 반응과 다르지 않았다. 그러나 이번에는 주사 후 3분 동안 점차 불안감이 증가하는 것처럼 보였다. 그러곤 녀석은 달리기를 멈추고 현저히 불안정한 징후를 보였다. 그의 짝(15살 암컷인 주디)이 투스코에게 다가가더니, 녀석을 도와주려는 것 같았다. 투스코의 몸이 휘청거리기 시작했고, 뒷다리와 엉덩이가 뒤틀렸다. 녀석은 점점 더 몸을 똑바로 세우는 것이 어려워 보였다. 투여 후 5분이 지나자 투스코가 울부짖더니 쓰러지고 말았다."[53]

졸리는 일기에 투스코가 죽어가는 광경을 보면서 얼마나 고통스러웠는지를 이렇게 묘사했다. "LSD가 든 주사침을 투스코에게 그냥 쐈다. 녀석은 휙 돌아서서 자신을 공격한 쪽을 바라보았다. … 몹시 화가 나 있었고, 몹시 흥분해 있었고, 몸에 꽂혀 있는 주사기를 흔들어

빼내려 애쓰는 듯, 이리저리 뛰어다녔다. ··· 주디[투스코의 동반자 코끼리]는 투스코를 위로하려는 듯했다. ··· 주디는 이전에도 그랬듯 투스코가 좋아할 만한 음식을 가지고 와서는 옆에 내려놓았다." 투스코의 호흡이 점차 잦아들자, 졸리는 생각에 잠기며 맥없이 말했다. "구강대구강 인공호흡이 필요해 보였지만, 안타깝게도 주디만이 그렇게 할 수 있을 것 같았다." 그는 일기를 이렇게 마쳤다. "코끼리의 중추신경계는 리세르그산 디에틸아미드(LSD)에 대단히 민감한 반응을 보인다고 할 수 있으며, 이는 매년 나타나는 발정 현상의 화학적 성질에 관해 뭔가 시사해주는 것 같다."[54]

이 연구는 명석한 사람들이 좋은 의도를 가지고 설계한 것으로, 약물이 정신병적 행동을 유발할 수 있는지를 확인하려는 타당한 목적을 지니고 있었다. 하지만 이 연구는 무모했고 조현병의 생물학적 기초나 동요의 유발 또는 치료를 이해하는 데 별로 기여하지 못했다. 이러한 질문에 답하기 위해서는 인간에 대한 연구가 필요했고, 적어도 이 문제와 관련해서 웨스트 박사는 조심스러운 태도를 취했다.

1959년 LSD의 장점을 찬양하는 학회에서 웨스트는 LSD가 약물 중독자, 조현병 환자, 아동, 자살 기도 환자, 조울증 환자, 뇌손상 환자, 산과 환자 등의 치료에 대단히 좋은 효과를 보였다고 주장하는 발표를 듣고 믿지 못하겠다는 표정을 지었다. 웨스트가 중간에 끼어들며 이렇게 말했다. "구제불능의 회의론자로 영원히 낙인찍힐 위험을 무릅쓰고 말씀드립니다만, ··· 모든 개별 사례에서 [환자들이 대단히 좋은 반응을 보였다는 주장을 저로서는 도저히 받아들이지 못하겠습니다. … LSD가 정신의학적 치료에 도입된 가장 경이로운 약물이든지, 아니면 결과를 평가한 사람들이 긍정적 편견은 없더라도 LSD에 열광적인 사람들이든지 둘 중 하나일 것입니다."[55]

CIA도 LSD의 사용에 매우 열광했고, 인간을 대상으로 테스트하는 데도 아무런 거리낌이 없었다. 나는 CIA가 "지원자들을 대상으로 LSD를 시험"했다고 말하고 싶지만, 그 시험에 "자발적으로 지원한 사람들"은 거의 없었고, 시험 결과가 치명적일 때도 있었다. CIA는 대규모 집단을 제압할 수 있는 운동억제 물질로써, 그리고 결정적으로 심문 활용 도구로써 얼마나 효과가 있는지 정확히 밝히기 위해 LSD의 시험에 열을 올렸다. 이 약물은 속마음을 털어놓게 만들 만큼 개인의 정신을 혼란스럽게 만들 수 있을까? CIA는 다른 관심사도 가지고 있었다. LSD는 한 개인을 변절시킬 만큼 그 사람의 사고를 완전히 바꿀 수 있을까? 공개석상에 등장하기에 앞서 외국 지도자에게 LSD를 몰래 투여해서 곤경에 빠트리거나 신뢰를 훼손시킬 수 있을까? 이러한 질문은 공격적 이유와 방어적 이유 모두의 측면에서 중요했다.

CIA는 산하 재단을 통해 일련의 연구에 착수했다. 특히 의심이 별로 없는 사람에게 약물을 투여하는 데 관심이 많았다. CIA는 때로는 과학자들을 실험 대상으로 삼았지만 때로는 정신질환자, 약물 중독자, 죄수, 스파이 용의자, 그리고 아무 관련 없는 일반인들에게도 약물을 투여했다.

1960년대에는 심리치료의 보조 약물이자 개인의 향상과 발전을 위한 수단으로 LSD를 사용하는 것에 대한 열기가 뜨거웠다. 해럴드 에이브럼슨 박사는 초창기에 LSD 사용을 지지한 사람들 중 하나였다. 알레르기 전문의였던 박사는 MK울트라의 연구에 참여하기에는 특이한 배경을 가지고 있었다. 게다가 LSD를 처음 경험했다는 걸 감안하면, 에이브럼슨은 사람들에게 약물을 몰래 투여하는 일의 위험성을 훨씬 더 잘 알았어야 했다. 박사는 자신의 연구실에서 실험을 하다 자기도 모르는 사이에 우연히 약물에 노출되었다. 몇 년이 지나고 당시 LSD에 노출된 이후 몇 시간 동안 일어난 일에 대해서 이렇게 썼다. "나는 혼란스러웠다. [그리고] 나는 죽을 거라는 [생각이 들었다] … 생명 보험료가 얼마나 될까 하는 생각이 뇌리를 스치면서, 정말 속이 뒤집어지는 줄 알았다." 자신의 상황이 우발적으로 LSD에 노출되어 벌어진 것임을 깨닫자 이런 생각이 들었다. "음, 별 일 아니야. 몇 시간 지나면 괜찮아질 테고, 바로 잠들 수 있을 거야."[56]

에이브럼슨은 계속 LSD의 복음을 전도하며 그 위험성을 비웃었고, LSD의 부작용을 본 적이 없으며, 페니실린이나 코르티손의 부작용이 더 흔하다고 주장했다. 그러나 자신에게 심리치료를 받는 환자에 LSD를 처방했을 때 환자가 너무 강렬한 체험을 느낄 경우엔 가끔 세코날(바르비투르산염 진정제)을 투여했다는 점을 인정했다.[57]

가장 악명 높은 LSD 부작용 사건은 포트 데트릭에서 기밀 연구를 수행하던 세균학자 프랭크 올슨(Frank Olson) 박사를 대상으로 한 치명

행복한 시절, 아내 앨리스와 아들 에릭과 함께 있는 프랭크 올슨(에릭 올슨 제공)

적인 실험과 관련이 있다. 지금껏 이 사건을 다룬 글이 엄청나게 쏟아졌지만, 여기서는 CIA가 하고자 했던 연구와 그 상황을 어떻게 수습했는지에 초점을 맞출 것이다.[58]

1953년 11월 19일, 올슨과 동료들은 메릴랜드주 드라이 크릭 레이크에서 열린 수련회에 참석했다. 시드니 고틀립은 참석자들이 마실 쿠앵트로*에 LSD를 탔고, 올슨 박사는 심각한 부작용을 겪었다. 박사는 흥분하는가 하면 침울해졌고, 다른 사람들이 자신을 놀리거나 비판한다고 느꼈고, 자신이 웃음거리가 됐다고 생각했다. 집으로 돌

● 오렌지 껍질로 만든 무색의 프랑스산 혼성주.

아온 후에도 며칠 동안 이러한 증상이 지속되었다. 11월 24일, 아내는 올슨을 CIA 본부로 데려갔다.

CIA는 해럴드 에이브럼슨 박사와 상담하기 위해 올슨을 뉴욕으로 데려갔고, 오후 늦게 에이브럼슨 박사와 만났다. 그날 저녁, 에이브럼슨은 올슨이 머물고 있는 호텔로 직접 전화를 걸었고, 올슨은 11월 25일 CIA 요원들과 함께 에이브럼슨 박사를 만나러 사무실로 향했다. 에이브럼슨은 올슨이 집에 돌아가 추수감사절을 보내면, 진정될 거라고 말했다. 이튿날 올슨은 비행기를 타고 워싱턴의 집으로 돌아갔다. 하지만 집에 도착하자마자 상태가 극도로 악화되었다. CIA 요원들이 올슨을 다시 뉴욕으로 데려가 에이브럼슨 박사의 상담을 받았다. 다음날 올슨은 워싱턴의 체스트넛 로지 병원(Chestnut Lodge Hospital)에 정신과 환자로 자진해서 입원하기로 동의했다. 그러고 나서 CIA의 감시자들과 함께 스타틀러 호텔로 돌아왔다. 그날 밤, 올슨은 10층의 객실에서 "추락"해 사망했다. 당시 사건이 우발적인 추락인지 아니면 뛰어내린 자살인지 불확실했기 때문에 따옴표를 쳐 "추락"이라고 표현했다. 어쩌면 살해당했을지도 모른다.

올슨이 혼란 상태에서 비밀을 누설할 것을 우려해 CIA가 그를 살해했다는 주장도 있다. 일부 사람들, 특히 아들 에릭은 아버지가 LSD를 모르고 복용한 후에 정신적 혼란 상황에서 추락한 것이 아니라 CIA가 아버지를 보안상 위험인물로 보았기 때문에 창밖으로 밀어버린 것이라고 믿고 있다. 올슨은 유럽에서 CIA 활동을 목격한 후 심적으로 심하게 동요하며, 양심의 가책을 느꼈다. 그는 런던에서 윌리엄 사건트와 만나 이 문제를 논의했고, 사건트는 올슨이 보안상 위험 인물이 될 수 있다고 영국 정보기관의 상부에 알렸다. 그들은 아마도 미국 동료들에게 이 사실을 통보했을 것이다.[59]

올슨이 창문 밖으로 뛰어내렸는지, 추락했는지, 아니면 누군가 밀어 떨어진 것인지 알 수 없다. 하지만 분명한 것은 올슨의 정신질환 이력을 조작했고 (사실이 아니었던) 정신질환 때문에 자살했다고 주장한 CIA가 LSD 투여를 은폐했다는 것이다. CIA 논평가들은 올슨의 정신질환 이력, 그리고 LSD 투여가 정신병과 자살의 원인일 수 있는지 여부를 놓고 논쟁을 벌였다. "실험의 영향이 없더라도 이전부터 존재했던 그의 정신적 상태에서 자살이 일어났을 가능성이 충분히 있다. 하지만 우리는 실험이 최소한 자살을 '촉발'했다는 입장을 공식적으로 취했다. 그러나 [몇몇 개인적] 의견에 따르면, 이 약물이 유해한 후유증을 일으키는 건 사실상 불가능하다."[60]

이 이야기에서 특이한 점은 올슨을 정신과 의사가 아니라 알레르기 전문의인 에이브럼슨 박사에게 데려간 것이다. 하지만 이런 이치에 맞지 않는 선택에는 이유가 있었다. 우선, 이 비극적 선택은 VIP 환자가 치료를 받을 때 어떤 일이 벌어지는지를 잘 보여준다.[61] VIP의 경우, 신속한 비밀 진찰을 보장받지만, 종종 부적합한 의사를 선정하거나, 환자의 후생보다는 홍보 실패의 결과에 더 신경을 쓰던 사람을 선정하곤 한다.

올슨 박사의 흥분 상태의 지속 기간과 심각성을 고려했다면, 대부분의 정신과 의사들은 즉시 입원시켰을 것이다. 그러나 CIA 환자를 수용할 수 있는 정신병원으로 이송할 준비를 하는 며칠 동안, 에이브럼슨은 동료들에게 올슨을 감시하게 했다. 하지만 에이브럼슨이 CIA 측에 보낸 경과 기록을 보면, 올슨의 상태가 심각했다는 걸 알 수 있다. 기록에 따르면 올슨은 불안정하고, 잠을 제대로 자지 못했고, 피해망상과 환청을 겪었다. 게다가 올슨은 죄책감에 시달렸고 "특히 자신의 과학적인 임무 수행과 관련하여 심각한 과오를 느꼈다. 그는 자신의 기억력이 나쁘고, 연구가 부적절하며, 자신이 가족과 동료들의 기대에 부응하지 못했다는 생각에 사로잡혀 있었다."[62] 지나고 보면 상황은 항상 더 명확해 보일 뿐이다. 그런 증상을 보고도 올슨 박사를 즉시 입원시키지 않을 정신과 의사는 단 한 명도 없을 것이다.

에이브럼슨과 올슨은 이전에 정보기관에서 에어로졸 연구를 하면서 서로 알고 있었기 때문에 올슨이 아는 사람과 얘기하는 것이 더 편하겠다고 판단한 것으로 보인다. 에이브럼슨도 CIA에서 오랫동안 근무한 '정보기관' 소속 인물이었다. 1943년부터 1946년까지 미 육군화학전부대(Chemical Warfare Service)에서 근무했던 에이브럼슨은 분무형 페니실린 연구의 성과를 인정받아 "뛰어난 업무와 업적 성취의 탁월한 공로"로 육군으로부터 공로 훈장을 받았다.[63] 그는 심리치료를 했던 의사이자 정보장교로서 비밀을 지키는 법을 잘 알고 있었다. CIA가 에이브럼슨을 선택한 또 다른 이유는 미국에서 가장 잘 알려진 LSD 전문가이기 때문이었다. 메이시 재단은 LSD 연구에 대한 합의체를 소집하는 데 자금을 지원했고, CIA는 그의 LSD 연구를 후원했다.[64]

올슨 박사의 사망 사건은 20년 동안 아내와 자식들에게 비밀로 유지되었다. CIA는 몰래 LSD를 투여한 사실에 대해 가족에게 말하지 않은 채, 표면상 드러난 대로 올슨이 정신적 혼란이나 흥분 상태에서 호텔 창밖으로 떨어졌거나 뛰어내렸다고 보고했다. CIA는 진심 어린 애도를 표하며 장례 준비와 보험 처리를 도왔다. 한편, 앨런 덜레스 CIA 국장은 쿠앵트로 LSD 투여 사건의 주동자인 고틀립 박사를 가볍게 질책했다. "이 사건에서 당신이 잘못된 판단을 내렸다는 것이 제 의견임을 알려드립니다."[65]

올슨 박사의 LSD 투약 사건은 최소한 윤리적 통제가 부족하고 의료적 처지가 부적절했다는 점에서 졸속으로 계획된 연구 사례임이 분명하다. 또 다른 맥락에서 칼 로저스는 행동과학자들이 군사 정보원들과 협력할 경우 선의의 목적으로 연구할 수 있다고 믿는 건 순진한 생각이라고 경고했다. 그는 이들을 "독일의 로켓 과학자들"과 비교했다. "이들은 처음에는 소련과 미국을 파괴하고자 하는 히틀러를 위해 헌신적으로 연구했다. 이제 어느 쪽에게 잡혔느냐에 따라 미국을 파괴하고자 하는 소련을 위해서 헌신적으로 연구하거나 [소련을 파괴하고자 하는 미국을 위해서 헌신적으로 연구한다]. 만약 행동과학자들이 오로지 과학 발전에만 관심을 둔다면, 이들은 개인이나 집단이 어떤 권력을 가졌든 상관없이 그들의 목적에 부합하는 연구를 할 가능성이 가장 높아 보인다."[66]

올슨 박사가 자기도 모르는 사이에 LSD를 복용했다는 사실을 가족들이 알게 된 것은 몇 년 후 또 다른 세뇌 참사가 폭로되면서 CIA의 비밀이 드러난 사건 때문이었다. 이번엔 캐나다였다.

제7장

죽은 기억들

인간의 마음은 가장 예민한 도구다.
인간의 마음은 매우 미세하게 조정되고,
외부 영향력에 몹시 취약하기 때문에 사악한 사람들의 손에 의해
악용될 수 있는 도구가 되고 만다.

앨런 덜레스 CIA 국장, 1953.

잠깐. 캐나다라고?

캐나다 하면 문명화되고 자유주의적이며 인도주의적인 나라라고 항상 생각해왔다. 어떻게 캐나다가 가장 파괴적인 행동과학 실험 중 하나에 연루될 수 있단 말인가? 캐나다의 MK울트라 연구는 로버트 러들럼(Robert Ludlum)의 책과 영화 제이슨 본 시리즈의 허구적 이야기의 소재가 되었다. 러들럼의 소설에서 CIA는 한 청년을 특수 시설로 데려간다. 그곳에서 한 친절한 정신의학자가 청년의 뇌에서 모든 기억을 지운 다음 완벽한 암살자 제이슨 본으로 재프로그래밍한다. 나는 '이것'이 세뇌라고 생각한다. (암살자 훈련을 제외하면) 이 소설의 기본 줄거리는 사회생태학 프로그램과 CIA의 지원 하에 몬트리올에서 벌인 실제 사건에 기반을 두고 있다. 그 사건에 연루된 정신의학자의 이름은 이웬 캐머런(Ewen Cameron)이었지만, 그 말고도 세뇌 관련 연구를

했던 다른 몬트리올 신경과학자들은 많았다.

세계적으로 유명한 몬트리올의 신경과학 프로그램에는 우리의 뇌에 대한 이해에 혁명을 일으킨 연구자들이 포함되어 있었다. 캐머런 박사는 동료들로부터 아이디어를 얻어 자신의 연구에 적용했는데, 이런 행동은 때로 동료들을 당혹스럽게 했다. 캐머런 이전의 지적 동향을 추적하는 것도 흥미롭다.

1934년, 신경외과 의사 와일더 펜필드(Wilder Penfield)는 몬트리올 신경학연구소를 설립하면서 이 모든 일을 시작했다. 그는 신경외과적 수술을 이용해 난치성 간질을 일으키는 뇌의 작은 부위를 파괴했다. 소름끼치는 이야기로 들리겠지만, 수술은 국소 마취 상태에서 진행했고, 환자는 수술 중에도 깨어있는 상태였기에 펜필드는 어느 부위를 파괴해도 안전한지 알 수 있었다. 펜필드는 뇌 피질 이곳저곳을 전극으로 자극하는 과정을 통해서 말 그대로 인간의 뇌 표면에 사고, 감각, 기억 영역들을 지도화했다.[1]

펜필드는 학습과 뉴런들 간의 정보 교환 방식을 연구한 심리학자 도널드 헵(Donald Hebb)과 협력했다. 헵의 석사학위 논문 첫 단락은 파블로프를 경건하게 언급한다. "[나는] 반사 반응과 억제에 관한 쉐링턴(Sherrington)과 파블로프의 실험 연구에 기초해 시냅스의 기능 이론을 제시하고자 한다."[2]

헵은 뛰어난 제자인 대학원생 브렌다 밀너(Brenda Milner)를 데려왔다. 기억에 관한 인지신경과학의 창시자 중 한 명인 밀너는 기억 장애의 원인을 찾고자 해마라고 불리는 뇌의 작은 영역까지 추적했다. 그녀는 이 뇌 조직의 양쪽이 손상될 경우 치명적인 기억력 장애가 발생하는 현상을 관찰했다. 이 기억력 장애 환자들은 여전히 걷고, 말하고, 운전하고, 퍼즐을 풀 수 있었다. 새로운 자료를 학습하거나 과거를 기억하는 것 말고는 사실상 거의 모든 것을 할 수 있었다.[3] 군사 정보를 얻기 위해 적의 정보요원을 결박하고, 뇌의 정확한 지점을 바늘로 찔러, 비밀을 실토하게 만들 수 있다는 아이디어는 매우 흥미로운 이야기였다. 반대로 자국 정보요원의 기억을 '보호'(즉, 파괴)하면서 생명에는 지장이 없게 할 수 있다는 생각도 마찬가지였다. 이 연구는 뒤에서 살펴볼 것이다.

헵의 연구에는 설득의 과학과 특별한 관련이 있는 다른 측면들도 있었다. 헵은 뇌가 감각 입력을 거의 받지 못하면 비정상적으로 작용할 것이라고 추론하면서, 외부 자극이 부족한 환경은 지능을 둔화시켰던 반면에 외부 자극이 풍부한 환경은 지능을 향상시켰다고 지적했다.[4] 헵의 연구는 아이러니하게도 프로젝트 헤드 스타트(Project Head Start)와 MK울트라와 같은 다양한 프로그램의 이론적 근거가 되었다.

1951년 캐나다와 미국의 정보국 요원들은 헵을 만나 한국에서 벌어진 세뇌에 대한 생각을 물었다. 헵은 감각 입력을 박탈당한 사람들은 명료하게 생각하지 못하고 쉽게 설득당할 수 있기 때문에 포로수용소에서 감각 격리 상태에 놓이면 쉽게 세뇌될 수 있다는 이론을 내놓았다. 이에 흥미를 느낀 정보국 요원들은 좀 더 자세히 설명해줄 것을 요청했다. 헵이 말을 이었다. "모든 감각 자극을 차단[해서] … 개인의 환경을 사고 따위를 이식시킬 수 있는 상태로 만들 수 있습니다."[5] 이 "이식"이란 비유는 아주 인상적이다. 결국 그 덕분인지 헵은 감각 박탈에 관한 비밀 연구 자금을 신속하게 지원받았다. 덧붙이자면, '이식된다'는 말에 주목하기 바란다. 이 말은 다시 등장해 몬트리올 집단을 괴롭힐 것이다.

헵은 건강한 어린 학생들을 모집하여 환경 자극으로부터 격리된 작은 실험실에서 먹고 재웠다. 헵은 학생들의 양 팔을 튜브로 감싸고 장갑을 끼워, 촉각을 제한했다. 반투명 고글로는 눈을 가리고, 학생들이 있던 감각 박탈실에 백색 소음을 틀었다. 연구팀은 피험자들에게 매번 같은 음식을 주고 화장실에 가는 것을 도왔지만 그 외에는 피험자들과 대화나 상호작용을 전혀 하지 않았다. 원래는 6주 동안 연구할 계획이었지만, 대부분의 피험자는 2, 3일 이상을 견디지 못했다. 피험자들은 불안감을 느꼈고, 침울해졌으며, 논리적으로 생각할 수 없다고 보고했다. 암산과 사고력, 심지어 쓰기 능력까지 저하되는 등 정신적 문제를 겪었다. 일부 피험자들은 환청과 환시와 환촉(幻觸)을 경험했다.[6]

실험 참가자들은 "오른쪽에서 왼쪽으로 3인치 직선을 그은 다음 위쪽 직각으로 2인치 선을 연장하라"는 지시와 함께 자유롭게 기하학적인 모양을 그리라는 지시를 받았다. 191쪽 그림은 지침에 설명된 올바른 모양과 실험 참가자가 지침에 따라 그린 모양, 그리고 점점 더

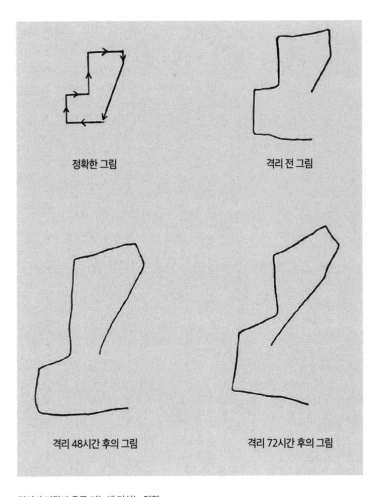

| 정확한 그림 | 격리 전 그림 |

| 격리 48시간 후의 그림 | 격리 72시간 후의 그림 |

격리가 지각과 운동 기능에 미치는 영향

(출처: Woodburn Heron, "Cognitive and Physiological Effects of Perceptual Isolation," in *Sensory Deprivation: A Symposium Held at Harvard Medical School*, edited by Philip Solomon, M.D., Philip E. Kubzansky, M.D., P. Herbert Leiderman, M.D., Jack H. Mendelson, M.D., Richard Trumbull, Ph.D., and Donald Wexler, M.D., Cambridge, Mass.: Harvard University Press, Copyright 1961 by the President and Fellows of Harvard College. Copyright renewed 1989 by Philip Solomon.)

더 오랫동안 감각 격리를 당한 후에 그린 그림이다. 결국, 격리는 분명히 지각과 운동 기능에 해로운 영향을 미쳤다.[7]

지각에 관한 이러한 관찰은 정보기관이 보기에는 특별히 흥미로울 게 없었지만, 헵과 다른 연구자들이 격리가 피험자를 다른 사람의 영향을 쉽게 받게 만드는지의 여부를 시험하자, CIA는 큰 관심을 가지기 시작했다. 연구자들은 피험자들을 격리실에 가두고 온갖 일에 관심을 갖도록 유도했다.[8] 치아 위생이나 금연을 홍보하는 녹음테이프, 그리고 폴터가이스트(poltergeist) 현상이나 현재 튀르키예에서 일어나고 있는 사건에 대한 논쟁을 다룬 녹음테이프를 틀어주었다. 피험자들은 녹음을 듣는 것 말고는 특별히 할 일이 없는 상황에서는 녹음을 경청했다. 연구자들에 따르면, 피험자들은 실험이 끝난 후에도 청취한 주제에 계속 관심을 보였다.[9]

일부 학생들은 테이프 기록물을 들으며 쉽게 동요했다. 한 연구는 감각 박탈실에 있는 동안 텔레파시와 투시력과 폴터가이스트 현상을 담은 녹화테이프 재생에 노출되었던 피험자들을 추적했다. 3~4일 후, 대학생 실험 참가자들 중 일부는 유령에 대한 생각에 빠져들어 도서관을 찾아가 관련 서적을 읽었다고 보고했다. 한 학생은 유령을 무서워했고, 다른 한 학생은 포커 게임에 도움이 될까 해서 텔레파시를 시도해봤다고 보고했다.[10] 자금을 지원한 정보기관들은 이러한 관찰 결과에 매료되어, 누가 테이프 기록물에 설득되기 쉬운지를 좀 더 알고 싶어했다.[11]

한국전쟁을 경험한 내과의사 래리 힌클도 감각 자극이 박탈될 경우에는 뇌가 정상적으로 기능하지 않는다고 확신했다. 그는 헵의 접근법이 포로를 무너뜨리는 이상적인 방법이라고 믿었다. 왜냐하면 "심문자가 원하는 상태, 즉 죄수의 순응성과 말하고 싶은 욕구를 정확하게 끌어내고, 폭력이나 강압에 의해 당하고 있다는 걸 미처 생각하지 못하게 하는 추가적인 이점이 있기 때문"이었다.[12]

헵이 CIA에 어느 정도 관여했는지는 여전히 논란이 있지만, 그는 자신이 기밀 군사연구를 하고 있다는 걸 분명히 알고 있었고, 앞 장에서 논의한 바와 같이 그런 점에서 혼자가 아니었다.[13] 게다가 헵은 자신의 기밀 연구가 "사실 세뇌 문제에서 시작되었다"고 공개적으로 인정했다. 그는 "우리는 그 사실을 밝힐 수 없는 입장이었다"고 말했다.[14]

그럼에도 불구하고 헵은 대단히 신중한 연구자로 피험자들이 원하면 연구 도중 중도 이탈을 허용했다. 이 두 가지 면에서 보면 제이슨 본 시리즈 소설에 묘사된 사악한 천재와 그 천재의 표본인 이웬 캐머런과는 달랐다.[15]

캐머런 박사를 만나기에 앞서 또 한 명의 뛰어난 몬트리올의 연구자를 먼저 소개하는 것이 필요할 듯하다. 정신과 의사 하인츠 레만 (Heinz Lehmann)은 나치 독일을 탈출한 뒤 1937년 몬트리올에 정착해 정신약리학 분야에서 선구적인 연구를 시작했다. 환자들의 삶을 변화시키길 간절히 원했던 그는 시행착오를 거치면서 장기 수면요법, 발열 유도, 고용량 카페인 투여 등 갖은 치료법을 연구했지만, 희망이나 기대감에 눈이 멀어 객관적 데이터를 놓치는 일은 결코 없었다.[16] 실험은 엄밀했고, 수많은 실패를 솔직하게 털어놓았다. 그러던 중 큰 성공을 거두었다. 북미 최초로 조현병 치료제인 클로르프로마진(소라진)과 항우울제인 이미프라민을 면밀히 임상시험 한 것이다. 하인츠 레만은 정신약리학의 창시자 중 한 명이 되었고, 이제 헵과 펜필드처럼 캐머런의 라이벌이었다.

○

몬트리올은 중요한 신경과학 중심지였기 때문에 이 도시에 최대 정신의학연구소를 세우는 것은 당연했다. 맥길대학교는 왕립빅토리아병원과 함께 앨런 메모리얼 정신의학연구소를 설립했다. 그러고는 조사위원회를 구성해 지도자를 찾았다. 조사위원회는 일반적으로 어려운 과제를 떠안고 출발한다. 기관들은 흔히 자기들이 추구하는 바를 명확히 밝히지 않기 때문이다. 이들은 스타 임상의와 교육자와 연구자와 관리자로 매우 특별한 사람—비용이 지나치게 많이 들지 않는 사람과 (설사 '왜 자신을 필요로 할까?'와 같은 의문을 제기하더라도) 당장 연구를 진행할 수 있는 사람—을 원한다. 고위직의 경우, (특별한 사람의 요건을 낮추더라도) 이러한 기준에 부합하는 후보자는 의외로 적다.

1943년 위원회는 이웬 캐머런을 (앨런 메모리얼 정신의학연구소라고도 하

앨런 메모리얼 정신의학 연구소
(저자의 사진)

는) 앨런 신경정신의학연구소의 창립 이사로 선출했다. 몇 가지 위험
신호가 있었다. 한 인물은 편지에서 캐머런의 과학 논문을 칭찬했지
만, "성격적인 측면 그리고 맥길대학교의 환경에 적응할 수 있을지는
확신이 서지 않는다"며 에둘러 말했다.[17]

　록펠러재단으로부터 상당한 설립 자금을 지원받은 앨런연구소
는 교수진을 꾸리고, 연구소 시설, 그리고 맥길대학교 캠퍼스의 외곽
에 클리닉을 세웠다. 연구소는 레이븐스크래그(Ravenscrag)라고 불리는
72개의 방이 있는 다소 위압적인 석회암 저택에 입주했다. 캐머런 박
사의 리더십 아래 건물은 외관에 걸맞은 모습을 갖추게 되었다. 저택
의 마구간에 새 실험실과 감각 박탈실을 설치했을 때도 건물은 여전

히 불길해 보였다.[18]

서류상으로 보면 캐머런은 필연적인 선택이었다. 정신질환 치료 개선을 위해 목소리를 높인 연구자로 국제적인 명성을 얻고 있었기 때문이다. 심지어 캐머런은 뉘른베르크 국제군사재판소의 자문을 받아 루돌프 헤스 부총통을 조사하기도 했다.[19]

스코틀랜드에서 엄격한 장로교 목사의 아들로 자란 캐머런은 평생 동안 교회와 정부 당국과 마찰을 빚었다. 글래스고와 런던에서 내과 및 정신의학 공부를 한 다음 존스홉킨스 대학교에서 아돌프 마이어(Adolf Meyer)와 함께 추가 교육을 받은 후 스위스에서 수련을 받았다. 1929년 캐머런은 매니토바의 브랜든 정신병원으로 옮겨 그곳에서 논문을 쓰기 시작했다. 그는 새로운 요법을 좋아했고, 탈수 요법, 온열 요법, 적색광 노출, 대구 간유, 이산화탄소 흡입, 키토제닉 다이어트* 등 환자에게 도움이 되는 것은 무엇이든 기꺼이 시도했다.[20] 이 요법들 중 특별히 효과가 있는 것은 없었지만, 적어도 그는 환자를 장기 요양원으로 내몰기보다는 무엇이든 시도했다. 이처럼 온갖 종류의 요법을 시도하고 기록으로 남겼으나 사용한 방법은 불명확했다. 캐머런이 마커(marker)가 임상적 개선과 상관관계가 있다고 말했을 때, '개선'의 정의는 전적으로 주관적이었다. 그의 관점에서 환자의 자가 보고는 가장 신뢰할 수 없는 경과 추적 방법이었다. 대신 수면의 개선을

● 지방 섭취를 늘리고 탄수화물과 단백질 섭취를 줄이는 식이요법.

임박한 치유의 전조로 여겼다. 물론 "치유"는 그 자신만이 확인할 수 있었다.

캐머런은 대형 지방병원에서의 의료 활동을 접고, 매니토바에 외딴 지역사회와 농가의 환자들을 진료하는 클리닉을 설립하고 싶어 했다. 1936년 매사추세츠로 이주한 그는 우스터 주립병원의 연구 책임자가 되었다. 항상 새로운 치료법에 관심을 가졌던 캐머런은 우스터 주립병원에서 북미 최초로 인슐린 쇼크 요법을 도입했다. 인슐린의 위험성 중 하나는 고용량을 투여하면 경련과 혼수상태에 빠질 정도로 심각한 저혈당을 유발한다는 점이다. 캐머런은 중증 정신질환자를 치료할 때 한 번에 2~5시간 동안 의도적으로 혼수상태를 유도하고 최대 50일 동안 이 과정을 반복했다. 안타깝게도 이 위험천만한 집중 치료 과정마저도 별 효과가 없었다. 그는 환자들의 병을 너무 늦게 치료하기 시작했기 때문에 인슐린이 효과가 없었다고 결론지었다. 관건은 사람들을 조기에 매우 적극적으로 치료하여 만성 환자가 되지 않도록 하는 것이라고 보았다.[21]

2년 후, 캐머런은 우스터 주립병원을 떠나 알바니 의과대학의 정신의학 및 신경학 교수가 되어, 불안 치료제인 아미탈뿐만 아니라 혈압과 심박동수도 연구했다. 다시 말해 1925년에서 1938년 사이에 직장을 다섯 번이나 옮긴 것이다. 이는 무엇을 말하는 것일까? 탁월함? 헌신? 출세 제일주의? 개인적 불안정?

앨런 메모리얼 정신의학연구소에 부임한 캐머런은 인류학, 정신분

이웬 캐머런 박사(미국 정신의학협회의 허가 아래 전재,
Melvin Sabshin, M.D. Library & Archives[Copyright
© 1953]. 모든 권리 보유.)

석학, 생물학적 정신의학 연구를 포괄하는 대규모 부서를 만들었다.
또한 캐나다 최초의 개방형 정신병동과 북미 최초의 주간 정신병원
을 개원함으로써 임상치료, 교육, 연구를 한 지붕 아래에서 통합할
것을 천명했다.[22] 그는 갱생시설의 건립과 의학 커리큘럼에서 정신질
환에 대한 교육 개선을 옹호한 개혁가였다.

이 모든 것이 앨런연구소의 채용 조건에 부합했지만, 몇 가지 특이
점이 있었다. 캐머런은 냉철하고 권위주의적인 스타일이었으나 에너
지가 넘쳤고 일을 처리하는 데 능숙했다. 환자들은 키가 헌칠하고 자
신감 넘치는 교수의 치료를 받는다는 것에 특권을 느끼며 서로 그의
관심을 끌고자 경쟁했다.[23] 캐머런은 특이한 성격에도 불구하고, 환
자를 하루에 두 번 회진했고, 주말과 휴일에 간호사에게 전화를 걸어
환자들의 경과를 확인하는 등 세심하게 돌보았다.[24]

캐머런은 종교를 미신 쓰레기로 여겨 거부했고, 종교적 신념이 건

강한 자기 주장을 키우기보다는 "좋은 사람"이 되려 하는, 죄의식에 시달리는 환자들을 양산한다고 믿었다. 그는 도덕주의보다는 인본주의를 주장했다. 이는 1951년 성공회와의 공개적인 대립을 보이는 상황에서 고조되었다. 1951년 몬트리올에서 (앨런연구소 기금 모금 운동이 한창일 때!) 인본주의를 그처럼 소리 높여 옹호하는 것은 신중하지 못한 처사였다. 교회 지도자들은 그를 "무서운 이단"이라고 비난하며 반격했다. "세상을 혼탁하게 하는 모든 문제는 기본적으로 인간의 문제이기 때문에, 모든 해결책은 인류의 '타락한' 상태와 … 죄로부터 구원의 절대적 필요성을 고려하지 않는 한 좌절로 끝날 수밖에 없는 운명이다."[25] 캐머런의 맹렬한 비난에 평소엔 서로 자주 마찰을 빚었던 몬트리올의 가톨릭교회와 성공회는 이례적으로 동맹을 맺기도 했다.[26]

동료들은 캐머런의 수많은 모순적인 모습에 대해 복잡한 그림을 그린다. "따뜻하고 냉정하고 헌신적이고 사악하고 영웅적이고 병적이고 사납고 지나칠 정도로 공정한 사람"이라고 다양하게 묘사했다. 폭압적이면서도 민주적인 매부리코의 이 외톨이는 어떤 반대에도 굴하지 않고 타인의 견해를 존중하면서 자신이 건설하고 있던 정신의학 제국을 무자비하게 확장하면서 정신의학의 경계를 넓혔다. 환자들과 거의 마술적인 임상적 관계를 유지했고, 잘못된 방향의 치료를 집요하게 고집했다."[27]

캐머런은 심리 치료의 더딘 과정을 참지 못했으며, '타불라 라사 (tabula rasa)' 즉 백지상태로 시작하면 치료 과정이 훨씬 효율적으로 진행될 것이라고 생각했다.[28] 플라톤은 원래 기억의 작동 방식을 설명하기 위해 '타불라 라사'라는 용어를 사용했다. "논의를 위해 우리 영혼에 밀랍판이 들어 있다고 가정해보세. … 또한 우리가 보거나 들은 것 혹은 스스로 떠올린 생각들 중에 기억하고자 하는 것이 무엇이든 밀랍판 위에 그런 지각들과 생각들의 인상을 찍는다고 가정해보게. … 인장 반지로 인장을 찍듯이 말이네. 밀랍판에 무엇이 새겨지든, 우리는 그 형상이 밀랍에 존재하는 동안에는 그것을 기억하고 아는 반면에, 무엇이든 그 형상이 지워지면, 그것을 잊고 알지 못하는 거라네."[29]

캐머런에 따르면, 오래된 기억은 까다로워서 전기충격 치료와 인슐린으로 유도된 혼수 요법과 약물로 지울 수밖에 없다. 일단 기억이 지워지고 나면, 정신 건강을 위해 장기간의 수면 요법과 감각 박탈을 시행했으며, 테이프 루프*를 통해 환자에게 반복되는 메시지를 재생해주는 기법인 "정신 조종"을 통해 보완했다. 이러한 잘못된 개입의 조합은 어떤 일도 서슴지 않는 극단적 개입인 '치료적 광기'와 다를 바 없었다. 만일 모든 치료에 실패해 보호 간호 상태로 전락한 중증 정신질환자나 다 알고도 이 극단적 치료에 자원한 환자들에게만 집중했다면 그의 노력을 좀 더 관대히 바라볼 수도 있었을 것이다. 그러나

● 미리 녹음된 자기 테이프의 일정 부분을 자르고 끝을 이어서 원 혹은 루프를 만들어 반복 재생하는 기법.

캐머런은 온갖 종류의 환자들, 즉 가벼운 불안증과 우울증을 앓고 있는 주부, 불안증에 시달리는 임원, 알코올 중독자, 그리고 만성 조현병 환자들에게 이 접근법을 사용했다. 불길한 분위기의 앨런연구소에 틀어박힌 채 그는 정신병을 정복해줄 것으로 생각한 무시무시한 치료법들을 확립했다.

그러는 사이 그의 명성은 크게 높아졌다. 1952년 미국 정신의학협회 회장이 된 캐머런은 워싱턴에 로비를 벌이는가 하면 칵테일파티에 참석해 정신질환 치료 개선을 주창하고 자신의 혁신적인 기억 삭제 방법에 주목할 것을 촉구했다. 캐머런, 해럴드 울프, 윌리엄 사건트는 같은 사교계에서 어울리면서 덜레스 CIA 국장을 자주 만났다. 덜레스는 수많은 혼외정사(여동생 엘리너에 따르면 적어도 100건 이상) 때문에 아내와 갈등을 빚었다.[30] 덜레스 부인은 이러한 끊임없는 추문 때문에 수심에 빠져 있었다. CIA 측은 메이플라워 호텔에서 함께 점심식사를 하던 중 그녀에게 캐머런을 만나 몬트리올에서 특별한 치료를 받으면서 남편의 방탕한 생활을 잊을 수 있을지 검토해보는 게 어떻겠느냐고 제안했다. 그녀는 치료를 거부했다.[31] 덜레스는 부부간의 문제 외에도 직업상의 이유 때문에 캐머런의 이론에 매혹되었다. 전기충격요법은 적의 스파이를 동요시켜 실토하게 만드는 빠른 방법으로 유망해 보였다.

캐머런의 명성이 정점에 이르렀을 때이자 그의 연구에 대한 의문들이 터져 나오기 전인 1961년 캐머런은 세계정신의학협회 총회에서 감동적인 연설을 했다. "사람들은 물질에 대한 이해와 우주 개척을 위해 도처에서 위대한 모험에 나서고 있습니다. 인간을 이해하는 것만큼 노력이 필요한 분야도, 더 원대한 약속을 하는 분야도 없습니다. … 원자를 해명하는 것도 인간의 정신이고, 인류를 파괴할 수 있는 것도 다름 아닌 인간의 정신입니다. 오늘날 우리 시대가 바로 그렇습니다. 지금 우리 시대는 결단력을 불러일으키고 상상력을 불태우며 우리를 움직이도록 몰아붙이고 있습니다."[32]

캐머런은 가능한 모든 도구를 이용해 정신질환을 적극적으로 치료하는 과정에서 상상력에 불이 붙었다. 당시 캐머런의 기법이 널리 사용되었으나 다른 기법과 색달랐던 점은 이와 같은 모든 개입이 지나치게 과도했고, 과학의 외피를 둘러 개입을 은폐했으며, 실패에 대해 눈을 감는 것이었다.

캐머런은 경련 요법, 특히 전기충격요법(ECT)을 옹호했다. 전기충격요법은 가끔 행동 통제의 기술로 남용되기도 하지만, 우울증에는 매우 효과적인 치료법이다. 오늘날 전기충격요법은 전 세계적으로 난치성 우울증 환자를 치료하고 항우울제에 내성이 있는 우울증 환자들의 병세를 완화하는 데 사용되고 있다.

거의 한 세기 동안 정신의학자들이 관찰한 결과에 의하면, 심각한 정신질환을 앓고 있는 환자들은 경련 발작 후 적어도 일시적으로 호전되는 경향을 보였다. 정신의학자들은 의도적으로 발작을 유도한 후에도 환자들이 호전되는지 궁금했다. 첫 번째 개입은 인슐린을 사용한 것이었다. 1927년 고용량의 인슐린을 이용해 심한 저혈당과 발작을 일으켰다. 복잡하고 위험한 방법이었다. 만약 혈당 수치가 지나치게 낮아지거나 낮은 혈당 수치가 너무 오랫동안 지속된다면, 심각한 뇌 손상이 일어날 수 있었다.

인슐린 혼수 요법은 이러한 문제들이 있기 때문에 의사들은 발작을 유발하는 다른 방법을 모색했다. 1930년대에는 메트라졸로 발작을 일으켰지만, 이 약물은 만족스럽지 못했다. 2년 후, 이탈리아의 정신의학자들은 전기충격요법을 사용하여 치료 후에 갑작스런 의식불명 상태, 발작, 짧은 기간의 의식적 혼란을 일으켰다. 현대에는 환자를 마취한 후에 전기충격요법을 시행하며, 심한 발작을 줄이려고 약물을 투여한다. 전류의 양을 세심하게 통제하기 때문에 의식적 혼란과 장기 기억의 손상은 적은 편이다. 오늘날은 일반적으로 뇌의 한쪽에만 전기충격요법을 시행하며, 몇 주간에 걸쳐 6~12회 치료를 시행한다.

캐머런 시절의 전기충격요법은 비교적 높은 전압을 뇌 양쪽에 10~20회 가했지만, 그는 전압을 훨씬 더 높여야 한다고 말한 강경론자였다. 제2차 세계대전이 끝날 무렵, 캐머런은 심지어 12세 이상의 모든 독일인에게 전기충격요법을 시행하여 독일을 비(非)나치화하자고 제안했다.[33]

이처럼 대외적인 일에 대한 흥미로운 생각 이외에도 특이한 전기충격요법 시행 방법에 열성을 보이기도 했다. 1940년대 중반, 영국의 정신의학자인 루이스 페이지(Lewis Page)와 로버트 러셀(Robert Russell)은 강화된 전기충격요법을 실험하기 시작했다. 이들의 치료법 중 하나는 매일 환자에게 여러 번의 전기충격을 가하고, 매번 충격 후에 전압을 높이고 지속 시간을 늘리는 방법이었다.[34] 페이지-러셀 기법은 캐머런의 세계관과 정확히 일치했다. 특정 전기충격요법이 효과가 좋다면, 전기충격요법을 더 많이 하면 효과가 더 좋을 수밖에 없다는 이야기였다. 게다가 전기충격요법의 부작용인 기억 장애는 사실상 캐머런의 접근법이 추구했던 목표들 중 하나였다. 심지어 그는 한 논문에서 "기억상실이 지속될 경우엔 조현병 증상이 재발하지 않는다"고 주장했다.[35] 그는 페이지-러셀 기법을 사용하고 때로는 인슐린 혼수 요법으로 전기충격요법을 보완하며 일부 환자들에게는 수백 번의 전기충격을 가하기도 했다. 전기충격요법이 기억을 제거하고 환자를 유아기로 퇴행시키면, 다시 기억을 심는 일은 간단한 문제였다.

또한 캐머런은 환자들에게 암페타민, 바르비투르산염, 클로르프로마진, PCP, LSD 등 온갖 종류의 약물을 사용했다. 그는 이 약물들을 "말을 털어놓는 캡슐"이라고 불렀다.[36] 캐머런은 새로운 약물과 기존 약물을 조합하여 사용하는 데 있어 체계적이지 않고 여러 가지를 모아서 쓰는 경향이 있었다. 일반적으로 환자들은 진정제, 각성제, 환각제 등 대여섯 가지 약물을 동시에 투여 받았다. 환자들에게는 선택의 여지가 없었다. 캐머런은 개방형병동을 강력히 지지했지만, 약물에 관한 한 환자가 자신의 명령을 따라야 한다는 점에서는 확고했다.

20세기 초, 브롬화물과 바르비투르산염과 같은 진정제를 이용한 수면 요법이 소련에서 인기를 구가했다. 역사적 뿌리가 깊은 이 접근법은 정서적으로 동요 상태에 있는 환자들이 수면 후에 호전되었다는 관찰 결과와 수면이 정신적 고통을 잠시 유예시키거나 잊게 해주었다는 관찰 결과에 토대를 두고 있다. 이 수면 요법의 이론적 근거는 모호했다. 하지만 러시아에서는 정신질환으로 지칠 대로 지쳐 더는 원시적 신경회로를 제어하거나 억제할 수 없는 뇌에 수면이 도움이 된다는 파블로프의 생각을 토대로 수면 요법이 정당화되었다.[37] 일반적으로 환자는 한 번에 2주간 진정제를 투여받았고, 배변과 음식 섭취를 할 때만 일시적으로 깨어나곤 했다. 세심한 간호를 받지 않으면 욕창이나 폐렴 또는 폐색전증을 일으킬 수도 있는 위험한 요법이었다. 의심스럽긴 하지만 한 저자는 이 방식의 치료로 중증 정신질환자의 3분의 1을 성공적으로 치료했다고 주장하기도 했다.[38]

앨런연구소는 바르비투르산염과 클로르프로마진을 혼합한 약물로 지속적인 수면을 유도했다. 환자들을 주기적으로 깨워 인슐린을 투여해 허기를 느끼게 하고, 먹이고, 용변을 보게 한 다음 다시 진정제를 투여해 장기 수면을 유도했다. 한편, 간호사들은 욕창이 생기지 않게 환자들의 수면 자세를 바꿔주었다. 환자들은 약 3주 동안 하루에 20시간씩 깊은 잠을 자거나 졸린 상태로 지냈다. 앨런연구소의 한 보고서에 따르면, 조현병 환자, 조울증 환자, 심한 강박장애 환자, 중독자, 그리고 성격장애 환자의 60퍼센트가 성공적으로 치료되었다고 한다. 이 보고서는 환자의 진단 방법이나 치료 효과의 정량화 방식에 관해서는 전혀 설명하지 않았으며, 폐렴, 간 손상, 발작, 파킨슨증후군 등과 같은 부작용이 있을 수 있음을 인정했다. 보고서는 또한 수면 요법과 경련 요법을 병행하는 것의 또 다른 이점을 강조했다. 연구원들은 모든 환자들을 약물로 잠재워서, 침대에서 침대로 매우 효율적으로 옮기며, 전기충격요법을 신속하게 시행할 수 있었다. 앨런연구소에서 일했던 한 전문의는 이러한 시스템으로 한 시간에 20명의 환자를 치료할 수 있었다고 의기양양하게 떠벌렸다.[39] 요컨대, 캐머런과 추종자들에 따르면, 전기충격요법, 약물, 수면은 환자의 병세를 완화하고, 망각된 기억의 회상을 향상시키고 억압된 갈등을 해소시킨다는 것이었다.[40]

캐머런은 심리치료에 대한 인내심이 거의 없었다. 초기에는 환자의 진료 과정을 녹화하기 시작했고 중요해 보이는 장면들을 편집하여 환자가 면밀히 보도록 재생했다. 그는 환자들에게 녹화 기록물에 대한 생각을 자세히 써서 진료할 때 가져오라고 했다. 캐머런은 이를 "자동 심리치료"라고 불렀는데, 말년에는 "정신 조종(psychic driving)"이라고 불렀다. 점차 약물, 경련 요법을 이용한 기억 제거, 수면 학습, 정신 조종 등 다양한 단계의 요법을 모두 조합해 하나의 독성 칵테일을 만들어내기 시작했다. 1956년 논문에서 그는 정신 조종이 항상 효과를 발휘한다고 주장했다.[41]

올더스 헉슬리는 『멋진 신세계』에서 정신 조종을 예견했다. 이 디스토피아 소설은 어린 아이들이 "네오-파블로프식 조건형성 룸"에 끌려와 잠자는 동안 미래 사회에서의 역할에 적응하도록 프로그램화되는 과정을 묘사한다. 유아용 침대 위에 설치된 스피커는 다음과 같은 메시지를 반복적으로 방송한다. "알파 아이들은 회색 옷을 입어요. 이 아이들은 아주아주 총명하기 때문에 우리들보다 훨씬 더 열심히 일합니다. 저는 베타라서 그렇게까지 열심히 일하지 않아도 되기 때문에 정말 다행입니다. 게다가 우리들은 감마나 델타보다 훨씬 나아요. 감마들은 어리석어요. 그들은 모두 초록색 옷을 입고, 델타 아이들은 황갈색 옷을 입어요. 아, 싫어요, 난 델타 아이들하고는 놀고 싶지 않아요. 엡실론들은 훨씬 더 형편없죠."[42]

1932년 막스 셰로버(Max Sherover)는 수면 중에 외국어를 가르쳐준다고 하는 장치인 링거폰(Linguaphone)의 미국 내 특허권을 취득했다. 이 제품을 만든 회사는 매력적인 발상을 내세웠다. 누구든 잠자는 중에 문법과 어휘를 힘들이지 않고 습득할 수 있다는 것이었다. 회사는 수면 학습이 "자기 개선, 학습, 자기계발을 위해 필요한 인생의 3분의 1을 되찾아 줄 것"이라고 약속했다.[43] 하지만 이 방법은 실제로 별 효과가 없는 듯했다. 한 연구자는 잠자는 군인들에게 모스 부호를 가르치려 했지만 실패하고 말았다. 또 다른 사람은 수면 학습이 소년들의 손톱 물어뜯는 행동을 치료할 수 있다고 주장했다. "내 손톱이 끔찍할 정도로 쓰다"라는 메시지를 반복해서 들은 후에 증상이 개선될 수 있다는 것이었다. 어떤 소년들은 2개월의 여름 캠프 기간 동안 야간에 메시지를 16,200번이나 반복 청취한 후 증상이 개선된 것으로 나타났다. 그러나 연구자는 불과 20명의 소년만을 대상으로 테스트한데다 그중 8명만이 개선됐기에 결과를 별로 신뢰할 수 없다고 경고했다.[44] 이와 같은 회의론은 캐머런의 유전자에는 없었다.

캐머런은 링거폰 광고를 보고는 이 장치가 치료적 세뇌의 강력한 도구가 될 수 있을 것이라고 생각했다. 그는 환자가 잠자는 동안에는 베개 장치를 통해, 환자가 깨어있는 동안에는 헬멧을 통해 테이프 녹음을 틀었다. 캐머런은 적절한 메시지를 틀어줌으로써 환자들이 갖고 있는 자기 자신에 대한 생각과 인간관계에 대한 생각을 바꿀 수 있다고 확신했다. 그는 각 환자의 핵심적인 문제를 간결한 테이프 루프로 압축해 환자들이 이 루프를 반복적으로 들으면 후속 치료 과정에서 더 큰 효과를 얻을 것이라고 믿었다.[45]

캐머런은 이 테이프 루프를 "동적 이식물"이라고 부르면서, 마치 기계를 설명하듯 환자들이 사물에 대해 다르게 생각하고, 자신의 행동을 바꾸도록 "디패터닝(depatterning)*하는" 주사와 거의 비슷하다고 말했다.[46] 그는 이식의 강도는 적절한 보강을 통해 강화할 수 있으며, 안전하고 관리하기 쉽다고 주장했다. CIA가 이 과정에 매료된 것은 당연한 일이었다.

● 평소의 사고와 행동 패턴을 없애기 위한 일종의 세뇌.

환자들은 치료 과정을, 즉 메시지의 반복도, 메시지 자체도 좋아하지 않았다. 캐머런은 환자들이 잠자는 동안이나 약물을 복용하지 않을 때 테이프 반복재생을 통해 순응도를 높일 수 있다는 사실을 알게 되었다. 그는 이 접근법이 중대한 돌파구를 열었다고 주장했다. 더 많은 경험이 쌓이면서 캐머런은 준(準) 감각 격리실에 있는 환자를 대상으로 점점 더 치료 시간을 늘려 10~15일 동안 하루에 10~20시간씩 정신 조종을 했다.[47] 또한 환자가 좀 더 집중적으로 들을 수 있도록 테이프 필터링 실험(고음 및 저음 조정, 볼륨 변경, 에코 도입)을 했고, 이러한 변화가 파블로프의 전삭반사(詮索反射)*를 유발한다는 점을 환자들에게 상기시켰다.[48]

캐머런의 동료는 한 환자에게 다음과 같은 말을 강제로 들려주었다고 회상했다. "아니야. 시어머니가 나를 독살시키려 한다는 건 사실이 아니야. 시어머니는 아주 좋은 사람이야." 이런 말을 반복해서 들려주는 것이 나쁘지는 않다고 생각할지도 모르겠지만, 캐머런은 다른 생각을 가지고 있었다. 그는 새롭고 건설적인 메시지가 뿌리내리려면 우선 환자의 방어벽을 허물어야 한다고 생각했다. 산후우울증으로 입원한 여성은 다음과 같은 테이프 녹음을 들어야 했다. "당신은 자기가 매우 적대적인 사람이라는 걸 알고 있나요? 당신이 간호사들

● 어떤 새로운 자극을 받았을 때, 모든 필요한 수용기를 새로운 자극원에 고정시켜, 그 방향을 응시하고 귀를 세우고 냄새를 맡는 등의 반사.

에게 적대적이라는 사실을 아나요? 환자들에게 적대적이라는 걸 아
나요? 왜 자신이 그토록 적대감을 보인다고 생각하나요? 어머니를 미
워했나요? 아버지를 미워했나요?"[49]

캐머런은 이처럼 부정적인 메시지를 7~10일 동안 반복적으로 틀
어준 다음, 몇 주 동안 더 긍정적인 말을 틀어주었다. 심각한 공황발
작을 겪는 한 환자에게 틀어준 캐머런의 긍정적인 메시지는 다음과
같았다. "내 본연의 모습을 보이는 게 좋아. 나는 다정하고 따뜻한 사
람이야. 다정하고 마음이 따뜻한 건 좋은 거야. 나 자신을 혹사시킬
필요는 없어. … 사람들은 나를 있는 그대로 좋아해."[50]

메시지는 몇 주, 때로는 몇 달 동안 비판과 응원을 번갈아가며, 환
자들을 계속 폭격했다. "재닛, 당신은 책임을 회피하고 있어요! 왜죠?
당신은 남편을 돌보고 싶지 않잖아요! 왜죠? 당신은 아이들을 돌보
고 싶지 않잖아요! 왜죠? … 재닛, 당신은 아이들을 돌보는 걸 좋아하
잖아요! 당신은 남편을 돌보는 걸 좋아하잖아요!"[51] 혹은 이런 메시지
를 들려주기도 했다. "매들린, 당신은 독신생활 내내 어머니와 아버지
가 당신을 어린애 취급해도 그냥 가만히 있잖아요. … 당신은 어머니
나 아버지에 맞서 자신을 옹호한 적이 없잖아요. 저항하기보다는 곤
란한 상황에서 도망치곤 해요. 당신은 감정을 드러내야 해요. 분노를
표현해도 괜찮아요, 우리 모두는 그렇게 하거든요."[52]

연구는 비용이 많이 들기 때문에 캐머런은 록펠러재단으로부터
받은 초기 지원금을 거의 다 써버렸다. 게다가 (성공회뿐만 아니라) 협과

펜필드와 같은 동료들과의 껄끄러운 관계는 캐나다에서 많은 자금을 지원받는 데 어느 정도 독이 되었다. 하지만 다행스럽게도 CIA가 관심을 보였다. CIA는 그에게 정신 조종 연구를 지속하는 데 필요한 자금을 신청하라고 권했다. 1957년 1월 캐머런은 인간생태학 연구협회에 지원금을 신청했다. 신청안은 MK울트라 하위 프로젝트 68로 신속하게 승인되어 3년간 지원을 받았다. 중요한 사실을 덧붙이자면, 신청안은 그다지 새로운 게 없었다. 캐머런은 CIA의 지원 없이도 수년 동안 정신 조종 연구를 한답시고 환자들에게 약물을 투여하고 전기충격을 주고 환자들을 세뇌시켜왔으니, 어떤 경우든 그 짓을 계속했을 것이다.

○

캐머런은 자신의 기법이 환자들에게 도움이 된다고 확신했지만, "평가는 매우 어려운 문제"라는 걸 인정했다.[53] 그의 눈에는 데이터 결과가 아주 이례적으로 훌륭해 보였지만, 작성한 도표와 표는 실질적인 근거가 없었다. 그렇다고 해서 기록을 조작한 것은 아니었다. 증거를 무시했을 뿐이다. 이런 점에서 그는 특별한 사람이 아니었다. 비트겐슈타인이 말했듯이 "자기 자신을 속이지 않는 것보다 어려운 것은 없다."[54]

캐머런은 현대의 임상시험에서 오류 방지를 위해 미연에 설계되어 저지를 수 없는 모든 종류의 오류를 범했다. 연구 대상자 자격 기준에 일관성이 없었고, 진단명이 매우 다른 사람들뿐만 아니라 디패터닝 이외의 다른 치료를 받았거나 받고 있는 사람들도 연구 명단에 등록했다. 또한 심리학자를 고용해 치료 전에 환자를 사전 테스트했지만, 테스트 환자 선정은 대중없었다. 캐머런은 환자들이 치료에 반응하지 않으면 마치 명단에 등록된 적이 없다는 듯이 연구 대상에서 제외했다. 연구진이 제대로 된 연구방법이 아니라고 불평하면, 캐머런은 "연구에 참여하고 싶지 않으면, 참여하지 않아도 된다"고 대답했고, 결국 연구진은 다른 직장으로 옮겼다.[55] 치료 효과와 관련한 심리검사에서 "오답"이 나오면, 캐머런은 최종 심판자는 자신의 임상 경험과 판단이라며 이를 무시했다. 게다가 그는 치료의 성공을 아주 모호하게 정의했다.[56] 오늘날 기준에서 보면 이들 연구의 허술함은 참담한 수준이지만, 1950년대 의학 연구에서는 그리 드문 일이 아니었다.[57] 당시 캐머런의 행동이 시선을 끈 이유는 그의 연구가 당대의 가장 저명한 정신의학자 중 한 사람이 수행한 것이었고, 환자들에게 엄청난 영향을 미쳤기 때문이었다.

치료의 목적은 환자의 기억을 지우고, 배변을 조절하지 못하며, 스스로를 돌볼 수 없는 퇴행 상태로 되돌리는 것이었다. 그런 다음 환자가 깨어있거나 자는 동안 정신 조종을 해서 변화시키고자 했다. 사람들은 캐머런이 자신의 첫 번째 목표를 성공적으로 달성했다는 데 동의할 것이다. 문제는 일부 사람들이 기억의 상당 부분이 지워진 채

로봇 같은 신세가 됐다는 점이었다. 정신 조종을 통해 새로운 생각을 심는 두 번째 목표가 효과가 있었는지는 명확하지 않았다.

캐머런이 성공했다는 초창기의 보고에도 불구하고 사람들은 의심을 품기 시작했다. 윌리엄 사건트는 캐머런의 연구를 "범죄에 가까운 행위"로 평가했다.[58] 인간생태학 그룹(울프와 먼로)은 몬트리올 현장을 방문하기로 했다. 캐머런은 이들을 견학시켜 주고, 차트를 보여주었으며, 침대에 누워 멍하니 허공만 응시하고 있는 환자들을 소개해 주었다. 해럴드 울프는 믿을 수 없다는 듯 이렇게 물었다. "이 [환자]들이 당신의 성공 사례입니까?" 캐머런은 환자들이 실제로 정신 조종의 대표적인 성공 사례라고 대답했다. 먼로는 깜짝 놀라며 이렇게 말했다. "우리는 확연히 다른 두 세계에 살고 있군요. 캐머런의 세계와 현실세계 말입니다." 현장 방문자들은 캐머런에게 인간생태학 그룹으로부터 자금을 더 받을 것을 기대하지 말라고 말했고, CIA는 그의 치료법이 "우리가 바랐던 기대에 부응하지 못한 것 같다"고 결론지었다.[59]

1963년 미국 정신병리학회 회장 연설에서 캐머런은 일관성 없는 데이터와 자금 삭감과 같은 난관에도 불구하고 자신이 올바른 길을 가고 있다고 확신하며, 정신 조종 프로그램을 어떻게 개발했는지를 설명했다. "이것[정신 조종]은 30회 반복한 후에야 효과가 나타난다고 할 때, 10배, 100배, 또는 그 이상으로 늘려 반복하면 효과가 어떻게 될지 보는 것이 상식적인 일이었습니다. 하지만 계획했던 대로 잘

되지는 않았습니다. … 25만~50만 번 반복에 노출되어도, 개인이 이 몇 개의 짧은 문장을 반복할 수는 없다는 것을 알게 됐습니다. … 그러나 이미 시작했던 터라 되돌아갈 수 없었습니다."[60]

과학은 열린 마음을 유지하는 데 달려 있다. 끝끝내 단호함을 보였던 캐머런은 자신이 틀릴 수도 있다는 생각을 하지 못했다. 자신의 연구 오류도, 윤리적인 결함도 인정하지 않았다.

캐머런의 후계자인 로버트 클레그혼(Robert Cleghorn)은 1950년대의 정신의학 연구 현황을 재치 있게 요약했다. "[캐머런 시대에는] … 진단이 정확하지 않았고 입원이 제대로 이뤄지지 않았으며 교육과 훈련도 몹시 부적절했다. 캐머런은 이 모든 문제를 해결하기 위해 매달려서 개선했지만, 조직에서 크게 성공한 그의 기업가적 스타일은 연구에 적합하지 않았다."[61]

캐머런이 은퇴한 후 클레그혼 박사는 디패터닝 프로그램을 평가하기 위한 위원회를 구성했다. 병원은 집중적인 정신 조종을 받은 79명의 환자를 찾아낸 다음 같은 시기에 앨런연구소에서 치료를 받은 다른 환자들과 비교했다. 우선, 캐머런의 치료법이 장기적인 결과 측면에서 빛나는 성공을 거두었다는 걸 시사하는 증거는 거의 없었다. 두 집단 모두 추가적인 정신과 입원이 필요했고 사회 적응력이 떨어졌으며, 실제로 증상이 없는 환자는 소수에 불과했다. 더 중요한 것은 정신 조종 치료를 받은 환자의 약 4분의 1이 심각한 신체적 합병증을 앓고 있었고, 기억력 검사 결과 문제가 있는 것으로 나타났다.[62] 기억

장애는 주로 짧은 간격으로 여러 번 경련 치료를 받은 환자들에게서 나타났다. 추적 관찰 결과에 따르면 캐머런의 환자들 중 60퍼센트는 치료 전 6개월에서 10년 사이에 있는 방대한 기억을 떠올리지 못했다.[63]

과학계 동료들은 이와 같은 부정적인 연구 결과에 특별히 놀라지 않았다. 몇 년 동안 캐머런과 언쟁이 벌이며, 캐머런이 감각 격리 모델을 채택한 것에 분개했던 헵은 한참 후에 그의 폐부를 찌르는 말을 했다. "캐머런은 일생의 대부분을 늘 하던 대로 실험하고 논문을 쓰는 일에 매달렸지만, 이를 타개할 돌파구를 찾고 싶어 했다. 바로 그게 캐머런의 치명적인 결점이었다. 연구하고자 하는 욕구보다는 돌파구를 마련하기 위해 중요한 인물이 되고 싶은 열망이 강했다. 그런 점이 그를 나쁜 과학자로 만들었다."[64] 캐머런은 헵이 열거한 모든 결함을 가지고 있었다. 명랑했고, 독선적이었으며, 배려심이 있었고, 야망이 넘쳤다. 셰익스피어의 한 구절을 빌리자면, 캐머런은 "기억에서 뿌리 깊은 슬픔을 뽑아내고 뇌에 기록된 근심을 지워버리길" 갈망했지만, 완전히 실패하고 말았다.[65]

1993년 맥길대학교 정신의학과 50주년을 기념하는 한 강연에서 연사는 청중들에게 캐머런이 다른 시대에 살았음을 상기시켰고, 행동과학에서 사전 동의의 중요성이 캐머런 시대 이후로 더욱 더 두드러지게 되었다고 말했다. 또한, 캐머런이 정신 조종 실험에 대해 긍정적으로 묘사한 것은 당대의 전형적인 연구 설계 결함을 보여준다고 지적했다. 마지막으로, 당시 의사와 환자의 관계는 정보에 입각한 동

의와 치료적 동맹 관계보다는 맹목적인 신뢰와 권위에 기반해 있었다고 말했다.[66]

도널드 헵은 그리 관대한 사람은 아니었다. "캐머런은 실험에서 어떤 결과를 얻을 것이라고 기대할 만한 근거가 없었다는 측면에서 무책임하고, 어리석은 상태에서 범죄를 저질렀다. 복잡한 인간의 마음을 조금이라도 이해하는 사람이었다면, 어떤 성인의 정신을 지운 다음, 이 멍청한 정신 조종을 통해 새로운 기억을 심을 수 있으리라고 기대하지 않았을 것이다."[67]

캐머런은 1967년에 갑자기 사망했지만, 스캔들이 터지고 소송이 시작되기까지는 10년이 더 걸렸다.[68] 변호사들은 캐머런이 코넬대학교의 인간생태학 연구협회에 보낸 제안서를 입수했고, 협회에서 MK 울트라로, 그리고 CIA로 흘러들어간 자금의 흐름을 추적했다. CIA와의 관계가 밝혀지자 사람들은 분노했지만, 궁극적으로 보면 캐머런의 제안서 자체가 아주 끔찍했다. 제안서에는 분명하게 이렇게 쓰여 있다. "특히 집중적인 전기충격으로 환자의 일정한 행동 패턴을 파괴한다. … 환자의 감각을 부분적으로 격리시키는 [동안] 미리 준비된 언어 신호를 (하루 16시간씩 6~7일간) 환자에게 집중적으로 반복 제시한 [다음] 7~10일 동안 계속 수면 상태에 놓이게 하는 과정으로 전기충격을 보완한다."[69] 이러한 소름끼치는 개입을 혼합해 캐머런은 환자의 기억을 파괴했지만 새로운 생각과 감정과 행동을 이식하지는 못했다.

이와 같은 일들이 1950~60년대에 학계에서 할 수 있는 최선이었다면, 정보기관 입장에서 보면 세뇌를 도구로 사용하는 것이 썩 유망하지 않았을 것이다. 정보기관들은 적을 상대로 사용할 강력한 무기를 갖기는커녕 소송과 성난 여론의 표적이 되었다. 캐머런이 진행한 실험으로 인한 피해의 본질은 CIA를 상대로 제기한 소송의 요점에 잘 드러나 있다. "1957년부터 캐머런은 CIA의 자금 지원을 받아 맥길대학교에서 아무것도 모르는 정신과 환자들을 대상으로 행동 통제와 세뇌 실험을 실시했다. … 원고들은 1957년~1963년 사이의 시기에 캐머런에게 정신질환 치료와 의학적 치료를 받고자 했지만, CIA의 자금을 지원받아 시행된 세뇌와 행동 통제 실험의 비자발적인 피험자로 이용되었다. 연방 재정지원으로 시행된 이 실험에 강제로 참여한 결과, 원고들이 심각하고 영구적인 피해를 입었기에 손해배상을 청구한다."[70]

1950년대에 발생한 사건이지만 1988년과 1992년이 되어서야 미국과 캐나다 정부에 의해 소송이 해결되었으며, 여전히 추가 소송이 진행 중이다.

캐머런의 연구는 심지어 CIA의 최고위층이 보기에도 비난받을 만큼 허술하고, 직업적으로 비윤리적이고, 불법에 가깝고, 불쾌하고 온통 혐오스러운 갖가지 특징을 보였다.[71] 캐머런은 소설 제이슨 본 시리즈에 숨어 있는 부기맨의 모델이었지만, 우리는 세뇌 이야기에서 훨씬 더 나쁜 인물들, 즉 셰익스피어를 다시 인용하자면, "마음이 병든 사람을 보살피고 싶은" 열망이 없는 그런 사람들을 만나게 될 것이다.

그러는 사이 세뇌가 더는 정부기관들과 학계의 전유물이 아니라는 것이 분명해졌다.

제 2 부

범죄자들과 종교집단들

제8장

인질들의 돌발적 전향
스톡홀름 증후군과 그 변종

인질들의 잘못입니다. 그들은 내가 시키는 대로 다 했습니다.
왜 아무도 나를 공격하지 않았을까요?
서로를 알아가는 것 말고는 한 일이 없었습니다.

안 에릭 올손

대략 1915년부터 1965년까지 정부와 대학은 세뇌를 위한 도구 개발에 힘썼다. 하지만 그리 성공적이지는 못했다. 고문을 해서는 다른 정치적 신념을 택하도록 사람들을 설득할 수 없었고, 신뢰할 만한 정보를 캐내지도 못했다. 여러 약물이 사람을 진정시키거나 자극하거나 혼란스럽게 할 수는 있었지만, 심문이나 설득하는 데는 효과가 없었다. 집단 압력, 감각 격리, 수면 박탈은 사람들을 설득하는 도구로 유망했지만, 시간과 정교함이 필요했다.

1970~80년대에는 납치범과 성직자라는 전혀 어울릴 것 같지 않은 두 사람이 등장해 어두운 설득의 새로운 기술을 선보였다. 일부 납치범들은 인질의 행동을 근본적으로 변화시킬 수 있었지만, 이것은 보통 납치범이 의도를 가지고 한 것은 아니었다. 오히려 인질의 변화는 한 인질이 "지속적이고 명백한 죽음의 위협"이라고 부른 상황의 부

산물이었다.[1] 역설적이게도 인질들이 납치범들을 좋아하고 구조대원들에 저항하는 일이 벌어졌다. 이렇듯 납치범들은 의도치 않게 강력한 어두운 설득의 한 유형을 보여주었다. 성직자들은 훨씬 더 놀라운 영향력을 행사할 수 있음을 보여주었다.

인질은 보통 어떤 행동을 보일까? 만약 구출된다면, 인질은 납치범에게 어떤 감정을 가질까? 우리는 구출된 인질이 구조대원에게 감사한 마음을 가질 뿐만 아니라 가해자가 처벌받기를 기대할 것으로 생각한다. 그러나 두 건의 은행 강도 사건은 인질의 감정과 행동이 우리의 예상과는 근본적으로 다를 수 있음을 보여준다. 첫 번째 은행 강도 사건은 스톡홀름 증후군(Stockholm syndrome)이라는 용어를 탄생시켰다. 다음 장에서 다룰 두 번째 사건인 샌프란시스코의 패티 허스트 은행 강도 사건에서 보였던 인질의 행동은 전 세계적인 관심을 불러일으켰다. 이 두 사건 모두에서 세뇌는 모든 사람의 이목을 끌었다.

1973년 8월 23일, 영리하고 경험이 풍부한 강도인 얀 에릭 올손(Jan-Erik Olsson)이 변장과 분장을 한 채 스톡홀름의 크레디트방켄 은행에 침입했다. 인질을 붙잡은 그는 수감 중인 친구 클라르크 올로프손을 석방시키고 은행을 턴 다음 탈출할 계획이었다. 그는 은행 천장에 기관총을 난사하며 은행원 4명을 붙잡아 은행 금고에 몰아넣고 목줄에 묶은 다음 협상을 벌였다. 금고 앞에는 화장실이 딸린 복도가 있었는데, 경찰과 강도들이 조건을 놓고 협상을 벌일 수 있는 완충지대 역할을 했다. 올손은 이 강도 사건이 전 세계 뉴스를 도배하고, 정보기관의 관심을 끌 줄은 꿈에도 몰랐다.

경찰은 은행을 포위하고 협상을 시작했다. 정부 당국이 얀 올손의 친구 클라르크 올로프손을 풀어주자 은행 안에 있던 올손과 인질들에게로 합류했다. 한편 경찰은 납치범과 인질들의 이야기를 도청하기 위해 감시용 마이크로폰과 카메라를 설치했다. 또한 필요한 경우 파이프로 최루 가스를 주입하기 위해 금고 천장에 구멍을 뚫었다. 감시 카메라에 잡힌 흐릿한 이미지의 영상은 당시의 긴박했던 상황을 고스란히 담고 있었다.

얀 입장에서 협상이 빨리 이루어지고 성공적으로 끝났어야 할 은행 강도 사건은 6일간의 소모적인 교착상태로 바뀌었다. 심지어 스웨덴의 총리 올로프 팔메(Olof Palme)도 전화로 협상에 참여했다. 인질들에게는 끔찍한 경험이었지만, 강도들은 인질들을 배려하는 태도를 보였다. 한 젊은 여성 크리스틴 엔마크는 올손이 묶은 끈을 풀어주고 화장실에 갈 수 있게 해주었다며, 매우 친절했다고 말했다. 화장실에 가던 그녀는 복도에 숨어 있는 경찰들을 보게 된다. 경찰이 금고에 인질들이 몇 명이 있느냐고 묻자 크리스틴은 손가락을 들어 몇 명인지 알려주었다. 크리스틴은 당시를 회상하며 이렇게 말했다. "배신자가 된 기분이었어요. 왜 그런 기분이 들었는지 모르겠어요."[2]

인질로 잡혀 있던 비르기타 룬드블라트는 무장 경찰이 접근하는 것을 보고는 "쏘지 마세요!" 하고 소리쳤다. 경찰이 온다는 것을 알아 챈 올손은 경찰관에게 총을 쏴 부상을 입혔다. 강도들은 전화기를

1973년 크레디트방켄 은행 강도 사건 당시, 경찰이 감시 중에 찍은 인질들과 강도 사진(스톡홀름 경찰청 기록보관소 제공)

달라고 협상하고 인질들한테 사랑하는 사람들에게 전화하라고 독려했다. 남편과 연락이 닿지 않자 비르기타는 울기 시작했다. 그러자 올손은 위로하듯이 그녀의 뺨을 어루만지며 말했다. "다시 해봐요. 포기하지 말고요." 한번은 그녀를 자기 무릎 쪽으로 끌어안으며 위로했다. 비르기타는 풀려난 후에 이렇게 이야기했다. "강도는 경찰만 물러나면, 모든 게 괜찮을 거라고 말했어요. 나는 그의 말에 동의했어요. 그래요, 저에게서 우리 아이들을 떼어놓고 있는 게 경찰이라고 생각했어요."[3]

다른 때에는 올손의 행동이 매우 위협적이었다. 한번은 일이 지체

되는 것을 참지 못했는지 엘리자베스 올드그렌의 멱살을 잡고 정부가 탈출을 보장해주지 않으면 당장 죽이겠다고 협박했다. 하지만 나중에 엘리자베스가 은행 금고에서 추위에 떨고 있을 때 올손은 코트를 벗어 덮어주었다. 엘리자베스는 나중에 믿기지 않겠지만 그가 잔인함과 부드러운 면을 함께 보였다고 회상했다.[4]

정부는 경찰이 인질들의 건강상태를 확인할 수 있게 해달라고 강도들에게 요구했고, 강도들은 그에 동의했다. 경찰은 은행 안 상황을 보고는 깜짝 놀랐다. 인질들은 인상을 쓰며 적대적으로 경찰들을 맞이했고 올손은 편안하고 느긋한 태도로 여자들을 친구인 듯이 두 팔로 감싸 안고 있었다. 인질 크리스틴 엔마크는 총리에게 전화를 걸어, 45분간 대화를 나누는 동안 곧 투입 예정인 구조대원들을 향해 의외의 적대감을 보였다.

크리스틴: 무척 실망입니다. 총리님은 거기 앉아서 우리의 목숨을 가지고 체커 게임을 하고 있는 것 같군요. 저는 클라르크와 강도를 전적으로 믿어요. … [그들은] 매우 친절해요. 하지만, 있잖아요, 올로프 총리님, 저는 경찰이 공격해서 우리를 죽게 할까 봐 두려워요.
총리: 경찰은 그러지 않을 겁니다.
크리스틴: 저는 총리님이 우리가 강도와 함께 도망가게 해주길 원해요. … 그들에게 외화(外貨)와 총 두 자루를 주고 우리

가 차를 몰고 떠나게 해줘요. … 친애하는 올로프 총리님, 바보 같은 소리로 들릴지 모르지만 저는 그들을 믿어요. 경찰이 우리를 쫓지 않는 한 그들은 우리를 풀어줄 거예요.

총리: 경찰은 여러분을 해치지 않을 겁니다. 믿을 수 있죠?

크리스틴: 죄송합니다만 이 상황에선 경찰이 우리를 해치지 않을 거라는 총리님 말을 못 믿겠어요.

총리: 그걸 못 믿겠다니 정말 온당치 못합니다. 여태껏 아주 많은 경찰들이 목숨을 걸고 있어요. 공격적으로 진입하지 않잖아요. 물론 그 목적은 여러분을 보호하고자 하는 겁니다.

크리스틴: 만약 경찰이 여기 들어오면, 그 사람이 총을 쏠 것이고, 그러면 경찰도 총을 쏠 거예요. 아무도 살아남지 못할 거예요.[5]

얀 올손은 크리스틴의 두 손을 꼭 잡고 안심시켰다. 그는 그녀를 어루만지면서 거의 2년 동안 여자와 잠자리를 하지 않았다고 말했다. 그녀는 올손이 가슴과 엉덩이를 만지는 걸 허락했지만 성관계는 거부했다. 올손은 몸을 돌려 그녀의 옆에 누운 채 은행 금고의 카펫 위에서 자위행위를 했다. 이렇듯 올손은 인질들을 고문하거나 총을 쏘거나 강간하지 않았다. 게다가 때때로 인질들에게 음식을 주고 호의적으로 위로하며 세심히 배려하는 모습을 보였다. 한 인질은 이렇게 말했다. "그가 우리를 잘 대해 줄 때면, 우리는 그가 … 신이라는 생각이 들었다."[6]

인질들은 은행 강도들보다 경찰을 더 두려워하기 시작했다. 인질은 금고에서 가족, 언론, 정부에 전화를 걸어 강도들이 자기들에게 총을 겨누고 있음에도 불구하고 오히려 경찰에 대해서 불평을 쏟아냈다. 한편 강도들은 경찰이 금고에 최루탄을 주입할 것을 우려했다. 그들은 인질을 강제로 일으켜 세우고 목에 올가미를 걸고 나서, 경찰을 향해 가스를 사용하면 경찰이 도착하기 전에 인질들이 쓰러지면서 목이 졸려 죽을 것이라고 경고했다.

어쨌든 최루탄은 주입됐다. 기적적으로 강도들은 항복했고, 더 이상의 참사는 일어나지 않았다. 놀랍게도 인질들은 납치범들에게 작별인사로 입을 맞추고 악수를 나눴다. 두 강도가 감옥으로 끌려가자 인질 한 명이 소리쳤다. "클라르크 또 봐요!"[7] 인질들은 풀려난 이후 며칠간 납치 사건의 실체에 관한 소식을 듣는 동안에도 경찰을 계속적으로 간주하고 강도들에게 목숨을 빚졌다고 생각했다. 몇몇 인질은 감옥에 수감된 강도들을 면회하기도 했다. 하지만 인질들은 자신들의 반응에 스스로도 당혹감을 느끼며 의사에게 물었다. "왜 저는 그들이 밉지 않을까요?"

예상치 못한 갑작스러운 인질 생활이 며칠 동안 지속되는 상황에서 인질들이 납치범들을 뚜렷한 이유 없이 좋아하고 자기들을 구출하려는 사람들을 불신한다는 건 놀라운 일이다. 인질들은 극도로 혼란스러운 상황에 처해 있었고, 가족들로부터 떨어져 고립되어 있었으며, 갑자기 죽을 수도 있다는 두려움에 끊임없이 시달렸다. 인질들은 자기들이 갈 수 있는 범위, 먹을 수 있는 음식, 화장실을 이용할 수 있는 시간 등 삶의 모든 측면을 통제했던 인질범들에게 전적으로 의존했다. 인질들의 행위를 밝혀줄 수 있는 한 가지 가능한 설명은 인질범들이 최악질 행태를 보이지 않았다는 사실이다. 인질범들은 일부 경찰에게 부상을 입혔지만 경찰을 죽이지는 않았다. 또한 인질들에게 총을 쏘지도 않았고, 가학적으로 괴롭히지도 않았다. 함께 감금된 상태로 지내는 시간이 길어지자 강도와 인질들은 모두 서로에게서 어떤 인간미를 보기 시작했고, 강도들은 인질을 다독이는 소소한 행동을 반복해서 했다.

인질들은 인질범보다 경찰을 더 두려워해야 한다고 확신하게 되었다. 어떤 면에서는 그들이 옳았다. 법 집행기관은 이러한 유형의 사건을 HOBAS(인질과 바리케이드 상황)로 분류한다. 348명의 인질이 연관된 77건의 HOBAS를 조사한 한 연구에서 연구자들은 보안부대의 십자포화로 인해 사망한 인질의 수가 테러범들한테 처형당한 인질의 수보다 4배가 더 많다고 보고했다.[8]

○

스톡홀름 증후군은 스칸디나비아 특유의 자유주의적 일탈이 아니었다. 그것은 완전하게 다른 사회적 맥락에서 다시 등장했다. 2002

년, 체첸의 테러리스트들은 모스크바 극장에서 800명 이상의 인질을 억류했다. 폭탄과 총으로 무장한 테러리스트들이 3일 동안 인질을 붙잡아 두고 있을 때, 러시아 특수부대는 모두를 진압하고 극장을 기습하고자 최면성 가스를 사용했다. 그 결과 인질은 130명이나 사망했으나 테러리스트는 단 5명만 사망했다. 나머지 테러리스트들은 특수부대의 손에 사살되었다. 이는 그러한 환경에서 존재하는 위험성에 대한 HOBAS 연구를 좀 더 명확히 실증해주는 사례였다.

상황 보고를 듣는 동안, 러시아인 인질들은 처음에는 불신과 충격, 공포를 느꼈다고 전했다. 많은 사람들이 체첸 테러범들을 그날 저녁의 오락 프로그램 중 일부이거나 장난이라고 생각했지만, 테러범들은 인질 몇몇을 잔인하게 구타하고 살해함으로써 이러한 생각이 틀렸다는 것을 여지없이 보여주었다. 스톡홀름의 얀 올손과 클라르크 올로프손과 달리 체첸 테러범들은 모든 인질을 살해하고 자결할 작정이었다. 포위 공격이 진행되면서 인질들은 시간 감각을 잃었고, 수면 부족으로 지친 탓에 정서적 마비가 왔다고 호소했다.

체첸 테러범들이 잔인했음에도 불구하고 일부 인질들은 그들을 가엾게 여겼다. 한 인질은 이렇게 말했다. "[최면성 가스에서] 깨어났을 때 그들이 모두 죽었다는 사실이 매우 안타까웠다."[9] 일부 인질들은 체첸 테러범들이 극장에 갇힌 아이들에게 친절을 베풀었다고 이야기하기도 했다. 다른 인질들은 체첸 테러범들의 매너와 목적의 진정성에 대해 논평하기도 했다. 다른 한 인질은 이렇게 언급했다. "체첸인들은 우리에게 잘해줬어요. 우리는 그로즈니(체첸공화국의 수도)를 독립시켜 줘야 해요." 러시아인들은 이러한 동정적인 반응에 무척 놀랐다. 한 여성은 풀려난 인질인 이웃 사람들에게 쏘아붙였다. "당신들, 체첸인이 된 거야, 뭐야?"[10]

1975년 12월, 남말루쿠(South Moluccan) 청년운동 단체가 네덜란드의 한 열차를 탈취해 12일 동안 인질을 붙잡아 둔 채 일부 인질에게는 총격을 가했고, 나머지 인질들을 끊임없이 공포에 떨게 했다. 기차 승객 중에는 저명한 네덜란드 뉴스 편집자인 제라드 베이더스(Gerard Vaders)가 있었는데 억류 중에 상황을 꼼꼼히 메모했다. "말루쿠 테러범들에 대한 어떤 동정심과 싸워야 했다. 동정심을 느끼는 게 자연스럽지 않다는 걸 알지만, 어떤 면에서 그들은 인간적이었다. … 그들은 우리에게 담요를 주었다. 하지만 그들은 살인자라는 것도 깨달았다. 누구든 그 사실을 의식적으로 억누르려고 노력할 수밖에 없었다. 또한 그들이 피해자라는 걸 알았다. … 그들의 사기가 무너지는 게 보였다. 그들의 인격이 붕괴되는 걸 경험했다. 커져가는 절망감을. 그들의 손가락 사이로 뚝뚝 떨어지는 것들을. 왠지 모를 연민을 느끼지 않을 수 없었다."[11]

1976년, 5명의 크로아티아 테러범들이 뉴욕에서 시카고로 향하던 TWA 여객기를 납치했다. 납치범들은 예의바르게 행동했으나 승객들과 승무원들은 두려움에 떨었다. 협상이 진행되면서 여객기는 몬트리올로 방향을 돌렸다. 납치범들은 일부 승객들을 풀어주었지만,

자신들이 결코 장난하는 게 아니란 걸 보여주기 위해 당국에 뉴욕의 그랜드 센트럴 역에 폭탄을 숨겨두었고, 다른 곳에 더 많은 폭탄을 설치해 두었다고 통보했다. 경찰은 그랜드 센트럴 역에서 폭탄을 발견했다. 경찰이 폭탄을 제거하는 과정에서 한 명의 경찰관이 사망하고 두 명의 경찰관이 중상을 입었다.[12] 그 사이 여객기는 뉴펀들랜드의 갠더, 아이슬란드의 케플라비크 그리고 마침내 파리로 향했고, 그곳에서 납치범들은 항복했다. 여객기에 탑승한 승객이었던 정신과 의사 리처드 브록만(Richard Brockman)은 납치범들이 결국 항복했을 때 승객과 승무원의 행동에 놀라움을 금치 못했다고 말했다. "우리 모두 안도의 한숨을 내쉬었다. 미소도 보인다. 어떤 승객은 눈물을 흘린다. 몇몇 승객들은 납치범들에게 감사를 표한다. 무엇에 대한 감사일까? 승객 중 한 명이 [납치범]의 어깨를 감싸 안으며 말한다. '당신과 동료들이 우리와 함께 뉴욕으로 돌아가는 건 어떨까요? 프랑스보다는 미국에서 더 공정한 재판을 받을 수 있을 거예요.' 저 사람, 뭐라는 거야? 내가 제대로 들은 거야?" 브록만은 기장이 승객들에게 한 놀라운 발언을 전하면서 말을 이었다. "기장입니다. 우리는 모두 놀라운 경험을 했습니다. 이제 끝났습니다. … 하지만 우리 납치범들에게는 끝난 게 아닙니다. 그들의 호된 시련은 이제 막 시작됐습니다. 그들은 용감하고 헌신적인 사람들입니다. … 우리나라를 만드는 데 일조한 사람들처럼 말입니다. … 그들 역시도 자기 조국을 위해 똑같이 애쓰고 있는 겁니다. 우리 모두 그들을 도와야 할 것 같습니다."[13]

모든 인질극이 정치나 극단주의, 혹은 이익 목적의 납치와 연관된 것은 아니다. 일부 인질극은 납치범의 섹스와 지배에 대한 환상을 충족시키는 방향으로 전개된다. 하지만 여기서도 스톡홀름 증후군의 몇 가지 속성을 볼 수 있다.

1991년, 납치와 강간 전과가 있는 필립 가리도(Phillip Garrido)는 11세 여아인 제이시 두가드를 납치했다. 가리도는 두가드를 작은 헛간에 가두고 수차례 강간했으며, 헛간을 떠나면 전투견들에게 살해될 거라고 위협했다. 3년 후, 억류 생활은 완화되었지만, 폭행과 가해는 18년 동안 지속됐다.

가리도의 가석방 담당자가 여러 차례 방문했지만, 놀랍게도 제이시는 몸을 숨기고 구조를 회피했다. 가석방 담당자가 마침내 가리도의 집에서 제이시의 실체를 의심하게 됐을 때 그녀는 도움을 요청하지도 않고 자신의 실제 신원을 밝히지도 않았으며, 자기 이름이 앨리사라고 주장했다. 가석방 담당자가 가리도가 성범죄자라는 사실을 알고 있느냐고 묻자, 그녀는 "가리도는 예전과는 완전히 다른 사람이 됐으며 자기 아이들을 잘 챙기는 훌륭한 사람"이라고 대답했다. 그러고는 더는 얘기하고 싶지 않다고 말했다. 가석방 담당자는 물러서지 않고 앨리사의 신원을 확인해 줄 수 있는 친척이나 친구의 신원이나 전화번호를 요구했다. 그러자 앨리사는 아는 것이 없다며 변호사를 불러달라고 대답했다. 그러고는 자신은 미네소타 출신으로, 폭력적인 남편을 피해 숨어 지내고 있다는 이야기를 꾸며댔다. 그 사이에 유괴범 가리도는 별도로 심문을 받았고, 앨리사를 납치하고 강간한 사실을 시인했다. 정말 그랬다. 가리도가 먼저 자백한 것이다. 앨리사는 후속 면담을 한 후에야 자신이 실제로 제이시 두가드라는 사실을 밝혔다.[14]

몇 년 후, 가리도와 함께 산 시간에 대해 묻자 앨리사는 그 모든 세월이 여전히 혼란스럽게 느껴진다고 대답했다. "어떻게 그렇게 버틸 수 있었는지 도무지 모르겠어요. … [어떻게] 내가 그랬을까요?"[15] 그녀는 가리도에 대한 애정을 단호히 부인했다. 또한 자신이 스톡홀름 증후군을 겪었다는 주장을 부인하면서 자신의 행동은 생존을 위한 방법이었을 뿐, 납치범에 대한 애정을 보인 것은 절대 아니라고 말했다. "음, 제 가족이 제가 이 납치범을 사랑했고 그와 함께 있고 싶어 했다고 믿게 된다면, 정말 수치스러운 일입니다. 제 말은, 그런 억측은 토가 나올 정도로 진실과는 너무 거리가 멀다는 거예요. … 저는 제가 처한 상황에서 살아남기 위해 적응한 거예요. 달리 설명할 방법이 없어요."[16]

2002년, 14세 나이에 납치된 엘리자베스 스마트(Elizabeth Smart)는 수개월 동안 감금된 채 성폭행을 당했다. 엘리자베스는 제이시 두가드가 겪은 경험의 몇 가지 주요한 양상을 다시 보여주었다. 9개월간 납치범들과 함께 여행을 한 그녀는 탈출할 생각을 하지 않았다. 도망치려 하면 납치범들이 쫓아와 자신과 가족을 모조리 죽일 거라고 경고했다. 마침내 경찰에 납치범들이 붙잡히자 엘리자베스는 이렇게 말했다. "저는 시키는 대로 했어요. … 처음에는 시키는 대로 제가 그들의 딸이라고 거짓말을 했어요."[17] 그녀는 경찰에게 거짓으로 생년월일을 꾸며대며 이렇게 말했다. "저는 당신이 저를 누구로 보는지 알아요. … 당신은 제가 도망친 엘리자베스 스마트라는 여자애라고 생각할 테지만, 전 아니에요."[18]

스톡홀름 증후군과 관련된 오명은 부분적으로는 신문에서 강조되는 소름끼치는 새도마조히즘적 환상 때문에, 부분적으로는 인질의 행동이 너무 기괴해서 사람들이 '미쳤을 것'이라고 생각하기 때문에 생긴다. 인질로 잡혔다가 생존한 사람(또는 강간, 성매매, 학대 등의 피해 생존자)은 종종 잔인한 질문을 받곤 한다. "왜 도망치거나, 소리를 지르거나, 맞서 싸우지 않은 거죠? 납치범들과 부적절한 유대감을 형성했나요?" 생존자들은 경찰, 언론, 지인들이 은근히 나무라는 듯한 비난에 마땅히 분개한다. 엘리자베스 스마트는 이렇게 논평했다. "왜 아무 행동도 하지 않았느냐고 의심해서는 안 된다고 봐요. 사람들은 자기라면 어떻게 행동했을지 모르면서, 남을 판단할 권리가 없어요. 제가 한 짓은 모두 살아남기 위해서 한 일이었어요. 그리고 살아남았고요. 제가 살아남기 위해 뭐라도 더 했더라면, 진작 구출됐을지도 모르죠. 물론 그랬더라도 구출되지 않았을지도 모르고요. 그래서 제가 한 짓을 후회하느냐고요? 아니요."[19]

테러는 젊은이와 노인, 배운 사람과 못 배운 사람, 행인, 교도관, 학대받는 아내와 아이들 등등 온갖 사람들을 표적으로 삼는다. 피해자들은 자기가 겪은 일이 기존의 삶보다 더 나쁠 것도 없었다는 데 감사함을 느낀다. 그들은 "납치범이 자신을 죽일 수도 있었는데 죽이지 않았다"면서 납치범에게 감사를 표한다.[20] 가끔 이 감사는 애정으로 바뀐다. 한 생존자는 이렇게 결론을 내렸다. "그들이 나를 살려주었기 때문에 내가 살았다. 당신의 목숨을 손에 쥐고 있다가 되돌려주는 사람은 거의 없다. 사건이 마무리되고, 우리가 안전해지고, 그들이 수갑을 찬 후에 나는 그들에게 다가가 한 명 한 명 입을 맞추고, 내 삶을 되돌려줘서 고맙다고 말했다."[21]

피해자들은 가해자들에게 어느 정도 고마움을 느끼기도 하지만, 세상이 자신을 버렸고 어떤 면에서는 자신과 납치범의 이해관계가 일치한다고 느끼는 경우가 많다. 1977년 워싱턴에서 발생한 하나피(Hanafi) 테러 사건의 생존자인 다이앤 콜(Diane Cole)은 이를 잘 설명했다. "테러범들은 해적과 같다. 그들은 인질을 붙잡아 몸값을 요구하면서, 세상과 세상의 양심을 상대로 흥정을 한다. 분명히 알아두길 바란다. 이들은 목숨을 거래한다. … 세상으로부터 고립된 채, 세상이 관심을 가지는지 궁금해한다."[22]

따라서 인질은 납치범과 잘 지내면서 어떻게든 나쁜 상황을 극복하기로 결심한다. 여기서 의식적인 의도와 무의식적인 행동이 복잡하게 혼재된 현상을 포착하는 단어가 없기 때문에 '결심'이라는 단어를 제한적으로 사용한다. 생명을 위협하는 스트레스에 계속 노출되면 역설적으로 구조자보다 납치범들에게 신뢰와 애정이 더 커지는 사람도 있다. 이것이 스톡홀름 증후군의 본질 중 하나이다.

대부분의 문헌이 사례 보고나 일련의 소수 사례를 기반으로 하거나, 혹은 모든 인질 시나리오에 일반화할 수 없는 매우 특정한 상황을 반영하기 때문에 어떤 요인이 사람들을 스톡홀름 증후군에 더 쉽게 빠지게 하는지 평가하기 어렵다.[23] 예를 들어, 이탈리아의 연구자들은 사르디니아 섬에서 발생한 몸값 요구 납치 사건 24건을 연구했다. 연구 결과에 의하면, 생존자의 50퍼센트가 납치범과 어떤 형태로든 긍정적인 유대감을 가졌다고 보고했다. 잡혀 있는 동안 상대적으로 더 굴욕적인 경험을 한 사람들과 더 오랜 시간 동안 인질로 잡혀 있던 사람들이 유대감을 느낄 가능성이 더 높았다. 피해자의 나이나 정신과적 진단 여부는 여기서 별다른 관련이 없었다.[24]

또 다른 연구는 447명의 납치범과 2만 명의 인질에 대한 미국의 자료를 검토하여 어떤 상황에서 납치범과 인질 사이에 긍정적인 감정이 형성되는지를 살펴보았다. 표본 크기가 놀라울 정도로 크다. (납치범과 인질이 이토록 많을 줄 누가 알았겠는가?) 납치범과의 폭넓은 사회적 상호작용을 특징으로 하는 장기간의 인질 경험은 스톡홀름 증후군과 같은 감정의 발달을 부추기는 것으로 나타났다. 흥미롭게도 이와 같은

감정의 발달은 가해자가 피해자에게 가하는 학대의 양에 영향을 받지 않았다.[25]

스톡홀름 증후군이 얼마나 자주 발생하는지에 대한 추정치는 상황에 따라 크게 다르다. 한 FBI 요원은 본격적인 스톡홀름 증후군은 "극소수의 희생자들에게만" 발생한다고 보고했다.[26] 반면 학생들이 연루된 한 사건에서는 인질 87명 중 84명이 "법 집행에 대해 부정적 감정을 느꼈고 인질범에 대해서는 긍정적인 감정을 느꼈다"고 말했다.[27]

스톡홀름 증후군의 범위가 "거의 발생하지 않음"에서부터 "95퍼센트 이상 발생함"(앞서 예로든 학생 사건)까지 걸쳐 있다고 할 때, '가끔 발생'이라는 표현 이외에 이 현상이 얼마나 자주 발생하는지 확실하게 특정할 수 없다. 문헌에 따르면 스톡홀름 증후군은 인질이나 납치 상황이 장기화될 경우 일어날 가능성이 높다고 한다. 가정환경 이외의 다른 경험이 비교적 부족했던 아이들과 사람들이 스톡홀름 증후군에 더 취약하다는 일각의 주장도 있다. 랜드(RAND) 보고서는 다음과 같이 지적했다. "놀랍게도 자신들을 인간 졸(卒)로 만들었다고 해서 납치범들에게 원한을 품는 인질들은 거의 없다. 오히려 인질들은 납치범들과 긍정적인 관계를 형성하는 경우가 많다. 풀려날 때면, 종종 인질들은 서로 잘 지내기를 바라면서 우호적으로 헤어진다. 전에 납치된 적이 있던 일부 피해자들은 자기를 납치했던 '장본인'을 거의 애틋한 마음을 가지고 회상한다. '이들은 특히 테러범치고는 유난히 예의가 바른 사람들이었다.'"[28]

과거의 이론적 틀("공격자와의 동일시")을 반영하는 정신의학적 설명은 일반적으로 오늘날의 생존자들에게는 맞지 않다. 반면, 삶의 스트레스와 대처의 관점에서 볼 때, 스톡홀름 증후군은 쉽게 이해할 수 있다. 스톡홀름 증후군은 정신병리의 징후라기보다는 특별한 스트레스 상황에 대한 대처 사례로 보인다.

납치범과 가까워지는 것은 사실 살고자 하는 마음에서 비롯된 것이다. 전 미국 국립정신보건원 부원장이자 FBI 자문위원이었던 정신의학자 프랭크 오크버그(Frank Ochberg)는 스톡홀름 증후군을 "외부의 권력자들에 대한 두려움, 불신 또는 분노를 아우르는, 테러범과 인질 간의 불경스러운 동맹"이라고 불렀다.[29] 인질은 납치범들의 잔인함보다는 그들이 가끔 베푸는 친절에 주의를 집중한다. 긍정적인 유대감은 인질과 인질범 모두에게 영향을 미치기 때문에 그러한 행위가 목숨을 구할 수도 있다. 포위된 채 경찰의 공격 위협을 받는 상황에서 인질범과 인질은 모두 같은 약점이 있음을 인식한다. 인질은 생존을 원하는데, 이는 전적으로 인질범에게 달려 있다. 둘 사이의 힘의 불균형은 엄청나게 크다. 인질은 살기 위해서 인질범의 화를 돋우지 않으려 온힘을 다해야 한다.

FBI 요원들이 아동 발달과 퇴행에 관해서 말하는 일은 흔치 않은 일이지만, 토머스 스트렌츠(Thomas Strentz) 요원은 이 상황을 훌륭하게 묘사했다. "다섯 살짜리 아이는 스스로 먹고, 스스로 말하고 움직일 수 있다. 인질은 음식을 달라며 울어야 하고, 말을 할 수 없으며, 묶여 있어야 하는 유아에 더 가깝다. … 인질은 극도의 의존 상태와 공포 상태에 놓여 있다. 인질은 바깥세상을 두려워한다."[30]

스트렌츠는 1976년부터 1985년까지 FBI 인질·위기 협상 프로그램을 개발하고 지휘했다. 이 부서는 인질의 행동과 스톡홀름 증후군의 복잡성을 아주 잘 알고 있었다. 하지만 다음 장에서 살펴보겠지만, 패트리샤 허스트가 납치되었을 때 FBI의 다른 부서에서는 이런 이해도가 떨어졌다.

프랭크 오크버그는 "세뇌는 의도적인 일이지만 스톡홀름 증후군은 그냥 일어난다"고 논평했다.[31] 예리한 관찰이다. 인질극 상황에서 납치범은 피해자를 세뇌할 의도가 없다. 설득은 그냥 일어나고, 대부분 일시적이다. 의도적인 세뇌 시도가 스톡홀름 증후군과 결합할 때 어떤 일이 일어나는지 알기 위해서는 크레디트방켄 강도 사건 이후 6개월 만에 지구 반대편에서 발생한 공생해방군의 패트리샤 허스트 납치 사건과 뒤이은 또 다른 은행 강도 사건을 살펴볼 필요가 있다. 1973년에 일어난 크레디트방켄 강도 사건이 스톡홀름 증후군이라는 개념을 낳았다면, 이듬해 샌프란시스코에서 일어난 하이버니아 은행 강도 사건은 돌발 전향이라는 개념, 스톡홀름 증후군, 그리고 세뇌를 타블로이드 신문, 법원, 궁극적으로는 백악관으로까지 전파했다.

제9장

세뇌 혹은 신념의 변화

나는 맑고 푸른 하늘, 밝은 햇살, 드넓은 탁 트인 공간, 쑥쑥 자란 푸른 잔디밭, 넓고 편안한 집, 그리고 수영장과 테니스 코트와 승용마들이 있는 컨트리클럽의 분위기 속에서 자랐고, 이 모든 것을 당연하게 여겼다. … 나는 지금 개인 보호 구역에서 최고의 전자 보안시스템을 갖춘 집에서 살고 있다. 나는 아무 두려움 없이 살고 있다. 단지 지금은 좀 더 나이 먹고 현명해졌다고 느낄 뿐이다. … 나는 내가 연약하며, 저 밖에 언제나 위협적이며 어떤 한 개인보다도 강한 힘이 있다는 엄연한 현실을 알고 있다.

패트리샤 허스트, 1982

한국전쟁 포로들이 송환된 지 약 25년 후, 법원은 세뇌와 형사 책임에 관한 새로운 사건인 '미국 정부 대 허스트' 소송사건을 심의했다. 이 소송사건은 또 하나의 은행 강도 사건 그리고 갑작스러운 전향과 연관되어 있었다. 세뇌가 존재했는지, 세뇌가 신념의 변화와 어떻게 다른지, 그리고 세뇌된 개인은 형사 책임을 면할 수 있는지의 문제를 놓고 거센 법정 공방이 일었다.

패트리샤 허스트는 약혼자 스티븐 위드(Steven Weed)와 캠퍼스 밖의 한 아파트에 살던 열아홉 살의 버클리대학교 학부생이었다. 1974년 2월 4일 저녁, 허스트는 버클리의 아파트에서 총구를 들이대고 우악스럽게 위협하는 납치범에게 납치되었다. 납치범은 개머리판으로 허스트의 얼굴을 후려치고는 차 트렁크에 밀어 넣었다. 납치범들은 공생해방군(Symbionese Liberation Army)으로 알려진 소규모 폭력단체의 일원이었다.

공생해방군은 명확히 밝힌 강령이 없었다. 공생해방군의 지도자는 도널드 드프리즈(Donald DeFreeze)라는 아프리카계 미국인 전과자였다. 그는 감옥에 있는 동안 혁명 관련서적을 읽으며, 전문적인 혁명가의 매혹적인 삶을 갈망했다. 자신을 공생해방군의 원수(元帥) 신퀘 음투메(Cinque Mtume)라고 선언한 그는 소수의 추종자들—주로 고등교육을 받은 중산층 백인 청년들—을 끌어 모았다. 이들은 총을 끼고 살았고, 더 극적인 효과를 줄 수 있는 뭔가가 필요하다며 일곱 개의 머리가 달린 코브라를 그린 특별한 기장(旗章)을 만들었다. 이들 단체는 1970년대 초 샌프란시스코 만 지역에서 활동했던 많은 특이한 혁명단체 가운데 하나에 불과했다. (한 해설자의 기억에 남을 만한 말로는 "파리똥 자국 지하조직"●이었다.)[1] 당시 히피 공동체의 상징을 반영하듯 이들은 "현실을 직시하자, 지금 이 나라는 이상하다"라고 말했다.[2]

공생해방군 조직원들은 서로에게 혁명가다운 이름을 붙이고 무기로 무장한 채, "인종차별, 성차별, 연령차별, 자본주의, 파시즘, 개인주의, 소유욕, 경쟁주의 그리고 … 자본주의"를 상대로 어떻게 복수할지에 대해 웅대한 환상을 펼쳤다.[3] 이들은 항상 "민중을 먹잇감으로 삼는 파시스트 벌레에게 죽음을"이라는 자신들의 트레이드마크 슬로건으로 끝을 맺는 오싹한 성명을 발표했다. 드프리즈의 전형적인

● 그야말로 보잘것없는 조직이라는 뜻.

성명 중 하나는 다음과 같았다.

> 당신은 … 나를 안다. 당신은 항상 나를 알고 있었다. 난 당
> 신이 밤낮으로 사냥하고 두려워해온 그 검둥이다. 나는 더
> 는 사냥당하고, 약탈당하고, 살해당하지 않는 그 검둥이다.
> 이제 나는 당신을 사냥하는 검둥이다.
> 그래, 당신은 나를 안다. … 우리도 당신을 안다. 압제자이
> 며 살인자며 강도인 당신을. 이제 우리는 당신에게 쉴 틈을
> 주지 않을 사냥꾼이다.
> 민중을 먹잇감으로 삼는 파시스트 벌레에게 죽음을.[4]

공생해방군이 결국 자기들이 그토록 갈망하던 세간의 주목을 받
았을 때, 언론은 전혀 호의적이지 않았다. 〈리치먼드 뉴 리더(Richmond
New Leader)〉는 공생해방군의 성명을 "상상 속 가상 세계에 대한 유치
한 공상"이라고 평했다.[5] 그 말은 사실이었을지 모르지만, 공생해방
군 조직원들은 무장하고 있었고 흉악했다. 1973년 11월 6일, 이들
은 오클랜드의 인기 있는 아프리카계 미국인 교육감 마커스 포스터
(Marcus Foster)를 아무 이유 없이 청산가리가 든 총알을 쏘아 암살하고,
다가올 혁명에 관한 일관성 없는 성명을 발표했다.

그 후 공생해방군은 윌리엄 랜돌프 허스트(William Randolph Hearst)
의 손녀이자 랜돌프 허스트(허스트 출판 제국 이사회 의장)와 캐서린 캠벨

허스트(캘리포니아 대학교 이사회 이사)의 딸인 패트리샤 허스트를 납치하기로 결정했다. 그 표적은 큰 주목을 받을 수밖에 없었다. 게다가 공생해방군은 허스트 가문으로부터 몸값을 충분히 받아내 가난한 사람들에게 기부하면 혁명공동체 내에서 로빈 후드와 같은 위상을 얻을 수 있을 거라고 생각했다.

○

패트리샤 허스트가 설명했듯이, 납치는 믿을 수 없을 정도로 잔인했다. 납치를 당해 트렁크 안에서 울고 있자, 집단의 두목('신크')이 협박하며, "입 닥쳐, 개년아, 안 그러면 대갈통을 날려버릴 거야"라고 말했다.[6] 공생해방군이 숨어 있던 첫 번째 아파트에 도착하자 포승줄로 묶고 재갈을 물리고 눈을 가리고는 벽장 안에 내던져버렸다. 그녀는 거의 2개월 동안 벽장 안에 방치되었다.

> 나는 완충재를 댄 벽장 안에 처박혔다. 그들이 나를 죽일 것 같았다. 나는 '신(Cin)'이 민중들의 공동의 적이라고 불렀던 랜돌프 A. 허스트의 딸이기 때문에 '체포'되었다는 말을 들었다. … 나는 바깥세계와 완전히 단절됐다. … 감금된 지 사흘째 되는 날부터 매시간 심문이 시작되었다. … 나는 납치범들이 우리 가족을 '민중의 적'이라 하는 말에 동의하도

242

록 교육을 받았는데, 차츰 눈치 채고 납치범들이 원하는 대
답을 했다. … [나는] 몸이 약해지고 열이 나고 우울해지고
점점 더 혼란스러웠다. 죽을 것만 같았다. 내가 벽장에 있는
동안 윌리엄 울프(William Wolfe)와 도널드 드프리즈[공생해방
군의 조직원인 쿠조(Cujo)와 신크]가 나를 강간했다.[7]

패트리샤가 "화장실을 가고 싶다"며 벽장에서 내보내 달라고 요구
하자, 공생해방군은 그녀를 특권의식에 절은 상속녀라고 조롱했다.
신크가 대답했다. "저 여자 좀 봐, 화려하고 고상한 체하는 숙녀, 진짜
마리 앙투아네트야. 야, 오줌 마려우면 '나 오줌 마려워' 하고 말해.
똥이 마려우면, '나 똥마려워' 하고 말해."[8]

허스트는 나중에 공생해방군 조직원인 빌 해리스(Bill Harris)와 에밀
리 해리스(Emily Harris)가 가장 무서웠다고 말했다. 빌은 불같이 성을
내며 자기를 때렸고 에밀리는 무서울 정도로 헌신적인 공생해방군의
이념가라고 주장했다. 허스트에 따르면, 에밀리 해리스는 은행을 털
던 중에 한 손님을 살해하고도 그걸 대수롭지 않게 생각했다. "오, 그
여자는 죽었지만, 별일 아냐. 어쨌든 그 여자는 부르주아 돼지였잖아.
그 여자 남편은 의사라고." 비참하게도 허스트는 결국 경찰에 체포되
기 전까지는 해리스 부부와 가장 많은 시간을 보낼 운명이었다. 허스
트는 자신을 끊임없이 공격하는 빌 해리스를 좋게 볼 수는 없었다. 빌
은 이렇게 말했다. "제발 그만 징징거려. 대체 뭐가 문제야? … 이 빌

어먹을 부르주아 개년아!"[9]

　일부 공생해방군 조직원들은 때로 허스트가 화장실에 가도록 벽장에서 꺼내주기도 하고, 공황 상태에 빠졌을 때는 "제발 진정해, 거긴 그냥 벽장일 뿐이야"라고 말하며 친절을 베풀기도 했다.[10] 이윽고 패트리샤는 집단에 적응했다. 그녀는 납치범들이 하는 모든 말에 수긍하며 잘 따라주면 납치범들이 더 친절하게 대하고 벽장에서 내보내 줄 것이라고 생각했다.[11]

　허스트가 인질로 잡혀있는 동안 공생해방군은 그녀의 목소리가 담긴 다양한 테이프와 성명을 공개했다. 첫 번째 테이프는 납치된 지 나흘 만에 공개되었다. 아주 간단한 내용이었다. 겁에 질린 듯한 목소리로 몸값을 지불하고 자신을 구해달라고 부모에게 애원하면서 자신이 "지배계급 가족의 일원이기 때문에" 붙잡혀 있다고 진술하는 메시지였다.[12]

　납치범들은 허스트 가족에게 캘리포니아의 가난한 사람들에게 수백만 달러 상당의 식량을 배급해 줄 것을 요구했다. 몸값의 액수와 식량 배급 방법을 놓고 협상이 벌어졌고 우여곡절 끝에 타결되었다.[13] 마침내 식량 배급이 시작되자 대혼란이 일어났다. 사람들은 트럭을 습격했고, 어떤 사람들은 배급 트럭에서 던져진 냉동 칠면조 고기에 맞아 부상을 입기도 했다.

　이후 패트리샤가 녹음한 후속 테이프는 마치 선동적인 혁명 성명 대본을 읽는 것처럼 들렸다. 분노에 찬 목소리로 '억압받는 인민에게 자유를' 하고 외쳤고, 자기 가족을 "돼지 허스트"라고 불렀으며, 자신을 "인민군 병사"라고 칭했다.

납치된 지 8주 후, 공생해방군은 그녀에게 집단에 합류하거나 떠날 수 있는 선택권을 주었다. 신크가 그녀에게 말했다. "넌 사람들이 농장에서 키우는 애완용 닭과 같아. 일요일 저녁 식사거리로 닭을 죽일 때가 되면, 아무도 죽이고 싶지 않아 하지. … 너도 알다시피, 우리는 너를 좋아하게 됐어. 그러니 굳이 널 죽일 필요가 없다면, 죽이고 싶지 않아. 잘 생각해봐."[14]

패트리샤는 집단에 합류하고 이름을 타니아(Tania)로 바꿨다. 2주 후, 일당이 샌프란시스코의 하이버니아 은행을 털 때, 타니아는 은행의 감시 카메라에 포착되었다.

점점 더 과격해지던 패트리샤 허스트로부터 더 많은 테이프가 날아왔다. 부모는 딸이 세뇌당해서 그렇게 말하고 행동했을 것이라고 생각했지만, 패트리샤는 이후 몇 달 동안 자신이 세뇌당했다는 걸 강하게 부인하면서 반박했다.

법무장관은 허스트가 자발적으로 범죄집단에 가담했기 때문에 다른 은행 강도들과 마찬가지로 반드시 추적 체포해야 할 범죄자라고 논평했다. 사정이 이렇다 보니, 스톡홀름의 인질들과 마찬가지로 허스트는 충분한 나름의 이유로 자신이 납치범과 경찰 중에 어느 쪽을 더 두려워야 해야 할지 의문을 품기 시작했다.

1974년 5월, 로스앤젤레스에 숨어 있던 타니아, 공생해방군 조직

1974년 4월, 하이버니아 은행의 감시 카메라에 찍힌 패트리샤 허스트와 도널드 드프리즈의 모습(FBI의 허가 하에 전재)

원인 빌 해리스와 에밀리 해리스가 멜 스포츠 용품점에 모였다. 빌이 물건을 훔치다가 잡히자, 타니아가 그를 구하기 위해 기관총을 쏘아 댔다. 몇 년 후, 허스트는 당시 일을 회고하며 이렇게 썼다. "나는 본능적으로 행동했다. 그렇게 하도록 훈련받고 학습받았기 때문이다. … 사실 나는 파블로프의 침 흘리는 개처럼 본능적으로 행동하고 반응하는 법을 학습했다."[15]

타니아와 빌과 에밀리는 상점의 물건을 훔친 후 로스앤젤레스의 은신처에 숨어 있던 나머지 공생해방군 조직원에 합류하지 않고 디즈니랜드에 숨어 지냈다. 이튿날 로스앤젤레스 경찰과 최후의 총격전 끝에 다른 공생해방군 조직원 6명이 사망하고 소각되었다.

타니아와 해리스 부부는 18개월 동안 자취를 감추고 미국 동해안을 이동하며 그들의 이야기를 세상에 알리고 싶어 했던 한 작가와 함께 작업했다. 타니아는 처음에는 공생해방군을 신뢰하지 않았지만, 시간이 흐르면서 이들의 목적에 공감하기 시작했다고 털어놓았다. 그녀는 자신이 세뇌됐다는 주장을 "개소리"라고 비난하고는, 세뇌는 다른 게 아니라 "학교 시스템에서 시작되는 과정으로 … 사람들이 지배계급의 노예로서 사회에서 수동적으로 자기 자리를 받아들이도록 조건화되는 과정"이 바로 세뇌라고 말했다.[16]

공생해방군 일당은 결국 미국 서부 해안으로 돌아와 몇 명의 새로운 추종자를 끌어들이고 더 많은 범죄를 저질렀다. 그들은 로버트 맥나마라(Robert McNamara) 전 국방장관과 물리학자 에드워드 텔러(Edward Teller)를 암살할 계획이었지만 실행에 옮기지는 못했다. 하지만 뱅크오브아메리카 오클랜드 지점, 캘리포니아대학교 산타크루즈 캠퍼스 건물, 마린 카운티 시민센터, 그리고 여러 대의 경찰차를 폭파했다. 또한 새크라멘토 근처에서 또 한 차례 은행 강도를 벌여 임신한 여성을 살해했다.[17]

1975년 9월 18일, 마침내 패트리샤가 체포되었다. 수감 당시 그녀는 자신의 직업을 "도시 게릴라"라고 밝히며 "민중에게 권력을"을 의미하는 신호로 주먹을 들어 올렸다. 담당 간수는 패트리샤와 그녀의 절친 트리쉬 토빈(Trish Tobin) 사이에 오간 대화를 비밀리에 녹음했는데, 이 대화에서 패트리샤는 재판 시에 공개됐을 때 자신에게 해를

FBI 국장 클라렌스 켈리(Clarence Kelley)가 서명한 공생해방군 조직원 윌리엄 해리스, 에밀리 해리스, 패트리샤 허스트의 수배전단(FBI의 허가 하에 전재)

끼칠 불리한 진술을 한다.

> 허스트: 내가 석방될 수 있다는 걸 알기 전까지는 어떤 진술
> 도 하지 않을 거야. 그런 다음 성명을 발표할 거야. … 그것
> 은 음, 완전히 혁명적인 페미니스트의 관점일 거야. 그리고
> 음, 너도 알다시피 내가 말하고자 하는 건, 내 정치관이 예
> 전과는 완전히 다르다는 거야.
> 토빈: 그래.
> 허스트: (웃음) 분명 그렇지. … 그래서 이건 변론의 관점에서
> 보면 내게 온갖 문제를 일으켜. 그리고, 어 … 그게 정말 열
> 받게 해. … 내가 여기서 나가면 네가 믿지도 못할 온갖 이
> 야기를 해줄 수 있을 거야. (웃음)[18]

허스트의 납치를 둘러싸고 너무 많은 상반된 이야기가 난무해 마치 〈라쇼몽〉처럼 진실을 파악하기가 어렵다. 무사태평한 상속녀에서 납치피해자, 갱단원, 그리고 은행 강도로 전락한 일련의 사건들을 간략하게 되짚어보는 것이 이해에 도움이 될 것이다.

◯

패트리샤는 빌 해리스와 에밀리 해리스가 자신을 지배하고 위협했

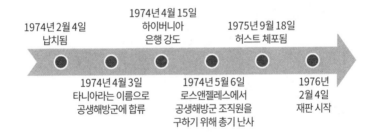

1974년 2월 4일
납치됨

1974년 4월 15일
하이버니아
은행 강도

1975년 9월 18일
허스트 체포됨

1974년 4월 3일
타니아라는 이름으로
공생해방군에 합류

1974년 5월 6일
로스앤젤레스에서
공생해방군 조직원을
구하기 위해 총기 난사

1976년
2월 4일
재판 시작

패트리사 허스트 사건일지

다고 주장했다. 그녀는 이들 부부가 자신을 쫓아와 결국 죽일 것이기 때문에 절대 도망칠 수 없었다고 말했다. 게다가 그녀는 자수하려고 하면 FBI가 자신을 죽일 것이라고 생각했다.

결국 체포되었을 때 패트리샤와 에밀리 해리스는 인접한 감방에 수감되었다. 패트리샤는 에밀리를 무서워했기 때문에 에밀리가 자신의 말을 엿들을 수도 있다고 생각해서 과격한 발언을 할 수밖에 없었다고 주장했다. 패트리샤는 공생해방군에 납치된 이후로 협박을 받았다고 진술한 진술서에 서명한 후, 에밀리 해리스가 "내가 옳았어. 진작 널 죽였어야 했는데"라고 적인 쪽지를 감방에서 자신에게 건넸다고 말했다.[19]

한 법률해설가의 보고에 따르면, 빌 해리스는 이런 주장의 많은 부분을 반박하며, 자신은 결코 패트리샤를 협박한 적이 없고 오히려 납치 초기에도 안심시키고 위로하려 힘썼다고 주장했다.[20] 또한 신크가 패트리샤를 강간했다는 주장도 부정했다. 결국 납치 혐의로 재판을 받았을 때, 빌 해리스와 에밀리 해리스는 신체적인 상해를 입었다는 허스트의 주장을 부인했다. 이들은 허스트의 주장은 자신들의 뜻에 반하는 일방적인 말일 뿐이라며 일축했다.[21] 빌 해리스와 에밀리 해리스는 긴 인터뷰를 통해 패트리샤의 감금에 대한 자신들의 입장을 밝혔다.

질문: 인질과 어떻게 소통할지와 관련해 조직원들 사이에 이견이나 논의가 있었나요?

대답: 그녀가 보안상 문제를 일으키지 않도록 그녀를 진정시키고 위로하자고 했어요.

질문: 그녀의 전언은 어떤 식으로든 편집되었나요?

대답: 네, 편집했어요. 우리는 진술의 강도를 누그러뜨려야 했어요. 그녀의 진술은 처음에는 너무 셌습니다. … 우리는 아무도 그녀가 하는 말을 믿지 않을까 봐 걱정했습니다. 우리는 타니아가 그런 사람일 거라고는 전혀 예상하지 못했습니다. … 우리는 그녀가 전형적인 부르주아, 스칼렛 오하라, 진정 야비한 사람일 거라고 기대하며 착각하고 있었습니다.[22]

에밀리 해리스도 벽장에는 카펫이 깔려 있었고, 때때로 패트리샤를 밖으로 내보내 주었다고 말하면서, 패트리샤의 감금 상태가 열악하고 심각했다는 것을 부정했다. 그녀는 또한 부상을 입었다는 패트리샤의 주장을 비웃으며, 납치 과정에서 가벼운 찰과상만 입었을 뿐이라고 주장했다. 해리스는 보호관찰관에게 이렇게 말했다. "납치피해자로 붙잡혀 있는 동안 어떤 식으로든 위해를 입거나 학대를 당하지 않았어요. 물론 공포와 불안감은 있었을 겁니다. … [하지만 우리는] 그녀에게 편의를 보장해주려고 했어요. 우리는 해칠 의도가 없다며 그녀를 안심시켰어요."[23]

허스트와 공생해방군 조직원인 윌리엄 울프(일명 쿠조)의 관계에 대한 보고들은 일관성이 없었다. 해리스 부부는 패트리샤가 울프에게 강간당하기는커녕, 오히려 그에게 성적으로 매력을 느껴 쫓아다녔다고 주장했다. 허스트와 울프의 관계는 재판에서 중요한 쟁점이 되었다. 쿠조는 허스트에게 값싼 작은 멕시코 조각상 목걸이를 주었는데, 조직원들과 함께 있는 동안 찍은 사진 속에는 그 목걸이를 걸친 그녀의 모습이 보였다. 체포되었을 때는 지갑 안에 조각상을 간직하고 있었다. 만약 울프에게 강간당하고 그를 혐오했다면, 허스트는 왜 그에게서 받은 이 사랑의 징표를 지니고 있었을까? 게다가 로스앤젤레스에서 벌어진 공생해방군의 총격전 중에 울프가 죽자, 허스트는 그를 "내가 아는 가장 품위 있고 가장 아름다운 남자"라고 칭했다. "우린 서로를 너무나 사랑했다. … 쿠조도 나도 우리가 서로를 사랑한 것만큼 지금껏 한 개인을 사랑한 적이 없었다. 우리가 서로를 그토록 사랑했던 것은 아마도 우리의 관계가 부르주아적 가치, 태도, 목표 위에서 만들어진 것이 아니기 때문일 것이다. 우리 관계의 토대는 투쟁에 대한 헌신과 민중에 대한 사랑이었다."[24]

나중에 허스트는 에밀리 해리스가 쓴 대본을 읽었을 뿐이며, 자신에게 준 조각상이 귀한 것이라는 울프의 말을 순진하게 믿었기 때문에 간직하고 있었다고 말했다. 정신과 검사와 재판을 받는 동안 허스트와 울프의 관계와 관련해 선정적 관심이 쏟아졌다. 한 정신과 의사는 공격적인 질문을 던져 그녀를 눈물짓게 했다. "어떻게 유혹했는지 말해 봐요. 당신이 그자에게 키스했어요? 그자는 포경수술을 했던가요? … 당신의 연인에 대해 말해 봐요."[25]

패트리샤의 전 약혼자인 스티븐 위드는 그녀의 급진화를 이해하기 위해 프랑스 마르크스주의 철학자 레지스 드브레(Regis Debray)에게 패트리샤의 새로운 급진적 신념에 대해 자문을 구하는 등 많은 노력을 기울였다. 한때 체 게바라의 동지였던 드브레는 패트리샤의 모든 성명서를 검토한 뒤 이렇게 결론을 내렸다. "두 달 만에 혁명가가 될 수 있는 사람은 없습니다. 이는 정치적인 것이기보다는 종교적인 측면이 더 강합니다." 그녀의 행동 변화는 종교적인 개종에 더 가까울까? 위드는 이렇게 말했다. "허스트가 공화당에 '입당'하듯이 공생해방군에 '합류'했다고 보는 것은 어리석은 생각이지만 … 그녀의 발언을 들어보니 단순히 목숨을 잃을까 봐 두려워서 하이버니아 은행 강도에 동참했다는 게 믿기지 않았어요. '그 사이에 뭔가'가 있습니다. … 살아남기 위해 어떻게든 순응하려고 했던 것 같아요."[26]

재판 기록을 검토할 때는 재판이 변증법적 투쟁이라는 사실을 기억하는 것이 중요하다. 배심원의 평결에서 끄집어낼 수 있는 진실이 있다면, 그것은 기존 법률, 검찰과 변호인의 주장, 제시된 증거, 판사의 지침, 배심원 심의 등이 교차하는 지점에서 찾을 수 있다. 허스트의 재판은 놀라울 정도로 다채롭고 명료한 주인공들이 등장하고 있기 때문에 세뇌 변호에 관한 법적 쟁점은 수십 년이 지난 지금도 생생하게 남아 있다.

살인, 과실치사, 정당방위 살인 등 죄의 경중이 있는 살인과 달리 연방법에는 은행 강도죄의 경우 경중이 없다. "예금을 하려다가 우연히 실수로 은행을 털었다"고 주장하기는 어렵다. 또한, 은행이 아무리 야비한 짓을 하더라도, "은행을 털어야 한다"는 주장은 그다지 설득력이 없다. 마찬가지로, 충동 범죄 대 계획 범죄의 정도는 형량에 영향을 미칠 수는 있지만, 판결에는 영향을 미치지 않는다.

은행 강도 혐의에 대한 변론이 될 수 있는 한 가지 영역이 있다. 누군가 은행을 털지 않으면 죽이겠고 협박했다면, 이 극단적 협박이 형을 감경할 수 있을 것이다. 허스트의 재판에서 판사는 그와 같은 협박이 직접적이고 개인적인 것이어야 한다는 점을 강조했다. 모호하고 불명료한 협박은 면책 사유가 되지 않는다. 따라서 누군가로부터 "내 말을 믿어야 할 거야, 언제든 당신이 예상하지 못하는 순간에 당신이

나 당신 가족을 쫓아갈 거야"라고 협박을 받았다면, 협박죄에 해당하지 않는다. 협박하는 사람이 한다면 하는 사람이고 마피아나 기타 폭력범죄 조직과 관련이 있는 사람이라고 해도 판사의 지침에 따르면 협박으로 인정되지 않았다.

공생해방군 조직원들은 허스트에게 자신들이 아일랜드, 푸에르토리코, 필리핀에 부대를 둔 거대한 테러조직의 일원이라고 말했다. 이들은 자신들의 살인적인 폭력성을 분명히 보여주었다. 허스트는 공생해방군이 자신이나 가족을 쫓아올 거라고 확신했기 때문에 수개월 동안 그 집단과 함께하면서도 자수하지 않았다고 주장했다. 실제로 긴 재판 기간 동안 사악한 급진주의 단체들의 공개적 위협이 끊이지 않았고, 허스트 가족에게 다른 공생해방군 조직원들의 법적 변호를 위한 자금을 지원하라는 요구들도 계속되었다. 산 시메온에 있는 허스트 성과 다른 허스트 가문의 저택에 대한 보복 폭격도 있었다. 신세계해방 전선(New World Liberation Front)이라는 베일에 싸인 급진 지하 조직은 법원을 폭파하겠다고 위협했고 판사, 검사, 여러 증인을 죽이겠다고 협박했다. 판사가 배심원들에게 내린 지침에 따르면, 이 중 어느 것도 "협박"으로 간주되지 않았다. 랜돌프 허스트는 격분하여 이렇게 말했다. "이 사람들, 정말 미친놈들이야."[27]

많은 사람들이 허스트의 변론을 맡은 화려한 경력의 변호사 F. 리 베일리(F. Lee Bailey)를 비난하면서, 그가 양형 거래를 할 수 있었을 텐데 불필요하게 징역형을 받게 했다고 주장했다. 사람들은 베일리가 재판에서 자신의 책을 홍보하기 위해 재판을 길게 끌었다면서, 이는 이해충돌이라고 주장했다. 하지만 사람들은 무엇보다도 허스트를 증언대에 세우기로 한 베일리의 결정을 비판한다. 허스트의 전 변호사 빈센트 할리넌(Vincent Hallinan)도 베일리의 변호를 맹비난했다. "그 어떤 불운, 과실, 어리석음, 멍청함도 이 재판을 이처럼 엉망진창으로 만들 수는 없다."[28] 유죄 선고 몇 년 후, 허스트는 베일리로부터 제대로 된 변호를 받지 못했다고 주장하며 항소했지만 기각되고 말았다.

패트리샤는 납치와 테러에 대해 감동적으로 증언했지만, 증언대에 앉자마자 하이버니아 강도 사건 이후의 활동에 관해 수많은 질문이 쏟아졌다. 또 어떤 범죄를 저질렀나? 왜 도망치지 않았나? 이와 같은 질문에 허스트는 자신의 증언이 다른 범죄에 연루되거나 자신이나 가족에게 위험을 초래할까 우려해 무려 42번이나 답변을 거부했다. 난처한 상황이었다. 공생해방군과 함께 벌인 다른 범죄에 대한 진술을 거부하면서 어떻게 협박을 주장할 수 있고, 왜 도망치지 않았는지 설명할 수 있을까?

베일리는 재판 내내 적극적이고 열정적으로 변호했다. 그는 1975년 9월 26일 허스트와의 첫 만남을 회상하면서, 그녀를 마치 부분 마취를 한 사람처럼 더듬거리며 무표정하게 말하는 작은 체구의 감정이 없는 사람처럼 묘사했다. 베일리는 "지체장애가 있거나 정신 능력이 손상된 사람이 아닐까" 하는 의구심이 들었다고 말했다.[29]

반대편에는 수석 검사인 제임스 브라우닝(James Browning)과 그의 보좌관 데이비드 뱅크로프트(David Bancroft)가 있었다. 브라우닝의 발언은 대단히 인상적이었다.

> 신사숙녀 여러분, 피고의 모든 증언은 신빙성이 없으니 배척해주시기 바랍니다. 피고는 자기가 녹화테이프 상에서 한 말이 진심이 아니었다고 믿어달라고 합니다. 문서에 쓴 내용은 진심이 아니었다고 합니다. 체포된 이후에 주먹을 불끈 쥐고 거수경례를 할 때도 진심이 아니었다고 합니다. 산마테오 카운티 부보안관에게 자신이 도시 게릴라라고 말한 것도 진심이 아니었다고 합니다. … 피고는 토빈과 대화를 나누었던 자신이 진짜 패트리샤 허스트가 아니었다고 말합니다. 멜 스포츠 용품점 총격 사건은 단순히 반사적 반응이었나 봅니다. … 피고는 19개월 동안 전국을 종횡무진 누비면서도 두려움에 사로잡혀 도망칠 수 없었나 봅니다. 윌리 울프는 견딜 수 없이 싫었지만 체포되는 날까지 그가 준 돌조각상을 지니고 다녔습니다. 신사숙녀 여러분, 이는 곧이곧대로 받아들이기 힘든 주장입니다. 절대 믿을 수 없는 주장입니다.[30]

패트리샤 허스트가 하이버니아 은행 강도 사건에 가담한 사실은 의심의 여지가 없었다. 문제는 왜 가담했을까, 아니 좀 더 정확하게 말해 그녀의 "의도"가 무엇이었을까 하는 점이었다. 이를 밝히기 위해 검사 측과 피고 측은 모두 광범위한 정신의학적 증언에 매달렸다. 실제로 재판의 절반은 검찰과 변호인 양측이 소환한 전문가들의 증언으로 채워졌다.

온갖 난관에도 불구하고 베일리는 세뇌에서 만큼은 준비를 철저히 했다. 그는 네 명의 전문가 증인을 찾아냈다. 처음에는 영국의 정신의학자 (파블로프, 약물, 한국전쟁, 프랭크 올슨, 이웬 캐머런 등 세뇌 관련 문제가 거론될 때마다 등장하는 인물인) 윌리엄 사건트를 증인으로 세우는 것을 고려했지만, 아무래도 사건트의 증언으로는 미국 배심원들을 설득시키기에는 부족할 것이라는 판단을 내린 것 같다. 또한 사건트는 재판이 시작되기 전부터 TV 인터뷰를 하고, 허스트와의 인터뷰에 관한 사설을 신문에 기고하는 등 여기저기서 무분별한 행보를 보였다. 〈타임스〉에 기고한 글에서 사건트는 이렇게 썼다. "내 생각에 패티 허스트가 '세뇌당했다'는 것은 의심의 여지가 없어 보인다. … 그와 같은 뜻을 지닌 다른 어떤 표현을 쓸 수도 있겠지만. … 지난 전쟁은 정상인이 무너져내리기까지 견딜 수 있는 긴장과 스트레스의 최대 기간이 대략 30일임을 보여주었다. 그 기간이 지나면 피암시성 상태가 높아졌다. … 지칠 대로 지친 토끼가 결국엔 몸을 돌려 족제비의 아가리로 뛰어들 듯이, 한 개인의 행동과 생각은 평소와는 정반대로 돌변한다."[31]

사건트는 허스트와의 첫 만남을 이렇게 묘사했다. "나는 겁에 질린 채 그녀와 헤어졌다. 지금 그녀는 애처로운 지경이다. 마치 전쟁터에서 막 돌아온 사람 같다." 그는 파블로프를 떠올리며 지속적인 압박에 시달리면, 신경계가 모순적인 뇌 활동을 보일 수 있다고 논평했다.[32] 다른 한편으로 사건트는 자신이 재판에서 증언했더라면 허스트가 세뇌되었다기보다는 전향했다(converted)는 사실을 강조했을 것이라고 말했다.[33]

베일리는 사건트 대신 미군과 함께 세뇌 문제를 광범위하게 연구한 미국 정신의학자 세 명과 심리학자 한 명을 선택했다. 모두 저명한 학자들로, MK울트라와 LSD 시대에서 마지막으로 살펴본 바 있는 UCLA의 정신의학과 학과장 졸리 웨스트, 저명한 중국의 세뇌 기술 학자인 예일대 교수 로버트 리프턴, (MK울트라의 지원을 받기도 한) 최면과 기만에 대한 연구로 유명한 펜실베이니아 대학교 교수 마틴 오른(Martin Orne), 그리고 심리검사와 화법의 특징을 전문으로 연구하는 버클리 대학교의 심리학자 마거릿 싱어(Margaret Singer)였다.

싱어는 허스트가 체포됐을 당시, 심리검사를 해보니 IQ가 과거에 비해 20점 이상이나 떨어져 있을 정도로 심각한 장애를 보였다고 지적했다. 또한 허스트의 말과 글의 특성을 분석하고는 허스트가 공생해방군 시절에 발표한 많은 성명과 공개한 녹화테이프 내용이 과거의 글쓰기 스타일과 완전히 다르다고 증언했다. 검찰은 허스트가 실제보다 더 심한 문제가 있는 것처럼 보이게 하기 위해 피고 측이 심리검사를 조작했다는 의혹을 제기했다. 또한 검찰은 허스트가 적어도 인질

생활 초기에 공생해방군 납치범들로부터 무엇을 말해야 할지 지시를 받았기 때문에 납치범들의 글쓰기 스타일을 모방하기 시작했을 거라고 주장했다.

허스트의 심리적 장애 문제는 예상했던 것처럼 재판을 받을 만한 능력이 있는지의 여부를 놓고 논쟁하는 쪽으로 진행되지는 않았다. 오히려, 변호인은 허스트의 장애 정도가 인질로 있는 동안에 받았던 가혹한 취급의 지체 효과(lingering effect)*를 증명해 준다고 주장했다. 이 점에 대해 명쾌히 진술하지는 않았지만, 변호인은 그와 같은 가혹한 취급으로 인해 범죄단체에 협력하는 결정을 할 수밖에 없었다고 암시적으로 말했다.

졸리 웨스트는 한국전쟁 당시 벌어진 세뇌와 강압적 설득의 전체상을 훌륭히 그려낸 사람이었다. 웨스트는 '세뇌'라는 단어를 피할 것을 권고했다. 왜냐하면 '세뇌'는 "납치범이 인질에게 미치는 영향력을 설명하는 일종의 만능열쇠가 되었지만, 과학적·의학적 관점에서 볼 때는 그다지 정확한 용어가 아니기 때문이다."[34] 웨스트는 한국전쟁에 관한 연구에서 포로가 (자신이 "DDD"라 명명한) 쇠약(debility), 의존성(dependency), 두려움(dread)의 상태에 있을 때 쉽게 영향을 받는 현상을 관찰했다고 지적했다. 포로가 영양실조, 수면 박탈, 의료 문제로 매우 지치면 쇠약해지기 마련이다. 일상생활의 모든 사소한 일(화장실

● 이미 해결된 일이 후에도 영향을 미치는 현상.

가기, 일어서기, 걷기)을 해결하는 데 감시자에게 의존할 수밖에 없을 때, 포로는 자신을 잡고 있는 자에 대한 극단적인 의존성이 생긴다. 마지막으로, 포로가 끊임없이 죽음의 위협을 받을 때 두려움이 뒤따른다.

웨스트는 허스트의 DDD 경험을 한국과 중국의 포로수용소에서 포로들이 처했던 상황과 비교했다. 포로수용소에서 풀려났을 때, 포로들은 흔히 무감각, 우울감, 불안감, 그리고 두려움을 느낀다고 보고했다. 허스트가 체포되었을 때도 비슷한 증상을 보였다는 이야기였다. 또한 한국의 포로수용소에서 탈출을 시도한 포로는 거의 없었다고 지적하면서, 허스트가 탈출을 시도하지 않은 것은 DDD 때문이라고 말했다. 법정에서 내놓은 설득력 있는 추론이었다.

웨스트는 전쟁 포로들이 해리장애, 즉 엄청난 스트레스에 대한 반응으로 기억과 감정의 일부가 분리되는 해리 현상을 겪을 수 있다고 보고했다. 허스트는 타니아라는 인물로 변신하면서, "훨씬 더 해리를 겪을 기회를, 과거의 패트리샤 허스트와 가족에 대한 감정을 마음속에서 지워버리고 과거로부터 자신을 최대한 단절하고 … 그리고 하루하루 배워야 할 것들을 배우는 것이다. 이는 견딜 수 없는 생각은 생각하지 않도록 하는 일종의 심리적 방호복을 입는 것과 같았다."[35]

웨스트의 증언이 강한 반향을 일으키며 검찰 측 논리에 타격을 입히자 검사가 맹렬히 반격했다. 검사는 법의학적인 연구 경험이 그리 많지 않다는 점을 인정한 웨스트의 말을 걸고넘어지며 상아탑 학자라고 비난했다. 웨스트가 전쟁 포로들을 수도 없이 경험한 건 맞지만,

시대에 뒤떨어진 것이어서 더는 유의미하지 않다는 이야기였다. 검사는 공격을 이어갔다. 일부 미군 장교들이 중국으로 망명했으나 그중에서 중국군에 합류해 실제로 미국을 공격한 사례가 있었을까? 그와 같은 사례가 없는데, 웨스트는 어떻게 패트리샤의 은행 강도 가담을 세뇌 탓으로 돌릴 수 있을까?

검찰은 자신의 모든 발언을 뒷받침하는 증거를 대라며 웨스트를 끊임없이 압박했다. 이를테면, 검사는 벽장 안에서 라디오 소리를 들을 수 있었는데 어떻게 허스트가 감각 고립을 겪었다고 말할 수 있는지 물었다. 검사는 허스트가 무슨 말을 하든 웨스트가 세뇌라는 선입견에 끼워 맞추었다고 주장했다. 허스트가 어떤 증상을 보고하면 그 말을 곧이곧대로 믿었고, 어떤 증상을 부인하면 해리 상태라고 생각한다며, 웨스트의 진단이 너무 단정적이어서 어떤 증거가 나와도 반박할 수 없다는 말이었다.

게다가 웨스트는 자신의 역할을 혼동하고 있었다. 웨스트는 전문가 입장에서 허스트를 객관적으로 평가하고 있었을까, 아니면 허스트의 치료자처럼 행동하고 있었을까? 웨스트는 무심결에 허스트에게 증상을 어떻게 표현해야 할지 알려줌으로써, 그녀가 끊임없는 협박을 받고 있었다는 방어 논리를 강화한 것 아닐까?

검사는 웨스트가 패트리샤의 부모에게 편지를 보내 딸이 공생해방군의 인질로 잡혀 있더라도 희망을 잃지 말아야 하며, 적절한 치료를 받으면 회복될 것이라고 말했던 사실을 언급하며, 그가 문제를 미리 예단했다고 주장했다. 웨스트는 패트리샤를 진찰하기도 전에 어떻게 상태를 알 수 있었을까? 또한 검사는 웨스트가 허스트 가족과 친밀한 관계를 유지하고 있었으며(허스트 가족과 식사를 한 적이 있었다), 캘리포니아 대학교 교수인 그가 같은 대학교의 이사였던 캐서린 허스트(패트리샤의 어머니)에게 어떻게든 신세를 졌다고 주장했다.

마틴 오른은 허스트가 진실을 이야기한다고 생각하는 이유에 대해 논의했다. 오른은 거짓말을 탐지하는 자신의 연구를 바탕으로 증언했는데, 다소 이해하기 힘든 주장으로 검찰이 반박하는 데 많은 시간이 걸리지는 않았다. 졸리 웨스트와 마찬가지로 오른은 허스트가 가병자(假病者)처럼 동정을 얻고자 증상을 부풀리려 하지 않았기 때문에 자신이 공생해방군으로부터 어떤 취급을 받았는지에 대해서 진실을 말하고 있다고 믿었다.

또한 오른은 허스트가 트라우마로 인해 해리장애를 앓고 있는 게 분명하다고 주장했다. 해리장애로 인해 은행 강도 사건 당시의 일을 기억하지 못하거나 정신적 혼란 상태에 있었다는 것이다. 게다가 '타니아'로서 허스트는 중국에서 고립된 포로들처럼 역할 연기를 하고 있다고 보았다. 오른은 이와 같은 역할 연기가 현실이 될 수 있다고 증언했다. "제 생각에는 그녀가 역할극에서 벗어날 기회가 없었기 때문에 역할을 계속 되풀이했을 거라고 생각합니다. … 우리도 가끔은 역할극을 합니다. … 상사를 싫어하는 사람은 상사를 좋아하는 역할극을 할 수 있습니다. 하지만 집에 와서는 자기 아내에게 자신이 정말 어떻게 느끼는지 말할 수 있을 것입니다. … 여러분이 누군가를 완전히 고립시키고 죽음의 위협에서 어떤 역할을 하게 만들고 … 그가 자신을 입증해줄 수 있는 누구와도 접촉하지 못하게 한다면, 그 역할은 점점 더 현실이 될 것입니다."[36]

검사는 허스트가 체포됐을 때 했던 많은 진술—예컨대, 잡히자 "화가 치밀었다"고 한 말과 자신은 이미 급진적인 페미니스트이자 도시 게릴라가 됐다고 한 말—을 반복적으로 언급하면서 논박했다. 오른은 그 말이 사실이 아니라고 어떻게 확신할 수 있었을까? 어쩌면 그냥 마음을 바꿔서 상황을 다르게 본 것 아닐까? 허스트에게 생긴 일을 설명하기 위해서 왜 굳이 '해리'와 같은 장애를 소환해야 했을까?

허스트가 역할극에 익숙해졌기 때문에 이 모든 일을 했다고 주장하는 것은 자의적 해석 아닐까? 어쨌든 허스트는 이렇게 쓴 적이 있었다. "게릴라 전사가 되기 위해 고군분투하기로 한 내 결정이 상식 밖의 결정은 아니었다. 어떤 사람들이 나를 가리켜 언급한 돌발적 전향은 사실상 현상지에 사진이 현상되는 것과 흡사한 진화 과정이다. … 이후에 할 일은 현상지를 현상액 용기에 넣기만 하면 된다. 그러면 사진이 나온다."[37]

이에 대해 오른은 허스트가 평소 말하거나 쓰는 방식이 아니라며, 다른 사람이 쓴 것이 틀림없다고 지적했다. 검사는 이전에 마거릿 싱어가 했던 증언의 판박이와도 같은 오른의 주장을 비웃었다. 오른은 정부가 실제로 언어 내용 분석에 매우 관심을 보였으며 그 분야에 대

한 광범위한 연구에 자금을 지원했다며 검사의 주장을 반박했다.[38]

오른과 웨스트가 계속해서 '해리'를 언급하자, 검찰은 해리에 대해 정의해 줄 것을 요구했다. 해리는 사고, 감각, 기억, 심지어 때로는 정체성 자체의 정상적인 연속성이 깨지는 것을 의미한다. 우리는 모두 매일 어느 정도 해리를 겪는다. 차를 몰고 출근할 때, 특별히 주목할 만한 일이 아니라면 순간순간 마주하는 것을 대부분 의식하지 못하거나 기억하지 못한다. 좋은 영화를 보거나 콘서트를 관람할 때는 "우리 자신을 잃을" 수도 있다. 그러나 때로는 이러한 해리가 너무 심해서 문제가 되기도 한다. 범죄자들은 종종 자신들이 저지른 범죄의 세부적인 내용을 기억할 수 없다고 호소하는데, 이것이 꼭 심문을 회피하려고 하는 것만은 아니다.[39] 허스트는 공생해방군과 함께 있는 동안 고립감을 느끼거나 안갯속에 있는 기분이었다고 반복해서 진술하면서, 납치되었을 동안 비현실적인 경험을 했다고 말했다. 변호인은 이러한 불안이 트라우마와 학대 경험에서 흔히 나타나는 증상이며, 트라우마와 관련된 해리를 반영한다고 주장했다. 검찰 측은 이에 대해 말도 안 되는 소리라며 일축했다.

1970년대 정신의학의 표준 참고도서인 『정신질환의 진단 및 통계편람(Diagnostic and Statistical Manual of Mental Disorders; DSM)』에는 세뇌로 인한 장애와 관련한 항목이 없었다. 가장 최근 판인 『정신질환의 진단 및 통계편람 5판』에서는 트라우마 관련 증상을 "기타 특정 해리성 장애"라는 범주에 포함하고 이렇게 설명한다. "장기간의 강한 강압적 설득으로 인한 정체성 장애: 강한 강압적 설득(예컨대, 세뇌, 사상 개조, 포로 상태에서의 교화, 고문 … 여러 종파·사이비종교 또는 테러 단체에 의한 신규 회원모집)을 받은 개인은 자신의 정체성에서 지속적 변화가 나타나거나 정체성에 의식적으로 의문을 가질 수 있다."[40] 만일 『정신질환의 진단 및 통계편람 5판』이 출판된 이후에 허스트가 재판을 받았다면, 방금 언급한 내용이 논점으로 분명히 제시됐을 테지만 『정신질환의 진단 및 통계편람 5판』은 40년 뒤에야 출판되었다.

마지막 피고 측 전문가인 로버트 리프턴은 중공군한테 사상 개조를 당했던 포로들을 상대로 한 자신의 초기 연구의 방대한 개요를 제시했다. 그는 중공군이 이용한 광범위한 집단 심문과 자백은 사고와 행동을 변화시키는 강력한 수단이었다고 지적했다. 리프턴은 포로가 죄의식을 느낄 때 사상 개조가 용이하다는 점을 강조하며, 공생해방군이 허스트의 배경을 신랄하게 비판했던 고통스러운 시기를 언급했다. 리프턴에 따르면, 중국에 억류된 포로는 심문관이 자신에게서 무엇을 원하는지 알아내려고 필사적으로 매달렸다. 어떤 말이나 자백을 해도 충분하지 않았기 때문에 포로는 심문관이 최종적으로 자신의 말을 받아들일 때까지 자백을 앞뒤가 맞게 정교하게 꾸며내야 했다.

리프턴은 사람들의 생각을 무너뜨리는 것은 비교적 쉬운 일이지만, 새로운 신념을 갖도록 전향시키는 것은 훨씬 더 어렵다는 것을 인정하면서 답변에 신중을 기했다. 그는 의존성에 관한 웨스트의 논의를 확대해, 한국과 중국에서 포로들은 매일매일 생존 자체를 걱정했다고 지적했다. 뭐가 됐든 간에 감시자들의 관용은 포로에게 크게 다가오기 때문에 이를 통해 포로를 훨씬 더 쉽게 조종할 수 있었다. 리프턴은 허스트가 하이버니아 은행 강도에 가담하고 로스앤젤레스에서 기관총을 난사한 행위는 "납치 상황과 벽장에서 경험한 그녀의 원초적 공포"를 반영한다고 주장했다. 그는 이렇게 말했다. "바로 이 초기에 경험한 원초적 공포를 이해하지 못한다면, 이 젊은 여성에게 무슨 일이 일어났는지 이해할 수 없다."[41]

리프턴은 법정에서 한국 내 포로들과 중공군의 사상 개조 희생자들이 송환된 이후 무척 혼란스러워하는 일이 빈번했다고 말했다. 풀려난 이후로 처음 며칠 동안, 자신들을 억류했던 적군들이 했던 말들을 앵무새처럼 반복하는 행위는 드문 일이 아니었다. 이 증언은 허스트가 체포됐을 당시에 급진주의적인 진술을 쏟아냈던 이유를 일부 설명해주었다.

이 증언으로 검찰 측이 불리한 방향으로 흘러가자 검찰은 리프턴의 피험자 중 한 사람—세뇌 당했다기보다는 자신을 납치한 자들이 들려준 말을 진심으로 믿게 됐다고 말한 피험자—의 말을 인용하면서 리프턴에게 사람들이 세뇌 당했다는 걸 증명해보라며 받아쳤다. 검사는 주관성과 공감의 중요성을 강조한 리프턴의 논문에 대해 이의를 제기하면서 형사 책임을 판단하는 데 경험이 부족하다고 지적했다.

검사는 또한 리프턴이 연구한 사상 개조 대상자들 대부분이 중공군에게 잡혀 2년 이상 수감 생활을 했던 반면에 허스트는 벽장에 갇힌 기간이 2개월밖에 안 된다고 주장했다. 검찰은 허스트의 행동에 대한 리프턴의 설명이 복잡하기 짝이 없으며, 가장 단순하고 논리적인 설명은 허스트가 모든 다양한 범죄에 자발적으로 가담했다는 것이라고 주장했다.

리프턴이 반박에 나섰다. "[검사의] … 설명이 옳다면 세 가지가 반드시 사실이어야 하지만, 저는 그중 어느 것도 사실일 가능성이 없다고 생각합니다. 그 세 가지는 다음과 같습니다. 첫째 이 젊은 여성이 외상성 신경증에 관한 전문적 지식이 있어 이를 가장하거나 모방할 수 있었다는 것인데, 이 점이 매우 의심스럽습니다. 둘째, 강압적 설득의 주요 특징들에 대해서도 마찬가지로 체계적인 지식이 있었다는 것인데, 이 역시 매우 의심스럽습니다. 셋째, 정밀하고 객관적인 연구 결과가 나오는 심리검사를 속일 수 있는 전문지식도 있다는 이야기인데, 이 또한 매우 의심스럽습니다."[42]

피고 측 정신의학 전문가들에게는 다른 공통점이 하나 더 있었다. 이들은 법의학적 문제에만 머무르지 않고, 허스트를 옹호하면서 법원이 그녀의 범죄 행위가 엄청난 스트레스에 노출된 결과라는 점을 이해하도록 돕는 역할을 맡았다. 이들의 증언에 따르면 허스트가 타니아가 된 것은 폭력적인 납치 그리고 협박에 따른 결과였다. 협박에 못 이겨 행동했고 강압적으로 설득당했기 때문에 불법 행위에 책임질 필요가 없다는 이야기였다. 본질적으로, 이들은 책임과 징벌보다는 허스트에 대한 변호와 연민에 중점을 두었다.

검찰 측 정신과 전문의 두 명은 변호인 측 전문가와는 배경과 기질 면에서 판이하게 달랐다. 검찰 측 전문가 둘은 심각한 트라우마, 외상 후 스트레스장애, 혹은 세뇌에 관한 전문가는 아니었지만, 폭넓은 법의학적인 경험을 가지고 있었다. 검찰 측 정신의학자들은 세상을 흑백으로 바라보았고 훨씬 더 단순한 어휘를 썼다. 이들은 개인적 특성은 차치하고, 매우 제한적인 상황을 제외하면 사람들은 자신이 내린 결정에 책임이 있다는 믿음을 분명히 밝혔다. 이들은 세뇌 개념을 조롱하고, 허스트가 18개월 동안 협박당했다는 주장을 일축하면서 도망칠 기회가 많았지만 그 길을 선택하지 않았을 뿐이라는 점을 강조했다.

샌프란시스코에서 온 조엘 포트(Joel Fort)는 정신과 전문의였으나 자신을 "사회 및 건강문제 전문가"라고 칭했다. 그가 재판에 앞서 배포한 보도 자료는 다소 과장된 측면이 없지 않지만, 몇 가지 좋은 지적도 했다. 포트는 법의학적 경험이 거의 없는 학계의 정신의학자들은 법정에 제시할 것이 많지 않다면서, 법의학 전문가는 중립적이어야 하며 '피고'와 '환자'를 혼동해서는 안 된다고 주장했다.[43] 법정에서 포트는 세뇌라는 개념이 근거가 없고 모호해 보인다고 말했다. 하지만 피고 측 변호사는 다른 사건에서 포트가 피고 측을 위해 증언했을 때는 정확히 세뇌라는 개념을 사용했다고 밝혀 체면을 구겼다.

검사는 포트에게 허스트가 법을 준수할 능력이나 은행 강도 가담의 불법성을 인지할 능력에 영향을 미치는 정신질환이나 장애가 있는지 물었다. 포트는 없다고 대답했다.[44] 그는 종교적 개종, 집단 압력, 납치 등 태도의 변화에 영향을 줄 수 있는 요인들을 신중하게 고려했다고 밝혔다. 또한 납치되기 이전의 허스트의 성격과 공생해방군 조직원들의 배경 및 태도를 근거로 판단을 내렸다. 포트의 결론은 간단했다. "그녀는 목숨이 두려워서 은행 강도 행각을 벌인 게 아닙니다. 자발적인 공생해방군 조직원으로서 강도 행각을 벌인 겁니다."[45]

포트는 '강압적인 설득'과 '사상 개조'와 같은 용어는 유용하지만 모호하다며, 이건 단순히 태도 변화로 보면 된다고 생각했다. 허스트는 공생해방군의 영향을 받아 전향한 것일 뿐이며, 인생에서 가장 취약한 시기에 나쁜 패거리와 어울리게 되면서, 공생해방군의 일부 조직원들과 강한 유대감을 형성하고 심지어는 그들에게 애정을 느끼기까지 했다는 것이다. 그뿐만 아니라 허스트는 전 세계 미디어의 관심을 받는 것에도 쾌감을 느꼈다고 말했다. "제가 연구한 결과에 의하면 … 그녀는 매우 독립적이고 의지가 강하고 반항적이며 영리했다. 고등 교육을 받았지만 특별히 지적인 성향의 [사람은] 아니었다. [그녀는] 자신이 동의하지 않는 법은 위반해야 한다고 생각하는 도덕관념이 없는 사람이었다."[46]

포트는 FBI의 총에 맞을 것이라고 생각했다는 허스트의 우려를 일축하고, 두 달 동안 감금되어 있던 벽장이 그리 나쁘지는 않았다고 논평했다. 또한 수면 박탈을 겪었다는 증거를 찾지 못했고, 세뇌당했다는 주장을 단번에 물리칠 수 있는 여러 사례를 타니아의 성명서에서 찾을 수 있다고 지적했다.

포트는 자신의 증언에 대해 매우 확신에 차 있었다. 이에 대해 피고 측은 포트의 이력서에 있는 수많은 내용들이 잘못 기재된 것이라고 지적했다. 거짓말을 밥 먹듯 했다며 꼬집어 말하지는 않았지만, 그런 인상을 심어준 건 사실이었다. 포트는 실제보다 더 많은 법의학적 경력이 있다고 주장했다. 쓰지도 않은 자신의 책을 계속 언급했다. 전문의 자격이 없었고, 이런저런 온갖 경력도 불분명했다. 또한, 변호인은 포트가 정신과 레지던트로 일할 때 지도교수가 정신과 치료를 하지 말라고 조언할 정도로 부적격한 사람으로 판단한 보고서를 폭로했다. 대체로 피고 측은 포트를 상당히 부도덕한 인물로 묘사했다. 하지만 그렇다고 해서 포트가 패트리샤 허스트에 대해서 한 말이 오류였음을 입증한 것으로 볼 수 있을까?

보스턴의 정신의학자 해리 코졸(Harry Kozol)은 형사법상 위험한 성범죄자들을 진단하고 치료하는 센터를 운영했다. 조엘 포트와 달리 코졸은 환자를 치료하기도 했던 법의학 정신의학자였으며 임상적으로도 상당한 경험이 있었다. 그는 정신의학에 대한 적대감이 없었고, 피고 측 정신의학자들을 매우 존중했다. 그뿐만 아니라 법적 소송에서 자신을 속이려는 환자들을 상대한 경험도 있었다. 증인석에서 코졸은 넘치는 자신감으로 짜증날 정도로 장황하게 증언을 늘어놓았으나 결국 핵심을 짚었고 여러 질문에 답했다.

코졸의 허스트와의 의사소통에는 뭔가 색다르고 까다로운 점이 있었다. 코졸은 에둘러서 여러 질문을 던지며 마음을 안정시킨 다음 화제의 중심이 되고 있던 주제들을 본격적으로 거론하려고 했지만, 그녀는 거듭 눈물을 흘리며 답변을 거부했다.

법정에서는 허스트를 반복적으로 "이 여자"라고 불렀는데, 허스트는 코졸의 깔보는 듯한 태도에 불쾌감을 느꼈다. 코졸은 허스트가 자유의지에 따라 공생해방군과 함께 행동했다고 주장했다. 어떻게 이런 일이 벌어졌을까? 패트리샤는 납치되기 전 자신의 삶에 점점 더 환멸을 느꼈고, 진절머리가 났다.

이 여자는 실망하고 좌절했습니다. 대단히 품위 있고 매우 자존심이 강한 여자 ⋯ 그러나 납치당한 이 여자는 괴롭고 화나고 혼란에 빠진 사람이었습니다. ⋯ 권위에, 권력에, 위선에 화가 나 있고, [약혼자]에게 화가 나 있었습니다. 따라서 어떤 의미에선 갈 곳 없는 상황에서 이 여자는 차를 얻어 탄 것이라고 볼 수 있습니다.
이 여자는 반항아였습니다. 살아오면서 겪은 수많은 경험의 미묘한 상호작용에서 발전한 것이 무엇이든 ⋯ 그녀는 딱 따기 좋을 만큼 무르익은 상태였습니다. ⋯ 마음이 확고한 상태도 아니었지만, 그렇다고 해서 마음이 남에게 쉽게 휘둘릴 만한 상태도 아니었다고 봅니다. 뭔가 할 준비가 되어 있었고 명분을 찾는 반항아였습니다. ⋯ 그리고 그 명분이

그녀를 찾아왔습니다. 어떤 의미에서 명분에 의해 납치된 것입니다. 끔찍하고 끔찍한 불행이었습니다.[47]

코졸은 허스트의 급격한 행동 변화를 추적했고 그녀가 납치된 이후에 공개된 일련의 녹음테이프를 면밀히 조사했다. 다른 전문가들과 마찬가지로 그는 허스트가 직접 쓴 글이 아닌 초기의 선전 성명에서 느껴지는 두려움에 주목했다. 그러고는 그녀가 진술했듯이, 4월 3일에 "그들의 조직에 합류하고" 4월 15일에 은행 강도에 가담하기 전까지 구출되지 못하는 상황에서 분노가 점점 커져갔다고 설명했다. 코졸은 이렇게 말했다. "저는 그녀가 공생해방군의 영적인 자매였다고 생각합니다. … 그녀는 준비가 되어 있었습니다. … [납치] 되기 전부터 오랜 기간 준비를 하고 있었습니다."[48]

코졸은 매우 인상적인 참고인이었다. 피고 측은 허스트의 성생활에 대해 능글맞게 캐묻는 비열한 노인으로 코졸을 묘사하려 했다. 또한 피고 측은 코졸이 허스트의 불행한 가정생활을 들춰내는 온갖 진술을 했음에도 관련 정보를 전혀 얻지 못했을 뿐만 아니라 허스트 가족과 인터뷰조차 하지 않았다는 사실을 지적했다. 베일리는 패트리샤가 분노와 환멸에 사로잡히는 '성향' 때문에 인질 상황에서 굴복했다고 생각한 코졸을 공격했다.

베일리: 박사님, 이 말을 누가 한 것인지 알면 말해 보세요.

"내 저항력은 점차 약해졌다. 무감각과 무관심이 커졌다. 참과 거짓, 현실과 비현실 사이의 경계가 점점 더 희미해져 가는 듯했다. … 이 상황에서 벗어날 길이 이젠 없다는 확신만 남았다. 흔들리는 내 신경계는 마음의 저항을 무력하게 하고, 기억을 무디게 만들고, 자신감을 잃게 하고, 의지를 꺾어버렸다."

베일리: 누가 이렇게 말했는지 아시겠어요?

코졸이 누가 한 말인지 모르겠다고 말하자, 베일리는 보란 듯이 이 글은 민첸티 추기경이 쓴 것이라고 밝히며, 헝가리에서 추기경도 속박 상황에서 굴복하고 말았으니, 이 사례에서도 코졸은 어떤 '성향'을 발견하지 않았겠느냐며 넌지시 비판했다.[49]

피고 측은 코졸의 청렴성을 문제 삼으며 전직 동료를 소환해 증언대에 세웠다. 코졸의 동료는 코졸의 허스트에 대한 평가는 객관성이 떨어진다고 주장했다. 심지어 패트리샤를 인터뷰하기 몇 달 전 코졸은 허스트 가족에 대해 이렇게 묘사했다고 말했다. "(그자들은) 부패한 역겨운 사람들이야. … 내가 패트리샤와 같은 집안에서 자랐다면 자넨 그녀가 무엇에 반항하고 있는지 이해했을 거야. 그 집안사람들은 다 돼지야."[50] 베일리는 코졸의 진단을 "끔찍한 심문"으로 묘사했다. "그는 진단을 위해 파견된 정신의학자나 의사라기보다 심문관에 가까웠습니다."[51]

재판이 종결되고 몇 년이 지난 뒤에 쓴 회고록에서 리프턴은 재판이 끊임없이 적대적 양상이었다고 지적하면서, 검찰 측 정신의학자들이 시치미를 뚝 떼고 "허스트가 부모에 대한 강한 반항에서 자발적으로 공생해방군에 가담했다고, 그녀는 '명분을 추구한 반항아'였다"고 주장한 것에 대단히 충격을 받았다고 썼다. 리프턴은 검사와 변호인 모두를 비난하며 이렇게 덧붙였다. "로버트 R. 브라우닝(Robert R. Browning)은 젊고, 성격이 너저분하며, 법률가로서 유능하고, 정치적으로 야심 가득한 자였다. 미국에서 가장 유명한 형사전문 변호사였던 베일리는 매우 똑똑했지만 사기꾼 기질이 있었다. 그는 점심에 마티니를 너무 많이 마셨고, 라스베이거스에서 열었던 법률 세미나와 재판을 병행하면서 사이를 왔다 갔다 한 것으로 밝혀졌다."[52]

올리버 카터(Oliver Carter) 판사는 검사와 변호사를 단호하고 정중하게 대하면서도 종종 유머로 긴장된 분위기를 누그러뜨렸다. 판사는 자신의 판결을 세심하게 설명하고 배심원들에게 명확한 방향을 제시했다. 카터는 재판을 빨리 종결짓고자 했지만, 2개월이 더 걸렸고, 재판 기록은 수천 페이지에 달했다. 카터는 최종 지침에서 배심원단에게 다음과 같은 사실을 상기시켰다.

인간의 정신이 어떻게 작동하는지 면밀히 조사할 방법은 없습니다. 주변 상황을 살펴 피고의 의도를 추론할 수 있을 뿐입니다. 여러분은 피고가 공표하고 밝힌 진술이나 빼먹은 진술은 물론이고 그녀의 심리 상태를 나타내는 기타 모든 사실과 상황을 고려할 수 있습니다. … 의도와 동기를 절대 혼동해서는 안 됩니다. 동기는 한 개인으로 하여금 행동하거나 행동하지 않도록 유도하는 것입니다. 의도는 행위를 하거나 하지 않는 심리 상태를 가리킵니다. … 선한 동기만으로는 범죄로 간주되는 행위를 하거나 하지 않는 경우 결코 면책될 수 없습니다. … 기소된 범죄에 대한 법적인 변명으로 강압이나 협박이 제시될 수 있습니다. [그러나] 강요는 죽음의 위협이나 심각한 신체 상해에 대해 근거가 충분한 두려움을 유발할 수 있을 정도로 즉각적이고 직접적인 성격이어야 합니다. 이는 범죄를 저지르지 않고서는 강요를 피할 수 있는 합리적인 기회가 없는 경우입니다.[53]

브라우닝 검사는 마무리 발언을 정신적인 의도, 정신의학적 견해, 허스트의 진실성 문제에 초점을 맞췄다. 그는 배심원단에게 이렇게 상기시켰다. "우리는 그들의 머리 뚜껑을 비틀어 열고 머릿속을 들여다보며 '바로 저것이 1974년 4월 15일(하이버니아 강도 사건 발생 일)의 의도였구나'라고 말할 수 없습니다." 그리고는 피고의 증언은 자의적이고 신뢰할 수 없지만 다른 자료로부터 사실을 추론해낼 수 있다고 말했다. 예를 들어, 로스앤젤레스에서 허스트가 보인 행동(공생해방군 동료들의 탈출을 돕기 위해서 총기를 난사한 행위)은 그녀가 공생해방군과 함께 일했음을 시사한다는 것이었다. 당시 허스트는 차 안에 완전히 혼자 있었기에 탈출할 수도 있었다. 게다가 다른 공생해방군 조직원들이 자고 있는 동안 숙소에서 경비를 설 때도 많았다.[54]

브라우닝은 피고 측 전략을 협박성 방어로 규정하고 심리적 강압에 관한 모든 이야기는 "협박이 통하지 않으면 다른 무언가가 통할 것이라는 희망으로 변호인에 의해 주입된 것"이라고 말했다. 그는 변호인 측 정신의학자들은 법의학에 대한 경험이 없고 기본적으로 패트리샤의 말을 곧이곧대로 받아들이는 미숙한 학자라고 폄하했다. 마지막으로 브라우닝은 허스트가 한 진술이 부정확하고 허위진술이 많다는 점, 허스트가 공생해방군에게 고통스럽게 시달렸고, 두려움을 느꼈다고 반복적으로 주장하면서도 "젠장 성질나게도" 체포됐다고 말한 사실을 배심원들에게 상기시켰다.[55]

피고 측 변호사 베일리는 최후진술에서 배심원들에게 납치 피해자는 납치범에게 협력할 때만 생존할 수 있으며, 허스트가 도주하는 동안 FBI로부터 협박을 받았다는 점을 상기시켰다. 베일리는 재판의 맥을 다시 짚으려고 했다. "이것은 은행 강도 사건이 아닙니다. ⋯ 죽느냐 살아남느냐에 관한 사건입니다. 패트리샤 캠벨 허스트의 머릿속은 오로지 그 생각뿐입니다. ⋯ 정치적 동기도 어떠한 활동 이력도 없던 어린 소녀가 집에서 난폭하게 납치되었고, 개머리판에 옆얼굴을 얻어맞고 정치범으로 끌려갔습니다. ⋯ 여러분은 [그녀가 은행을 털었는지 여부]에 대답하기 위해서 이곳에 있는 것이 아닙니다. ⋯ 여기서 여러분에게 답을 요구하는 질문은 왜일까 하는 것입니다. 여러분도 그 상황에서라면 살아남기 위해서 같은 행동을 하지 않았을까요? 그녀는 중죄를 범하지 않기 위해서 죽어야 했을까요?"[56]

놀랍게도 짧은 심의를 거친 후에 배심원단은 패트리샤 허스트에게 유죄를 선고했다. 배심원들로서 쉬운 결정은 아니었다. 일부 배심원은 심의 과정의 스트레스 때문에 울음을 터뜨렸고 심지어 토하기도 했다. 재판이 길어지면서, 배심원들은 몇 달 동안 격리 신세로 지냈다. "우리 모두는 납치 사건 때문에 그녀가 결백하다고 믿고 싶었습니다. … 그리고 그녀가 처음 증인석에 섰을 때, 모두 그녀를 측은하게 생각했어요."[57]

배심원들은 패트리샤가 자신이 체포된 것에 얼마나 화가 났는지를 보여주는 트리쉬 토빈의 테이프 녹음 기록을 회상했다. 윌리엄 울프가 준 원숭이 부적 조각에 대한 증언이 나오면서 그녀에 대한 신뢰성은 무너지고 말았다. 울프가 죽은 지 몇 달이 지났는데도 그 작은 사랑의 징표를 몸에 지니고 있었는데 그를 가리켜 경멸하는 강간범이라고 한 그녀의 말을 배심원들이 어떻게 믿을 수 있겠는가?

배심원단은 허스트가 녹음한 성명을 듣고는 강압에 의해 공생해방군에 합류했기보다는 전향했다고 결론을 내렸다. 허스트가 미국 수정헌법 제5조*를 들어가며 거듭 불리한 증언을 거부하자 많은 배

● 자기에게 불리한 증언의 거부, 자유, 재산권의 보장 등이 규정된 미국의 헌법 조항.

심원들은 그녀가 진실을 말하지 않는다고 생각했다. 몇 달 동안 탈출을 시도하지 않은 채 감금되어 있었다는 주장은 사실로 들리지 않았다. 반면 배심원 심의를 제외한 재판 과정 전체를 지켜본 예비 배심원은 "납치범들에게 납치되지 않았다면, 허스트가 그 은행에 있을 이유가 없었기" 때문에, 자신이라면 허스트에게 절대 유죄 판결을 내리지 않았을 것이라고 말했다.[58]

패트리샤 허스트는 징역 7년을 선고받았다. 세상은 이 사건에서 어두운 설득이 갖는 의미를 고려할 준비가 되어 있지 않았고, 허스트를 특권의식을 가진 상속녀, 기득권층의 자식, 지나치게 관대한 환경에서 자란 사람이라는 비난을 가했다. 그럼에도 불구하고 상원의원 하야카와, 로널드 레이건(Ronald Reagan), 체사르 차베스(Cesar Chavez) 등과 같은 특별한 정계 인물들을 비롯한 많은 사람들이 그녀의 석방을 지지했다. 허스트의 지역구 하원의원 레오 라이언(Leo Ryan)은 가장 큰 지지자들 중 한 명이었다. 그는 존스타운으로 떠나기 직전 수감 중인 그녀에게 편지를 써 이렇게 말했다. "가이아나로 떠납니다. 돌아오면 봐요. 꿋꿋이 버티세요."[59] 하지만 레오 의원은 결국 돌아오지 못했다.

존스타운과의 연관성은 다른 사람들에게도 충격을 주었다. 제프리 토빈(Jeffrey Toobin)이 예리하게 관찰한 바와 같이, 1978년 존스타운의 살인 사건은 세뇌가 결국 엉터리 개념이 아닐 수도 있다는 회의론적 세계관을 여실히 보여주었다.[60] 허스트를 옹호했던 존 웨인(John Wayne)은 허스트의 경험과 존스타운을 논리적으로 연결하며 이렇게 설명했다. "미국인들은 한 사람이 900명에 이르는 사람들을 집단 자살하도록 세뇌할 수 있다는 사실을 곧바로 수긍하면서도 무자비한 집단인 공생해방군이 어린 소녀 하나를 고문, 수모, 감금 등의 방법을 이용해서 세뇌할 수 있다는 사실을 인정하지 않는 것을 보면 정말 이상하다."[61]

카터 대통령이 허스트에 대한 사면을 고려하고 있을 때, 놀랍게도 많은 지지자들이 대통령에게 로비를 벌였다. 실제로 1979년 1월 마지막 한 주 동안 카터 대통령에게 온 서한 중 허스트의 사면 문제는 중동에 대한 대통령의 입장과 인플레이션 대처 프로그램에 대한 지지를 앞질러 일곱 번째로 많이 언급되었다. 허스트 사면 문제는 이후 한 달 동안 상위 10위 내에 머물러 있었다.[62]

패트리샤를 지지하는 다양한 유력 인물들과 강압적 설득을 수용하는 새로운 시대정신 덕분에 카터 대통령은 1979년에 형량을 감형했고, 허스트는 22개월을 복역한 후에 석방됐다. 미국 법무부는 허스트 사건의 특수성 때문에 형량 감형을 지지했다.[63] 즉, 법무부조차도 형량 선고 시에 고려해야 할 정상 참작 요인으로 세뇌를 인정한 것이다. 하지만 세뇌가 그녀에게 면죄부를 줄 수 있을까?

몇 년 후, 많은 사람들은 클린턴 대통령에게 허스트를 사면해 달라고, 즉 그녀의 죄를 면제해달라고 로비를 벌였다. 이를테면 은퇴한 캘리포니아 주의 웨스트코비나 시장은 편지에서 이렇게 말했다. "그녀는 자신의 의지에 반해 납치되어 벽장에 갇힌 채 광신적인 설득술을 계속 들어야 했습니다. 저는 망가지고 지칠 대로 지쳐서 고통을 덜기 위해서라면 무슨 말이든 할 사람처럼 보였던 그녀의 힘없고 맥없는 목소리를 생생히 기억합니다. … [그녀는] 무도한 은행 강도가 아닌 폭행당한 가엾은 젊은 여성이었습니다. 저는 그녀가 처했던 상황을 따져볼 때, 유죄를 선고한 것은 정의의 오판이었다고 믿습니다."[64]

법무부는 사면을 강력히 반대했다. 법무부의 입장에서 카터 대통령이 허스트의 형량을 감형한 건 수용할 만했다. 하지만 소급해서 무죄로 선고하는 것은 받아들일 수 없었다. 당시 미국 연방검사였던 로버트 S. 뮬러 3세(Robert S. Mueller III)는 허스트의 사면 요청에 대해 "납치 이후 사건을 거짓으로 자기에게 유리하게 자꾸 꾸며대고, 하이버니아 은행 강도 범행에 자발적으로 가담하지 않았다는 입증되지 않은 주장을 반복한다"고 말하며 사면을 강력히 반대했다. 그는 법무부에 허스트가 하이버니아에서 한 행동이 비정상적이지 않다는 점을 상기시켰다. 또한 허스트는 멜 스포츠 용품점의 점원에게 총을 쏘았고, 도주하는 중에 청년을 납치했으며, 1년 후에는 동료가 임신한 여성을 살해한 강도 사건에 가담했으며, 샌프란시스코에서 발생한 각종 폭탄 테러 사건에 연루되었다고 언급했다.[65]

2001년 클린턴은 퇴임을 몇 시간 앞두고, 허스트를 사면했다.

이 사건의 우여곡절을 감안할 때, 패트리샤 허스트는 세뇌당한 것일까, 아니면 나쁜 무리와 어울려 나쁜 선택을 했던 것일까?

1년 사이에 스톡홀름 은행 강도 사건과 하이버니아 은행 강도 사건이 일어났다. 범죄자들은 인질을 비교적 짧은 기간 동안 감금시키고도 쉽게 설득하여 자신들을 지지하도록 만들 수 있음을 보여주었다. 이 사례들에서 보인 강압적인 설득은 인질들에게 치명적인 해를 입히지 않았다. 강압적 설득이 치명적인 결과를 초래할 수 있다는 걸 보여준 것은 종교집단들이었다.

제10장

인민사원의 집단 자살

악마도 자기 목적을 위해선 성경 구절을 들먹거려.
사악한 영혼이 성스러운 증거를 내놓는 건
악당이 낯짝에 미소 짓는 것과 같아.
윌리엄 셰익스피어, 『베니스의 상인』

우리는 자살하지 않았다. 우리는 무자비한 세계에
저항하는 혁명적인 자살 행동을 감행했다.
짐 존스, 1978

1979년 11월 19일, 나는 짐 존스나 존스타운에 대해 들어본 적도 없었고, 유감스럽게도 가이아나가 어디에 있는지도 잘 몰랐다. 나는 워싱턴에서 피곤한 회의를 막 끝낸 상태였고, 너무 바쁜 나머지 신문을 읽지도 못했지만, 워싱턴은 국기들의 도시였기에 공항으로 가는 택시 안에서 모든 국기가 조기로 게양된 광경을 보게 됐다. 운전사에게 무슨 일이냐고 물었더니, 레오 라이언 하원의원을 비롯한 다른 사람들이 라틴 아메리카의 정글에서 저격당했다고 말했다. 라이언 하원의원에 대해 들은 것도 그때가 처음이었다.

11월 18일 오후 5시 25분, 가이아나의 포트 카이투마 비행장에서 라이언 하원의원과 다른 네 사람이 살해당했고 열한 명이 부상을 입었다. 그날 저녁 존스타운에서 909명의 인민사원 신도들이 "혁명적 자살" 행동으로 사망했고 다른 5명의 신도는 가이아나의 수도에서 사망했다.[1] 당시 존스타운 신도 87명이 살아남았는데, 사건 당일 존스타운에 없었거나 라이언 하원 일행과 함께 존스타운을 나왔거나 주변 정글로 피신한 덕분이었다.[2]

이 사람들은 대체 어떤 사람들이었고, 어떻게 설득되었기에 자신을 죽이고 아이들을 죽인 것일까? 어떻게 교회가 이런 끔찍한 행동에 개입할 수 있었을까? 이것은 세뇌의 변종일까? 회의를 마치고 집으로 돌아오는 길에 이런 질문들이 머릿속에서 맴돌았다.

○

1950년대 인디애나폴리스에서 사역을 시작한 짐 존스 목사는 캘리포니아로 이주한 후 교인들을 데리고 가이아나로 가 인민사원을 이끌었다. 존스는 한때 사회정의와 인종차별에 맞서 싸우는 데 헌신했다. 뛰어난 웅변술에 카리스마가 넘쳤고 영리했지만, 이런 장점들은 다른 성격으로 인해 묻혔다. 자만심이 강했고 속임수에 능했으며 병적으로 의심이 많았다. 목사직을 수행하는 내내 얼마나 거짓말을 해댔는지 언제 거짓말을 하고 언제 진실을 말하는지조차 몰랐던 것 같다. 결국 존스는 거의 천여 명의 사람들을 죽음으로 내몰았다. 어떻게 인민사원 신도들은 존스의 파괴적인 영향력에 예속된 것일까?

존스는 여러 개신교 교파에 소속되어 있었지만, 결국에는 신을 부정하고 신도들에게 자신을 우상화하도록 부추기는 열렬한 사회주의자가 되었다. "여러분은 하늘의 신에게 기도했지만 신은 당신의 기도를 들어주지 않았다. 당신은 고통 속에서 구하고 애원하고 간청했지만, 신은 당신에게 어떤 음식도 주지 않았다. 신은 당신에게 잠자리를 준 적도 없고, 집을 마련해 준 적도 없다. 그러나 여러분의 사회주의 노동자 신인 나는 그 모든 것을 여러분에게 주었다. … 나는 자유이기 때문이다. 나는 평화다. 나는 정의다. … '나는 신이다!'"[3]

존스는 자신의 사회적 복음을 수천 명의 사람들에게 전파했다. 교회의 규모가 어느 정도였는지를 추정하기란 쉽지 않다. 한 대변인은 25만 명의 신도가 있었다는 믿기지 않는 주장을 했지만, 캘리포니아에 약 7,500명의 신도가 있었다는 주장이 좀 더 현실적으로 들린다.[4] 모든 신도들은 사회 계급과 인종을 중시하지 않는 교회를 위한 존스의 헌신에 동참했다. 신도들은 동료 신도들의 사회 복지에 헌신하고, 지역사회에서 정치적으로 활동했다. 교회는 음식, 의복, 숙소, 직업 상담, 법률 자문 서비스 등을 제공했고, 노인들을 부양했고 어린 학생들을 교육시켰고, 정식 허가를 받은 요양원을 설립했으며, 요양원 수익으로 교회의 광범위한 사회적 선교 활동을 지원했다.

그 과정에서 존스는 신앙 치유에 손을 댔고, 사기성 암 치료를 연출했으며, 자신이 43명을 부활시켰다고 주장했다.[5] 집회에서 존스의 명령에 따라 얌전히 "죽은" 척하거나 기침을 해대며 "암"에 걸렸다고 떠든 몇몇 신도들이 이 가짜 기적을 선동했다. 오르간 음악과 성가대 찬송가를 들으며 몇 시간 동안 예배를 하고 열정적인 설교를 듣고 나면, 신도들은 황홀한 믿음에 휩싸였다. 심지어 존스타운의 간호사들을 비롯해 많은 사람들이 존스가 기적을 행했다고 진실로 믿었다.[6] 다른 신도들은 가짜 치유를 사실로 받아들이지 않고, 존스가 극적인 연출을 하거나 과장된 행동을 즐긴다는 것을 인정했지만, 의도만큼은 선하다고 믿었다.[7]

신도들은 신약성서 사도행전에 나오는 공동체적 형태의 사도적 사회주의에 헌신했다. 1977년 2월에 했던 한 설교에서 존스는 이렇게 말했다. "우리는 모두 늘 오순절처럼 모든 것을 공유하고 함께 나누며 살아갑니다. 만약 누군가는 수중에 50달러뿐이고 다른 누군가는 400달러를 번다면, 우리는 사도의 날에 교회에서 계시한 대로 함께 나눕니다."[8]

바로 이날 설교와 훗날의 설교를 들어보면 존스는 정부가 가난한 사람들을 수용할 강제수용소를 준비하고 있다는 두려움에 빠져들었음을 알 수 있다. 역설적이게도 1973년 여름, 존스는 설교를 통해 미국 정부가 뇌수술과 약물을 이용한 정신 통제 실험을 하고 있다고 신도들에게 경고하면서 이는 아프리카계 미국인을 노예로 만들 것이라고 말했다. 설교의 내용은 이렇다. "그들은 모든 종류의 자동로봇을 만들어내려 하고 있어요. … 그자들은 뇌 안에 모니터링 장치를 장착하고 중앙 사무실에서 자동로봇들에게 신호를 보내거나 자동로봇들의 행동에 대한 신호를 중계할 겁니다."[9]

1962년 점점 더 핵전쟁에 대한 두려움을 느꼈던 존스는 캘리포니아주 유키아 근처의 작은 마을인 레드우드 밸리가 미국에서 비교적 안전한 장소 중 하나라고 결론지었다. 존스와 인디애나폴리스의 일부 추종자들이 그곳으로 이주했다. 교회가 번성하면서 변화를 원하는 젊고 이상주의적이며 교육을 받은 백인뿐만 아니라 노인, 가난한 아프리카계 미국인을 비롯한 다양한 사람들을 끌어 모았다. 존스는 오순절 교회파 신자부터 유니테리언교도, 무신론자, 전과자, 마약 중독자, 캘리포니아 빈민가 주민, 심지어 노벨상 수상자의 후손에 이르기까지 온갖 종류의 추종자들을 거느리게 됐다.

인민사원은 레드우드 밸리에 투자하여 부동산을 구입하고, 푸드 트럭 영업을 시작했으며 인근 포도주 양조장에 포도를 판매했다. 인민사원 신도들이 집단 가정에서 함께 모여 사는 동안, 많은 신도들은 여러 카운티 복지 사무소에서 일하며, 사회 복지 혜택을 받을 수 있도록 사람들을 도왔다. 이들은 인디애나폴리스에서처럼 노인 요양시설과 아동 위탁 가정, 정신장애가 있는 성인을 위한 목장을 마련했다. 이 모든 사업은 교회를 지원하는 데 필요한 수입을 창출했고, 교회가 성장해가면서 점점 더 많은 사람들―가난한 사람들과 재산을 몽땅 잃은 사람들, 전문직 종사자, 교사, 변호사, 공무원, 노동자, 전과자 등―을 끌어들였다.

교회는 지역 보수 정치인들과 연합하여 지역사회에 잘 적응하는 것처럼 보였지만, 다양한 인종의 신도들을 꺼렸던 지역 주민들과는 갈등을 빚었다. 인디애나폴리스에서 신도들을 괴롭혔던 사건과 유사

1976년, 인민사원에서 예배 중에 설교를 하고 있는 짐 존스(제공: 캘리포니아 역사학회, 인민사원 출판부 기록물, MS 3791; 캘리포니아 역사학회)

한 교회를 향한 의문의 '공격'(예를 들어, 숲속에서 일어난 총격)이 발생하기 시작했다. 당시 인디애나폴리스 인권위원회 위원이었던 존스는 많은 위협을 받고 있다고 보고했지만, 다른 위원들은 그와 같은 위협이 전혀 없었다.[10] 이러한 공격 중 몇 가지는 외부의 공격에 맞서 공동체의 응집력을 키우고자 존스 자신이 연출한 것이었다. 이는 인디애나폴리스, 캘리포니아, 가이아나에서 그가 사용한 수법이었다.

오래전부터 그리고 짐 존스 사건 이후에도 사람들은 자신의 정치적 신념에 대해서 공감이나 관심 혹은 지지를 얻기 위해서 인종차별적인 메시지를 담아 자신의 집이나 자동차를 파손하는 행위를 해왔다.[11] 따라서 이런 행위가 독창적이라고 할 수는 없었지만, 목사였던 존스는 피해 사칭 행위를 반복적으로 저질렀다. 한번은 가슴에 총을 맞았다고 주장하면서 총알구멍이 뚫린 피 묻은 셔츠를 가리키며 쓰러졌다. 하지만 곧 부활하듯이 일어서며 "나는 아직 [죽을] 준비가 되어 있지 않다"고 선언했다. 존스는 새 셔츠로 갈아입고, 총알과 피 묻은 셔츠를 들어 올리고는 자기 몸에 총알구멍도, 피도, 심지어 흠집 하나 없을 정도로 깔끔하게 저절로 치유됐다고 떠벌렸다.[12]

이렇게 위협과 공격 사건이 일어나면서 교회는 초기의 개방적인 모습에서 후퇴하기 시작했다. 모든 방문객을 인민사원에 초대하여 인종을 넘어 서로 교류하고 무료 식사와 기적의 치유 서비스를 즐기라고 선전하던 인디애나폴리스 시절은 지나갔다.[13]

캘리포니아에서는 사기와 폭력을 당했다며 전 신도들이 고발하고 나선 것을 보도하는 신문 기사가 나오기 시작했다. 인민사원은 이러한 보도가 이탈자들과 배교자들이 퍼뜨린 거짓말이라며 완강히 부인했다. 레드우드 밸리에서는 경비원들이 사원 입구를 순찰하고 낯선 사람들을 차단하기 시작했으며 존스는 그림자처럼 따라다니는 경호원들의 보호를 받았다.

인민사원에서 열린 집단적 고해성사와 관련하여 폭력이 있다는 이야기들이 흘러나왔다. 표면적으로는 신도들의 안녕을 위한다는 명분 아래 1960~70년대의 대면 집단(encounter group)을 모델로 만들어진 대결 집단(Confrontation group)은 최대 12시간까지 지속되는 악랄한 파괴적 부흥회로 변질되었다. 신도들은 공동체의 규칙을 위반한 과실과 범죄를 모두 적고 다른 신도들을 밀고하라는 지시를 받았다. 가이아나에서는 자신의 과실에 대해서 공개적으로 질책을 받은 후, 신도들은 사실상 처벌조였던 '학습조'에 배정되었다. 구타와 학습조 배정에도 이견을 굽히지 않으면, '장기 치료실'로 보내져, 다량의 약물을 복용해야 했다.

존스타운이 '학습조'와 '장기 치료실'과 같은 용어를 사용했다는 것은 놀라운 일이 아니다. 이러한 언어 왜곡은 전체주의 체제에서 흔하게 발견된다. 존스타운에 새로 들어온 사람들은 '환영위원회'의 환영을 받았다. 이 환영위원회는 소지품을 검사 및 압수하고, 사람들이 거주 시설로 가져온 우편물이나 인쇄물을 전부 검열하고 여권을 압류하는 사악한 역할을 했다. 또 다른 집단인 '오락위원회'는 예전 신도들을 추적하고, 비열한 수법을 써서 그들을 위협하는 일을 맡았다. '상담위원회'는 신도들의 가정을 방문해 '상담'하는 업무도 했지만, 25퍼센트의 십일조를 집행하고 신도들을 감시하며, 모든 신도의 물건 구입을 승인하는 것과 같은 다른 일들도 담당했다.

인민사원은 비정상적 재정 협약도 강요했다. 신도들은 큰 액수의 십일조를 내는 것에 그치지 않고 인민사원에 아예 위임장을 헌납했다. 신도들이 문서에 서명하고 자신들의 집을 양도하는 대가로 인민사원은 앞으로 신도들을 돌봐주겠다고 약속했다. 이는 일종의 지속적인 보호의 위임이었다.

공동체는 신도들이 존스 이외의 다른 사람과는 깊은 개인적인 애착 관계를 갖지 못하게 했다. 낭만적인 사랑을 이기적이고 자기중심적인 것으로 여겼다. 부모들은 아이들이 공동체에 속해 있기 때문에 아이들과 친밀한 관계를 고집해서는 안 됐다. 함께 살기를 원하는 부부들은 특별위원회로부터 허가를 받아야 했다.

집단 고해 외에도 신도들은 아동을 성추행했고 누군가를 살해하고 시체를 바다에 던져버렸다는 따위의 끔찍한 행위를 시인하는 진술서를 억지로 작성해야 했다. 일부 신도들은 페이지 하단에 "이 페이지의 모든 내용은 내가 아는 한 사실이며 정확합니다"라는 문구를 쓴 빈 문서에 서명하라는 요구를 받았다.[14] 이 문서들은 인민사원의 금고 안에 보관하고 있다가 해당 신도들이 이탈하면, 그들의 명예를 실추시키는 데 이용되었다.

존스와 인민사원에 대한 부정적 언론 보도가 나오자 전 신도들과 신도들을 걱정하던 친척들의 비난이 쏟아졌다. 이에 맞서 인민사원의 편지 쓰기 담당 신도는 잡지와 신문들의 "일방적이고 편향적인 왜곡"에 불만을 표하며 공세를 퍼부었다. 잡지 〈뉴 웨스트(New West)〉는 존스와 인민사원을 비판한 기사를 보도한 이후에 매일 50통의 항의 전화와 70통의 편지를 받았다고 보도했다.[15]

이러한 여러 문제에도 불구하고 인민사원은 로스앤젤레스와 샌프란시스코로 교세를 확장했다. 신도들은 또한 신앙 치유를 수행하고 자신들의 정치적 목적을 지원하기 위해 버스를 타고 미국 전역을 여행했다. 각 버스에는 '호스티스'를 배정해, 다른 사람들이 인민사원 교회에 대해서 좋은 인상을 가질 수 있게 행동하도록 신도들을 엄격히 교육시켰다.[16]

사회적 양심과 인종적 관용을 표방했던 인민사원은 진보 정치인들과 문화계 인사들의 지지를 받았다. 인민사원 교회는 시골 레드우드 밸리에서는 보수적인 대의를 지지했지만 도시 지역에서는 진보적인 대의와 정치적 동맹을 맺고 진보 후보들의 선거를 도왔다. 신도들은 교회의 사회관에 앉아 마치 공장에서 찍어내듯 수백 통의 편지를 한꺼번에 쏟아내며 자신들이 지지하는 사람들과 대의를 위해 로비를 벌였고, 반대하는 인물과 대의를 맹렬히 비난했다. 이들은 마을 곳곳의 우편함에서 편지를 부침으로써 대중 지지를 받고 있다는 환상을 만들어냈다. 인민사원은 좌파의 사랑을 한 몸에 받았는데, 인권 운동가 앤절라 데이비스, 캘리포니아 의원 윌리 브라운, 아메리카 원주민 활동가 데니스 뱅크스 등이 존경을 표했다. 조지 모스콘(George Moscone) 시장은 선거 지원에 대한 감사의 표시로 존스를 샌프란시스코 주택위원회에 임명하면서 이렇게 말했다. "귀하가 우리 지역사회의 영적 건강과 복지에 공헌한 기여는 진정 헤아릴 수 없을 만큼 큽니다. 인민사원이 앞으로도 지금처럼 활기차고 창의적인 리더십을 계속 보여줄 것이라는 기대감에 무척 기운이 납니다."[17]

샌프란시스코 캘리포니아 대학교의 총장인 필립 리(Phillip Lee)와 같은 교육자들은 존스를 칭찬했다. "귀하가 보여준 것처럼 다른 사람들도 많은 관심을 갖고 적극적으로 참여한다면 세상의 많은 문제가 해결될 것입니다." 법 집행기관도 인민사원에 열렬한 찬사를 보냈다. 로스앤젤레스 경찰청장은 이런 글을 남겼다. "인민사원은 우리를 위해 환상적인 일을 해냈습니다. … 우리는 귀하의 노고에 깊은 감사를 드립니다." 인민사원은 언론의 자유를 지원하기 위해 과감하게 기부했고, 언론계에 많은 지원군을 만들었다. 《워싱턴포스트》의 대표인) 캐서린 그레이엄은 이렇게 썼다. "저는 귀하의 교회가 언론의 자유 문제에 그토록 헌신해 온 점에 깊은 감명을 받았습니다." 벨라 앱저그, 론 덜럼스, 필립 버튼, 허버트 험프리 등과 같은 정치인들도 존스와 인민사원에 경의를 표했다.[18]

달리 말하면 존스와 추종자들은 "교회 밖에서" 하레 크리슈나 교단처럼 샛노란 예복을 입거나 통일교처럼 합동결혼식을 치르는 일을 하지 않았다. 그렇다고 블랙 팬서(Black Panthers)●처럼 폭력적인 혁명을 옹호하지도 않았다. 그들은 정치적으로 강력하고 엄격하게 규율된 공동체 집단이었다.

존스는 자신을 숭배해야 할 우상으로 만들었다. 그는 자신이 사람들을 치유하는 데 탁월하기 때문에 자신이 약속된 구세주라고 믿었다. 1973년 존스는 이렇게 설교했다. "내가 치료해준 이 모든 사람들, 나는 그들에게 직업과 가정을 마련해 주었습니다. … 나는 눈먼 자들의 눈을 뜨게 해주었고 암에 걸린 사람을 구해주었습니다. … 나는 오늘날 지구상의 그 누구보다도 좋은 일을 하고 있습니다. … 나는 전

● 1965년 결성된 미국의 급진적인 흑인운동단체로 마틴 루터 킹 목사의 비폭력 노선보다는 말콤 엑스의 강경투쟁 노선을 추종했다.

세계 사람들을 해방시켰습니다. 나는 치유해왔습니다. … 나는 구세주입니다."[19]

다른 설교에서는 존스가 점점 더 장엄하게 변화하는 모습을, 자신이 '하늘의 신'이라고 불렀던 것에서 '사회주의자 신'으로 탈바꿈하는 모습을 볼 수 있었다.[20] 그는 전지전능한 척하며 신도가 될 만한 사람 집에 자신의 측근을 보내 사생활을 일일이 염탐하는 것으로 유명했다. 그런 다음 설교하는 도중 별안간 달려들어 이런 식으로 말을 했다. "나는 계시를 받고 있도다! 오늘 여기 애덤스 가에 살며, 당뇨병으로 고생하는 한 여성이 와 있구나. 크로커 은행에 대출금이 연체되었고." 이러한 세세한 이야기는 존스의 예언의 은사가 나타난 것으로 여겨졌다.

존스는 속임수와 수사를 통해 신도들을 어린 아이처럼 의존하게 만들었다. 대부분의 인민사원 신도들은 존스를 '아빠' 또는 '아버지'라고 불렀다. 의존하는 정도가 얼마나 심했는가 하면 저명 변호사인 한 신도는 존스에게 어떤 차를 몰고 다녀야 하는지를 물어보기까지 했다. "신차와 중고차, 대형차와 소형차, 국산차와 외제차 중 어떤 차를 사야 할까요?"[21] 그 정도로는 만족하지 못했는지 그는 옷을 고르는 일과 관련해서도 존스한테 계속 조언을 구했다.

의존성은 성적인 문제까지 확대되었다. 존스는 여러 차례 자유연애나 독신주의를 장려했지만, 신도들과 함께 자신의 성적 욕구를 충족시켰다. 그는 다른 성적 파트너를 갖기 위해 결혼 생활을 청산하고,

자신은 신도들의 성적 욕구의 희생양이라고 합리화하거나, 자신이 남녀 신도들의 성적 욕구를 충족시키는 일이 얼마나 피곤한 줄 아느냐며 불평했다. 때로는 여성들에게 자신이 심장마비를 앓고 있는데, 자신을 구할 수 있는 것은 성관계밖에 없다고 말했다.[22] 존스는 단순히 신도들을 몰래 성적으로 학대를 하는 목사가 아니었다. 성 문제는 결코 은밀하지 않았으며, 공개적으로 인정되었다. 존스는 자신의 성행위를 자신을 아낌없이 베푸는 행위로, 신도들의 자존감을 고양시켜 주는 행위로, 혹은 (자신을 제외한) 모든 남성이 잠재적으로 동성애에 대한 갈망을 가지고 있음을 증명해 주는 행위로 합리화했다.[23] 그가 인민사원에서 모든 신자들의 중심이 되어야 하고, 신도들은 다른 애착 관계를 모조리 끊어야 하는 건 당연했다.

○

인민사원에 가해지는 공격에 점점 더 화가 났던 존스는 자신을 집요하게 공격하는 "파시스트 인종차별주의자들"의 괴롭힘을 피할 수 있는 미국 밖으로 이주하기로 결정했다. 가이아나에 정착한 이유는 다인종의 유산을 물려받았고 사회주의 정부가 있었기 때문이다. 인민사원은 처음 5년간 시세보다 저렴한 가격인 1에이커당 25센트로 베네수엘라 국경과 가까운 북쪽 가이아나의 정글에 약 4천 에이커의 고립된 땅을 임대했다. 농업 공동체의 이름은 존스타운이었다.[24]

1977년 9월까지 약 천 명의 인민사원 신도들이 가이아나로 이주했다. 가이아나의 수도 조지타운에는 50~100명의 신도가 남아 현 정부와 우호적인 관계를 유지하고 은행 업무와 공동체로의 운송 업무를 처리했다. 이들은 햄 라디오로 정글의 정착지뿐만 아니라 캘리포니아의 교회와도 연락을 주고받았다. 또한 조지타운 파견단은 전 신도들, 사랑하는 가족들과 연락을 시도하는 사람들, 그리고 기자들처럼 인민사원 교회를 비판하는 사람들이 찾아오는 것을 엄중히 경계했다.

이 사건의 결말이 어떻게 끝났는지를 고려할 때, 이주 작전에 대한 헌신과 의도성을 강조하는 것이 중요하다. 이 이주 작전은 존스와 몇몇 부패한 추종자들이 충동적으로 내린 결정이 아니었다. 이는 황무지에 마을 전체를 건설하는 일이었다. 이 집단은 나무를 베고, 밀림을 밀어내고, 도로를 깔고, 기숙사와 학교, 도서관, 진료소, 마을 광장을 짓는 등 300에이커의 땅을 개간하는 고된 작업을 수행했다. 처음에는 하루 열두 시간 노동으로 시작했지만, 땅이 기대했던 것만큼 생산적이지 않다는 게 드러나자 노동은 하루 열여섯 시간으로 늘어나면서 점점 더 신도들의 시간을 빼앗았다. 그러나 하루 종일 고된 노동을 마친 후에도, 주민들은 저녁에 길게 이어진 "카타르시스" 회합에 참석하거나 몇 시간 동안 존스의 설교를 들어야 했다. 그로 인해 주민들은 기껏해야 두 시간밖에 잠을 자지 못했다.

이들은 수천 권의 아동 도서, 의학 서적, 교육과 농업과 사회주의 관련 서적, 『철의 장막 너머의 심령현상에 대한 발견들』과 같은 특이한 책들, 그리고 북한에서 출간한 방대한 양의 김일성 전집을 갖춘 인상적인 도서관을 건립했다.[25] 존스는 북한의 사회주의 모델을 찬양했다. 북한의 무오류의 아버지상은 인민사원에서 존스 자신이 차지하는 위치와 비슷했다. 둘 다 힘든 육체노동을 요구하고 확성기로 이념적인 내용을 방송하고 자아비판 목적으로 가혹한 대중 집회를 활용해서 공동체를 통제했다.[26]

이 정착지는 해리엇 터브먼(Harriet Tubman)과 소저너 트루스(Sojourner Truth)와 같은 존경받는 여걸의 이름을 따서 명명한 40여 개의 오두막집을 건설하는 등 치밀하게 계획된 공동체였다. 정착지는 독재적 시장(존스)이 통치하는 작은 마을처럼 운영되었으며, 효율성을 위해서 필요한 모든 부서를 갖추고 있었다. 재무과는 송금 자금을 관리하고 주민의 사회보장 수표를 활용해 공동체를 유지했다. 또한 가이아나 정글의 황무지에 정착하는 데 필요한 물품과 기계도 조달했다.

준(準)외무부는 가이아나, 미국, 여러 공산국가와의 관계를 담당했다. 이 어려운 환경에 정착촌을 건설하기란 쉽지 않은 문제였기 때문에 존스는 쿠바, 러시아, 북한과 같은 다른 호의적인 국가로 이주하는 것을 고려했다. 한때 존스의 참모들은 존스의 추종자가 25만 명이라고 주장하면서 피델 카스트로가 존스의 쿠바 국빈 방문을 초청해야 한다고 거창하게 제안했다.[27] 이는 단순한 사기와 정치적 속임수가 아니었다. 인민사원이 가이아나로 이주했을 때, 신도들은 존스의 허설(虛說)을 이미 믿고 있던 진정한 신자였다. 외부 세계로부터 멀리 떨어져 있는 정글의 정착지에 고립된 후에는 이러한 환상을 유지하기가 확실히 더 쉬웠다.

진료소에는 기초적인 진료를 하는 의사 한 명과 간호사 한 명이 근무했다. 의사인 래리 샤흐트(Larry Schacht)는 존스 덕분에 마약 중독에서 벗어난 이후로 충성을 다했다. 샤흐트는 존스가 혁명적 자살을 생각했을 때 그 방법에 대해 조언을 구한 인물이었다. 샤흐트는 처음에는 진정제로 사람들을 진정시킨 후에 심장에 약물을 주입할 것을 제안했다. 존스는 사람들에게 총을 쏘는 게 더 수월할 거라고 반박했다. "그자들이 우리를 불신하고 … 우리를 집단적으로 미친 사람들처럼 보이게 하느니, 차라리 우리 모두가 자랑스럽게 함께 죽는 것이 나을 거요."[28]

샤흐트는 결국 가장 좋은 자살 방법으로 청산가리를 택했다. 그는 존스에게 "사람들을 진정시키기 위해 수천 개의 알약을 사용했는데 청산가리가 효과가 나타나지 않는 불상사를 방지하기 위해 커다란 돼지에게 약 2그램의 청산가리를 투여해 얼마나 효과가 있는지 확인해보자"고 서면으로 제안했다. 또한 그는 청산가리 중독에 관한 최근 의학 논문을 읽어보고 싶다고 했지만, "청산가리가 포함된 쥐약을 먹은 어린이가 우리 무료 진료소에 입원했으며, [바로 그 이유 때문에] 그 문제와 관련한 논문이 우리에게 필요하다"고 보고하는 것으로 자신이 한 짓의 흔적을 감추고자 했다.[29]

천 명의 시민들이 사는 여느 공동체처럼, 존스타운 공동체에서도 때로는 경찰이 필요할 정도로 무질서한 일들이 발생하기도 했다. 부정한 짓을 하는 사람은 엉덩이를 맞거나 구타를 당했다. 무장 경비병들은 반대자들과 정신질환자들을 감금하고 약을 먹였다. 이들 경비병들은 정착촌의 경계를 지키고 무단출입을 막았는데, 이는 종말이 찾아왔을 때 대단히 파괴적인 효과를 발휘했다. 존스는 공동체 신도들에게 정글이 위험하다고, 정글은 가이아나의 용병들과 악어와 뱀과 호랑이들로 가득하다고 경고했다. 경비병들이 배치된 것은 인민사원의 신도들을 보호하기 위한 것이라는 이야기였다.

가이아나의 잔해를 살피던 수사관들은 약 천 개의 테이프를 발견했는데, 일부는 존스와 그의 집행관들이 '나쁜' 행동을 심문—그는 이것을 교정이라고 말했다—하는 장면이 담겨 있었다. 그는 어떤 이견도 용납하지 않았다. 한 여성은 적대감을 드러냈다는 이유로 징계를 받아 감각 격리실에 갇혔다. 테이프를 들으면 누가 적대감으로 문제를 일으켰는지 궁금해진다.

> 톰 그럽스: 당신의 적대감 수준이 걱정됩니다. 당신은 여전히 '대단히 적대적'인 생각을 지닌 것으로 보이거든요. 당신이 '대단한' 적대감을 보이고, 이를 깨닫지 못하는 한 당신은 격리실 밖에서 안전하지 못할 겁니다.
>
> 바버라 워커: (거의 알아듣지 못할 정도로 웅얼거리는 목소리로) 나는

적대감이 없어요.

그룹스: 당신은 적대감을 잘 숨기고 었어요. ⋯ 당신은 수동적이고 조용하고 거의 온순한 아이처럼 보이려고 노력해요. 하지만 자매님, 그런 모습에 적대감이 있는 거예요. 그 많은 행동이 적대적인 태도인 겁니다. 난 그런 태도에 속지 않아요. 사실, 내 생각에 이 문제를 확실히 해결할 수 있는 유일한 방법은 당신이 그 문제를 해결하는 모습을 보여주고 그 문제를 처리하는 몇 가지 책임 있는 대안을 제시하는 겁니다.[30]

이 테이프에는 너무 말이 많다거나 거만하다거나 사회주의 수업에 지각한다거나 열심히 일하지 않는다는 등의 이유로 구타하면서 처벌하는 광경이 공개적인 비판 모임의 형태로 담겨 있었다. 사람들은 정글의 말뚝에 묶인 채 호랑이들에게 잡아먹힐 것이라는 위협을 받았다. 정글에서 계속 울부짖는 원숭이들의 비명과 신음소리가 공포심을 더욱 자극했다. 뱀을 무서워한 한 여성은 잘못을 저지르면 벌로 뱀이 자기 몸 위로 스르르 기어가는 것을 견뎌야 한다는 말을 들었다.[31] 또 다른 테이프에는 존스가 독개구리들로 가득 찬 상자를 들이대며 거주자 중 한 명을 위협하는 광경이 담겨 있다.[32] 공동체 회의가 장시간 진행되는 동안에 잠이 들면 심한 벌을 받았다. 한번은 밭에서 일하느라 피곤했는지 회의 중에 잠이 들었던 한 인민사원 신도의 목에 3미터 크기의 보아뱀을 두르라고 경비병들에게 지시했다. 이 신도

는 비명을 질렀다.[33]

존스타운의 역사적인 기록물은 방대하다. 공보실은 열정적으로 글을 썼던 한 신도가 이끌었다. 그리고 많은 주민들은 일기를 자세히 기록했다. 존스의 설교는 존스타운의 확성기를 통해 방송됐을 뿐만 아니라 테이프에 녹음되어 보관되었다. 미국 연방 통신위원회는 존스타운의 무선 전송을 비밀리에 녹음하고는 존스타운 정글에서 뭔가 부정한 일이 벌어지고 있다고 의심했다. 마지막으로, 이 유토피아 정착촌에서 존스와 함께하기 위해 본국을 떠났던 가족들과 필사적으로 연락을 주고받은 사람들이 쓴 수많은 편지가 있다. 간호사 애니 무어는 가이아나로 이주하기 전 여동생 레베카에게 이러한 편지를 썼다. "너는 인민사원이 여느 사이비종교나 종교적 광신도들이 있는 장소 따위일 뿐이라고 생각하지. 음, 내가 정신병자 집단에 들어갈 정도로 비굴하게 굴 거라고 네가 생각할 테니 기분이 좀 언짢아. … 인민사원이 위대한 이유는 거기에 세상을 염려하고 세상을 위해서 진리와 정의를 위해 싸우는, 일찍이 본 적이 없는 가장 큰 집단의 사람들이 있기 때문이야. … 여하튼 그곳은 내가 실제로 본, 진정한 기독교 정신을 실천하는 유일한 곳이야."[34]

가족들은 인민사원에서 무슨 일이 벌어질지 몰라 안절부절못했다. 방문은 금지되거나 축소되었고, 우편물은 검열되었다. 어쩐 일인지 전화는 불통이었다. 가족들은 도망자들로부터 존스타운 주변에 무장한 경비병들이 배치되어 있고, 신도들은 여권과 돈을 압수당했으며 존스 혼자 모든 결정을 내린다는 말을 들었다. 또한 인민사원의 주민들에게 인민사원을 떠나려는 자는 죽일 것이며, 시체는 정글에서 썩게 놔둘 것이라는 말을 했다는 얘기를 들었다. 가장 충격적인 사실은 존스가 모의 "집단 자살" 모임을 열어 신도들에게 "대의"를 위해서 죽는 훈련을 시킨다는 것이었다.[35]

이런 상황에서 법적인 문제로 난처해지자 존스는 인민사원을 대변해 줄 저명한 진보 성향의 변호사 찰스 개리(Charles Garry)를 선임했다. 존스타운에 있는 신도들을 걱정하는 친척들의 대언론 공식 성명에 대해 개리는 이렇게 반격했다. "이는 정치적으로 진보적인 교회를 파괴하기 위해 사전에 계획한 조직적이고 체계적인 정부의 캠페인입니다."[36] 개리는 1977년 11월 정착촌을 방문하고 나서 이렇게 이야기했다. "나는 천국에 있었다. 나는 천국을 목도했다. … 존스타운에 건설되고 있는 사회는 인류에겐 영예로운 공적(功績)이다. … 이는 선전이 아니다. 나는 사실을 철저히 분석하는 변호사다. 나는 두 눈으로 그 광경을 목격했다. 나는 그것을 느꼈다."[37] 그는 나중에 인민사원을 열렬히 옹호한 것을 후회하게 된다.

절망에 빠진 가족들은 존스타운에 있는 사랑하는 사람들에게 계속 편지를 써서 돌아오라고 간청했고, 이에 인민사원은 반격했다. 존스는 신도들에게 가족을 아동학대와 성추행 혐의로 고발하도록 부추겨 존스타운을 조사해달라는 가족들의 탄원을 무색하게 만들었다. 공개비판 모임에서 신도들은 인민사원의 명예를 비방한 가족들에게 되돌려줄 복수를 이야기하면서 서로 열을 올렸다. 어떻게 자신들의 가족을 불태워버리고 토막내버릴지 이야기했다.

존스의 점점 심해지는 편집증은 주변으로 퍼져나갔다. 1977년 9월, 농기구로 무장한 인민사원의 신도들은 (존스타운에 없었던) 가이아나 침략자들을 찾기 위해 존스타운 주변을 순찰했다. 이들은 자신들이 품었던 의심을 무선통신으로 전 세계에 알렸고, 멀리 떨어져 있던 앤절라 데이비스는 확신에 차서 공동체에 지지 메시지를 전했다. "저는 앤절라 데이비스입니다. 저는 짐 존스 목사님과 인민사원의 모든 형제자매에게 여기 … 전국 곳곳에 여러분을 지지하고 여러분과 뜻을 함께 하는 사람들이 있다는 것을 알리고 싶습니다. … 저는 여러분이 지금 매우 어려운 상황에 처해 있으며, 여러분이 투쟁하며 바친 헌신을 파괴하고자 하는 음모가 있다는 것을 알고 있습니다. 우리는 여러분의 안전과 지속적인 투쟁을 보장하기 위해 최선을 다할 것입니다."[38]

순교에 빠져 있던 존스는 휴이 뉴턴(Huey Newton)●의 "혁명적인 자살" 개념에 매료되었다. 뉴턴은 절망감에 실행하는 반동적 자살과 저항 행위로써의 혁명적인 자살을 구분했다. 점점 더 많은 사람들이 인민사원에 의혹을 제기하자, 존스와 추종자들은 파시스트로 간주한 더 큰 사회로부터 불공정하게 희생당하고 있다고 느꼈다. 정글 본거지에서도 그들은 사방에서 적대 세력들이 자신들에게 몰려오고 있다

● 아프리카계 미국인 해방운동가로 흑표당의 창시자.

고 생각했다.

존스는 공동체의 위기 대책회의를 반복적으로 소집해 장내 방송 장치로 위협과 우려의 발언을 쏟아냈다. 확성기를 통해 웅얼웅얼하듯 뉴스 기사를 읽어주며 세계정세에 대한 자신의 견해를 밝혔다. 다른 뉴스는 나오지 않았다. 존스는 공동체의 신도들에게 자신들이 파시스트 미국 정부와 정글 용병 부대의 표적이 되고 있다고 말했다.

상황이 이러하니 그렇지 않아도 피로에 지친 주민들은 밤새 잠을 이루지 못했다. 잘못된 정보와 수면 박탈에 시달리던 주민들은 정글을 개간하는 일에 혹사를 당하면서도 일주일에 이틀씩 밤에 진행하는 사회주의 수업을 들어야 하고, 매주 일요일에는 주말 시험을 치러야 했다. 사람들은 말 그대로 가치 있고 위험한 일, 즉 개인적인 생각을 할 시간이 없었다.

며칠 밤 동안은 존스의 장황한 열변에 사람들이 쇠스랑과 정글에서 사용하는 마체테 칼을 들고 나가 침략한 적을 찾기 위해 정착촌 주변을 순찰했다. 이른바 존스가 말한 '백야(白夜)' 훈련이었다. 1977년 9월, 존스는 자살 훈련을 추가했다. 존스타운에서 탈출한 한 사람은 이렇게 회상했다. "어느 날 '백야' 훈련을 하는 동안 우리는 상황이 절망적이라며, 우리에게 열려 있는 유일한 행동 방침은 사회주의의 영광을 위해 집단 자살을 하는 것뿐이라는 소식을 들었습니다. 생포되면 용병들에게 고문을 당할 거라고 했습니다. 아이들을 포함해 모두 줄을 서라고 했습니다. … 우리는 빨간 액체가 담긴 조그만 잔을 받았습니다. 액체에는 독약이 들어 있으며, 그걸 마시면 45분 안에 죽을 거라고 했습니다. 우리는 모두 시키는 대로 했습니다. 죽음의 시간이 다가왔을 때 존스 목사는 그 독은 진짜가 아니며 우리의 충성심을 테스트한 것이라고 설명했습니다."[39]

　존스는 인민사원에서 이탈하는 신도들에게 분노했다. 누가 되었든 신도들의 이탈에 분노했지만, 인민사원의 고위급 간부가 떠났을 때는 특히 분노가 극에 달했다. 최악의 배신은 그의 전 고문이었던 변호사 팀 스톤(Tim Stoen)의 배신이었다. 그레이스 스톤과 팀 스톤은 레드우드 밸리에서 인민사원에 입회했다. 둘 다 리더십이 탁월했다. 수석 고문인 그레이스는 존스의 일정과 스케줄을 관리하는 참모 역할을 했다. 존스는 그레이스와 불륜을 저질렀고, 팀에게는 인민사원 내 다른 여성들과 동침하라고 부추겼다. 그레이스와 팀 사이에는 1972년 1월에 태어난 존 빅터 스톤이라는 아들이 있었다. 스톤의 결혼 생활은 결국 이혼으로 끝을 맺었고 그레이스와 팀은 모두 인민사원에서 떠났다. 팀은 이탈자들과 그들의 가족들로 구성된 단체인 '걱정하는 친척들(Concerned Relatives)'에서 활동했다. 한편 존스는 존의 아버지가 팀이 아니라 자신이라고 주장했다. 당연히 양육권 싸움은 법정으로 향했지만, 존스는 법 체계를 무시하고 소년을 가이아나로 데려갔다. 인민사원은 존 스톤을 미국으로 돌려보내라는 법원 판결을 무시했으나 가이아나 법원이 캘리포니아의 판결을 지지하자 몹시 당황했다. 이 유괴 사건은 전에 동정적인 태도를 보였던 미디어를 완전히 돌아서게 만든 결정타였다.

○

　레오 라이언 하원의원은 사람들이 자신의 의지에 반해 붙잡혀 있는지, 사회보장 수표를 편취당했는지 확인하기 위해 존스타운 진상조사단을 꾸렸다. 1978년 11월 14일, 라이언 의원과 그의 보좌관인 재키 스피어, 그리고 여섯 명의 기자들이 가이아나로 날아갔고, 그곳에서 인민사원 신도들의 친척 여러 명과 인민사원 비판자들과 만났다. 또한 인민사원의 변호사들과 미국 재외공관의 한 외교관도 참석했다. 존스는 처음에는 방문자들의 존스타운 입장을 거부했다. 그러면서 외부인들의 질문에 어떻게 대답해야 하고 어떻게 따돌리면 되는지 정착촌 사람들을 미리 훈련시켰다. "왜 여기 왔느냐고 묻는다면 어떻게 대답해야 할까요? 제가 원했기 때문입니다. … 인종차별주의를 싫어하거든요. 나는 미국에 어떤 반감도 가지고 있지 않아요. 가족이 곧 이곳에 올 거예요. 하지만 미국에 있었을 때 그리 많이 왕래하지 않았기 때문에 가족들이 많이 그립지는 않아요. 난 그냥 여기가 너무나 좋아, 돌아가고 싶지 않은 거예요."⁴⁰

　결국 방문자들의 입장을 허가했다. 일행 중 일부는 포트 카이투마 마을 근처의 시골 비행장으로 날아왔다. 거기서 녹슨 덤프트럭을 타고 진흙투성이의 길을 따라 정글로 들어가 90여 분 후 인민사원 본거지 정문 앞에 도착했다.

　만남은 어색하게 시작됐지만, 서로 정중했다. 방문자들은 존스를 만났고, 마을을 둘러보았고, 공동체의 많은 신도들을 인터뷰했다. 라이언 하원의원은 공동체의 성과에 대해 찬사를 보내기도 했다. "제가 본 바로는 이곳에 있는 많은 사람들이 이 공동체를 만든 게 일생일대 최고의 일로 생각하고 있더군요."[41] 하지만 당시 젊은 존스타운 거주자인 버논 고스니(Vernon Gosney)는 몰래 한 기자에게 떠나고 싶다는 내용을 적은 쪽지를 건넸다. 결국, 열다섯 명이 떠나게 해달라고 요구했고, 이에 존스는 격분했다. 천 명에 이르는 공동체에서 그 정도의 일원을 잃는 것은 재앙이라 할 수 없었지만, 존스는 재앙으로 생각했다.

　그 무렵 존스는 바르비투르산염과 암페타민에 심하게 중독되어 있었고 다른 많은 약물을 남용하고 있었기 때문에 말이 눈에 띄게 어눌했고, 논리적이지 못했다. 통증을 잊기 위해 아편제를 복용했고, 각성제로 암페타민을, 수면을 위해 바르비투르산염과 기타 진정제를 복용했다. 어쩌면 다른 의학적 문제로 어려움을 겪었을 수도 있다. 평생 동안 사람들의 관심(혹은 섹스)이 필요할 때면 죽어가는 척했기 때문에, 실제 건강 상태가 어땠는지는 가늠하기 어렵다. 존스는 자신이 암, 고혈압, 전립선염, 심한 재발성 열병을 앓고 있다고 떠벌렸다. 병에 걸리지 않았더라도 공동체 사람들을 죽이기 위해 똑같은 끔찍한 결정을 내렸을 것이다. 건강 상태는 확실히 그와 같은 의사결정을 내리는 데 중요한 요인은 아니었다.

라이언 의원 일행과 공동체 이탈자들이 떠날 준비를 하고 있을 때, 한 인민사원 신도가 칼을 들고 라이언 의원에게 달려들었다. 라이언은 다치지 않았지만, 가이아나 경찰에게 공격 사건의 후속 조치를 해줄 것을 요구했다. 그런 다음 라이언 일행은 존스타운을 떠나 포트카이투마의 비행장으로 향했다. 존스는 오랫동안 인민사원의 충신이었던 래리 레이턴에게 비행기에 올라 이탈자들에게 총을 쏘라고 지시했고 레이턴은 다른 이탈자로 위장해 라이언 일행에 합류했다.

비행장에서 레이턴은 비행기 중 한 대에 총을 몰래 숨기고 올라 이탈자 2명에게 부상을 입혔다. 한편, 비행장에서 대기하고 있던 라이언 의원과 다른 이탈자들을 향해 트랙터가 돌진했다. 이들은 라이언과 다른 세 명을 살해하고 라이언의 보좌관인 재키 스피어(나중에 하원의원이 된다)를 비롯해 많은 사람들에게 중상을 입혔다.[42] 그런 다음 그들은 임무의 성공을 보고하기 위해 진흙길을 따라 트랙터를 몰고 천천히 정착촌으로 돌아갔다. 존스타운으로 돌아가는 동안 비행장에서는 사람들이 무전기로 구조를 요청했다.

사태를 알게 된 존스는 확성기로 "백야!" 하고 외쳤다. 우리는 옥외 가설건물에서 녹음된 테이프와 소수의 생존자들의 증언 덕분에 존스타운의 마지막 몇 시간 동안에 일어난 일을 상세히 알고 있다. FBI는 존스타운을 조사하는 과정에서 테이프를 입수했다. '라머(Rymur)' 테이프('라이언 살인사건(Ryan murder)'의 약자)로 알려진 테이프다. 잡음과 외부 소음이 가득해 알아듣기 쉽지 않지만, 상세히 녹취되어 있다.[43]

샤흐트 박사는 청량음료인 플레이버 에이드 과일 펀치와 진정제가 가득 든 통에 청산가리를 풀었다. 독극물을 효과적으로 투여하기 위해 종이컵과 주사기들을 테이블 위에 늘어놓았다. 사람들은 이것을 대량 예방접종으로 쉽게 착각할 수도 있었다. 주사기들은 컵에 든 용액을 삼킬 의사가 없거나 삼킬 수 없는 사람들의 목구멍으로 용액을 주입하기 위한 것이었다. 여기에 저항하는 사람들에게 투여하기 위해 바늘이 달린 주사기도 있었다. 총과 석궁으로 무장한 경비병들이 지키고 서 있으면서 명령 이행을 강제했다.

존스는 옥외 가설건물에서 공동체 긴급회의를 소집했다.

내가 여러분에게 좋은 삶을 선사하기 위해 얼마나 최선을 다해 애썼는지 모릅니다. 하지만 이런 노력에도 불구하고, 몇몇 사람들이 거짓말로 우리의 삶을 불가능하게 만들었습니다. … 우리는 완전히 배신당했습니다. 우리는 너무 끔찍하게 배신당했습니다. … 그래서 내 의견은 우린 아이들에게 친절을 베풀고 노인들에게 친절을 베풀어야 합니다. [즉, 그들을 먼저 죽여야 합니다.] 그러고는 고대 그리스인들이 그랬던 것처럼 독약을 마십시다. … 왜냐하면 우리는 자살을 하는 것이 아닙니다. 이는 혁명적인 행동입니다. 우리는 돌아갈 수 없습니다. 저들은 우리를 그냥 내버려두지 않을 겁니다.[44]

설교를 마친 후 존스는 공동체 사람들에게 의견을 물었다. 용감한 신도 크리스틴 밀러는 아이들을 포함해 9백 명이 넘는 공동체 전체를 죽이는 짓은 이탈자 열다섯 명을 잃는 것과는 비교조차 할 수 없는 거라고 항의했다. 존스가 반박했다. "나는 그렇게는 살 수 없어. 죽음은 두려운 것이 아니야. 사는 게 두려운 거지. … 이렇게 사는 것은 가치가 없어. 지옥 같은 고통에 지쳤어. 고통에 신물이 난다고. 진절머리가 나. (박수) 천이백 인민의 목숨이 내 손에 달려 있어. 크리스틴, 말해 줄게, 나 없이는 인생이 의미가 없어. (박수) 난 자네에게 최고의 선물이야. … 우리에게 다른 길은 없어."[45]

크리스틴은 아기들은 살 자격이 있고, 사람들은 자신의 운명에 대한 권리가 있다고 주장하며, 계속 저항했다. 공동체 신도들은 그녀에게 입을 다물라고 했다. 다른 신도들은 존스와 투쟁에 헌신할 것을 선언했다. "저는 다이앤 윌킨슨이라고 합니다. 스물여덟 살입니다. 무엇보다도, 저는 미국에서 사는 것이 저주라는 것을, 특히 흑인이라면 더더욱 저주라는 걸 세상에 알리고 싶습니다. 제 인생에서 누군가가 될 수 있는 자유와 기회가 있다는 걸 알게 된 유일한 장소는 바로 인민사원입니다. … 그래요, 우리는 우리의 아이들을 사랑하고, 어르신을 사랑하지만, 여기 모인 사람들은 모두 저마다 스스로 결정을 했습니다. 저는 무릎을 꿇고 자유를 구걸하느니 존엄을 지키고 싶습니다. 저는 차라리 목숨을 끊겠습니다. 감사합니다."[46]

빌 올리버는 자신이 열성적인 마르크스레닌주의자이고, 혁명적인 자살을 결심한 것은 심사숙고 끝에 내린 결정이며, 7년 동안 인민사원의 신도로 지내면서 인민사원의 선함을 잘 알고 있다고 증언했다. 그는 자신의 죽음이 "더 진전된 해방을 위한 도구로 쓰이기를" 희망했다.[47]

다른 신도들은 존스의 결정을 지지하는 쪽지 글을 건넸다. 한 신도는 이렇게 썼다. "다른 탈출구가 보이지 않아요. 목사님의 결정을 존중합니다. 저는 목사님 없는 세상이 공산주의에 이르지 못할까 봐 두려울 뿐입니다. 저는 이 비참하고 무자비한 행성과 이 행성이 수많은 아름다운 인민들에게 마련한 지옥에 지칠 대로 지쳤습니다. 제가 아는 유일한 삶을 주신 목사님께 감사드립니다."[48]

○

이들의 죽음은 살인이었을까, 아니면 자살이었을까? 확실히, 수백 명의 아이들과 허약한 노인들에게 그것은 살인이었다. 나머지는 자살일 가능성이 있지만 수십 구 시체에 대한 사후 검시 결과와 다른 보고서에 따르면, 많은 희생자가 독극물을 주입당한 것으로 밝혀졌다. 이는 일부 개인들은 자발적으로 독극물을 복용하지 않았다는 것을 의미한다.[49]

3시간 동안의 대량학살이 진행되는 내내 테이프는 계속 돌아가며, 기쁨과 절망의 외침, 앞으로 이동하는 소리, 그리고 간헐적으로 오르

간에 맞춰 부르는 찬송가를 녹음했다.[50]

존스: 우리에게 약[독약]을 가져다 줘요. 간단해요. 간단해
요. 그걸 먹는다고 경련은 없을 거요. 그냥 간단히 끝나요.
어서 약을 받아요. 너무 늦기 전에 서둘러요, 서둘러요, 서
둘러요. 죽는 걸 두려워하지 말아요. … 저들은 여기에서
우리 아이들을 고문할 겁니다. 저들은 우리 인민을 고문할
겁니다.

간호사: 걱정하지 않으셔도 돼요. 모두 침착하시고, 목사님
이 자녀들을 진정시키려 애쓰고 있어요. … 그 애들은 고통
때문에 우는 것이 아니에요. 약이 약간 써서 그럴 뿐이에요.
고통 때문이 아니에요. 그 애들은 고통 때문에 우는 게 아
니에요.

존스: 그래요, 힘들지만 처음만 그래요 … 처음에만 힘들어
요. 사는 건 … 훨씬, 훨씬 더 괴로워요. 매일 아침 일어나
면, 밤에 무슨 일이 생길지 모릅니다. 훨씬 더 괴로워요. 부
디. 아무쪼록, 서두릅시다. … 저들은 대가를 치를 겁니다.
이는 혁명적 자살입니다. 이는 결코 자기 파괴적인 자살이
아닙니다. … 저자들이 우리를 여기까지 이끌었어요. 저자
들은 그에 대한 대가를 치를 겁니다. 나는 여러분이 이 지옥
을 겪는 걸 더는 보고 싶지 않습니다. 여러분의 최선의 선택

1978년 존스타운 옥외 가설건물 안의 시체들(샌프란시스코 심사관 기록 보관소. BANC PIC 2006.088의 인민사원 사진. 캘리포니아 대학교 버클리 캠퍼스, 밴크로포트 도서관)

은 쉬는 것입니다. 그러면 여러분은 아무런 문제가 없을 겁니다. … 품위 있게 목숨을 버리십시오. 눈물과 고통 속에서 목숨을 버리지 마십시오. 죽는 거 별 거 아닙니다. … 그저 다른 비행기에 올라타는 것일 뿐입니다. 이러지 마세요. 히스테리 그만 부려요. … 어른들, 어른들, 어른들. 나는 여러분에게 이 어리석은 짓을 멈추라고 촉구합니다. 여러분에게 촉구합니다, 아이들을 흥분시키지 마십시오. 이제 아이들은 조용히 쉬기만 하면 되는 겁니다. 여러분에게 촉구합니다, 조금이라도 존경심을 가지고 있다면, 이제 그만 그런 짓을 멈추십시오. 우리는 흑인입니까, 우리는 자랑스럽습니까, 우리는 사회주의자입니까, 그게 아니면 우리는 무엇입니까? … 내 아이들이여, 서둘러라, 서둘러라. 서둘러라. … 여기에 내가 걱정하는 노인들이 있어요. 서둘러요. 노인들을 이 난장판에 남겨 두고 싶지 않아요. … 통, 통, 통은 어디 있습니까? … 통을 이리로 가져와요, 어른들이 시작하게.[51]

테이프 녹음에서 알 수 있듯 결말은 평화롭지 못했다. 샤흐트 박사는 청산가리 음료를 준비하는 과정에서 실수를 했다. 진정제의 효과가 청산가리의 효과보다 먼저 나타날 것이라고 가정하고 청산가리와 진정제를 섞었던 것이다. 그러나 진정제가 흡수될 시간이 없었다. 사람들은 진정이 아니라 몸부림치고 비명을 지르고 구토를 했다. 진정제가 작용하기 훨씬 전인 4분의 시간 동안 고통을 당한 후에야 비로소 죽음에 이르렀다.

가이아나 군대가 존스타운에 진입하는 데는 이틀이 걸렸다. 그 사이 시신들은(때로 네 줄이나 늘어서 있었다) 정글의 열기에 구워지고 부풀어 올랐다. 가이아나 군은 발가락에 꼬리표를 달아 시신의 신원을 확인했지만, 정글의 비에 잉크가 씻겨나간 게 많았다. 군은 녹음테이프 외에도 일기와 작별 편지도 발견했다. 인민사원 공동체의 역사가 리처드 트롭(Richard Tropp)은 다음과 같은 글을 남겼다.

모든 테이프, 모든 글, 모든 역사를 수거하기 바란다. 이 운동, 이 활동의 이야기는 몇 번이고 검토되어야 한다. … 우리는 언젠가 세계가 짐 존스의 삶의 목적이자 죽음의 목적이었던 형제애와 정의와 평등의 이상을 실현하기를 바란다. 우리는 모두 이 대의를 위해서 죽음을 선택했다. 세상은 우리가 살 수 있도록 가만 내버려두지 않았다.

존스타운을 보라, 우리가 무엇을 하려 했는지 보라. 이는 삶의 기념비였다. … 사면초가에 몰린 사람들이 만든 모든 것을 보라. 우리는 이런 식의 결말을 원하지 않았다. 우리는 살고 싶었고, 빛나고 싶었고, 미약한 사랑이나마 죽어가는 세상에 빛을 주고 싶었다. … 우리는 증언을 할 수 있는 이 기회를 감사히 여긴다.

우리가 이 세상을 떠나자니, 고요하다. 하늘은 잿빛이다. 인민들은 줄지어 천천히 우리 곁을 지나쳐가며, 조금 쓴 음료를 마신다. 더 많은 인민들이 마셔야 한다.

인민들이 서로 포옹하고, 부둥켜안고 있다. 우리는 서두르고 있다. 우리는 붙잡히고 싶지 않다. … 우리는 선택했다. … 이것으로 끝이다.

나는 이제 죽을 준비가 되었다. 지상에서의 마지막 날, 어둠이 존스타운 위로 드리운다.[52]

종말이 다가오자 존스는 조지타운(가이아나의 수도)과 캘리포니아에 있는 인민사원 공동체로 무전을 보내 신도들에게 자살을 명령했다.

조지타운에 있던 존스타운의 후계자 샤론 아모스(Sharon Amos)와 그녀의 자녀들을 제외하고는 다행히도 대부분 불복종했다. 인민사원의 충성파들은 아모스 가족의 죽음에 대해 전형적으로 억울함을 동반한 무죄의 입장을 고수하며 설명했다. 제임스 레스턴(James Reston)은 가톨릭 신부 모리슨이 사건의 진상을 파악하기 위해 애타게 전화하는 모습을 묘사하면서 당시 상황을 생생하게 그려내고 있다. 존스타운에서 일어난 일에 대한 소문이 조지타운을 중심으로 나돌자, 모리슨은 조지타운에 있는 인민사원 교회당에 전화를 걸어 샤론 아모스와의 통화를 요청했다. 하지만 다른 담당자 폴라 애덤스에게 연락이 닿았고, 폴라는 아모스가 전화를 받을 수 없다고 말했다. 레스턴은 당시 상황을 이렇게 썼다.

> "폴라 무슨 일이에요?" 모리슨 신부가 무척 놀란 목소리로 물었다. "여기에 경찰이 많이 왔어요." 그녀가 대답했다. "그들은 우리가 미친 짓을 할 거라고 생각하지만, 신부님은 저를 잘 아시잖아요. 제가 그럴 것 같아요? 제가 그럴 것 같아요? 우리가 저들이 거기서 했던 그런 미친 짓을 할 것 같아요? 저는 그런 짓을 이해할 수 없어요. 우리는 그런 사람이 아니에요."
>
> "그럼 샤론은 어떻게 된 거죠?" 모리슨이 물었다. "아이들의 목을 벤 후에 자기 목을 베었어요." 폴라가 대답했다.[53]

존스타운의 집단 자살은 서기 73~74년 유대의 제롯당원들이 로마 제국에 맞서 최후의 항전을 벌였던 유대 광야의 요새 마사다에서 일어난 집단 자살과 비교되기도 한다. 당시 960명의 남성과 여성과 아이들은 항복하지 않고 자살을 했다. 역사가 요세푸스(Josephus, 서기 37~93년)는 집단 자살을 하자고 했던 제롯당원들의 지도자 엘리아자르 벤 야이르(Elazar Ben Yair)의 연설을 조명한다. 1900년 후에 존스가 가이아나에서 동일한 논지의 설교를 되풀이했다는 걸 알고 나니 섬뜩하다.

　　나의 충성스러운 추종자들이여, 오래전부터 우리는 로마인도, 다른 어떤 이도 섬기지 않고 오로지 하나님만을 섬기기로 결심했소. … 이제 우리의 행동으로 우리의 결의를 증명해야 할 때가 왔소. … 우리는 치욕을 당할 수는 없소. 지금까지 우리는 굴복해서 노예가 된 적이 없소. … 우리는 절대 노예의 길을 택해선 안 되오. … [그것은] 우리가 살아서 로마인들의 손아귀에 들어가면 모든 것이 끝장난다는 걸 의미할 것이오. … 나는 우리에게 이 특권을, 고귀하고 자유로운 사람으로 죽을 수 있는 특권을 주신 분이 하나님이라고 생각하오. … 인간에게 재앙은 죽음이 아니라 삶이오. 죽음은 우리의 영혼에 자유를 주고, 우리의 영혼이 각자의 순수한 집으로 떠날 수 있게 해 줄 것이오. … 우리 적들의 노예

가 되지 말고 죽읍시다. 우리의 아내와 아이들과 함께 자유인으로서 이 세상을 떠납시다.[54]

존스타운과 마사다를 비교하는 것은 시체 수로 보면 옳을 수 있지만, 둘의 배경은 매우 다르다. 마사다에서 로마 병사들은 틀림없이 제롯당원들을 죽이거나 노예로 만들었을 것이다. 게다가 마사다 요새는 전설적인 제10군단과 지원군 부대로 구성된 약 1만 5천 명의 병사들에 의해 3개월 동안 말 그대로 포위되어 있었다. 이와 반대로, 존스타운에서는 위험이 존스와 인민사원 신도의 마음에 도사리고 있었다. "우리가 평화롭게 사는 것을 당신들이 가만두지 않을 것이기 때문에 우리는 죽는다"고 존스타운 신도들은 단언했지만, 사실 가이아나군이나 미군의 포위 공격은 없었다.[55] 물론 그들이 죽지 않았다면 존스타운을 비난하던 사람들은 틀림없이 계속해서 공동체를 비난했을 것이고 아마도 더 많은 신도들이 정착촌을 버리고 떠났을 것이다. 그러나 정착촌이 마사다 사람들이 직면했던 생명 위협의 위험에 처해 있었다고 믿을 이유는 없다.

○

언론은 짐 존스 목사를 타락한 괴물로, 신도들을 제정신이 아니고, 못 배우고, 잘 속는 세뇌당한 사람들로 묘사했다. 존스를 평하는 것에 딴죽을 걸 생각은 없지만, 신도에 대한 평가는 문제가 있다고 본다. 존스타운 희생자 가족 대다수는 사랑하는 사람들을 그처럼 묘사하는 데 큰 불쾌감을 드러냈다. 우선, 많은 신도들은 교양을 갖춘 이상주의자들로 논리적인 생각을 지니고 있었다. 둘째, 인민사원에는 칭찬할 만한 면이 많았다.

그렇다면 '세뇌' 의혹은 어떨까? 너무 많은 것을 설명하기도 하고, 거의 설명하지 못하기도 하는 끔찍한 단어가 또다시 등장한다. 나는 "그들이 설득당했다"고 말하고 싶다. 설득은 강압적이고 은밀했다. 설득은 극심한 스트레스와 수면 박탈을 동반했다. 설득은 신도들을 위한 것이 아니었고, 오히려 치명적 결과를 초래했다. 나는 이것을 세뇌라고 부르고, 강압적인 설득이라고 부르고, 범죄라고 부르고, 비극이라고 부르고자 한다.

존스타운과 같은 사건은 심지어 생존자 중에도 많은 사상자를 남긴다. 상실감에 사로잡힌 생존자들에게서 보이는 우울증, PTSD, 자살, 또는 약물남용을 말하는 것이 아니라 한층 더 직접적인 사상자를 말하는 것이다.

인민사원의 대변인인 마이클 프로크스(Michael Prokes)는 존스로부터 조지타운에 있는 러시아 대사관에 돈 가방을 전달하라는 지시를 받았던 탓에 존스타운에서 살아남았다.[56] 4개월 후, 프로크스는 캘리포니아에 돌아와 이전에 인민사원을 지지했던 사람들과 접촉해 당시 일에 대해 설명하려고 했다. 그는 샌프란시스코의 칼럼니스트 허브 캐언(Herb Caen)에게 편지를 썼다. "사람들이 인민사원에 대해 어떤 생각을 가지고 있든 간에, 아마도 가장 타당한 진실은 인민사원은 우리 사회에서 찾을 수 없었던 것을 찾고 있던 버림받은 사람들과 가난한 사람들로 가득했다는 것입니다." 그는 기자 회견을 열어 신도들을 죽음으로 몰아넣은 것은 존스타운에 대한 미국 정부의 박해 때문이라고 말했다. 그러고는 화장실로 들어가 총으로 자살했다.[57]

일부 생존자들은 힘겹게 새로운 삶을 살아가면서 과거의 유령과 함께 살아가는 법을 배우고, 인민사원에서 멀리 떨어진 곳에서 새로운 정체성을 찾았다. 예를 들어, 로라 콜은 은퇴할 때까지 공립학교에서 수년간 학생들을 가르쳤다. 그녀는 자신이 인민사원 운동에 합류한 세월에 대해서 아름다운 자서전을 썼으며 시민단체에서 존스타운 안에서의 생활을 강연하며 알렸다.[58] 이탈자 중 한 사람으로 래리 레이턴이 쏜 총에 맞은 번 고스니는 하와이로 이주해 경찰이 되었다. 몇 년 후 놀랍게도 그는 레이턴과 화해하게 된다.

래리 레이턴은 가이아나와 미국에서 재판을 받았다. 여러 면에서 패트리샤 허스트 재판의 재연이라고 할 정도로 사이비종교, 세뇌, 형사 책임의 문제를 둘러싼 증언이 줄줄이 이어졌다. 레이턴은 카이투마에서 비행기에 오른 두 명의 인민사원 이탈자들에게 부상을 입혔지만, 라이언 하원의원과 다른 사람들을 저격한, 트랙터를 타고 온 신도들 무리에 끼어 있지는 않았다. 현장에 있던 가이아나 경찰의 질문에 그는 "그래, 내가 그 개자식들을 쐈소"라며 범행을 시인했다.[59]

그는 나중에 가이아나에서 구금된 상태에서 이렇게 말하기도 했다. "나 래리 레이턴은 포트 카이투마의 비행장에서 발생한 사망과 부상에 대해 전적으로 책임을 지겠습니다. … 나는 그 사람들이 CIA와 협력하여 인민사원과 가이아나를 중상모략하고 있다고 느꼈습니다. … 총격이 시작되자 나도 저격하기 시작했습니다. … 내가 왜 그랬는지 모르겠습니다."[60]

레이턴은 처음에는 회한은 없다면서 "우주에서 가장 진화한 사람"인 짐 존스와 함께 죽지 않은 것을 후회한다고 말했다.[61] 두 명의 이탈자에게 상해를 입힌 혐의로 기소된 레이턴은 가이아나 감옥에서 2년을 보낸 후 석방되었다.[62] 이후 미국으로 인도되어 하원의원 암살 음모 혐의로 기소됐다. 1심 재판은 배심원단 평결 불일치로 끝났다. 2심 재판은 레이턴에게 유죄를 선고하고 종신형을 선고했다. 두 번의 재판과 실패로 끝난 항소가 진행되는 동안 가이아나에선 레이턴의 증언과 관련해 상당한 논쟁이 벌어졌다.

가이아나에서 레이턴을 치료한 정신과의사는 레이턴이 비행장에서 일어난 많은 사건들에 대한 기억을 잃었으며, "심기증적인 성향과 결합된 히스테리적 성격, 두려움, 그리고 여러 알의 엘라빌 정제 복용이 기억상실을 초래했을 수 있다"고 말했다.[63] 이 사실은 법정 증언에서는 소개되지 않았다.

레이턴은 가이아나에서 진술서에 서명하기 전에 강압적인 상황에 놓여 있었다고 주장했다. 그는 "수갑을 차고, 칼과 총으로 위협을 받고, 음식을 먹지도 음료를 마시지도 못한 채, 빛과 환기와 침구를 박탈당하고, 밤낮으로 가이아나의 관리들에게 심문을 받고, 정신적·육체적 학대를 당했으며, 몹시 불결하고 벌레가 들끓고 악취가 진동하는 감방에 감금되어 있었다"고 진술했다.[64] 물론 가이아나 정부는 이러한 주장에 대해 이의를 제기했다. 미국에서 열린 레이턴의 재판에서 판사는 가이아나에서 레이턴이 한 자백이 강압에 의한 것이라는 판결을 내리지 않고 증거로 채택할 수 있도록 허용했다.

배심원들은 정신의학적인 증언을 고려해야 했을까? 레이턴은 이에 대해 단호히 거부했다. 실제로 레이턴은 총격 사건 2~3년 후 정신과 의사의 진단을 받았지만, 변호사들은 문제의 사건 이후 너무 늦게 받은 진단이 총격 사건 당시의 정신 상태에 대해 배심원에게 설득력을 가질 수 있을지 의문을 제기했다.

배심원들은 레이턴이 사이비종교 신도였다는 편향된 생각을 하고 있었을까? 배심원 선정 과정에서 배심원 후보들은 사이비종교 신도인 것이 한 개인의 법적 책임에 영향을 미칠 수밖에 없는지에 관한 질문을 받았다. 배심원들은 사이비종교 신도라고 해서 비난, 죄의식, 책임이 면제되는 것은 아니라고 보았다. 어쩌면 '면제'는 부정확한 단어인지도 모르겠다. 내 생각에 더 좋은 질문은 "사이비종교 신도인 것이 형량에 영향을 미쳐야 하는가?"이다. 이런 관점에서 보면, 레이턴의 형벌을 감경할 충분한 이유가 있었다고 생각한다.

레이턴은 첫 번째 부인 캐롤린 무어 레이턴을 존스한테 빼앗겼다.

캐롤린은 1970년에 래리와 이혼하고, 가족에게 자신이 레닌의 정부(情婦)였으며, 존스는 레닌의 환생이라고 알렸다.[65] 그녀는 인민사원의 지도자 중 한 명이 되었다. 캐롤린에게 만족하지 못한 존스는 래리 레이턴의 두 번째 부인과도 바람을 피웠지만, 레이턴은 반발하지 않았다.[66] 레이턴은 믿기 힘들 정도로 충성스러웠다. 그는 어머니와 여동생마저 인민사원으로 데려왔다. 1978년 3월, 인민사원의 실질적인 회계 담당자인 래리의 여동생 데비가 도주하자, 존스는 래리를 배신자라며 계속해서 비난했다. 래리의 어머니는 존스타운 대학살 10일 전에 암으로 사망했고 두 번째 부인 카렌은 임신 5개월 무렵 존스타운에서 사망했다. 레이턴의 변호사에 따르면, 레이턴은 이 모든 스트레스로 인해 "무너져 내렸다." 변호사는 책임은 레이턴에게 있지 않고 존스에게 있다면서, 이렇게 말했다. "열악한 식단, 체중 감소, 극도의 육체적 피로, 절망감, 어머니의 질병과 죽음, 그리고 처벌과 수치스러움에 대한 두려움을 고려해 주시길 바랍니다. … 존스타운 이야기는 정말 미쳐버린 세상의 이야기입니다."[67]

찰스 개리가 증인으로 불려나갔다. 개리는 레이턴을 "평화주의자"라고 말했다. "나는 래리 레이턴이 한 일이나 하지 않은 일이 그의 자유의지에 따른 것이라고 믿지 않습니다. … 나는 그를 시킨 일을 그대로 했던 일종의 좀비로 부르고자 합니다. … 불행하게도 사람들은 레이턴을 희생양으로 삼고 있습니다. 진짜 개새끼[존스]는 죽어 면탈했습니다."[68]

판사는 레이턴에게 종신형을 선고했지만 "레이턴의 행동을 … [유발한] 이상한 심리적 상태, 그리고 가족, 친구, 배심원들의 수많은 탄원서를 참작해" 4년 후에 가석방을 고려할 것을 권고했다.[69] 판사는 이렇게 말했다. "래리 레이턴은 자신의 행동에 책임을 져야 하지만, 정당한 형량을 선고하려면 그와 다른 신도들이 사실상 감금돼 있던 환경을 고려해야 합니다."[70]

레이턴이 가석방을 신청했을 때, 많은 지지자들이 탄원서를 제출했다. 한 사람은 탄원서에서 이렇게 말했다. "저는 그를 완전히 망가진 사람으로 봅니다. … 저는 그가 누구에게도 위협이 되지 않는다고 생각합니다." 또 다른 지지자는 이렇게 언급했다. "제 생각에 [레이턴]은 짐 존스의 여느 희생자들과 다를 바 없어요. 정글에서 죽은 채 발견된 사람들과도 다를 게 없어 보입니다."[71] 1978년 레이턴에게 저격을 당한 이탈자인 번 고스니는 레이튼의 가석방 심리에 참석하기 위해 비행기를 타고 하와이에서 날아와 레이턴의 석방을 간절히 호소했고, 마침내 2002년에 석방이 이루어졌다.[72]

존스타운의 간호사 애니 무어와 존스의 동반자 캐롤린 무어의 아버지 존 무어는 존스타운의 비극이 있은 지 일주일 후에 다음과 같은 설교를 했다.

지난 며칠 동안 우리는 이러한 질문을 자주 받았습니다. …
"대체 뭐가 잘못된 거죠?" 무엇이 꿈을 악몽으로 바꾼 걸까요? 나는 처음부터 잘못되었던 두 가지를 언급하고자 합니다. 바로 우상숭배와 편집증입니다. … 짐 존스의 추종자들이 그에게 선사한 찬사와 숭배는 우상숭배였습니다.

두 번째 문제는 편집증이었습니다. … 현실에 대한 민감함과 박해에 대한 망상을 구분하는 경계선은 희미합니다. [존스]는 적대세력의 음모를 보았습니다. … [존스타운의] 분위기는 음모에 대한 두려움으로 무거웠습니다. 그들은 저마다 느끼는 두려움을 서로 부추겼습니다. 그 두려움의 실체를 의문시하는 목소리는 없었습니다. 두려움이 커질수록 신도들에 대한 통제력도 커졌습니다. 마침내 두려움이 그들을 해치웠습니다.[73]

짐 존스는 세뇌의 역사에서 종교의 힘을 입증한 이례적인 치명적 인물이었을까? 이 질문에 답하기 위해서 세계는 몇 년을 기다려야 했다.

제11장

믿음 혹은 망상
천국의 문 사건

욕망은 고문이야, 안 그래?
그러므로 행복은 더 이상 욕망이 없을 때,
더 이상 단 하나의 욕망도 없을 때임이 분명해.
예브게니 자먀찐, 1924

존스타운 사건이 발생한 지 20년이 지난 후에도 세상은 사이비종교에 대해 안일하게 생각했다. 존스타운은 이례적인 사건 아닌가? 문제는 사이비종교가 우후죽순 생겨나고 있지만, 일이 터지기 전까지는 눈여겨보지 않는다는 것이었다.[1] 1997년 미국 역사상 최대 규모의 집단 자살 사건으로 이웃들이 스스로 목숨을 끊었을 때 나는 치명적인 사이비종교를 더는 무시할 수 없게 되었다. 이 책의 서문은 '천국의 문'의 마지막 날에 대한 이야기를 자세히 언급하고 있는데, 대체이 운동은 어떻게 시작됐을까? 신도들은 어떻게 일상을 꾸렸을까? 이들이 가진 믿음의 본질은 무엇이었을까? 우리는 그 믿음을 어떻게 이해해야 할까? 믿음과 망상 사이의 경계는 무엇일까?

우리는 '천국의 문' 신도였던 사람들과의 인터뷰, 언론 기사, 여전히 존재하는 이 단체의 인터넷 사이트를 통해 이 단체에 대해 많은

326

것을 알고 있다. 또한 초기에 이 집단을 은밀히 관찰한 많은 학자들과 이들 신도의 믿음과 사회적 관습을 연구한 종교학 교수들의 연구 보고서도 있다.[2] 예상할 수 있듯 학자들, 냉정한 언론, 그리고 천국의 문 신도들의 유족인 친구들과 가족들이 바라보는 시각은 서로 다르다. '천국의 문' 신봉자들은 종교 신봉자들인가, 캘리포니아의 괴짜들인가, 아니면 비참하게도 함정에 빠진 사람들인가? 이 어려운 질문들에 답하기 위해서는 그 집단의 기원과 관습을 연구해야 한다.

이 집단은 마셜 애플화이트(Marshall Applewhite)와 보니 네틀스(Bonnie Nettles)—이후 도(Do)와 티(Te)로 알려졌다—가 설립했다.[3] 장로교 목사의 아들인 마셜은 종교적으로 엄격한 가정에서 자랐다. 목회자를 꿈꾸며 철학을 공부했지만, 전공을 바꿔 음악 석사학위를 받았다. 그 후 휴스턴으로 이주하여 성공회 교회의 합창단장을 역임했고, 휴스턴 그랜드 오페라와 함께 공연했으며, 휴스턴의 세인트 토마스 대학교에서 학생들을 가르쳤다. 마셜은 힘이 넘치는 바리톤 목소리를 가진 카리스마 넘치는 남자라는 평을 들었다. 그는 결혼하여 두 명의 자녀를 두었지만, 동성애 사실이 드러나면서 결혼생활은 막을 내렸다. 1970년대 초 마셜은 "정서적 건강 문제" 때문에 세인트 토마스 대학교 교수직을 사직했다.[4] 친구들은 그를 우울증에 걸렸고 너무 정신이 혼란스러워 정신병원에 입원했던 사람으로 묘사했다.[5]

보니 네틀스는 휴스턴의 독실한 침례교 가정에서 자랐다. 그녀는 간호사가 되어 결혼하고 네 명의 자녀를 두었다. 그 과정에서 점성술,

신지학, 그리고 강령회(降靈會)를 통한 영(靈)과의 접촉에 점점 더 관심을 가지면서 온통 마음을 빼앗겼다. 특히 영적 소통에서 네틀스는 19세기 수도사였던 프랜시스 형제와 특별한 관계를 맺었다. 이러한 문제에 점점 더 몰입하게 되면서 결혼생활은 천천히 파탄에 빠졌고, 결국 1973년에 이혼했다.

1972년 3월 휴스턴에서 만난 둘은 전생에 인연이 있다고 믿었다. 두 사람은 플라토닉한 사랑을 했고, 기독교적 금욕주의, 다양한 신비주의 전통, 과학소설을 공부했으며, 미국 전역을 함께 유랑했다. 1975년 무렵, 이들은 사명선언문을 작성해 각지의 목회자들에게 보냈다. 그 후 1년 동안은 이 마을 저 마을을 떠돌아다니며 워크숍 공지문을 붙이고 100회가 넘는 강연을 했다. 점차 사람들이 그들을 알아보기 시작했다. 보니는 커플의 두뇌였고, 마셜은 커플의 목소리였는데, 목소리에는 사람의 마음을 울리는 매력이 있었다. 녹음테이프에서 나오는 목소리는 미스터 로저스* 음성 같았다. 합리적이고 침착한데다 겸양까지 갖춘 목소리였다. 마셜은 온화한 유머 감각 덕분에 대단히 신뢰감이 있어 보였다.

많은 뉴에이지 종교단체와 마찬가지로 도와 티는 사람들이 욕망을 포기하고 서로 화해하며 우주를 관조해야 한다고 설교했다. 하지

● 미국의 방송인 프레드 로저스. 텔레비전 프로그램 〈미스터 로저스의 이웃〉은 친절한 이웃 아저씨의 이미지로 큰 인기를 끌었다

1975년, 마셜 허프 애플화이트와 보니 루 네틀스(Bettmann / Getty Images.)

만 그들의 믿음에는 그 이상의 것이 있었다. 도는 신도들에게 자기들이 외계에서 왔으며, 천국의 "원정팀" 일원일 뿐이라고 가르쳤다. 몸은 성적 욕망으로 녹슨 "차량"에 불과했다. 더 새롭고 더 좋은 차량은 금욕주의 특성을 지녔기 때문에 결함을 해결했으며, 그것으로 충분하지 않을 때는 항상 거세라는 선택지가 있었다. 한 신도의 설명에 따르면, 거세는 "몸을 흥분시키고, 사람을 멍청하게 만들며, 머리를 텅 비게 하고, '맹목적' 상태로 만드는 호르몬"의 영향을 끝장내는 것이었다.[6] 피리 부는 사나이처럼 도와 티는 추종자들에게 자신들의 대열에 합류하고 소유물을 팔고, 가족들과 작별을 고하고, 옛 이름을 버리고, 새로운 신분을 갖도록 설득했다.

도와 티는 오리건 주 왈드포트에서 "UFO, 그들이 왜 여기에 왔는지, 누구를 위해 왔는지, 언제 떠날 것인지"를 주제로 강연을 하겠다는 공지를 올린 후 전국적인 명성을 얻었다.[7] 작은 왈드포트 호텔에서 열린 강연에는 200명이 참석했다. 강연에 참석한 많은 사람들이 깨달음을 얻고자 했고, 이전에 마약을 한 경험이 있었으며, UFO의 존재에 대한 확신을 비롯해 다양한 뉴에이지 신념을 가지고 있었다.

도와 티는 참석자들에게 고통과 타락으로부터 자유로워질 수 있는 새로운 운명, 즉 다음 차원(Next Level)으로 탈태(蛻胎)할 준비가 되어 있는 추종자들을 가르치고 모으기 위해서 왔다고 말했다. 그리스도는 2천 년 전 지상에 오셨지만, 사람들이 천국에 갈 수 없을 정도로 너무 타락했다는 걸 알게 되었다. 이제 다시 시도할 때가 되었다. 천국은 실제 행성에 있는 곳이고, 준비가 되어 있는 자들은 UFO를 타고 그곳에 갈 수 있을 것이다. 도와 티는 참석자들에게 소유물과 가족을 버리고 '지금 당장' 자신들을 따라오라고 말했다.

이들의 메시지에 대한 응답으로 마을 주민의 3퍼센트를 차지하는 20명의 참석자가 사라졌다. 월터 크론카이트가 CBS 〈이브닝뉴스〉(1975년 10월 8일)에서 설명했듯이 "수십 명의 사람들이 사라졌다. 이 사람들이 소위 영원으로의 여행을 떠났는지 아니면 단순히 납치된 것인지는 미스터리다." 실종을 수사한 오리건 주 경찰관 멜빈 깁슨은 참석자들에 대해 이렇게 설명했다. "이 사람들 대부분은 여러분이 히피

족이라고 부를 만한 사람들입니다. 그들 중 일부는 이곳에서 몇 년간 살았지만, 여러분이 훌륭한 시민이라고 할 만한 사람이 아니었습니다. 재미있는 일이 벌어지고 있다는 데에는 의문의 여지가 없습니다. 단정하기는 어렵지만, 그들 중 일부는 떠밀려 다시 돌아올 겁니다."[8]

이 집단은 이후 20년 동안 사람들의 눈에서 사라졌으며, 가끔 다양한 장소에 불쑥 나타나 우주의 외계인과 기독교 전통에 관한 집회를 열었다. 도와 티는 사람들이 사회에서 단절감을 느끼는 이유는 우리 모두가 현세에 갇혀 있는 우주의 외계인이기 때문이라고 가르쳤다. '천국의 문'은 사람들을 구출하고 그들에게 하늘 왕국의 새로운 대표자들에 관해 가르치고, 지구를 떠날 준비를 시켰다. 도와 티는 마약과 담배와 정크 푸드와 커피 중독을 극복하고, 성(性)에 대해 어린아이처럼 매달리는 것을 초월하며, 인간관계의 늪에서 벗어날 수 있도록 새 신도들을 도왔다.

그렇게 그들은 떠돌아다니며 공부했다. 인터넷과 마케팅에 능한 일부 신도들은 재능을 이용해 집단을 지원하고 추종자들과 잠재적인 새 신도를 위한 통신망을 유지했다. 이들은 천국에 가려면 추종자 개개인이 인간적 유대, 사고, 성욕을 버려야 한다고 배웠다. 성욕으로 산란한 마음을 극복하기 위해 "어떤 신도들은 … 성별에 구애받지 않고 객관적인 의식을 유지하고자 스스로 자신의 차량을 중성화하는 길을 [선택]했다."[9]

티는 1985년에 암으로 사망했다. 상실감에 빠진 도는 주류 사회가 자신들의 운동을 거부하는 현실을 반추했다. 1993년 5월, 도는 사람들에게 자신의 메시지에 주의를 기울이고 자신과 함께할 것을 권하는 대형 광고를 〈USA 투데이〉에 게재하면서 전도 활동을 재개했다. 이듬해, 그는 해안에서 해안으로 옮겨 다니며 설교를 했다. 신도들은 증가했지만 조롱은 끊이지 않았다. 도와 추종자들은 서서히 세상이 잡초로 가득 차 있다는 믿음을 갖게 되었다. "잡초들이 정원을 점령해, '삽질로는' 원상복구를 할 수 없을 정도로 정원의 아름다움을 완전히 망쳐놓았다. 이제 문명을 재생해야 할 때다."[10] 말하자면 '종말'이 다가오고 있었고, 지구는 재생될 운명이었다.[11] 도는 자신과 자신의 집단은 죽어서 새 차량을 얻어서 지나가는 우주선에 올라탈 것이기 때문에 구원받을 것이라고 믿었다. 도는 추종자들에게 우주선에 탑승하는 것을 돕고 인간의 무지와 거짓을 뒤로하고 떠나는 데 쓸 열쇠를 가지고 있다고 말했다.

공동생활 방식은 신도들에게 강한 소속감을 심어주었다. 여느 폐쇄 집단과 마찬가지로, 이 집단의 거주자들은 집단 내부에서 사고하고 반응하는 방식뿐만 아니라 바깥세상과의 상호작용을 규제하는 행동 규칙이 있었다. 이들은 가족과 친구들과의 어떠한 접촉도 금지되었다. 한 부유한 젊은 신도의 신탁 기금을 비롯해 신도들의 모든 재정이 공유되었다. 신도들은 한 달 동안 레모네이드, 고춧가루, 메이플 시럽으로 몸을 정화했다. 목욕 시간은 6분, 목욕물은 1갤런(약 3.8리터)으로 엄격하게 제한되었다.[12] 모든 규칙은 지침을 준수할 것을 강조하고, 배려와 겸손과 온화함과 신중함과 섬세함과 순수함을 강조했다. 신도들은 "다른 사람의 귀를 더럽히는 행위", 미루는 행위, 억지 부리거나 공격적이거나 혹은 지나친 요구를 삼가라는 경고를 받았다. 신도들은 각자 지속적 동반자이자 감시자가 되어줄 "점검 파트너"를 지정받았다.

이 집단의 황금률은 간결하고 분명했다. "여러분은 마음을 차량에 집중하고 차량을 통제해야 합니다."[13] 신도들은 집안일과 노동과 공부에 집중하는 것으로 차량을 통제할 수 있지만, 자신의 판단을 믿고 파트너와 상의 없이 어떤 행동을 하거나 사적인 생각과 혼란스러운 감정들을 허용해서는 안 된다는 걸 배웠다.

당연히 많은 추종자들이 이 운동을 포기하고 이탈했다. 수백 명의 신도로 정점을 찍던 '천국의 문' 공동체는 결국 40여 명의 소규모 집단으로 쪼그라들었다. 이들 대부분은 20년 동안 공동체에 고립된 채 함께 살았으며, 외부 사람들과는 거의 소통하지 않았다.

이들은 모두 부적응자들이었을까? 대부분은 구도자였지만 일부는 그저 삶의 버거운 현실을 피하기 위해 합류했다. "어깨에 짊어진 짐을 내려놓으니 얼마나 위안이 되는지 당신은 믿지 못할 겁니다. 설사 우리가 [행성]을 떠나지 못하더라도 나는 절대 지난 삶으로 돌아가지 않을 겁니다." 상실을 겪고 나서 합류한 사람들도 있었다. "저는 천국에 가고 싶다기보다는 제가 있는 지옥에서 벗어나고 싶어서 여기에 들어오게 됐어요."[14]

<표 3> '천국의 문'의 '통제와 자제 학습을 위한 추가 지침'에서 뽑은 내용

중대한 위반

- 기만: '교활하게' 행동하는 것. 선생님이나 동료에게 거짓말을 하는 행위. 스스로 모욕적인 짓을 하고도 같은 날 밝히지 않는 것
- 육욕성: 생각이나 행동에서 성적 자극을 (싹을 자르는 것이 아니라) 허용하는 행위
- 지시나 절차를 고의로 위반하는 행위

경미한 위반

- 점검 파트너와 상의하지 않고 어떤 행동을 하는 것
- 자신의 판단을 믿는 행동 혹은 자기 마음대로 하는 것
- 자신의 이익을 위해 절차를 왜곡하는 행위
- 급우나 교사들에게 방어적으로 대응하는 행위
- 급우나 교사들을 비난하거나 흠을 잡는 행위
- 뻔뻔하거나 망설이는 부정적인 태도, '나는 할 수 없다'는 태도
- 급우에게 가하는 신체적이거나 언어적인 폭력(감정의 폭발, 거친 말, 빈정거림, 욕설, 분노, 상처를 주는 놀림, 짜증).
- 급우를 질투하는 행위, 자신을 다른 사람들과 비교하는 행위
- 자기 생각에만 몰두하는 행위, 사적인 생각, 자기 파트너에게 마음을 터놓지 않는 행위 ─ 단독 행위
- 나만을 우선시하고, 자기 방식대로 하려는 반항심, 이기심. 이기적으로 좋아하거나 싫어하는 것
- 업무나 휴식을 방해하거나 다른 사람에게 방해가 될 정도로 감정을 통제하지 못하는 것
- 친밀함, 우발적인 행동, 험담을 하거나 타인에 대한 자제력 부족
- 지나치게 공격적이거나 강압적인 행위
- 머릿속에 흐르는 생각을 잘 통제하지 못하고, 쉽게 산만해지는 것
- 조급함이나 편협함
- 외모에 대한 허영심, 어떤 식으로든 여성성이나 남성성을 드러내는 것
- 부적절한 호기심을 갖는 행위

출처: Additional Guidelines for Learning Control and Restraint: A Self-Examination Exercise, Spring 1988, http://heavensgate.com/book/2-6.htm.

이들은 미국 전역에 걸쳐 다양한 배경을 가진 사람들이었고, 성별도 고르게 분포해 있었다. 신도는 대다수가 백인이었고 사망 당시엔 40대가 가장 많았지만, 연령대는 20대에서 70대에 이르기까지 다양했다. 많은 사람들이 집단에 합류하기 전 뉴에이지 사상에 심취했지만, 예외적인 경우도 있었다. 콜로라도의 한 부동산 개발업자는 공화당 후보로 주 하원의원에 출마했다가 가족을 떠나 이 단체에 합류했다. 결국 '천국의 문'은 전직 조종사와 간호사, 컴퓨터 프로그래머, 학생, 할머니, 연방 판사의 딸, 마사지 치료사, 컴퓨터 천재, 집배원 등 다양한 사람들로 구성되었다.

○

'천국의 문'은 기독교 전통의 이런저런 사상을 자신들의 세계 이론에 통합했다. "[2천 년 전] 하늘 왕국의 한 분이 이 땅에 오셔서 ⋯ 육신을 남겨두고 ⋯ 이 특별한 임무를 위해 '준비된' 한 성인 인간의 몸(혹은 '차량')으로 옮겨가셨습니다. 선택된 몸이 바로 예수님입니다."[15]

이 운동은 육체와 영혼이 별개의 존재이며, 물질은 악이고 유일한 선은 영적 세계에 존재한다는 영지주의적 신념을 지니고 있었다. 초기 기독교인들과 마찬가지로 '천국의 문'의 신도들은 저항에 부딪혔다. 이들의 사고방식에 따르면, 자신들은 천국의 문으로 가는 길을 제시했지만, 하급 세력(루시퍼의 추종자들)이 자신들을 적대시하며, "성행위"을 이용해 "인간을 '약에 취하게 하고' 무지에 사로잡히게 하고 …
중독에 빠뜨렸다."[16] '루시퍼파'는 사람들에게 '천국의 문' 운동에 동
참하기보다는 안전하고 사회적으로 용인된 길—직업을 구하고 주택
대출금을 갚고 '합리적으로' 사는 일—을 따를 것을 장려했다.

도와 티는 신도들에게 세상 사람들은 자기들을 "사기당한 자들,
미치광이, 사이비종교 신도, 떠돌이, 외톨이, 낙오자"로 간주하며 거
부반응을 보일 거라고 경고했다.[17] 또한, 도는 운동을 이탈한 배교자
들은 결국 정부와 산업계와 긴밀히 공모하여 자신들을 적대시할 것
이라고 경고했다. 1993년 다윗교(Branch Davidians)의 종말론적인 파국
이후, 도는 신도들이 외부인들에게 납치돼 재교육을 받을 수도 있다
는 우려를 끊임없이 나타냈다.

이 집단은 함께 명상하고 서로를 지지하며 신도들에게 엄청난 소
속감과 일체감과 희망을 심어주었다. 이들은 집단생활을 하면서 볼
수 있는 텔레비전 채널, 읽을 수 있는 책, 앉을 수 있는 곳, 먹을 수 있
는 음식에 대해서 엄격하게 규제했다. 이 모든 것이 '절차(Procedures)'
라는 책에 체계적으로 상세히 설명되어 있었다. 이 운동은 개인주의
를 좋아하지 않았다. 최후의 식사를 위해 이들은 칼즈배드에 있는 음
식점 '마리 캘린더스'에서 치킨 팟파이 39개, 샐러드 39개, 치즈케이
크 39조각을 주문했다.[18] 혜성이 그들을 향해 다가오고 있었다.

신도들은 과학소설을 무척 좋아했고, 자신의 운명이 천국에 있다
고 열정적으로 믿었지만, 티의 죽음 이후로 도는 외로움과 씨름하면

서 천국으로 가는 길은 자살밖에 없다고 믿기 시작했다. 도는 이에 대해 신도들과 폭넓게 논의했다. 일부 신도들은 자살을 고려하지 않았기 때문에 집단을 떠났다. 나머지 신도들은 그저 쓸모없는 껍데기를 벗어버릴 거라고, 애벌레처럼 성충이 되어 번데기에서 나오겠다고 주장했다.

처음에는 자살 의식(儀式)을 언제 거행할지 불분명했다. 그러던 차에 1995년 7월 23일 전혀 예상치 못한, 엄청나게 밝은 혜성이 발견되었다. 1996년 5월부터 1997년 12월까지는 육안으로 볼 수 있을 정도였다. 헤일-밥(Hale-Bopp) 혜성은 어찌나 밝은지 황혼 무렵에도 보였다. 나는 산타페 상공의 높은 하늘에 모습을 드러낸 이 혜성을 처음 보았을 때 느꼈던 충격이 아직도 생생하다.

역사적으로 혜성은 율리우스 카이사르의 탄생과 죽음, 예루살렘 함락, 노르만족의 영국 침공과 같은 중대한 사건을 알리는 일종의 우주 사자(使者)로, 하늘이 보내는 신호로 여겨졌다.[19] 휴스턴의 천문학자 척 슈라멕(Chuck Shramek)이 혜성을 뒤따르는 물체를 목격했다고 주장하기 전부터 이미 '천국의 문'은 새 혜성의 출현에 몹시 흥분하고 있었다. 자신 말고는 아무도 이 혜성에 뒤따라오는 것을 보지 못했지만, 슈라멕은 음모이론의 악명 높은 전파자이자 초자연적인 현상의 신봉자인 라디오 토크쇼 진행자 아트 벨(Art Bell)에게 그 소식을 알렸다. 벨은 혜성의 그림자에 커다란 우주선이 숨어 있다는 뉴스를 세상에 떠벌렸다. 이 뉴스를 접한 도는 관련 정보를 낱낱이 찾아보고는 숨어 있는 우주선이 영원의 세계로 돌아가는 길이라고 확신하게 되었다. 도는 혜성이 지구에 가장 가까이 접근할 날을 계산해 그때가 우주선으로 순간이동하기 가장 좋은 시간이 될 거라고 생각했다. '천국의 문'의 신도들은 기쁜 마음으로 영원으로의 여행을 계획했다.

신봉자들이 오랜 세월 칩거해 공부하는 동안 이들의 가족들은 연락이 닿기를 간절히 원했다. 가족들은 인터넷 모임을 만들어 천국의 문 집단의 거주지, 사랑하는 가족을 설득해 집으로 데려오는 방법, 심지어 가족과 조금이라도 이야기를 나눌 방법에 관한 정보를 공유했다. 한 피해자의 아버지는 슬픈 심정으로 이렇게 고백했다. "딸을 되찾기 위해 할 수 있는 모든 것을 했지만, 아무 소용이 없었습니다. 그자들이 딸의 마음을 납치해간 것만 같았어요."[20]

○

지구에서의 마지막 날이 다가오자, 일부 신도들은 인터넷에 작별 인사를 올렸다. 한 신도는 이렇게 썼다. "저는 정말 운 좋게도 선생님들과 높은 연배의 신도들과 함께할 수 있게 되었습니다. 저를 도와주도록 그분들을 보내주신 '다음 차원'에게 거듭 감사드립니다. 그분들은 인내심이 강하고 배려심이 많으셨습니다. 그분들은 빼어난 본보기가 되어 '다음 차원'이 얼마나 질서정연하고 멋진 곳인지 보여주셨습니다. … 가장 흥분되는 것은 기다림이 거의 끝났다는 사실입니다.[21]

헤일-밥 혜성(사진: 제프 체스트)

또 다른 신도는 메디슨가(街), 컴퓨터 기술, 그리고 강압적이고 부패한 정부 등 주로 미국 문화에 대해서 느끼는 좌절감을 토로했다. 이 학생은 몸이 단지 영혼을 담을 수 있는 수단이나 옷일 뿐이라고 느꼈다. 은둔 생활은 외부인과의 갈등을 최소화하는 한 가지 방법이었다. 이 천국의 문 신봉자는 "왜 지금 떠나고 싶은가"라는 질문에 대해 이렇게 답했다. "저의 … [지도자가] 떠납니다. 그분이 떠나면, 여기 이 지구상에 저를 위한 것은 아무것도 남아 있지 않습니다. 그러니 한시도 머물 이유가 없습니다. … 빌려 탄 이 인간 차량이나 육체를 떠나 '다음 차원'으로 돌아가는 길을 선택하는 것은 저의 충성심, 헌신, 사랑, 신뢰, 믿음을 증명할 수 있는 기회입니다. … 여기 이 세상에서 제가 원하는 것은 아무것도 없습니다. … [저는] 지금 제가 거주하고 있는 이 생물학적 겉옷이 아닙니다."[22]

이 집단은 인터넷에 게시한 작별인사 외에도 죽음과 미래에 대한 자신들의 믿음을 설명하기 위해 퇴장 인터뷰를 비디오로 녹화했다.[23] 비디오테이프에 담긴 그들의 이름은 언급할 가치가 있다. 귀의 당시에 새로운 이름을 부여하는 건 일반적인 종교적 관습이지만, '천국의 문'에서 선택받은 이름은 확실히 특이했다. 그 이름은 대체로 여섯 글자로 이루어져 있고 "오디(ody)"(도와 티를 참조함)로 끝을 맺었다.

이 집단의 랜초 산타페 저택의 아름다운 경내에서 촬영된 고별사 장면은 믿음과 소속감으로 충만했다. 짧은 머리에 헐렁한 평상복을 입은 신도들은 카메라를 쳐다보며 이 운동이 자신들에게 어떤 의미가 있는지, 왜 지구를 떠나려 하는지 설명했다. 이 이별 비디오 영상은 그들의 생각을 아주 생생히 보여준다. 우울함이나 분노, 사면초가에 빠진 듯한 기분과 같은 전통적 유서의 내용이 없다. 대신, 영상은 '천국의 문'의 기쁨을 증언하는 복음주의의 성격을 띠고 있다. 천국의 문 신봉자들의 행동을 설명하고자 아름답게 만든 고별사였다. 나는 여기서 어떤 인터뷰 내용을 넣을지 선택하기가 참 어려웠다. 신도들의 인터뷰는 모두 독특하고 가슴 아픈 내용이다. 관심을 호소하기 위해 아우성치는 유령들의 목소리 같다.

스트로디(Strody)는 이렇게 증언했다. "이것이 우리 모두의 기도에 대한 응답입니다. 지난 몇 년 동안 이보다 더 나은 삶을 살 수는 없었을 것입니다. [손으로 하늘을 가리키며] 저는 저기로 올라가면 삶이 갑절로 좋아질 거라는 걸 압니다." 르고디(Lggody)는 감상에 빠지며 이렇게 말했다. "이것은 제 자유의지로 선택한 일이고, 이 선택이 중요하다는 것을 마음속 깊이 깨달은 것입니다. 저는 더는 기다릴 수 없으며, 갈 준비가 되어 있습니다."

어떤 신도는 육체를 원시적인 차량으로 간주하며, 육체의 한계를 이야기했다. 알소디(Alxody)는 이렇게 말했다. "저는 이 살덩어리 차량과 같을 수 없습니다. … 저는 우리가 이 육체를 벗게 될 다음 단계를 기대합니다. 원시적 생명체를 시험장으로 삼아 다음 진화 단계로 나아갈 것입니다." 비슷한 맥락에서 트로소디(Trosody)는 감각적 욕망을 내려놓고 중성화할 수 있게 된 것에 대해 안도감을 느낀다고 말했다. "이 차량을 내려놓으면 정말 좋을 것 같습니다."

어떤 신도는 세상에 신물이 난 것 같았다. 느로디(Nrrody)는 카메라를 향해 "이 차량을 떠날 수 있게 되어 무척 기쁩니다. 이 세상이 지겹습니다. 하나도 괴롭지 않습니다. … 우리 모두가 함께 떠날 수 있다는 사실이 설렙니다"라고 말하고는 눈물을 터뜨렸다.

모두들 곧 떠날 날을 기대하며 기쁨을 감추지 못했다. 어떤 신도들은 심지어 농담을 하며, 더는 세상에 갇혀 있지 않아도 된다는 안도감을 표했다. 이들은 다음 생에 더 세련된 새 차량을 물려받을 거라는 기대감에 감격했다. 한 신도는 '다음 차원'으로의 이동이 자신을 지구상에서 가장 행복한 사람으로 만들었다고 선언했다.

몇몇 신도들은 외부인들, 특히 가족이 자신의 죽음을 어떻게 바라볼지 걱정했다. 이들은 언론이 자신의 죽음을 어떻게 그릴지 걱정했고 천국의 문 운동이 자신을 세뇌했다는 주장을 부정하기 위해 많은 노력을 기울였다. 스트모디(Stmody)는 이렇게 말했다. "우리는 모든 사람들을 헐뜯고 모든 사람들을 깔아뭉개는 일을 업으로 하는 사람들인 여론조작 전문가들이 우리가 하고자 하는 일을 공격할 것이라는 사실을 알고 있습니다. … 그자들은 우리가 미쳤다고, 최면에 걸렸다고, 뭐든 부정적으로 말할 겁니다. 우리는 그자들의 말이 사실이 아니라는 걸 압니다. … 우리에게 이 인간의 몸을 내버리는 이 단계는 휴가를 떠나는 것과 같습니다. 우리는 모두 그 휴가를 고대하고 있습니다."

이 건강한 남녀들은 카메라를 바라보면서 우리에게 친근하게 이야기를 하고 작별을 고했다. 그들은 증언했다. 대부분은 20년 넘게 천국의 문 집단의 신도였고, 이 단체를 구원으로 여겼다. 트도디(Tddody)는 카메라를 응시하며 말했다. "저는 온갖 짓을 다 해봤지만, 이 지구상에 제게 흥미로운 것은 아무것도 없어요. 결국 저는 이 차량에서 자진해서 내리기로 했어요." 이들은 하늘 왕국으로 이주하기 위해 몇 년을 준비해왔고, 마침내 기꺼이 이주하게 되었다.

자살 직전에 있는 서른아홉 명의 삶을 잠시 엿볼 수 있는 이 영상을 보면 섬뜩한 기분이 든다. 나는 그 눈물이 불안의 표현인지 우울의 표현인지, 아니면 기쁨의 표현인지 몹시 궁금했다.

'천국의 문'과 존스타운은 둘 다 집단적 죽음으로 끝났지만, 공동체 운동 측면에서 보면 두 집단은 완전히 달랐다.

두 집단의 지도자 모두 바깥세상을 의심했지만 커다란 차이가 있었다. 애플화이트는 신도들이 공동체를 떠나는 걸 금지하지 않았다. 바깥세상에서 일하고, 쇼핑하고, 도서관에서 책을 대출하고, 영화를 보러 갔다. 반면에 존스는 정글 속 외딴 곳에 공동체를 건설하고 외부 세계와 교류할 수 있는 신도를 엄격하게 제한했다. 존스는 무장 경비대를 조직해 존스타운의 주변을 감시했다.

배교자를 대하는 방식도 달랐다. 존스는 배교자들이 존스타운을 떠나는 걸 용납하지 않고 처벌로 감금하기까지 했지만, 애플화이트는 신도들에게 잔류나 이탈의 선택권을 주었다. 존스는 배교자들에게 살해하겠다고 위협했던 반면에 애플화이트는 탈퇴한 신도들을 안타깝게 생각했다.

두 사람의 믿음 체계도 달랐다. 애플화이트는 일정 기간 복음을 전파했지만 마지막 20년 동안은 세상과의 관계를 끊었다. 그는 거의 세상과 담을 쌓고 폐쇄적인 공동체를 설립했다. 바깥세상에 대한 경멸도 어느 정도는 있었지만, 거기에는 절대 '다음 차원'에 이를 수 없는 다수의 무지몽매한 사람들에 대한 연민이 깃들어 있었다. 하지만 존스는 세상에 대해, 특히 만연한 인종차별이 수많은 사람들의 삶을 파괴했다며 분노했다. 존스에게 외부인들은 가능한 모든 방법을 동원해 통제하고 조작해야 하는 것이었다.

또한 두 집단은 약물 사용과 개인적 특권에 있어서도 달랐다. 말년에 애플화이트가 리더로서 누린 특권은 개인 침실을 소유한 것뿐이었다. 그는 약물에 반대하는 설교를 했고 자신의 설교 내용을 그대로 따랐다. 존스는 만성적으로 각성제와 진정제를 남용했고 사치품으로 가득한 별도의 집에서 살았으며 경비원들에 둘러싸여 있었다.

마지막으로, 죽음의 방식도 당연히 달랐다. 애플화이트는 추종자들에게 가능한 한 폭력적이지 않은 방식—바르비투르산염 과다 복용—으로 자살할 것을 설득했다. 존스는 신도들에게 청산가리로 자살하라고 강요했고, 거부할 경우에는 총살했다.

존스타운과 '천국의 문'은 근본적으로 공포와 분노의 유무에서 차이가 있었다. '천국의 문'에는 분노가 거의 없었다. 오히려, 신도들은 친교로 기쁨을 누렸고 자신들이 다시 태어날 거라고 확신했다. 그러나 존스타운은 적대적인 세상에 노골적으로 분노했고, 공포 전술을 활용해 행동을 통제했다.

○

종교는 본질적으로 공동체의 믿음과 신앙과 의식(儀式)에 관한 것이다. 신흥종교집단이 드물다고 생각하는 것은 잘못된 생각이다. 사실 신흥종교단체는 수백 개에 이른다. 갤럽의 조사에 따르면, 미국 청소년이 실제로 사이비종교집단에 가입한 경우는 적지만, 절반 정도가 어느 시점에 사이비종교에 관심을 가진 적이 있다고 한다.[24] 신흥종교의 신념의 풍부함과 이질성에 관심을 가졌던 한 학자는 비꼬는 투로 "사이비종교는 여러분이 믿는 종교보다 더 기괴한 종교"라고 말했다.[25]

흔히 말하는 일반적인 믿음이란 무엇일까? 2004년에 시행한 갤럽 조사에 따르면, 미국인의 90퍼센트가 신을 믿고 70퍼센트가 악마를 믿고, 78퍼센트가 천사를 믿고 81퍼센트가 천국을 믿고 70퍼센트가 지옥을 믿었다.[26] 그러나 일반적이지 않은 믿음도 흔하다. 퓨 종교 센터(Pew Religious Center)의 2018년 여론조사에 따르면, 미국인의 60퍼센트가 적어도 한 가지 이상의 뉴에이지 신념을 받아들였다. 예를 들어 40퍼센트는 초능력을 믿으며, 물질에서 영적 에너지를 발견할 수 있다고 생각하고, 33퍼센트는 윤회를 믿고 29퍼센트는 점성술을 믿었다.[27]

이와 같은 관찰 결과는 사회학적이거나 인류학적인 관점의 토대가 된다. 어쨌든 '이상한' 믿음은 통계적으로도 드물지 않다.[28] 더 중요한 사실은 사회과학자들이 종교에 대한 가치판단을 꺼리는 경향이 있다는 점이다. 왜냐하면 종교마다 현실을 바라보는 나름의 방식이 있으며, 때로는 잔인한 관행을 활용하는 경우도 드물지 않기 때문이다.

신흥종교를 연구하는 대부분의 사회과학자들은 전통적인 종교적 신념과 관행에 부합하지 않는다는 이유로 신흥종교를 병리학적으로 분류하는 것을 거북해한다. 일부 학자들은 '천국의 문'과 같은 신흥 종교의 신봉자들이 세뇌되어 거기 들어갔을 것이라고 보지 않는다. 그보다는 신흥종교의 신도들이 종교적인 회심을 경험했으며, '세뇌'라는 용어는 억압이 있었음을 정당화하기 위해 붙인 딱지일 뿐이라고 말한다. 어떤 학자는 "세뇌는 모든 학문적 신뢰성을 잃었다"고 강력하게 말한다.[29] 다른 학자들은 세뇌가 "미국 수정헌법 제1조에 명시된 권리를 침해하는 위험한 사이비 과학적 근거를 제공해준다"고 주장한다.[30] 이 주제와 관련한 험악한 논쟁이, 냉철한 사회과학자들이 정확하게 "무익한 문화전쟁"이라고 이름 붙인 논쟁이 벌어지고 있다.[31]

신흥종교를 모두 신도들을 세뇌하는 사이비종교로 낙인찍는 것은 어리석은 짓이다. 그러나 사람들이 "어떻게 카리스마적인 사회운동에 빠져들게 되는지" 묻는 것은 정당하다.[32] 이러한 분석은 사람들이 어떻게 그와 같은 운동에 동참하게 되는지, 신념은 어떻게 바뀌었는지 그리고 왜—아마도 세뇌의 독특한 특징인—이러한 운동에서 이탈하지 못하는지 고려해야 한다.

어떤 사람들은 사회상대주의 관점이 신흥종교의 위험성을 무정하게 무시한다고 생각한다. 신도들의 이탈을 금지하는 사이비종교들도 있다. 그러나 중요한 문제는 이들 종교가 '어떻게' 공동체로부터의 이탈을 막느냐 하는 점이다. 만약 담장을 쌓고 경비원을 두어 이탈을 막는다면, 나는 사랑하는 사람들을 붙잡아 탈출할 수 있도록 도와야 한다고 믿는 사람들의 논점을 이해할 수 있다. 하지만 이탈을 막는 것이 보이지 않는 담장이라면 어떻게 해야 할까? 만약 사이비종교의 신도가 더는 사이비종교 밖의 삶을 생각하지 않는다면 어떻게 해야 할까? 만약 종교 공동체 안에서만 사람들과 교류를 한다면, 그 사람은 공동체 밖에서 정체성을 갖고 살아갈 수 있을까? 이는 신흥종교는 물론이고 기성 종교에도 던질 수 있는 질문이다.

예를 들어, 옛 힌두교 풍습인 사티(남편이 죽으면 산 아내도 함께 화장하는 풍습)에서는 남편과 사별한 미망인은 남편의 사망 후에는 사회적 기능을 상실하므로 스스로 목숨을 끊는다. 흥미롭게도 39명의 '천국의 문' 신도들이 죽은 후, 전 신도들 중 일부는 스스로 목숨을 끊었다. 어떤 신도는 동료들을 "따라잡아" 우주선에 탑승할 기회가 있을 거라고 느꼈다. 다른 생존자들은 주변 세상과 전혀 어울리지 못했다. 이들은 친구들이 죽을 때 현장에 함께 있지 못했다는 죄의식 그리고 우주선 탑승 여부와 상관없이 집단에서 벗어난 삶을 상상할 수 없었기에 '사티'와도 같은 절망감에 사로잡혀 스스로 목숨을 끊었다.

신흥종교와 강압적 설득에 관한 이러한 공개적 논쟁에서 악당이 있다고는 생각하지 않는다. 내가 보기에는 양쪽 모두가 균형 잡힌 시각은 아닌 것 같다. 나는 '세뇌'가 바보 같은 용어라는 데 동의하지만, 그렇다고 카리스마적 리더가 어떻게 구성원을 끌어들이고, 그들의 생각과 행동을 빚어내며, 신념을 바꾸고, 이탈을 제한할 수 있는지를 무시해서는 안 된다고 본다.

'천국의 문'과 관련하여 두 가지 질문을 고찰하는 것이 도움이 될 것이다. 이 질문에 대한 대답은 다소 불편할 수도 있다. 첫째, '천국의 문'은 사회의 주류 문화와 정말 놀라울 정도로 다르고 이상한 관점과 관행을 가지고 있을까? 둘째, '천국의 문'의 지도자 혹은 추종자들은 정신장애가 있어서 그와 같은 행동을 한 것일까?

우리는 이미 "비정상적인" 종교적 믿음이 결코 드문 일이 아니라는 것을 확인했다. 심지어 '천국의 문'에서 볼 수 있는 몇 가지 특이한 측면도 역사에 깊은 뿌리를 두고 있다. 이를테면 금욕주의는 '천국의 문'만 내세우는 것이 아니다. 헤어스타일과 복장과 식단까지 세세히 규정한 폐쇄적인 공동체는 놀랄 것도 없이 너무 흔하다. 심지어 거세도 새로운 게 아니었다. 초기 가톨릭교회의 신부들은 성적 유혹에 대처하기 위해 스스로 거세했다. 아마도 가장 유명한 사례로는 알렉산드리아의 존경받는 교회 지도자 오리겐(Origen, AD 185~254)이 스스로 거세해 성적 유혹을 단호히 물리침으로써 천국에서 한 자리를 얻을 것이라고 믿은 것을 들 수 있다.[33] 교회 지도자들은 자신들의 정당성을 보여주기 위해 마태복음 19장 12절을 인용했다. "하늘의 왕국에 가고자 스스로 거세한 고자들도 있나니." 실제로 4세기 니케아 공의회에서는 거세한 남성의 성직자 입직을 금지할 정도로 자기 거세 열풍은 너무나 심각할 정도로 만연했다.[34]

2천 년 전에는 노예제도, 도둑의 손을 자르는 일, 돌로 쳐 죽이는 행위 등 끔찍한 일들이 성경에 기대어 행해졌다. 하지만 이런 행위는 오늘날의 문명 세계에서는 종교적 유산이라고 할지라도 야만적이고 불법적인 것으로 여겨진다. 짐 존스가 그랬던 것처럼 사람들에게 자살을 명령하는 것은 종교적인 영감을 받아 저지른 살인이나 어쩌면 자살 조력으로 간주될 수 있다. '천국의 문'에는 자살하라는 '계율'이 없었다. 설득은 좀 더 부드러웠지만, 덜 치명적이지는 않았다. 20세기 종교 지도자들은 직접적인 대면 대화와 설교를 통해 신도들에게 자살하라고 명령할 수 있었다. 21세기에는 인터넷 덕분에 그와 같은 치명적인 지시를 직접 대면해서 내릴 필요조차 없게 되었다.

그렇다면 종교적으로 조장한 자살을 우리는 어떻게 평가해야 할까? 이러한 행위는 자살에 관한 사회의 광범위한 정의와 가치의 맥락에서 바라보아야 한다. 만약 모든 '천국의 문' 신봉자들이 불치병에 걸렸다면, 우리들 중 일부는 자살이 정당화될 수 있다고 결론지을지도 모른다. 만약 모든 신도들이 심하게 우울했다면, 어떤 사람들은 그 상황이 납득할 만한 이유라고 생각할지도 모른다. 만일 신도들이 자기의 행동이 초래할 결과를 충분히 이해했다면, 이들의 행동이 비판을 받더라도 정당한 이유가 있다고 판단할 수 있을 것이다. 확실히 '천국의 문' 신도들은 자기들이 벌이는 일을 알았지만, 자살로 얻는 것은 관(棺)이 아니라 우주선 승선 후의 불사라고 확신했다. 지도자의 강력한 설득은 차치하고, 신도들은 집단 자살이라는 치명적 결정을 내릴 수 있는 능력이 있었을까? 아마도 우리 대부분은 그들의 판단에 의구심을 가질 것이다.

어떤 사람들은 '컬트(cult)'라는 단어가 기존의 종교적 관행에 비추어 판단하거나 편향을 갖는 것처럼 들린다는 이유로, 또 종교에 대한 경멸의 뜻을 담고 있다는 이유로 싫어하기도 한다. 나는 문제의 핵심이 집단의 신학이 아니라 리더가 신도들을 지배하고 통제하는 방식이라고 생각한다. 칼럼니스트 프랭크 리치(Frank Rich)는 그 점을 정확히 짚었다. "어떤 컬트이든 컬트를 컬트로 만드는 것은 종교 자체가 아니라 일반적으로 카리스마적 지도자가 신도들의 사고의 독립성을 빼앗는 데 활용하는 마인드 컨트롤 기술이다."[35] 컬트는 (한국전쟁 당시) 한국과 중국의 재교육 수용소와 유사한 방식으로 집단 압력, 격리, 감각 박탈을 활용한다. 재교육 수용소와 달리 '천국의 문'은 고문이나 혹독한 육체적 학대를 가하지 않았다. 하지만 강압적 측면은 있었다.

그 믿음은 망상(delusion)이었을까? '천국의 문'은 어떤 형태의 강압적 설득을 썼을까? 혹은 신도들은 망상을 공유했을까? 언론은 '천국의 문' 신도들을 "남부 캘리포니아의 망상에 빠진 괴짜들"로 몰았다. 정치평론가들이 상대방을 폄하하기 위해 이 말을 자주 쓰는 것처럼, 자신의 의견에 동의하지 않는 사람들을 "망상에 빠진 사람들"로 치부하는 것은 솔깃할 수 있다. 이는 상대방을 "멍청이"라고 부르는 것처럼 일종의 욕설이다. 하지만 사람은 멍청이가 아니더라도 온갖 것들을 열렬히 반대할 수 있고, 망상에 빠지지 않고도 그릇된 믿음을 가질 수 있다. 그러한 믿음을 "잘못된 것"이라고 생각할 수 있을지 몰라도, "망상"이라고 생각하는 것은 곤란하다.

망상이라는 문제는 의외로 복잡하다. 정신의학자들과 심리학자는 이 용어를 매우 특수한 의미로 사용하며, 한 집단이나 문화가 공유하는 믿음에 적용하기를 꺼린다. 대부분의 종교는 검증할 수 없는 교리를 가르치는데, 이는 결국 "신념"을 정의하는 또 다른 방식이다. 그렇다면 신도들이 망상에 빠졌다는 걸 의미할까? 신도들이 소수인 신흥종교집단에 망상이란 용어를 사용하는 것에 솔깃할 수 있지만, 종교 공동체의 규모를 그 공동체의 신념을 망상으로 간주할지를 결정하는 요인으로 보아서는 안 된다. 사실, 정신과 진단 매뉴얼인 『정신질환의 진단 및 통계편람』 최신판은 "망상 장애의 가능성을 평가할 때 문화와 종교적 배경을 고려해야 한다"고 경고하고 있다.[36]

사람들이 믿고, 문화가 신봉하는 기괴한 것들이 너무 많다. 나는 종교적 신념을 시험하기 위해 사막에서 은거하며 숯불 위를 걸었던 파이어워커(fire walker)—뉴에이지 신봉자—들을 치료한 적이 있다. 이들은 화상 병동에 입원했고, 나는 이들의 이상한 믿음이 아니라 고통과 우울증을 치료했다.

여기서 망상이 아닌 것을 강조했지만, 그렇다면 망상이란 무엇일까? 이것을 '천국의 문'에 어떻게 적용할 수 있을까? 망상은 상반되는 증거 앞에서도 변하지 않는 불변의 신념이다. 망상은 기능 저하, 인지 장애, 환각 또는 충동 조절 장애와 같은 주요 정신질환의 다른 징후를 동반할 때 쉽게 인식할 수 있다. 망상은 조현병에서 흔히 발생하지만, 다른 정신과적 장애, 인질 상황, 수면 박탈, 감각 격리 등의 경우에서도 발생할 수 있다.

논리적으로 불가능하거나 이해할 수 없는 기괴한 망상은 쉽게 알아볼 수 있다. 나는 "올챙이를 꺼내려고" 배를 가른 한 환자를 치료한 적이 있다. 이와 달리 그리 기괴하지 않은 많은 망상들이 아주 끈덕지게 존재한다. 신념과 융통성 없는 소신을 명확하게 구분할 수 있었으면 좋겠다. 하지만 차이가 없다. 우리 모두는 삶의 경험을 통해 현실을 걸러낸다. 우리 중 일부는 독단적이지만, 그렇다고 망상이라고 할 수는 없다.

확고부동한 피해망상적 믿음은 놀라울 정도로 일반 대중들에게 흔하다. 프랑스의 한 병원에 입원한 환자의 25퍼센트는 박해를 받고 있다고 생각했고, 10퍼센트는 자신을 적대시하는 음모가 있다고 믿었다.[37] 이는 비단 프랑스만의 문제가 아니다. 스웨덴인의 6퍼센트는 편집증적 사고에 빠져 있었고, 뉴욕 시민의 7퍼센트는 다른 사람들이 자신을 독살하려 한다고 생각했다.[38] 미국인의 36퍼센트는 정부 관료들이 중동에서 전쟁을 일으키길 원했기 때문에 9·11이 일어났을 가능성이 "매우 높다"거나 "다소 높다"고 믿고 있다.[39]

예컨대, '정부 기관이 우리를 감시하고 있다'와 같은 특정한 내용의 피해망상은 매우 흔하다. 사람들이 정부가 자신의 치과용 충전재에 송신기를 이식했다고 믿는다면, 비교적 쉽게 망상이라고 인식할 수 있다. 그러나 미국 국가안전보장국(NSA)이 우리를 감시하고 있다는 확신을 반증하는 건 훨씬 더 어렵다.

확고한 믿음은 망상이라는 융통성 없는 믿음과는 다르다. 망상에 빠진 사람들은 회색의 그늘이 없는 흑백의 세계에서 살고 있다. 이들은 성급하게 억측하고 자신의 믿음을 뒷받침하는 증거만 찾으며, 자기 믿음과 모순되는 증거는 무시한다.

망상은 오래 지속되는 경향이 있지만 그 강도는 변한다.[40] 망상은 객관적인 근거(예를 들어 내가 날 수 있다는 믿음), 문화적 근거(현실에 대한 합의된 견해에서 벗어나는 것), 개인적 근거(개인의 삶의 과정과 놀랍도록 양립할 수 없는 신념의 변화)에 따라 기괴해 보일 수 있다.[41] 그러나 여러 연구 결과에 의하면, 전문가들조차 망상이 기괴한지 여부를 판단하는 데 한계가 있는 것으로 나타났다. 한 연구에서는 일부 망상("한 남성이 자기가 임신했다고 믿는다")에 대해서는 의견일치를 보았지만, 다른 망상("한 여성이 내년에 자기가 유명 록 스타가 될 것이라고 믿지만, 음악적 기량은 부족하고 악보를 읽지 못한다")을 평가하는 데는 만만치 않은 다수의 이견이 있었다.[42] 즉, 다른 심각한 정신질환의 징후가 없는 경우, 독단적인 착각이라고 말할 수 있을지는 몰라도 망상적 믿음이라고 말하기는 어렵다.

같은 믿음을 공유하는 사람들 하고만 어울리고 편견을 심어주는 미디어만 경청한다면, 우리의 믿음은 더욱 강해진다. 이런 의미에서 망상은 전염될 수 있다. 극단적인 예로는 밀접하게 관련된 두 사람이 망상을 공유하는 감응성 정신병(폴리 아두)●을 들 수 있다.[43] 때로는 두

● 폴리 아두(folie a deux)는 프랑스어로 '두 사람의 광기'라는 뜻으로 둘 또는 그 이상의 연관된 삶이 동일한 정신병적 망상을 공유하는 현상을 말한다.

사람 모두 진짜 망상에 빠진 경우도 있다. 더 흔하게는 지배적인 위치에 있는 한 사람이 망상을 갖고 다른 사람이 같은 망상에 빠져들게 유인한다. 최신판 『정신질환의 진단 및 통계편람』은 프랑스어 용어 대신 지배적 위치의 환자에 대해서는 "망상장애(delusional disorder)"라는 용어를, 다른 사람에 대해서는 "망상장애를 가진 개인의 파트너에게서 보이는 망상 증상"이라는 용어를 사용하기를 선호한다. 새로운 용어는 파트너가 망상장애의 기준에 충족되지 않을 수 있으며, 의존성 성격장애와 같은 다른 장애를 가진 것으로 해석될 수 있음을 인정한다.[44]

그렇다면 '망상'이라는 용어는 '천국의 문' 사례를 얼마나 잘 설명할 수 있을까? 긴밀한 관계를 맺고 있는 개인들의 집단에 망상이란 용어를 적용할 때 주의해야 할 모든 사항을 감안하면, 집단이 망상장애에 빠졌다고 말하기를 주저하게 된다. 설령 감응성 정신병이 여전히 진단명으로 받아들여진다 해도, 종교적 믿음을 망상으로 분류할 때의 주의사항을 모두 고려하면, 도(Do)를 망상 환자라고 말하기는 어렵다. 그렇다면 가능한 설명은 믿음 혹은 회심의 집단 전염을 들 수 있다. '천국의 문'에 속했던 40명의 사람들은 수십 년 동안 폐쇄된 공동체에서 함께 살았다. 공동체 바깥의 가족이나 친구와는 아무런 교류가 없었다. 위험을 무릅쓰고 외출해 일하고 쇼핑했지만, 외부와의 소통은 매우 제한적이었다. 이들은 지구가 완전히 망가졌고, 자신들의 운명이 별에 있다고 믿었으며, 지도자와 동료들이 떠나고 나면 이 세상에 더는 자신들을 위한 것이 없다고 믿었다. 그들은 삶을 끝내도록 설득당했다.

내가 보기에 우리 대부분은 '천국의 문'이 강압적인 세뇌가 아니라 믿음의 전염을 보여주는 좋은 예라고 인식하는 것 같다. 그처럼 강력한 설득 수준에 도달하는 데 그토록 오랜 세월이 걸린 게 다행이라는 생각이 든다. 20년이라는 긴 시간은 언젠가 이탈할 가능성을 열어두고 있다. 그러나 스톡홀름의 인질 경험은 사람들이 몇 시간이나 며칠 만에 극적으로 설득될 수 있음을 보여준다.

제3부

21세기의 세뇌

제12장

세뇌는 존재하는가?

물론 우리는 온갖 방법으로 속아 넘어갈 수 있다.
사실이 아닌 것을 믿음으로써 속을 수도 있지만,
사실을 믿지 않음으로써 속을 수도 있다.

쇠렌 키르케고르

아들 차를 타고 오클랜드의 공동묘지로 향한 날은 안개 자욱한 흐린 아침이었다. 존스타운에서 세상을 떠난 영혼들을 추모하고 싶었다. 많은 사람들이 샌프란시스코 만 지역 출신이었다. 그들은 집으로 돌아갔어야 옳았다. 신도들은 죽은 후에 며칠 동안 정글의 태양 아래에서 썩어갔다. 가이아나 병사들은 시신을 만지는 것을 주저했다. 오염되지 않을까 두려웠고, 수천의 혼령이 출몰한 것만 같았다.

유해 송환을 둘러싸고 미국과의 협상이 난항을 겪었다. 미국은 유해를 돌려받기를 원하지 않았다. 유해 송환 비용과 관련한 불만도 있었고, 전염—박테리아 전염이 아닌 다른 종류의 전염—에 대한 두려움도 있었다. 우리는 사람들이 그처럼 목숨을 끊도록 설득당할 수 있다는 점을 다시 떠올리고 싶지 않았다. 어떤 가족들은 사랑하는 사람들의 유해를 가져갔지만, 델라웨어의 도버 공군기지에선 4백구

캘리포니아 주 오클랜드, 에버그린 공동묘지의 존스타운 기념비(저자의 사진)

이상의 유해가 가족을 만나지 못한 채 마냥 기다렸다. 오클랜드 에버그린 묘지의 소유주는 유해를 운반해 공동묘지의 언덕 비탈에 매장했다. 현재 무덤에는 존스타운에서 사망한 모든 사람들의 이름이 적힌 네 개의 평평한 화강암 판이 놓여 있다. 한적한 곳에 있는 소박하고 정중한 추모비이다. 나는 이 고인들이 고국에 돌아와 잠들어 기쁘다. 그들의 가족과 친구들이 찾아와 기억할 수 있는 장소가 있어 기쁘다.

17세기 철학자 스피노자는 이렇게 말했다. "어떤 사람의 정신도 전적으로 다른 사람의 마음대로 움직일 수 없다."[1] 나는 스피노자가 옳았다고는 확신하지 않는다. 레닌과 파블로프가 만난 이후 100년이 흐르는 동안 스피노자의 생각을 당장에 일축할 수 있을 만한 강압적인 설득의 사례가 너무 많았기 때문이다. 강압적인 설득은 영화와 책의 주제였을 뿐만 아니라 후원받은 연구와 의회 질의에서 핵심적 사안이 되는 등 전 세계적으로 많은 관심을 받았다.

부기맨처럼 숨어 있다가 세뇌를 논할 때면 항상 불려나오는 파블로프의 악명이 정당한지는 생각해볼 필요가 있다.[2] 파블로프는 유물론과 과학적 방법이라는 두 가지를 대표한다. 20세기 초에 사람들을 분노하게 만든 것은 유물론이었다. 인간의 의식, 감정, 지성에는 고유한 것이 없다는 파블로프의 주장은 저주였다. 그러나 오늘날 우리를 두렵게 하는 것은 파블로프가 인간의 행동을 빚어내는 데서 보여준 치밀함이다. 사람들은 같은 이유로 B. F. 스키너(B. F. Skinner)를 탐탁지 않게 여긴다.[3] 행동주의를 방어하고자 스키너는 이렇게 말했다. "어떤 곳에서 나의 이미지는 끈을 잡아당겨 사람들을 조종하려고 하는 일종의 괴물이다. 이는 전혀 사실이 아니다. 사람들은 조종당한다. 나는 사람들이 좀 더 효율적으로 조종되기를 바랄 뿐이다."[4]

세뇌는 행동주의를 넘어서며, 다양한 요소들로 구성된다. 스키너가 시사했듯이, 한 가지 요소는 조작을 수반하고, 경우에 따라서는 강압과 고립을 수반한다. 또 다른 요소는 조작이 은밀하게 이루어지기 때문에 개인은 자신이 어떻게 조작되는지, 혹은 자신이 표적이 되고 있는지조차 모를 수도 있다는 점이다. 세 번째 특징은 표적이 된 개인의 희생으로 행동이 발생하며, 다른 누군가는 조작으로 이익을 얻는다. 마지막으로, 어느 정도의 수면 박탈이 조작 수법으로 쓰여 희생자를 지치게 하고 혼란에 빠뜨리며 피암시성이 높은 상태로 만든다.

이러한 특징들은 연속선상에 있기 때문에 세뇌를 명확하게 정의하기가 힘들다. 〈표 4〉는 세뇌의 특징이 이 책에서 논의한 사례들에서 어떻게 나타나 있는지를 보여준다. 이 외에도 셀 수 없이 많은 사례가 있다. 나는 의도적으로 많은 수의 피해자를 대상으로 치밀하게

〈표 4〉 세뇌의 특징

	강압과 조작[a]	의도적 비밀[b]	희생자의 최선의 이익을 위한 것이 아님[c]	수면 조작[d]
스탈린의 여론조작용 공개재판	+++	++	+++	+++
민첸티 추기경	+++	++	++	+++
한국전쟁 포로들	+++	+	++	++
MK 울트라 연구들	+++	+++	+++	+++
스톡홀름	+++		+	++
패트리샤 허스트	+++	+	++	++
존스타운	+++	+	+++	++
천국의 문	+	+	+++	+

a 대상자들의 이탈을 물리적으로 제지하는 행동은 +++로 평가한다. 외부인과의 의사소통 금지와 같이 엄격히 조작하는 행동은 ++로 평가한다. 구성원들이 외부인과 소통하지 못하게 하는 행동은 +로 평가한다.
b 대상자들이 약물로 비밀리에 조작되었다는 명백한 증거가 있는 경우는 +++로 평가한다. 약물 조작의 가능성은 있지만, 그 증거가 명확하지 않은 비밀 조작은 ++로 평가한다. 죄의식을 유발하기 위한 반복적인 강제 자백과 같은 조작은 +로 평가한다.
c 표적 대상의 죽음을 초래한 행동은 +++로 평가한다. 감금 행위는 ++로 평가한다. 대상자들의 안전을 위태롭게 하는 행동은 +로 평가한다.
d 수면을 반복적이고 지속적으로 조작하는 경우는 +++로 평가한다. 지속적으로 수면을 박탈하는 경우는 ++로 평가한다. 간헐적으로 수면을 박탈하는 경우는 +로 평가한다.

계획된 공격부터 단 한 명의 개인을 대상으로 한 즉흥적 공격에 이르기까지 다양한 사례를 광범위하게 선택했다. 일부 공격자들은 선의의 의도를 가지고 있었지만, 대부분은 악의를 가지고 조작했다.

세뇌라는 개념이 모호하다는 이유로 비판하는 사람들도 있다. 세뇌의 희생자 명단에 뛰어나고 재능 있는 사람들이 많이 포함되어 있음에도 불구하고, 세뇌라는 용어가 희생자들을 아둔하고 박약한 존재로 보는 듯하기 때문에 싫어하기도 한다. 사람들은 이런 형태의 어두운 설득은 조작으로 인해 희생자들이 말 그대로 어찌할 바를 모르는 극단적인 상황에서 일어난다는 사실을 망각한다. 또 다른 사람들은 세뇌가 신흥종교 운동의 믿음을 폄하하는 데 사용되어왔기 때문에 —(예컨대, "저들에 관심 갖지 마. 저들은 세뇌되었어.")— 이 용어를 좋아하지 않는다.

1960년대에는 신흥종교, 공동체, 환각제, 그리고 대립적인 대면 집단*들이 아주 많았다. 혼란에 빠진 가족들은 탈선한 자식들을 이해해보려고 애썼다. 많은 부모들은 자녀들이 자발적으로 엉뚱한 길을 선택했다는 걸 받아들이기보다는 자식들의 머릿속에 어떤 사상이 이식된 것이라고 생각했다. 다른 시대였다면 부모들은 단순히 자기 자식들이 "나쁜 패거리"와 어울렸다고 한탄했을지도 모른다. 우리는

● 사람들이 직접 대면하여 자신의 감정과 생각을 표현하면서 깊은 소통과 갈등 해결을 목표로하는 집단으로 때로 심리적 실험의 성격을 띠었다.

사람들을 그릇된 방향으로 이끄는 사회적 영향력의 엄청난 힘을 늘 알고 있었지만, "영향력"은 "세뇌"의 망령을 적절히 포착하지 못한다.

어떤 가족들은 걱정을 너무 한 나머지 사람들을 고용해서 사랑하는 이들을 재교육하려고 했다. (말하자면, 세뇌를 활용해 세뇌를 지우고자 했다).[5] 재교육을 당한 한 피해자는 자신의 경험을 설명했는데, 놀랍게도 재교육의 도구는 격리와 학대와 수면 박탈처럼 세뇌를 시키는 자들이 사용한 도구와 대단히 유사했다. "그들은 저를 코네티컷으로 데려가 지하실에 가두고 거의 6일 동안 세뇌를 시켰습니다. 한두 시간 이상 혼자 있게 내버려두지 않아 낮잠도 한숨 잘 수 없었습니다. 밤낮으로 돌아가며 저를 깨어 있게 하려고 얼굴에 물을 끼얹고 끊임없이 폭언을 퍼부었습니다. … 그들은 계속 저를 설득시키려 했습니다. 저는 마침내 굴복하고 그들에게 동조하는 척했습니다. 갑자기 … [재교육자 대표]가 아주 다정하고 친절한 태도를 보이며, 저를 정말 많이 아끼고 있고, 부모님이 저를 무척 사랑한다고 말했습니다."[6]

심지어 세뇌가 정당한 주제인지 의문을 제기하는 사람들도 많이 있다. 익히 알려져 있듯이 미국심리학회는 이 문제에 대해 입장을 바꾸었다. 1983년 미국심리학회는 사이비종교와 대규모 집단 인식 훈련(말하자면 감수성 훈련 참가자 집단과 대면 집단)을 연구하기 위해 '기만적이고 간접적인 설득 및 통제기법에 관한 대책위원회'를 조직했다. 마거릿 싱어가 위원장을 맡은 위원회의 위원 여섯 명 중에는 졸리 웨스트도 있었다. 위원들이 오랫동안 많은 신흥 집단들을 비판해온 점을 감안하면, 누구든 그 결론을 예측할 수 있었다. 보고서는 사이비종교에 대한 강도 높은 고발이었다. 체계적이고 공식적인 글쓰기가 아니라 일상적 언어를 써가며 사이비종교 지도자들을 "새로운 구루, 메시아, 정신 조종자"라고 공격했다. 당연하게도 사이비종교나 강압적인 설득에 대한 정의는 다루지 않았고, 모든 새로운 치료법과 신흥종교를 착취적인 것으로 묘사한 데 그쳤다. 이런 결점에도 불구하고, 보고서의 네 가지 권고 사항은 귀담아 들어볼 만하다.

> 심리학자들은 사회적 영향력 기법, 특히 기만적이고 간접적인 기법의 행동, 효과, 윤리적 함의의 메커니즘을 이해하기 위해 훨씬 더 노력을 기울여야 한다.
>
> [심리학자들은] 어떻게 그러한 기법에 저항하고 그것을 무력화할 수 있는지, 그러한 기법의 피해를 입은 사람들을 어떻게 [도울 수 있는지] 연구해야 한다.
>
> 미국심리학회는 기만적이고 간접적인 설득 기술의 윤리적 함의의 관점에서 후속 버전의 미국심리학회 윤리 강령을 어떻게 수정해야 할지 숙고해야 한다.
>
> 심리학자들은 그러한 기법들에 관한 대중 교육에 더 많은 관심을 기울여야 [하며], 기만적인 설득 및 통제 기법의 체계적인 적용에 관해 더 엄격하게 규제해줄 것을 고려해야 한다.[7]

미국심리학회는 이 보고서를 수용하지 않았다. 검토위원들은 '사이비종교(컬트)'라는 용어가 신흥 운동을 억누르기 위해서 무분별하게 사용되는 것을 우려했다. 또한 보고서가 공정하지 않다고 비판했다. 한 검토위원은 이 보고서가 "과학적 대책위원회의 보고서라기보다는 히스테리성 횡설수설에 가까워 보인다"고 말했다. 또 다른 위원은 "'세뇌'라는 용어는 심리학자들이 사용해서는 안 되는 … 선정주의적인 '해석'일 뿐"이라고 결론지었다.[8]

문제는 미국심리학회가 이 보고서를 수용하지 않으면서, 조작에 능한 신흥 집단이나 그 집단의 윤리적 모호성에 대한 우려를 심각하게 받아들이지 않았다는 점이다. 미국심리학회는 사이비종교의 강제, 폭력, 시민의 자유 제한의 위험성을 간과했다. 또한 미국심리학회는 심리학자들이 강압적인 설득에 관여하는 것이 윤리적으로 문제가 있는지도 고려하지 않았다. 결국 미국심리학회 2002년 연례회의에서 한 패널은 미국심리학회 기구에 파괴적인 사이비종교들 사이에서 자행되고 있는 마인드 컨트롤을 조사하기 위한 새로운 대책위원회를 조직할 것을 요청했다. 이 패널은 이렇게 논평했다. 많은 심리학자들이 세뇌와 마인드 컨트롤을 과학소설 이야기쯤으로 간주하지만, "사이비종교는 추종자들을 모집하고 유지하기 위해" 이 기법들을 계속 "사용합니다. … 이 기법들은 위험한 심리적 결과를 지속적으로 초래할 수 있습니다. … 마인드 컨트롤 기법을 사용하는 사이비종교들은 지금껏 처벌을 받지 않고 있으며, 이러한 기법의 피해자는 아무런 치료도 받지 못하고 있습니다."[9]

2015년에는 군대 수감자를 강압적으로 심문하는 과정에 심리학자들이 관여할 때 요구되는 윤리 지침이 모호하다며 미국심리학회를 비판하는 보고서가 발표되었다. 이 보고서는 미국심리학회가 정부기관과 결탁하여 심리학자들이 아부 그라이브 수용소 같은 시설에 수감된 군 포로를 상대로 소위 "선진 심문(enhanced interrogation)"을 하도록 허용했다고 비난했다.[10] 주목할 만한 점은 1987년 미국심리학회가 받아들이지 않았던 보고서에서 마거릿 싱어를 비롯한 여러 비판자들이 모호한 윤리 지침의 위험성을 구체적으로 경고했었다는 사실이다.

○

세뇌는 기괴한 명칭에도 불구하고, 계속해서 사람들의 관심을 받고 있다. 사회적 의식이나 연구에서 결코 사라지지 않았다. 나는 구글 엔그램 뷰어를 이용해 20세기에 출간된 영문 도서에서 세뇌라는 용어가 얼마나 자주 등장하는지 확인했다. 인쇄물에서 그 용어가 활개치고 있는 것은 분명한 사실이다.

사람들은 이렇게 말할지도 모른다. "음, 유니콘처럼 존재하지 않는 어떤 것을 찾다보면, 그와 비슷한 뭔가를 보게 될 거야." 단어가 흔하게 사용된다고 해서 사람들이 진지하게 받아들이고 있다는 뜻은 아니다. 이를 분석하고자 나는 펍메드(PubMed), 국립의학도서관의 생물

구글 엔그램 뷰어(Google Ngram Viewer)를 통해 특정한 연도에 영어로 쓴 출판 도서에서 '세뇌'라는 용어가 얼마나 자주 사용되었는지 확인할 수 있다. 구글 엔그램 뷰어에서 볼 수 있듯이 이 용어는 1950년에 처음으로 급격하게 많이 사용된 이후로 계속 널리 사용되고 있다.

의학 저널 색인으로 눈을 돌렸다. 1948년부터 '세뇌' 연구의 인용 횟수가 점진적으로 증가했다. 이는 세뇌가 여전히 의학적으로 상당한 관심의 대상임을 여실히 보여준다.

공식적인 세뇌는 20세기에 정치적 목적으로 개발되어 과학에 의해 지속되어 왔다. 또한 세뇌는 소규모 종교집단들과 납치범들에 의

펍메드(PubMed)로 확인한 1948년에서 2018년까지 세뇌 연구 인용 횟수

해 나란히 발전의 길을 걸었다. 납치범들의 활동을 소수 관련자의 일로 치부해버리기 쉽지만 제대로 된 무기만 있다면, 작은 집단도 파괴적인 영향을 미칠 수 있음을 기억해야 한다. 고인인 데이비드 햄버그(David Hamburg)는 "너무 작거나 너무 멀리 떨어져 있어 우리에게 심각한 해를 끼치지 못하는 집단은 없다"고 말하곤 했다.[11]

격동의 세뇌 역사를 생각할 때, 이 분야는 21세기에 어떤 새로운 방향으로 나아갈까? 두 가지 유력 후보가 있다. 하나는 신경과학을 망라한다. 다른 하나는 사회심리학과 미디어와 인터넷을 포괄한다. 어느 쪽이 더 무서울지는 알기 어렵다.

제13장

세뇌의 미래
신경과학과 소셜 미디어

그리고 어떤 난폭한 짐승이, 마침내 제 시간이 되자,
태어나기 위해 구부정히 베들레헴을 향해 걸어가는가?
윌리엄 버틀러 예이츠

마키아벨리라면 파블로프의 낙관론을 비웃을지도 모르지만, 파블로프는 과학이 마침내 인간의 본성을 더 나은 방향으로 개조시킬 미래를 아름답게 보았다. 21세기에 과학이 세뇌를 탐구할 때 취할 수 있는 두 가지 방향을 짐작해볼 수 있다. 하나는 기억, 인지, 쾌락, 고통에 대한 신경과학적 통찰을 가지고 강압을 강화하는 방법이고, 다른 하나는 소셜 미디어의 역량을 활용해 강압을 강화하는 방법이다.

정부 입장에서는 개인의 뇌에서 특정한 기억을 제거하는 것이 바람직할 수 있다. 이웬 캐머런은 기억을 완전히 제거하여 피험자들의 삶 대부분을 사실상 기억상실 상태로 만들 수 있음을 보여주었지만, 이는 최적의 해결책은 아니었다.

기억 제거는 끔찍한 목표처럼 들리지만, 사람들이 특정한 기억들을 '없애고' 싶은 마음이 간절할 수도 있는 상황은 첩보 활동 말고도 많다. 정신적 외상, 강간, 폭행, 학대 등이 모두 떠오른다. 외과 외상 팀은 치료하지 않으면 틀림없이 치명적일 수 있는 심각한 부상을 입은 사람들을 구할 수 있었다. 안타깝게도 장기간의 후속 연구 결과들에 의하면, 이런 환자들은 생존은 했지만 정상적 삶을 해치는 우울증과 PTSD 때문에 삶의 질이 좋지 않은 것으로 나타났다.[1] 이런 환자들이 응급실에 들어올 때 심각한 부상과 입원을 기억하지 못하도록 일종의 '면역 백신주사'와 같은 방법을 쓸 수는 없을까? 말하자면, 다시 기억하는 것이 극도로 고통스러운 그런 기억의 한 조각을 끄집어낼 수는 없을까?

이는 활발한 임상 연구의 주제이며, 정보기관 입장에서는 흥미로운 함의가 있다. 우리 연구팀은 심각한 외상을 입은 환자들의 PTSD 증상을 막기 위해 노력했다.[2] 우리는 심한 불안증과 심박 급속증이 있는 응급실 환자들이 장기적으로 정서적 문제를 일으킬 가능성이 더 크다는 것을 알고 있었다. 이러한 기억과 감각을 어떻게든 없앨 수 있을까? 우리는 (환자의 빠른 심박동수를 낮추는) 프로프라놀롤, 가바펜틴 (불안을 줄이는 약물) 또는 위약을 투여할 사람들을 무작위로 선택했다. 불가능한 연구였다. 569명의 외상 환자 중 약물 처치 자원자는 48명에 불과했다. 치료법을 테스트하기에는 표본이 너무 작았다. 다른 연구자들도 비슷한 연구를 설계해 PTSD의 발생을 막을 수 있을지 알아보았는데, 결론을 내지 못했다.[3] 이러한 치료가 효과가 있을지도 모르지만, 확정적으로 말하기에는 너무 이르다.

기억을 지우는 것의 반대편에는 기억을 복원하는 약물을 찾는 것이 있다. 연구자들은 체계적으로 약물을 추가해 기억력에 미치는 영향을 테스트한 다음, 그 약물에 길항제를 첨가하고 다시 테스트했다. 스코폴라민이 심문 중에 혀를 풀어주는 진정제로 사용되었다는 사실을 상기하기 바란다. 사람들을 심문에 순순히 응하게 만드는지 여부와 관계없이 스코폴라민은 사람들을 더 지치게 하고 특정한 학습 테스트 수행 능력을 떨어뜨린다. 스코폴라민을 더 많이 복용할수록 학습 능력은 더 떨어졌다.[4] 스코폴라민의 작용을 역전시키는 약물(예컨대, 피조스티그민)도 있다. 스코폴라민과 피조스티그민을 함께 투여하면 기억 기능이 정상으로 돌아온다.[5]

다른 종류의 약물에 대해서도 유사한 연구를 수행했다.[6] 예를 들어, 항히스타민제는 일반적으로 진정 효과가 있지만, 학습과 기억력을 손상시키기도 한다. 연구자들은 히스타민 생성을 증가시키는 약물들의 기억 효과를 연구하기 시작했다.[7] 동물 실험에서 이러한 효과에 대한 흥미롭고 인상적인 연구 결과가 있다.

생쥐는 이미 알고 있는 물체보다 새로운 물체를 탐색하는 데 더 많은 시간을 할애하는 것으로 알려져 있다. 이러한 정보를 바탕으로 기억력을 테스트하기 위해 흥미로운 실험을 설계했다. 예를 들어, 실험자가 생쥐에게 어떤 물체를 보여주고 나서, 30분 후에 같은 물체와 새로운 물체를 다시 보여준다. 생쥐가 앞서 보았던 물체를 기억한다면 새로운 물체와 더 많은 시간을 보낼 것이다. 만약 생쥐가 이전 물체를 기억하지 못한다면, 두 물체 다 '새것'으로 여길 것이기 때문에 두 물체를 탐색하는 데 똑같은 시간을 보낼 것이다. 생쥐는 일반적으로 3일이 지나면 망각하지만, 히스타민의 생성을 증가시키는 약물을 투여하면 이전 물체를 기억하고 따라서 새로운 물체를 탐색하는 데 더 많은 시간을 쓴다. 비슷한 결과가 기억 과제를 받고 일주일 후에 테스트한 인간에게서도 관찰되었다. 히스타민 강화 약물은 일반적으로 기억하기 어려운 항목 그리고 원래 기억력 과제에서 낮은 점수를 받은 항목에서 개인의 기억 능력을 향상시켰다.

이렇듯 기억을 제거하거나 복원할 수 있는지를 테스트하는 약리학적 탐침은 이미 존재한다. 출산 시의 진통과 관련한 약물이 심문에 사용되었던 것처럼, 앞으로는 새로운 화합물이 이와 유사하게 활용될 것으로 보인다. 그러나 이러한 다양한 기억 연구는 정보를 자신의 의지로 털어놓게 하는 것보다는 기억 회복에만 중점을 둔다. 신경과학은 의지 문제를 해결하는 데는 다른 탐침을 쓴다.

파블로프는 수면 장애가 저항력을 약화시킨다는 점을 관찰했지만, 이런 관찰을 처음으로 한 사람은 아니었다. 수 세기 전에 셰익스피어는 수면 박탈로 상대방을 좀 더 쉽게 설득시킬 수 있다고 지적했다.[8] 하지만 파블로프의 모델도 셰익스피어의 모델도 완전한 수면 박탈에만 기대고 있다. 완전한 수면 박탈 연구는 비용이 많이 들고 관리하기가 어렵다. 심지어 아주 짧은 수면이라도 막기 위해 연구진은 엄청나게 신경을 써야 한다. 부분적인 만성 수면 장애를 겪거나 밤 동안 약 4시간으로 수면을 제한하면, 인지 능력이 손상되고 피험자들은 좀 더 쉽게 순응하는 것으로 밝혀졌다. 향후 연구에서는 다양한 수면 박탈 모델을 테스트해 가장 효과적이고 실용적인 적정 수면 박탈 시간을 알아낼 수 있을 것이다.

기억은 컴퓨터 암호나 다이얼 자물쇠처럼 고정되어 있는 것이 아니라 끊임없이 재구성된다. 이 과정에서 기억이 심하게 왜곡되어서 상상 속 사건이 실제 기억과 혼동될 수도 있다. 여기서도 수면 박탈(부족)은 거짓 기억의 구성에 영향을 미친다. 한 연구는 실험 참가자들에게 일련의 단어(개, 고양이, 앵무새)를 우선 보여준 다음, 해당 단어, 다른 단어, 그리고 하나의 '주제어'가 포함된 새로운 목록을 보여주었다. 앞서 제시한 예의 주제어는 반려동물일 것이다. 이후 피험자들에게 맨 처음에 본 단어를 기억하도록 요청했다. 수면 박탈을 당한 피험자들은 원래 목록에 없던 주제어(반려동물)를 본 적이 있다고 말하는 등 잘못된 보고가 증가하는 것으로 나타났다.[9]

거짓 기억에 관한 다른 실험들은 실제 세계의 경험을 모방하려고 시도했다. 실험자들은 수면을 박탈당한 피험자들에게 뉴스 영상을 보여주었다. 그리고 나서 실험자들은 피험자들에게 약간 왜곡된 내용의 영상 요약본을 건넸다. 이후 피험자들에게 자신이 본 뉴스 영상만을 토대로 세부 내용을 기억하도록 요청했다. 수면이 부족한 사람들은 틀린 기억을 만들어낼 가능성이 훨씬 컸다. 뉴스 영상이 묘사한 것이 아니라 실험자가 제공한 왜곡된 요약본 내용을 더 많이 보고

했다.[10]

또한 수면 박탈을 당한 피험자들은 사회적 영향을 더 쉽게 받았다. 한 연구에서는 피험자들에게 베를린과 코펜하겐 간의 거리를 추정하는 과제를 제시하고, '조언자'의 도움을 받은 후 자신의 추정치를 수정해 보라고 권했다. 조언자는 수면 박탈을 당하지 않은 피험자들의 판단에 비해 수면 박탈을 당한 피험자들의 판단에 더 쉽게 영향을 미칠 수 있었다.[11] 수면 박탈은 사회적 영향력 및 순응 압력의 설득력을 증폭시키는 것으로 보인다.

거짓 기억은 흔하다.[12] 미국에서 허위 자백은 부당한 유죄 판결의 15~25퍼센트를 차지하는데, 주로 심야에 장시간 심문 후 허위 자백을 이끌어낸다. 수면 박탈이 없었던 일을 자백할 가능성을 높일 수 있을까? 한 실험자는 피험자들에게 다양한 컴퓨터 작업을 수행하게 한 다음 데이터가 지워질 수 있으니 절대 "Esc" 키를 누르지 말라고 경고했다. 일부 피험자에게는 작업을 마친 후 잠을 자게 하고, 다른 피험자에게는 밤새도록 깨어 있게 했다. 이튿날 아침, 피험자 모두에게 실수로 Esc 키를 눌러 모든 작업이 지워졌다는 잘못된 정보를 전달했다. 그런 다음 피험자들은 자신들의 실수를 인정하는 진술서에 서명하라는 요청을 받았다. 수면을 박탈당한 피험자들이 허위 자백에 서명할 확률은 다른 피험자에 비해 4.5배나 높았다.[13]

수면 장애가 심각한 이유 중 하나는 신체의 다른 리듬을 방해하기 때문이다. 우리 몸에는 수면시간, 기상시간, 화장실 가는 시간 등을 조절하는 작은 시계뿐만 아니라 신진대사, 호르몬 수치, 체온을 조절하는 수많은 시계가 있다. 이 생체시계는 일주기리듬을 형성하는데, 이 리듬이 깨지면 기분, 각성 및 인지 기능에 악영향을 미친다.[14] 시차적응장애는 일주기 시계의 교란으로 나타나는 가장 익숙한 증상이다.

일주기리듬은 수면 장애로 인해 변할 수 있지만, 사람들에게 하루 중 부적절한 시간에 밝은 빛에 노출시키는 것처럼 다른 방법으로도 일주기리듬을 방해할 수 있다. 현재 진행 중인 연구에서는 다양한 유형의 빛 노출(파장, 밝기, 시간 등)이 기분과 에너지에 미치는 영향을 시험한다. 다른 연구는 우주 탐사, 군사 활동, 외교, 국제 비즈니스 등과 같은 다양한 환경에서 일주기리듬이 인간의 성과에 어떤 영향을 미치는지 시험한다. 현재의 연구는 일주기 교란의 효과를 개선하려 하고 있지만, 강압적 설득에 관심이 있는 사람이라면, 일주기 교란이 어떻게 사람들을 더 설득하기 쉽게 만드는지 밝혀내고자 고심할 것이라고 논리적으로 가정할 수 있다.[15]

○

파블로프는 우리가 뇌 활동을 파악하고 시각화할 수 있을 거라고 예상했다. 오늘날의 신경영상을 소름끼치도록 정확하게 설명했던 한 구절에서 그는 이 분야의 발전을 예측했다. "우리가 두개골을 열고 의식적으로 생각하는 사람의 뇌를 들여다볼 수 있다면, 그리고 최적의 흥분상태에 있는 영역이 빛을 낸다면, 우리는 대뇌 표면 위에서 물결치는 환상적인 경계선을 가진 밝은 점—크기와 형태가 끊임없이 변동하고, 나머지 뇌반구를 덮고 있는 다소 짙은 어둠에 둘러싸인—이 반짝이는 광경을 분명히 볼 수 있을 것이다."[16]

신경과학의 발전은 20세기가 저물 때까지 기다려야 했지만 1960년대 세뇌 연구에서 이미 예견되었다. 당시 연구자들은 LSD와 기억에 대한 MK울트라의 연구 외에도, 이웬 캐머런이 사용했던 것만큼이나 놀라운 신경 탐침을 사용했다. 이러한 연구들 중 일부는 향후 더 정밀하게 연구할 수 있는 가능성을 엿볼 수 있기 때문에 살펴볼 가치가 있어 보인다. 당시 연구자들은 다양한 기술을 사용해 뇌의 다양한 부위를 자극하거나 제거(즉, 파괴)했다. 자극은 뇌에 전류를 가하거나 화학 물질을 직접 주입해서 가했다. 아울러 외과적 절제술이나 전기 소작(燒灼)을 이용한 수술로 뇌 일부를 절제했다. 1960년대의 모든 처치는 상당히 조악했기 때문에 오늘날의 연구보다 결과가 덜 구체적이었다.[17]

우리는 특정한 생각이나 감정이 뇌의 어느 부위와 관련이 있는지를 보여주는 정확한 뇌의 지형도는 없다. 따라서 외과적 수술을 이용해 누군가에게 특정한 비밀을 털어놓도록 '강제'하거나 '공화당'(혹은 '민주당')에 투표하도록 설득하고 싶을 경우 어느 영역을 처치해야 하는지 짐작하기 어렵다. 펜필드는 뇌의 특정 부위를 자극해서 기억을 이끌어냈지만, 그 기억이 뇌의 다른 영역에 '백업'으로 저장되지 않는다는 보장은 없었다. 또한, 특정 기억을 이끌어내기 위해 뇌의 어느 부위를 자극해야 할지 미리 결정할 수도 없었다.

호세 델가도(José Delgado)는 황소의 뇌에 전극을 이식하여, 미친 듯이 날뛰는 황소를 멈출 수 있는 신호를 원격으로 전송할 수 있음을 입증했다.[18] 특히 델가도처럼 황소가 공격해 오는 길목에 서 있는 사람에게는 너무나 인상적인 결과였다. 그러나 우리는 자극이 황소에게 어떤 '영향을 미쳤는지' 전혀 모른다는 점에 유의해야 한다. 자극이 델가도 박사를 공격하고자 하는 마음을 황소가 접기로 '결정'하게 만들었을까? 황소가 자신이 하려 했던 행동을 잊은 걸까? 달려들던

스페인의 한 축사에서 황소와 함께 있는 호세 델가도. 뇌에 전극을 이식한 황소는 휴대용 송신기의 무선 신호에 반응했다. (제공: Yale Events and Activities Photographs [RU 690]. Manuscripts and Archives, Yale University Library)

황소는 갑자기 주의를 돌리게 하는 자극을 '듣거나 느꼈을까?' 전기 자극이 황소의 행동을 변화시킨 것은 분명하지만, 황소의 '판단'이 자극 때문에 어떤 식으로든 바뀌었다는 증거는 없다.

신경외과 의사 버논 마크(Vernon Mark)와 정신과 의사 프랭크 어빈 (Frank Ervin)은 인간의 행동을 변화시키기 위해 정신외과적 연구를 함께했다. 이들은 상대적으로 큰 병변을 절제하는 뇌전두엽(腦前頭葉) 절제술에서 더 작고 더 특수한 영역을 처치하는 외과수술로 치료법을 변경해, 기존 치료법으로 치료하지 못했던 심각한 통증, 강박장애, 우울증, 혹은 조현병에 시달리는 중증 환자들을 치료했다. 통제할 수 없는 공격성과 범죄 기록이 있는 환자들을 치료하기 시작했을 때, 특히 폭력이 신경학적 치료가 필요한 신경 장애라고 주장했을 때 상당한 반발이 있었다.[19]

이처럼 뇌 자체에 직접 개입하는 다양한 연구는 흥미롭기는 하지만, 세뇌 자체에는 그다지 유용하지 않았다고 결론내릴 수 있다. 쾌락과 고통에 관한 연구 덕분에 우리는 효과적인 세뇌에 훨씬 더 가까이 다가갈 수 있었다. 제임스 올즈(James Olds)는 도널드 헵과 함께 훈련을 받은 또 한 명의 맥길 대학교 졸업생이었다. 올즈는 쥐의 뇌 깊숙이 전극을 이식한 후, 다양한 뇌 부위에 전기 자극을 가하고 쥐의 반응을 관찰하기 시작했다.

올즈는 자신의 주요 관찰 결과가 우연히 얻은 것이라고 밝혔다. 특정 쥐를 대상으로 한 실험에서 자신이 생각하던 해부학적 위치를 실수로 약간 벗어나서 실험한 것이다. 그는 뇌 전극 이식 수술에서 회복한 쥐를 특별한 방에 넣었다. 쥐는 방의 구석으로 갈 때마다 뇌에 약한 전기 자극을 받았는데, 방의 각 구석마다 뇌 자극 부위가 달랐다. 쥐는 계속해서 특정 구석으로만 돌아갔다. 실제로 쥐는 구석에서 많은 시간을 보내며 뇌 자극을 받기 위해 먹이를 먹는 것도 걸렀다. 올즈는 뇌의 해당 부위에 전기충격을 받을 때 쾌락을 느낀다고 추론했다. 다음으로, 그는 쥐가 원하는 전기 자극을 받기 전에 상자의 다른 부분으로 가거나, 오른쪽 혹은 왼쪽으로 돌도록 훈련시켰다. 올즈는 이 기법을 이용해 복잡한 행동을 쉽게 유도해낼 수 있었다. 파블로프가 살아 있었다면 이처럼 손쉽게 행동 조건화 하는 것을 부러워했을 것이다. 올즈가 관찰한 결과에 따르면, "그 장치에 혼자 남겨진 쥐는 주기적으로 자신의 뇌를 자극했다. … 우리는 그 실험을 원하는 만큼 자주 반복할 수 있다는 걸 발견했다. 전류를 켜고 쥐에게 '에피타이저'와 같은 충격을 한 번 가하면, 쥐는 시간당 500~5000회까지 뇌를 다시 자극하기 시작했다."[20]

연구자가 쥐의 쾌락 중추에 충격을 주는 방법으로 먹이 섭취를 거르게 하거나 쥐를 '조종'할 수 있다면, 이러한 개입에 부합하는 훈련 가능성은 거의 무한할 것처럼 보인다. 이것이 인간에게도 효과가 있을까?

정신의학자 로버트 히스(Robert Heath)는 인간 뇌에 전극을 심어 뇌의 여러 부위에 간헐적 자극을 주는 연구를 수행했다. 환자 중 한 명인 코드명 B-7은 심각한 기면증을 앓고 있는 28세의 남성이었다. 히스는 뇌의 여러 부위에 일련의 전극을 이식하고 각 부위에 자극을 가한 후 환자에게 어떤 느낌이 드는지 물었다. 특정 뇌 부위를 자극하자 엄청난 혐오감을 느낀 환자는 다시는 그 감각을 경험하지 않기 위해 의도적으로 자극 버튼을 부러뜨렸다. 하지만 다른 뇌 영역을 자극하자 환자는 ("성적인 오르가즘에 이른 것처럼") 강렬한 쾌락을 경험했다. 흥미롭게도 환자는 스스로 자극을 주어 기면발작을 막을 수 있음을 알게 되었다. 성적 흥분이 일어나는 자극을 주면 깨어났다. 환자는 자신의 증상을 아주 잘 조절할 수 있게 되어, 마침내 직장을 구할 수 있

1966년 11월 11일, 로버트 G. 히스 박사가 인간의 두개골에 '뇌 심부 전극'을 이식하는 실험을 하고 있다.
(제공: AP Images)

었다. 아주 가끔 너무 빨리 잠드는 바람에 버튼을 누를 수 없을 때가 있었지만, 친구들이 대신 장치의 버튼을 눌러서 즉시 깨울 수 있었다.[21]

이 연구를 확장해서 진행한 악명 높은 연구에서 히스는 측두엽 간질, 약물중독, 우울증을 앓고 있는 24세의 동성애자 남성인 환자 B-19를 대상으로 전형적인 자기 자극(self-stimulating) 기법을 사용했다. 목표는 이성애자로 전환시키는 것이었다. 수술에서 회복된 후, 버튼을 누르면 성적 쾌감을 느낀다는 것을 알게 된 환자는 3시간 동안 무려 1500번이나 버튼을 눌렀고, 기기를 빼앗기자 항의했다. 연구자들은 B-19가 혐오스럽다고 생각한 이성애 포르노 영화를 보여주었다. 자기 자극 장치를 사용하게 하자 영화에 흥미를 느꼈고 영화를 보면서 자위행위를 했다. 그런 다음 연구자들은 여성 매춘부를 데려왔다. 환자는 처음에는 불안해했지만, 심부 뇌 자극이 시작되자 긴장을 풀고는 여성 매춘부와 성관계를 가졌다. "주변 환경과 전극에 연결된 도선의 방해에도 불구하고 매우 만족스러운 오르가즘 반응으로 절정에 달했다."[22] 어느 날, CIA가 히스를 찾아와 자신들이 추진 중인 뇌의 쾌락 및 고통 시스템 연구에 협력할 의사가 있는지 물었다. 히스는 CIA의 제안을 거절했다. "역겨워요. 만일 제가 스파이가 되고 싶었다면, 스파이가 됐을 겁니다. 하지만 저는 의사가 되어 의술을 펼치고 싶었습니다."[23]

대부분 1960년대와 1970년대에 수행된 이와 같은 연구는 주로 윤리적 문제로 인해 중단되었다. 하지만 근본적인 신경외과 기술은 계속 발전해 왔다. 히스의 연구 이후 50년이 지난 지금, 시술은 덜 침습적이고 위험성도 낮으며, 뇌의 매우 특정한 영역에 적용될 수 있다. 이식된 뇌 심부 자극기(deep-brain stimulators)는 뇌의 여러 부위에서 다양한 이유로 사용된다. 수천 명의 파킨슨병 환자가 뇌 심부 자극기를 사용해 근육 운동을 조절하고 있다. 뇌 심부 자극기는 다른 질환, 특히 만성 통증과 간질에도 사용된다. 정신질환자, 특히 치료 저항성 우울증 환자 치료 목적으로 다양한 뇌 부위에 심부 자극기를 사용하는 것에 대한 관심이 계속되고 있다.[24]

이러한 개입의 힘을 생각하면, 일부 현대판 세뇌 신봉자들이 신념과 행동을 바꿀 목적으로 뇌 심부 자극(전기나 자기)을 사용하여 고통이나 쾌락을 이끌어내지 않을까 하는 생각도 든다. 만약 쾌감을 주는 자극을 계속하면 환자가 새로운 믿음을 갖게 될까? 정확한 부위에 주는 자극은 너무 쾌감을 주어 중독성이 있으며, 따라서 중독자는 그런 마약을 얻기 위해 꼭 해야 할 일에 특별히 거부감을 느끼지 않는다. 하지만 반대로 고통스러운 자극을 멈추기 위해서 환자는 기존의 믿음을 부정할까?

뇌 심부 자극기 접근법은 힘들고 정밀한 수술과 고가의 장비가 필요하기 때문에 개인에게는 적합하지만 집단에는 적합하지 않다. 이식 자극기 없이 한 집단의 사람들을 자극하여 행동을 일으킬 수 있는 방법이 있을까? 마거릿 싱어는 일부 사이비종교가 사용하는 [종교적] 세뇌 기법인 "애정 공세(love bombing)"를 설명했다. 기존 신도들은 신도가 될 사람들이 환영받는다고 느끼고 안심하도록 엄청난 아첨과 찬사로 칭찬해가며 마음을 완전히 사로잡는다.[25] 뇌 깊숙한 곳에서는 애정 공세에 상응하여 신경 내분비 물질인 옥시토신이라는 호르몬이 생성된다.

옥시토신은 다른 사람과 유대감을 형성할 때 분비되며, 기분 좋은 호르몬이라는 별명을 가지고 있다. 초기 연구 결과에 의하면, 이 호르몬은 모유 수유할 때, 성적 친밀감을 느낄 때 증가한다고 한다. 후속 연구에 따르면, 옥시토신은 기도와 영성(靈性), 팀 스포츠, 심지어 애견 소유자가 반려견과 상호 작용하는 경우처럼 다른 친밀감 상황에서도 증가한다.[26] 이 호르몬은 항상 따뜻하고 포근한 면만 있는 것은 아니다. 옥시토신은 내집단 중심주의를 부추기는데, 집단 내부의 믿음과 협력을 촉진하는 대신 집단 바깥에 대한 불신을 유발한다.[27] 현재 옥시토신을 투여하는 가장 효과적인 방법은 비강 스프레이를 이용하는 것이지만, 경구 또는 에어로졸을 통해 투여할 수 있다면, 이 호르몬은 집단 환경에서 애착을 높이고, 이를 통해 잠재적인 새 구성원을 끌어들이는 데 사용할 수 있을 것이다.[28]

1971년 디스토피아 영화 〈시계태엽 오렌지〉가 개봉되었을 때, 사람들은 그 폭력성에 경악하고, 혐오 조건화의 위력에 대한 묘사에 놀라움을 금치 못했다. 이런 우려는 결코 가볍지 않다. 파블로프의 행동주의가 정교한 신경과학과 만나면 강압적인 설득의 어두운 잠재력이 분명하게 드러난다. 그 결과는 전문 의료윤리 의식과 정부 규제에 의

해서만 막을 수 있다. 그 정도의 자제력이면 충분할까? 나는 그렇다
고 생각하지 않는다.

정부는 항상 새로운 무기를 추구하며, 전쟁 범죄에 대한 정의와 전
쟁 범죄의 결과에 대해 의견을 달리한다. 전문 의료윤리와 관련해,
20세기에 우리가 경험한 것을 통해 보면, 많은 연구자들은 앞으로도
자신들의 연구 함의에 눈을 감거나 다가오는 위협으로부터 사회를
보호하기 위한 도구로 자신들의 연구를 정당화할 것이다.

○

21세기의 세뇌 연구자들은 아주 다른 영역, 즉 소셜 미디어의 능
력도 활용할 것이다. 각국 정부가 산부인과 의약품 개발에 매달리고,
심문을 용이하게 하기 위해 이들 약물을 어떻게 사용했는지 기억해
보라. 21세기에 세뇌를 위한 도구로 소셜 미디어를 연구하지 않을 국
가가 어디 있을까?

만약 이 이야기가 너무 억지스럽게 들린다면, 세뇌는 외부와의 소
통이 제한되고, 사람들이 은밀하고 파괴적인 강압을 받을 때 촉진된
다는 사실을 상기해보자. 소셜 미디어가 허위 정보와 가짜뉴스를 양
산하고 근본주의 및 극단주의를 부추길 목적으로 활용될 때, 소셜
미디어는 얼마나 큰 능력을 발휘할까? 이 질문에 답하기 위해서는 소
셜 미디어가 사회심리학, 광고, 사회적 모델링, 그리고 사회적 도취성

에 뿌리를 두고 있음을 상기할 필요가 있다.

솔로몬 애쉬(Solomon Asch)는 수많은 실험을 통해, 성인의 판단이 집단 압력에 놀라울 정도로 쉽게 순응한다는 사실을 증명했다. 사회적 요인들은 선의 길이를 판단하는 일과 같은 간단한 문제에도 영향을 미친다. 집단 구성원 몇 명이 처음에 선 A가 선 B보다 길다고 보고하면 이후 보고하는 사람들 대부분은 앞선 사람들의 판단이 틀렸음에도 불구하고 그 판단을 따른다.[29] 이처럼 단순한 과제에서 나타나는 순응 압력에 저항할 수 있는 개인은 구성원의 3분의 1도 되지 않았다. 이보다 훨씬 중요한 사실은 순응 압력이 억압적일 필요는 없다는 점이다. 단순히 집단의 일원이 되는 것만으로도 개인의 판단과 인식과 행동은 영향을 받는다. 싱어와 랄리히는 이렇게 말한다. "다른 사람들 앞에서 말하고 나면, 말한 대로 하게 된다. 일단 하고 나면, 한 대로 생각하게 된다. 일단 생각하고 나면, 스스로 생각했다고 믿게 될 것이다."[30] 애쉬의 가장 유명한 제자였던 스탠리 밀그램(Stanley Milgram)은 이러한 순응 압력의 한층 더 어두운 함의를 증명해 보였다. 실험에서 정신적으로 건강하고 정상적인 사람들도 양심을 져버리고 다른 사람에게 고통스러운 전기충격을 가하도록 설득당할 수 있었다.[31] 소셜 미디어는 순응 압력을 어느 정도까지 부추길 수 있을까?

소셜 미디어가 그처럼 강력한 영향력을 발휘하는 이유 중 하나는 메시지를 매우 효과적으로 겨냥할 수 있기 때문이다. 애쉬가 집단이 사람들에게 어떤 영향을 미칠 수 있는지 연구하던 무렵, 밴스 패커드

(Vance Packard)는 광고주들이 소비자를 "파블로프의 조건화된 개처럼" 취급하면서 잠재 고객을 타기팅(targeting)하는 방법을 설명했다.[32] 실제로 제품 마케팅에는 은밀한 조작이 숨겨져 있다. 어쨌든 광고주들은 고객 '타기팅'이라는 용어를 사용한다.[33]

　마케팅은 대중 설득의 한 형태다. 마케팅의 의도는 선의일 수도 있고('독감 예방주사 접종하세요'), 중립적일 수도 있고('본스에서 쇼핑하세요'), 개인의 최선의 이익에 반할 수도 있다('말보로를 피우세요'). 대규모 캠페인도 효과적일 수 있지만, 광고주들은 적절한 고객을 타기팅하여 더 높은 반응률을 얻을 수 있다. 여기가 바로 소셜 미디어가 탁월한 역량을 발휘하는 분야다. 사람들이 페이스북과 같은 플랫폼에서 자신들의 관심사와 선호를 확인할 때, 영리한 마케팅 담당자들은 사용자들이 누르는 '좋아요'를 통해 다른 '좋아요'를 추론해낼 수 있다. 한 사람이 스크래블(Scrabble)과 같은 보드게임에 관심을 보이면, 그 사람이 구매할 만한 다른 제품을 마케팅하는 방법을 얻어낼 수 있다.[34] 이러한 접근방식을 통해 제품, 아이디어 또는 행동을 판매하기 위한 메시지를 구체적으로 타기팅할 수 있다.[35]

　1957년 노먼 커즌스(Norman Cousins)는 타기팅 광고와 시장 분석에 대해 경고했다. 오늘날 개인정보 보호와 소셜 미디어에 대한 우려를 생각하면, 커즌스의 경고는 놀라울 정도로 현대에도 잘 들어맞는다. "[시장 조사원들]은 냉철하게 인간 마음의 가장 깊고 가장 사적인 부분에 침입하고자 한다. … 현대 세계에서 인간 영혼의 프라이버시를 보호하는 것보다 더 어려운 것은 없다. 우리는 우리가 보지 못하고 알지 못하는 것이 우리를 해칠 수 있는 시대에 살고 있다."[36]

사회적 모델링[*] 역시 소셜 미디어의 영향력에 기여한다. 우리는 때로 인식하지 못하지만, 훌륭한 모방자이다. 앨버트 반두라(Albert Bandura)는 바닥에 무게추가 달린 약 1미터 52센티미터의 광대 풍선인형인 보보(Bobo)를 가지고 일련의 연구를 진행했다. 인형은 놀이방에 놓여 있었고, 아이들은 어른들이 보보와 상호작용하는 광경, 즉 보보를 무시하거나 때리는 광경을 관찰했다. 여기서 문제는 아이들이 어른의 행동을 흉내 낼까 하는 점이었다. 어른이 보보와 공격적으로 노는 모습을 목격한 아이들은 인형을 주먹으로 치거나 발로 찰 가능성이 더 컸다.[37]

특히 아이들과 청소년은 미디어에서 본 것을 곧잘 모방해 행동으로 옮긴다. 어린 소년이 슈퍼맨을 흉내 내려다 창문 밖으로 뛰어내려 사망한 가슴 아픈 사건도 있었다.[38] 아이들뿐만 아니라 어른들 역시 사회적 모델링에 민감하다. 배우 로빈 윌리엄스(Robin Williams)가 자살하자, 그 다음 달에 자살자가 증가했고, 같은 기간 동안 전국자살예방상담전화에 걸려온 전화는 평소보다 거의 3배에 달했다.[39] 마찬가지로 인터넷도 때로는 치명적인 모방 행동을 야기한다.

● 모델링은 하나 이상의 모델을 관찰함으로써 나타나는 행동적, 인지적, 정의적 변화를 가리키는 용어

인터넷의 속도와 익명성에는 중독성이 있으며, 문화는 일반적으로 새로운 중독물질에 무력하다는 점을 상기할 필요가 있다. 문화적 규범이 이와 같은 중독물질을 해결하는 법을 구체화하려면 몇 세대가 걸린다. 17세기의 진 광풍(Gin Craze)이 그 생생한 예이다. 네덜란드 출신인 오랑예 왕가의 윌리엄이 1689년에 영국 왕이 되자, 증류주 진이 엄청난 인기를 누리면서 1인당 평균 진 소비량이 놀랍게도 연간 10리터로 증가했다. 비교하자면, 현재 미국의 연간 1인당 진 소비량은 0.21리터이다.[40] 과도한 진 소비는 대중의 취태, 범죄, 아동 유기, 영양실조 등으로 이어져 큰 문제를 일으켰다. 연이은 세금 부과와 허가제로 '진 광풍'을 통제하는 데는 60년이나 걸렸다.[41]

이와 유사하게 우리는 자동차가 발명된 이후로 음주운전 때문에 골머리를 앓고 있다. 한 세기에 걸친 법, 규범, 교육에도 불구하고 음주운전은 여전히 커다란 사회 문제이다.[42] 우리가 100년 넘게 음주운전과 싸워오고 있다는 점을 고려하면, 소셜 미디어가 강압적인 설득을 조장하는 중독성 있는 도구가 되지 않을 것이라고 어찌 확신할 수 있겠는가?

소셜 미디어는 주목하지 않을 수 없는 새로운 '실체'이며, 소셜 미디어의 중독성에 대한 우려는 전 세계적인 현상이다.[43] 누군가 선동적인 이야기를 게시하면 어딘가에서 다른 누군가가 그 이야기를 믿고 행동으로 옮길 수도 있다. 이런 사람들을 잘 속는 사람이라고 해야 할지 불안정한 사람이라고 해야 할지 모르겠지만, 분명 드문 일은 아니다. 여러 연구에 따르면 미국 성인의 50~75퍼센트가 가짜뉴스 헤드라인을 신뢰할 만하다고 생각한다고 한다.[44] 한 연구팀이 약 126,000개의 트위터 뉴스 기사를 연구한 결과 가짜뉴스가 진짜 뉴스보다 소셜 미디어를 통해 더 빠르고 광범위하게 퍼진다는 사실을 발견했다. 가짜뉴스는 색다른 데다 공포, 혐오 혹은 놀라움의 감정을 불러일으키기 때문에 훨씬 매혹적이다.[45] 가짜뉴스를 퍼뜨리는 것은 은밀하고 기만적인 게 분명하다. 하지만 설득력이 있을까?

세뇌는 은밀하게 해로운 조작을 이용하는 것으로 알려져 있다. 안타깝게도 소통과 지지를 이끌어내는 강력한 도구인 소셜 미디어는 강압으로 직접 이어질 수 있다. 2016년 미국 대선 캠페인 기간 동안 소셜 미디어에서 민주당 관계자들이 워싱턴 DC에 소재한 '코밋 핑퐁' 피자 가게에 근거지를 둔 아동 성매매 조직에 연루되었다는 소문이 돌았다. 피자 가게는 수백 건의 협박을 받았고, 노스캐롤라이나 출신의 28세 남성은 소총을 소지한 채 워싱턴 DC로 찾아와 가게에 총을 난사하기도 했다.[46] 2주 후 미국 성인을 대상으로 한 여론조사는 힐러리 클린턴 선거 캠프 당국자들이 아동 성추행과 학대를 동반한 악마숭배에 연루됐다고 하는 소셜 미디어의 게시물을 믿느냐고 물었다. 트럼프 지지자의 46퍼센트, 심지어 클린턴 지지자의 17퍼센트가 믿는다고 대답했다.[47]

이런 종류의 악의적인 소문은 불화의 씨를 뿌리기 위해 유포된 선전의 예이다. 터무니없는 소문 앞에서 그토록 많은 사람들이 속아 넘어가는데, 프로파간다 예술가들이 디지털 조작 영상과 사진들을 더욱더 많이 사용한다면 어떤 일이 벌어질까? 인터넷에 퍼져 있는 집단 사고의 양과 소셜 미디어의 믿음을 강화하는 경향을 생각하면, 악의적인 소문은 선동적 결과를 낳을 수 있다. 채팅방은 사회적 소통에 있어서 제한적이며, 종종 과학이나 상식에 근거하지 않은 세계에 대한 음모 이론과 관념에 빠져들게 한다. 대화방 참가자들은 자신의 믿음을 뒷받침하는 정보만을 찾고 기억하는 경향인 확증 편향에 사로잡힌다.[48] 우리가 반복해서 살펴보았듯이, 제한된 소통은 일종의 세뇌 촉진제다.

선전(프로파간다)은 광고의 변종일 뿐이다. 정부는 '백색선전'(현 정권 지지 및 사기 증진)과 '흑색선전'(불신 및 사기저하 조장)을 위해 소셜 미디어를 재빠르게 수용했다. 중국 정부는 일반 중국 국민의 솔직한 견해라고 주장하는 4억 4800만 건의 소셜 미디어 댓글을 게시했다. 게시물의 진위가 의심됐지만, 연구자들이 중국의 한 지역에 소재한 인터넷 선전 사무소에서 발신하고 수신한, 유출 이메일의 보고(寶庫)를 발견할 때까지는 증거를 밝혀내기가 어려웠다. 연구자들은 댓글 작성자가 쓴 글의 패턴과 내용과 게시 시점을 조사했다. 선전 사무소에서 게시한 게시물의 내용은 사실이 아니었다. 오히려 중국을 지지하여 대중의 주의를 분산시킬 의도로 배포된 백색선전의 예였다.[49]

또한 국가는 소셜 미디어를 이용해 흑색선전을 퍼뜨리기도 한다. 트럼프 대통령 재임 기간 동안 미국은 러시아가 소셜 미디어를 통해 선거에 개입했다는 문제로 갈등을 빚었다. 미 상원 특별정보위원회는 2016년 대통령 선거에 러시아가 개입했다는 증거가 충분하며, 미국의 민주주의 제도와 투표 과정에 대한 신뢰를 훼손하려는 시도가 있었다고 결론지었다.[50] 러시아의 트롤군*과 해커들은 특정 집단의 투표율을 높이고 다른 집단의 투표를 방해하기 위해 페이스북에 분열을 조장하는 광고를 약 1억 4천만 개나 심었다고 한다.[51] 미국 법무부가 내놓은 당혹스러울 정도로 긴 보고서는 소셜 미디어 무기화의 범위를 상세히 기술하고 있다.[52] 다른 나라의 선거에 개입하는 것은 새로운 일도 아니고 러시아에만 국한된 것도 아니다.[53] 오늘날 달라진 것은 소셜 미디어를 활용하면 훨씬 더 큰 선거 개입 효과를 볼 수 있다는 점이다.

소셜 미디어는 때로는 치명적인 결과를 낳는 사이버 폭력을 조장하기도 한다. 불안과 우울증에 시달리던 열여덟 살 콘래드 로이(Conrad Roy)는 2014년 7월, 열일곱 살 미셸 카터(Michelle Carter)의 설득에 넘어가 자살했다. 로이는 자살에 대해 주저하고 있었지만, 카터는 수없이 문자 메시지를 보내고 전화를 해서 그를 꾀었다. 카터는 과실치사죄로 유죄 판결을 받았다.[54] 로이는 일산화탄소를 흡입해 자살하려다가 겁에 질려 카터에게 문자를 보냈다. 카터는 나중에 한 친구에게 이렇게 말했다. "로이의 죽음은 내 잘못이야. 솔직히 말하면, 난

● 정부의 지원을 받아 조직적으로 허위정보와 가짜뉴스를 퍼뜨리고, 여론조작을 일삼는 러시아의 사이버심리전단.

그 애의 자살을 막을 수 있었거든. 그 애는 나와 전화 통화를 하던 중에 [일산화탄소]가 새어 나오자 겁에 질려 차에서 내렸어. 젠장 나는 그 애한테 다시 차에 타라고 말했어. … 그 애가 나한테 전화를 걸었는데, 숨죽인 소리와 모터가 돌아가는 것 같은 소리가 들렸어. 20여 분 동안 그런 소리가 들렸지만, 그 애는 대답할 기미를 보이지 않았어. 그 앤 자살한 것 같아."[55]

관련하여 또 다른 자살 사건으로는 스물두 살의 알렉산더 우르툴라(Alexander Urtula)가 있다. 우르툴라의 여자 친구는 자살 직전 두 달 동안 그에게 자살을 재촉하는 4만 7천 통이 넘는 문자 메시지를 보냈다.[56] 검사에 따르면 여자 친구의 끊임없이 계속된 반복적인 요구와 협박은 "여자 친구가 우르툴라를 전적으로 완전히 통제하고 있었음"을 입증했다.[57]

소셜 미디어를 이용해 끔찍한 일을 하도록 잘 아는 개인을 설득할 수 있다면, 더 많은 친구와 지인들을 설득할 수 있을까? 수백만 명의 페이스북 사용자들을 대상으로 세심하게 설계한 연구에 따르면 그러한 상황에서 크지는 않지만 눈에 띄는 정도로 영향력을 끼칠 수 있는 것으로 나타났다.[58]

소셜 미디어는 강력하면서도 비용이 별로 들지 않는 기술이며 익명성을 보장한다. 인터넷을 타고 전파되는 전염성 있는 소문은 컴퓨터 화면에 등장하면, 신빙성이 있어 보인다. 셰익스피어는 소문을 "사람들의 귀를 거짓 보고들로 틀어막는 것"이라고 했다.[59] 인터넷 사용으로 우리는 이제 훨씬 더 빠르게 "귀를 거짓 보고들로 틀어막을" 수 있다. 랜드 연구소의 한 보고서는 러시아가 방대한 양의 허위 정보를 내보내고 있다며, "거짓말을 쏟아내는 소방호스"에 대해 경고했다. 고용된 트롤들이 만들어내는 엄청난 양의 메시지는 경쟁 정보를 덮어버릴 수 있다. 관찰자들은 여러 출처에서 동일한 메시지를 받으면 터무니없는 메시지일지라도 훨씬 믿을 만한 것이라고 생각한다. 설상가상으로 이러한 메시지는 대응하기 어렵다. 랜드 연구소의 보고서 작성자들이 안타까운 심정으로 소견을 말했듯이, "진실의 물총으로 허위 정보의 소방호스에 대항할 수 있을 거라고는 기대하지 않는 게 좋다."[60]

소셜 미디어는 테크노 유토피아주의에서 디스토피아적인 무기화로 전락했다. 아마도 티모시 리어리(Timothy Leary)가 인터넷을 새로운 LSD로 낙인찍었을 때 그가 생각했던 것 이상으로 정확했던 것 같다. (우리는 정부가 LSD를 어떻게 활용했는지 목도했다.) 소셜 미디어는 너무 강력해서 강압에 가까울 수 있다. 또한 소셜 미디어는 사용자에게 심각한 해를 끼칠 수 있는 방식으로 부지불식간에 설득력을 발휘한다. 미래의 세뇌 기술자들은 소셜 미디어의 그와 같은 가능성을 탐구하지 않을 수 없을 것이다. 인지과학, 커뮤니케이션, 컴퓨터 과학 분야의 전문가들은 사람들을 연결하고 메시지를 전달하는 소셜 미디어의 역량을 계속 향상시킬 것이다. 플라톤은 이야기꾼들이 세상을 지배한다고 경고한 바 있다.[61] 미래의 시민들은 소셜 미디어에서 떠도는 이야기꾼들의 이야기를 매우 신중하게 평가해야 할 것이다.

후기

20세기에 세뇌가 어떻게 진화했는지를 연구하면서 나는 매우 선택적으로 살펴볼 수밖에 없었다. 그럼에도 불구하고 세뇌의 사례는 세계 전역에서 등장했다. 미국, 캐나다, 한국, 중국, 캄보디아, 러시아, 그리고 헝가리는 강압적인 설득이 만연했던 몇 안 되는 국가다. 정부의 정보기관은 강압적인 설득 연구를 빈번하게 후원했다. 때로는 신흥종교 운동이 강압적인 설득 기법을 능숙하게 사용한다는 것이 입증되었고, 심지어 범죄자들이 강압적인 설득 능력을 우연히 발견하기도 했다.

이 책을 쓰기 시작할 때만 해도 세뇌는 오래전 일이고 너무 먼 이야기 같았지만, 어디를 보나 파블로프의 그림자가 보였다. 좀 더 깊이 파고들면서, 나는 강압적 설득이 계속 진화해 왔다는 것을 알게 되었다. 내가 아는 연구자들이 그토록 많다는 사실에 놀랐지만, 이들은 결국 내 분야의 선도자들이었다. 스트레스와 수면에 관한 나의 연구가 세뇌의 본질에 대한 보다 더 광범위한 논의와 얼마나 맞닿아 있는지도 예전에는 미처 깨닫지 못했다.

'세뇌'가 이상한 용어라는 것을 알면서도 우리는 계속 이 말을 쓰고 있다. 또한 100년 동안 수많은 소설과 영화에 등장했던 세뇌 개념 때문에 어리석게도 겁을 먹어 왔다는 것을 알지만, 그렇다고 해서 세뇌의 위험이 실존하지 않는다고 말하고 싶지는 않다.[1] 정부와 학계는 한 세기 동안 세뇌를 연구해왔다. 다양한 기존 종교집단과 신흥종교 집단들은 신도들을 계속 끌어들이고 파괴적인 선택을 하도록 설득한다. 인질들은 자신을 구출한 사람들을 계속 의심하고, 죄수들은 심문을 받는 동안 계속해서 거짓 자백을 한다. 이 모든 현상은 강압적인 설득의 결과이다. 신경과학과 소셜 미디어의 발전을 고려하면, 우리는 세뇌가 더욱더 진화하고 미래에도 계속 우리 삶의 일부일 거라고 가정할 수밖에 없다.

조지 오웰은 냉정하게 논평했다. "미래에 대한 그림을 원한다면 인간의 얼굴을 영원히 짓밟는 군화를 상상해보라."[2] 만약 우리가 21세기에 벌어질 향후 세뇌의 발전을 무시한다면, 우리는 세뇌에 무방비 상태가 될 것이고, 오웰의 예견은 현실이 될 것이다. 그러나 나는 우리에게 선택권이 있다고 믿는다. 새로운 세기를 준비하려면 우리는 20세기에 세뇌가 어떻게 발전해 왔는지 되돌아보고 숙고해야 한다. 그리고 우리는 "인류의 역사는 점점 더 교육과 재앙 사이의 경주가 되어가고 있다"고 경고한 H. G. 웰스의 말을 귀담아들어야 한다.[3] 우리는 지금 그런 경주에 뛰어들었다. 어두운 설득이 우리의 미래를 형성할 방법을 통제하는 길은 우리에게 달려 있다.

감사의 글

사람들은 글 쓰는 일이 고독하다고 생각한다. 사실 글쓰기는 상상할 수 있는 가장 사교적인 활동 중 하나다. 이 책을 쓸 수 있도록 도움을 주신 많은 분들에게 감사의 말을 전한다. 여러분이 없었다면 이 책을 절대 쓰지 못했을 것이다.

수고로움을 무릅쓰고 초고를 봐준 낸시 딤스데일에게 특별히 감사를 드린다. 그녀는 많은 의견과 함께 질문을 던지며 내게 영감을 주었다. 나의 에이전트 샌디 다익스트라는 아낌없이 격려해 주며 지혜를 나눠줬다. 또한 집필 내내 열성적인 지원과 조언을 아낌없이 해준 예일대학교 출판부 편집자 제니퍼 뱅크스에게도 감사드린다. 또한 익명의 검토자들에게도 감사드린다. 그분들의 논평 덕분에 원고가 훨씬 충실해졌다. 연구로 인해 너무 숨이 막힐 듯 답답할 때면, 나의 반려견 비즐라(형가리산 사냥개) 몰리는 늘 훌륭히 기분전환을 시켜주었다.

이와 같은 책의 집필은 특별 컬렉션을 갖추고 있고 기록보관 담당자가 있는 학술 도서관의 도움을 받아야만 가능하다. 호르헤 루이스 보르헤스가 언젠가 말했듯이 "나는 늘 천국이 일종의 도서관일 거라고 상상해왔다." 아래는 내가 많은 도움을 받은 도서관과 기록보관 담당자들이다.

- UCSD의 특별 컬렉션과 도서관 상호 대출 서비스.
- UCLA 생물의학 도서관 특별 컬렉션의 테레사와 러셀 존슨 덕분에 레만 문서를 쉽게 이용할 수 있었다.
- 찰스 E. 영 도서관, UCLA 특별 컬렉션의 닐 호지와 몰리 헤이그는 광범위한 루이스 졸리언 웨스트 문서를 이용할 수 있도록 도움을 주었다.
- 국립기록보관소의 네이션 폰지오는 진실 약물에 관한 OSS 파일을 찾는 데 도움을 주었다.
- 미국의회도서관의 정보제공 사서인 루이스 와이먼은 윈프레드 오버홀서(Winfred Overholser) 파일을 찾아주었다.
- 메이시 재단 프로그램의 준회원인 야스민 르장드르는 메이시 기록보관소를 이용할 수 있게 해주었다.
- 뉴욕-프레즈비테리언·웨일 코넬, 메디컬센터 기록보관소의 니콜 밀라노와 엘리자베스 셰퍼드는 울프 관련 문서를 철저히 조사하는 걸 도와주었다.
- 드윗 윌리스 정신의학사 연구소의 오스카 디에텔름 도서관의 특별 컬렉션 사서인 마리사 샤리는 울프에 관한 미국 심신 의학회 문서를 이용하는 데 도움을 주었다.

- 윌리엄 J. 클린턴 대통령 도서관의 레티샤 스태이시는 대통령의 패트리샤 허스트 사면 파일을 찾아주었다.

- 하버드 법률도서관 특별 컬렉션의 에드윈 몰로이는 패트리샤 허스트 사건에 관한 토빈 문서가 위치한 곳으로 안내해 주었다.

- 하버드 카운트웨이 도서관의 잭 에커트는 제2차 세계대전 당시에 이용됐던 진실 약물에 관한 비처(Beecher) 문서를 찾아주었다.

- 맥길 대학교의 오슬러 의학사 도서관의 안나 다이서트는 이웬 캐머런과 와일더 펜필드와 관련된 자료를 제공해 주었다.

- 조지 워싱턴 대학교의 국가안보기록보관소의 메리 커리는 방대한 MK울트라 파일을 이용할 수 있도록 도와주었다.

- 예일 대학교 도서관의 빌 랜디스는 델가도 박사의 이미지를 찾는 데 도움을 주었다.

- 캘리포니아 역사학회의 데브라 카우프만은 존스타운 파일을 찾는 데 도움을 주었다.

- UC 버클리 밴크로프트 도서관의 로나 키르완은 〈샌프란시스코 이그재미너(Sanfrancisco Examiner)〉의 존스타운에 관한 파일을 찾는 데 도움을 주었다.

이들 기관 외에 특정 개인이 자신의 광범위한 연구 기록 문서들을 공유해 학문에 막대한 공헌을 했다. 다음 분들에게 특별히 감사를 드린다.

- 샌디에이고 주립대학교 도서관의 '존스타운에 관한 대안적 고찰 특별 컬렉션'에 소장품을 기증한 샌디에이고 주립대학교의 레베카 무어.

- 패트리샤 허스트 사건에 대한 자신의 광범위한 논문들을 하버드 법률 도서관과 공유해준 제프리 토빈.

- MK울트라에 대한 획기적인 탐사 보도를 했으며 자신의 CIA FOIA 자료를 공유해준 존 마크스. 또한 이 자료들을 쉽게 이용할 수 있게 해준 국가안보기록보관소와 블랙 볼트 측에도 감사를 드린다.

- 심도 깊고 전문적인 식견을 갖춘 웹사이트 Hidden Persuaders(http://www.bbk.ac.uk/ hiddenpersuaders/.)를 운영하는 대니얼 픽.

- 프랭크 올슨 정보에 관한 유용한 웹사이트(http://frankolson project.org)를 운영하며, 친절히도 자신의 아버지의 사진을 쓸 수 있게 해준 에릭 올슨.

많은 동료들이 아낌없이 의견을 주었다. 다음 분들에게 감사한 마음을 전하고 싶다.

- 망상장애에 관해 논한 윌 카펜터와 라지브 탠돈.

- SS 자료의 번역에 도움을 준 프랭크 비스와 크리스토프 헤르만-링겐.

- 교황 비오 12세가 쓴 문서를 번역해준 폴 클라인만.

- 소련의 역사에 관해 논한 페이-이 추와 로버트 에델만.

- 조력 자살에 관해 논한 페이 거쉬.

- 〈샌디에이고 리더(San Diego Reader)〉에서 '천국의 문' 파일을 찾아준 짐 홀먼.

- 헤일-밥 혜성 사진의 저작권과 관련해 도움을 준 폴 셔먼.

- 앨런연구소에 관한 소견을 제시한 아서와 헬렌 도슨.

- 투스코에 관해 논한 샌디에이고 동물원의 랜디 리치스.

- 정신약리학에 관해 논한 스티븐 스탈과 데이비드 브래프.

- 스톡홀름 증후군과 FBI에 관해 논한 그레고리 베키와 프랭크 오크버그.

- '천국의 문' 검시 정보의 이용에 도움을 준 샌디에이고 카운티의 검시관인 스티브 캠프먼.

- 이웬 캐머런에 관해 논한 맥길 대학교의 안드레아 톤.

- 종교재판에 관해 소견을 준 에릭 판 영과 앤드류 데버루.

- 중국의 역사에 등장하는 세뇌에 관한 참고문헌을 알려준 노턴 휠러.

- 소셜 미디어에 관해 소견을 준 조너선 딤스데일과 콜린 뎁.

- 늘 격려해 주고 편집에 도움을 준 잭 피셔.

- 종교에 관해 논한 스티브 콕스.

- 수십 년간 사상 개조를 연구하고, 허스트 재판에 관해 소견을 준 로버트 리프턴.

- 법에 관해 논한 마이클 패리쉬와 마크 에반스.

- 졸리 웨스트에 관해 논한 빌 로발로.

- 한국전쟁에 관해 지도해 준 칼 거트.

- 해롤드 울프에 대한 기억을 들려준 돈 오켄.

- 정신의학, 냉전, 그리고 정신신체의학의 역사에 관해 논한 톰 와이즈.

- '천국의 문'의 신도였던 한 지인에 대한 기억을 들려준 머피 녹스.

- 16,000개가 넘는 CIA의 TIFF 문서를 이용하는 데 도움을 준 페리 쉽먼.

- 한국전쟁과 행동 수칙에 관해 논한 로저 딤스데일(미국 예비역) 대령.

- 래리 힌클에 대한 기억을 들려준 크리스티나 오스-고머.

- 수면에 관해 논한 소니아 안콜리-이스라엘.

- '천국의 문' 사진 이용에 도움을 준 빌 고어 보안관.

　　작가 데이비드 그랜은 『플라워 문』에서 이렇게 말했다. "역사는 무자비한 재판관이다. 역사는 우리의 비극적인 실수와 멍청한 과실을 적나라하게 드러내고, 우리의 가장 내밀한 비밀을 폭로하며, 처음부터 미스터리 소설의 결말을 알고 있는 척 하는 오만한 탐정처럼 지난 일에 대해 통찰력을 행사한다." 내가 실수로 감사를 드려야 할 분을 잊었을 수도 있다. 그렇지 않았기를 바란다. 만일 학문적인 오류가 있다면, 그 책임은 아낌없이 조언해 준 많은 사람들에게 있지 않고 전적으로 내게 있다.

미주

서문

1. J. Wolff, "San Diego Polo Club Site Developed by Heaven's Gate," *San Diego Reader*, July 16, 1998.

2. http://heavensgate.com/ (accessed September 19, 2017) 참고하기 바람.

3. Dwight Reed, Brain Blackbourne, Yvonne Wiliams, John Rodrigues, and Calvin Vine, "Rancho Santa Fe Mass Suicide Discovered March 26, 1997," County of San Diego Medical Examiner's Office, 1997.

4. Reed et al., "Rancho Santa Fe Mass Suicide."

5. 1784년 최면술에 대한 왕실의 조사를 신중히 재구성한 글에 대해서는 다음 논문을 참고하기 바람. *Report of the Commissioners Charged by the King with the Examination of Animal Magnetism*, republished in *International Journal of Clinical and Experimental Hypnosis* 50 (2002): 332–63.

6. J. Dimsdale, *Anatomy of Malice: The Enigma of the Nazi War Criminals* (New Haven: Yale University Press, 2016).

제1장 파블로프 이전

제사(題辭): Aesop, "The Wind and the Sun," in Fables; William Sargant, *Battle for the Mind: A Physiology of Conversion and Brain-washing* (1957; repr., Cambridge, MA: Malor Books, 1997).

1. George Ryley Scoot, *The History of Torture throughout the Ages* (London: Kegan Paul, 2004), 172; Edward Peters, Torture, rev. ed. (Philadelphia: University of Pennsylvania Press, 1996), 170. 흥미롭게도 아르헨티나에서는 물고문이 "아시아의 고문"이라고 불렸다.

2. Senator Lott, quoted in Deborah Soloman, "Questions for Trent Lott," *New York Times Magazine*, June 20, 2004, 2004, 15.

3. Ulpian, quoted in Alfred McCoy, *A Question of Torture: CIA Interrogation, from the Cold War to the War on Terror* (New York: Metropolitan Books, 2006).

4. Peters, *Torture*, 71.

5. McCoy, *A Question of Torture*, 204.

6. Peters, *Torture*, 129-30.

7. Peters, *Torture*, 124.

8. Peters, *Torture*, 71, 69.

9. R. L. Kagan and A. Dyer, *Inquisitorial Inquiries: Brief Lives of Secret Fews & Other Heretics*, 2nd ed. (Baltimore: Johns Hopkins University Press, 2011).

10. Henry Kamen, *Inquisition and Society in Spain in the Sixteenth and Seventeenth Centuries* (Bloomington: Indiana University Press, 1985).

11. Carlo Ginzburg, *The Cheese and the Worms: The Cosmos of a Sixteenth Century Miller*, trans. John Tedeschi and Anne Tedeschi (Baltimore: John Hopkins University Press, 1980), 5.

12. Ginzburg, *The Cheese and the Worms*, 87.

13. Ginzburg, *The Cheese and the Worms*, 70.

14. L. E. Hinkle and H. G. Wolff, "Communist Interrogation and Indoctrination of 'Enemies of the State': Analysis of Methods Used by the Communist State Police (A Special Report)," *AMA Archives of Neurology & Psychiatry 76* (August 1956): 115-71.

15. Sargant, *Battle for the Mind*.

16. Kagan and Dyer, *Inquisitorial Inquiries*.

17. David Hawk, "Tuol Sleng Extermination Centure," *Index on Censorship* 1 (1986): 27.

18. 수전 자코비(Susan Jacoby)의 훌륭한 책, *Strange Gods: A Secular History of Conversion* (New York: Pantheon Books, 2016)을 참고하기 바람.

19. Duane Windemiller, "The Psychodynamics of Change in Religious Conversion and Communist Brainwashing: With Particular Reference to the 18th Century Evangelical Revival and the Chinese Thought Control Movement" (PhD diss., Boston University, 1960).

20. Windemiller, "The Psychodynamics of Change in Religious Conversion and Communist Brainwashing," 130.

21. Jonathan Edwards, quoted in Lurhmann Tanya, *When God Talks Back* (New York: Knopf, 2012), 103.

22. 이러한 교회 및 교인의 특성의 변화에 관한 흥미로운 논의를 살펴보려면, 다음 저작을 참고하기

바람. Stephen Cox, *American Christianity: The Continuing Revolution* (Austin: University of Texas Press, 2014).

23. Reverend George Salmon, quoted in Sargant, *Battle for the Mind*, 135.

24. Edwin Diller Starbuck, "A Study of Conversion," *American Journal of Psychology* 8, no. 2 (1897): 283.

25. Starbuck, "A Study of Conversion," 298.

26. Douglas Cowan, "Conversions to New Religious Movements," in *Oxford Handbook of Religious Conversion*, ed. L. H. Rambo and C. E. Farhadian (New York: Oxford University Press, 2014), 695.

27. James H. Leuba, "A Study in the Psychology of Religious Phenomena," *American Journal of Psychology* 7, no. 3 (1896): 322, 366.

28. J.T. Richardson and M. Stewart, "Conversion and Process Models and the Jesus Movement." *American Behavioral Scientist* 20. no. 6 (1977): 819-38.

29. John Wesley journal, quoted in Windemiller, "The Psychodynamics of Change in Religious Conversion and Communist Brainwashing," 63.

30. 웨슬리 이후 오랜 시간이 지난 후에도 일기와 고백은 사람들을 자기 파괴적인 행동으로 몰아가는 데 사용되었다. 일본의 가미카제 조종사는 정신수양에 참여하고, 자기반성과 천황에 대한 충성을 중심으로 일기를 계속 쓰라는 지시를 받았다. 중요한 것은 그들은 매주 편대장과 일기를 공유할 의무가 있었다. 한 신병 가미카제 조종사는 이렇게 고백했다. "나는 정신수양이 여전히 부족하다. … 몸을 충돌(비행기를 몰고 군함과 충돌)시키기 위한 목표를 이루려면 정신수양에 힘써야 한다고 믿는다." 일본의 가미카제 조종사들의 필수적인 고백에 대한 폭넓은 논의를 살펴보려면, 사무엘 야마시타(Samuel Yamashita)의 훌륭한 책, *Daily Life in Wartime Japan, 1940-1945* (Lawrence: University Press of Kansas, 2015), 140.을 참고하기 바람.

31. Windemiller, "The Psychodynamics of Change in Religious Conversion and Communist Brainwashing," 71.

32. Hugh Freeman, "In Conversation with William Sargant," *Bulletin of the Royal College of Psychiatrists* II (September 1987): 290.

33. Malcolm Lader, quoted in F. R. Tallis, "A London Landmark: The Workplace of Al-Qaeda's Favourite Psychiatrist," *Huffpost*, June 20, 2013.

34. Sargant, *Battle for the Mind*, xii, 81.

35. William James, cited in Sargant, *Battle for the Mind*, 148; 저자 강조.

36. William James, *The Varieties of Religious Experience: A Study of Human Nature* (New York: Longmans, Green, 1920), "Lecture I: Religion and Neurology," 13.

37. Sargant, *Battle for the Mind*, 155.

38. Lurhmann, *When God Talks Back*, xxiv.

39. John G. Clark, "Cults," *Journal of the American Medical Association* 242, no. 3 (1979): 279-81.

제2장 파블로프의 개들과 소련의 여론조작용 공개재판

제사: Central Intelligence Agency, *Communist Control Methods*, appendix 1: "The Use of Scientific Design and Guidance, Drugs and Hypnosis in Communist Interrogation and Indoctrination Procedures, Declassified from Secret and Released May 17, 2000" (CIA-RDP78-03362A000800170002-1).

1. Ivan Pavlov, *Conditioned Reflexes: An Investigation of the Physiological Activity of the Cerebral Cortex*, Lecture 18, trans. G. V. Anrep (London: Oxford University Press, 1927), http://psychclassics.yorku.ca/Pavlov/lecture18.htm.

2. 다음을 참고하기 바람. Daniel Todes's magnificent biography *Ivan Pavlov* (New York: Oxford University Press, 2014), 372.

3. Todes, *Ivan Pavlov*, 481.

4. Boris Sokoloff, *The White Nights: Pages from a Russian Doctor's Notebook* (New York: Devin Adair, 1956), 67-68.

5. Sokoloff, *The White Nights*, 71

6. Ivan Petrovitch Pavlov, *Lectures on Conditioned Reflexes*, vol. 2, *Conditioned Reflexes and Psychiatry*, trans. W. Horsley Gantt (New York: International, 1941), 144.

7. Ivan P. Pavlov, *Psychopathology and Psychiatry*, trans. D. Myshnne and S. Belky (New Brunswick, NJ: Transaction, 1944), 225. Originally published in Moscow in 1961.

8. Pavlov, *Conditioned Reflexes*.

9. William Sargant, *Battle for the Mind: A physiology of Conversion and Brainwashing* (1957; repr., Cambridge, MA: Malor Books, 1997), 17-18.

10. Todes, *Ivan Pavlov*, 572.

11. 스탈린은 유전형질에 대한 토프림 리센코(Tofrim Lysenko)의 생각을 지지했고 당의 노선을 공유하지 않는 소련 유전학자들을 해임했다. 파블로프는 쥐의 학습된 반응이 유전될 수 있다고 주장한 한 동료의 영향을 받았다. 한 집단의 쥐가 과제를 학습하기 전까지 298번의 훈련 과정이 필요했다. 그 쥐들의 자손은 114번의 반복 훈련 과정 후에 과제를 학습했고, 이 쥐들의 자손은 29번의 반복 훈련 과정 후에 과제를 학습했다. 파블로프는 쥐가 더 빨리 학습하는 것이 아니라 연구진들이 더 뛰어난 동물 조련사가 되어가고 있었다는 점을 한 동료가 지적하기 전까지는 이러한 관찰 결과가 후천 형질의 유전을 입증했다고 확신했다. (Todos, Ivan Pavlov, 451을 참고하기 바람.)

12. Robert Conquest, *The Great Terror: Stalin's Purge of the Thirties* (London: Macmillan, 1968), 77.

13. W. Horsley Gantt, introduction to Pavlov, *Lectures on Conditioned Reflexes*, vol. 2, *Conditioned Reflexes and Psychiatry*, 31.

14. Pavlov, *Lectures on Conditioned Reflexes*, vol. 2, *Conditioned Reflexes and Psychiatry*, 191.

15. *Pravda*, September 27, 1949, quoted in R. C. Tucker, "Stalin and the Uses of Psychology," U.S. Air Force Project RAND Research Memorandum, March 10, 1955, 29.

16. Conquest, *The Great Terror*, 538-39.

17. N. Khrushchev, quoted in Joel Carmichael, *Stalin's Masterpiece: The Show Trials and Purges of the Thirties - The Consolidation of the Bolshevik Dictation* (London: Weidenfeld and Nicolson, 1976), 71.

18. V. Rogovin, *Political Genocide in the USSR: Stalin's Terror of 1937-1938*, trans. F. S. Choate (Oak Park, MI, Mehring Books, 2009), 199.

19. J. Stalin, quoted in Hiroaki Kuromiya, *Stalin's Great Terror and Espionage*, National Council for Eurasian and East European Research, contract 824-09 (Seattle: University of Washington, 2009).

20. Arch Getty and Oleg V. Naumov, *The Road to Terror: Stalin and the Self-Destruction of the Bolsheviks, 1932-1939* (New Haven: Yale University Press, 1999), 527.

21. Arkady Vaksberg, *Prosecutor and the Prey: Vyshinsky and the 1930s Moscow Show Trials*, trans. Jan Butler (London: Weidenfeld and Nicolson, 1990), 81.

22. Marc Jansen and Nikita Petrov, *Stalin's Loyal Executioner: People's Commissar Nikolai Ezhov* (Standford, CA: Hoover Institution Press, 2002), ix.

23. 투옥과 처형의 몫은 Getty and Naumov, *The Road to Terror*에 자세히 설명되어 있다.

24. Karl Schlogel, *Moscow 1937*, trans. Rodney Livingstone (Cambridge: Polity, 2012), 162.

25. Robert Gellately, *Lenin, Stalin, and Hitler: The Age of Social Catastrophe* (New York: Knopf, 2007), 269.

26. Carmichael, *Stalin's Masterpiece*, 118. 아이러니하게도 비신스키는 유엔 주재 소련 대사로 공직을 마감했는데, 유엔에서는 독설을 퍼붓는 일이 거의 없었다.

27. Vaksberg, *Prosecutor and the Prey*, 82.

28. 그 죄수가 얼마나 많은 터무니없는 혐의들을 자백할 수밖에 없었는지를 잘 보여주는 나름의 숨은 이야기가 있었다.

29. Gellately, *Lenin, Stalin, and Hitler*, 271.

30. Schlogel, *Moscow 1937*, 79.

31. Conquest, *The Great Terror*, 381-82.

32. George Orwell, review of "Assignment in Utopia," in *The Oxford Book of Parodies*, ed. John Gross (Oxford: Oxford University Press, 2010), 301-2.

33. Alexis Tolstoy, quoted in Carmichael, *Stalin's Masterpiece*, 14.

34. Trotsky, quoted in Rogovin, *Political Genocide in the USSR*, 344.

35. Gorky, quoted in Gellately, *Lenin, Stalin, and Hitler*, 259.

36. 마키아벨리는 이 점을 예상하며, 다음과 같이 지적했다. "때로는 말은 사실을 감추는 데 써야 한다. 하지만 이는 아무도 알아차리지 못하게 해야 한다. 혹시 그걸 들킨다면, 즉시 해명해야 한다." Niccolo Machiavelli, "Confidential Instructions to Diplomat Raffaello Girolami, Ambassador to the Emperor," cited in Arthur Koestler, *Darkness at Noon*, trans. Daphne Hardy (1941; repr., New York: New American Library, 1961), 143.

37. Koestler, *Darkness at Noon*, 137.

38. Walter Duranty, "Sensation Is Seen in Trial of Radek," *New York Times*, January 21, 1937.

39. David C. Large, *Between Two Fires: Europe's Path in the 1930s* (New York: Norton, 1990), 285.

40. Karl E. Meyer, "The Editorial Notebook: Trench Coats, Then and Now," *New York Times*, June 24, 1990.

41. Harold Denny, "Trotsky Is Called Real Conspirator in Anti-Soviet Plot," *New York Times*, August 21, 1936.

42. J. Davies, quoted in Conquest, *The Great Terror*, 505.

43. J. Davies, quoted in Large, *Between Two Fires*, 314.

44. Charles E. Bohlen, *Witness to History* (New York: Norton, 1973), 51. 다른 외교관들은 외교에 그리 능하지 않았다. "[데이비스]는 합당한 자신의 능력에 비해 너무나 큰 정치적 야망을 가진 거만하고 자만심이 강한 오만한 사람이었다. … 스탈린은 그를 완전히 세뇌시켰다." R. Buckner, quoted in Stephen Cox, "The Farthest Shores of Propaganda," *Liberty*, July 2010, 26.

45. Record Group 238, P20, container 9, National Archives, College Park, MD.

46. Schlogel, *Moscow 1937*, 522.

47. Schlogel, *Moscow 1937*, 529-30.

48. Peter Viereck, foreword to Koestler, Darkness at Noon, x.

49. 원본 재판 기록은 변조됐지만, 1973년 스티븐 코헨(Stephen Cohen)이 다음의 전기에서 복원했다. *Bukhrain and the Bolshevik Revolution: A Political Biography* (New York: Knopf, 1973)

50. Koestler, *Darkness at Noon*, 38, 71.

51. N. Bukharin quoted in Conquest, *The Great Terror*, 126.

52. Getty and Naumov, *The Road to Terror*, 447.

53. 한 생존자는 수 세기 전, 또 다른 공포의 시대에 미켈란젤로가 잠의 축복을 찬미했다고 언급했다. "잠자는 건 달콤하지 않다, 차라리 돌이 되는 게 더 달콤하다. 이 무서운 공포와 수치의 시대에 보지도 느끼지도 못하는 사람은 세 배나 축복을 받는다. 그럼, 날 여기 남겨두고, 내 휴식을 방해하지 마시오." Quoted in Eugenia S. Ginzburg, *Journey into the Whirlwind*, trans. Paul Stevenson and Max Hayward (New York: Harcourt, Brace and World, 1967), 162.)

54. Conquest, *The Great Terror*, 141.

55. Sargant, *Battle for the Mind*, 162-63.

56. Schlogel, *Moscow 1937*, 183.

57. Vaksberg, *Prosecutor and the Prey*, 118.

58. Sargant, *Battle for the Mind*, 208-9.

59. Jansen and Petrov, *Stalin's Loyal Executioner*, 111.

60. Vaksberg, *Prosecutor and the Prey*, 74.

61. J. Stalin, quoted in Bohlen, *Witness to History*, 400.

62. George Hodos, *Show Trials: Stalinist Purges in Eastern Europe, 1948-1954* (New York Praeger, 1987), 67.

63. Hodos, *Show Trials*, 70.

64. Vaksberg, *Prosecutor and the Prey*, 117.

65. Carmichael, *Stalin's Masterpiece*, 97.

66. Carmichael, *Stalin's Masterpiece*, 87; Conquest, *The Great Terror*, 112-13.

67. Vaksberg, *Prosecutor and the Prey*, 111. 그 피고인은 여러 차례 중앙위원회 위원, 정치국원, 그리고 주독 대사를 역임했던 볼셰비키 니콜라이 크레스틴스키(Nikolay Krestinsky)였다.

68. Carmichael, *Stalin's Masterpiece*, 64.

69. Schlogel, *Moscow 1937*, 463.

70. Vaksberg, *Prosecutor and the Prey*, 95.

71. Yuri Slezkine, *The House of Government: A Saga of the Russian Revolution* (Princeton: Princeton University Press, 2017), 78.

제3장 약물을 이용한 정보 추출

제사: George Bimmerle, "'Truth's Drugs in Teterrogation," Center for the Study of intelligence, vol. 5, no. 2, approved for release by the CIA Historical Review Program, September 22, 1993, https://www.cia.gov/library/center-for-the-study-of-intelligence/kent-csi/vol5no2/html/vo5i2a09p-0001.htm.

1. *Lancet*, May 14, 1853, 453.

2. F. W. N. Haultain and B. H. Swift, "The Morphine-Hyoscine Method of Painless Childbirth, or So-Called 'Twilight Sleep,'" *British Medical Journal*, October 14, 1916, 513.

3. "Twilight Sleep: The Dammerschlaf of the Germans," *Canadian Medical Association* 5 (1915):

805-8.

4. "내가 네 해산 중의 고통을 크게 늘리니, 넌 고통 중에 자식을 낳으리라." 창세기 3:16. "'Twilight Sleep' Has Come to Stay," *New York Times*, October 19, 1914.

5. Robert E. House, "The Use of Scopolamine in Criminology" (paper presented at the Section on State Medicine and Public Hygiene of the State Medical Association of Texas, El Paso, May 11, 1922).

6. House, "The Use of Scopolamine in Criminology."

7. 이 장면은 전 세계의 이목을 끌었으며, 스페인과 라틴 아메리카처럼 멀리 떨어진 나라의 수많은 법정신의학 논문에도 묘사되었다. 학자 앨리슨 윈터(Alison Winter)는 1932년으로 거슬러 올라가 유명한 초기 사례 하나를 추적했다. 다음 저작을 참고하기 바람. Alison Winter, *Memory: Fragments of a Modern History* (Chicago: University of Chicago Press, 2012).

8. House, "The Use of Scopolamine in Criminology."

9. "'Truth Serum' Involves Five in Axe Murders, Clearing Up 44 Crimes in Birmingham, Ala.," *New York Times*, January 8, 1924.

10. "Cleared by Truth Serum: Suspects in Oklahoma Slaying Freed by 'Spite' Admission," *New York Times*, November 29, 1935.

11. 나는 우리의 진실 혈청에 대한 이해에 많은 공헌을 한 고(故) 앨리슨 윈터에게 큰 빚을 졌다. 예컨대, 다음 논문을 참고하기 바람. "The Making of 'Truth Serum,'" *Bulletin of the History of Medicine* 79 (2005): 500-533.

12. Max Fink, "Rediscovering Catatonia: The Biography of a Treatable Syndrome," *Acta Psychiatrica Scandinavica* 127 (2013): 1-47.

13. 긴장병은 조현병의 표지로 간주되곤 했지만, 오늘날엔 긴장병 증후군은 여러 정신 질환의 표지로 인식되고 있다.

14. Elijah Adams, "Barbiturates," *Scientific American* 198 (1958): 60-67. 최초의 바르비투르산염은 바르비탈이며, 그것을 발견한 화학자가 베로나(Verona)를 지구상에서 가장 평화로운 도시라고 생각했기에, 도시명을 따서 상표명을 베로날(Veronal)로 정해졌다.

15. W. J. Bleckwenn, "Production of Sleep and Rest in Psychotic Cases: A Preliminary Report," *Archives of Neurology and Psychiatry* 24 (1930): 365-72.

16. 오늘날 일반적으로 쓰이는 긴장병 치료제는 벤조디아제핀이다.

17. L. A. Kirshner, "Dissociative Reactions: An Historical Review and Clinical Study," *Acta Psychiatrica Scandinavica* 49 (1973): 698-711.

18. M. Kanzer, "Amnesia: A Statistical Study," *American Journal of Psychiatry* 96 (1939): 711-16.

19. 약물이나 두부 손상은 기억상실을 일으킬 수 있지만, 해리성 기억상실증은 두부 손상이나 발작 장애가 없거나 약물 복용을 하지 않은 환자들도 진단받을 수 있다.

20. *New York Times*, June 2, 1947; October 24, 2006; September 29, 2017.

21. Jonathan Shay, *Achilles in Vietnam: Combat Trauma and The Undoing of Character* (New York: Scribner, 1994).

22. E. Jones and S. Wessely, "Psychiatric Battle Casualties: An Intra- and Interwar Comparison," *British Journal of Psychiatry* 178 (2001): 242-47.

23. A. Kardner, with the collaboration of H. Spiegel, *War Stress and Neurotic Illness* (New York: Paul Hoeber Books, 1947), 35.

24. E. Jones and S. Wessely, "Battle for the Mind: World War 1 and the Birth of Military Psychiatry," *Lancet* 384 (2014): 1708-14.

25. Erich Lindemann, "Psychological Changes in Normal and Abnormal Individuals under the Influence of Sodium Amytal," *American Journal of Psychiatry* 88 (1932): 1083-91.

26. J. S. Horsley, "Narco-Analysis," *British Journal of Psychiatry* 82 (1932): 416-22.

27. J. S. Horsley, "Narco-Analysis," *Lancet*, January, 4, 1936, 55-56.

28. William Sargant, *Battle for the Mind: A physiology of Conversion and Brainwashing* (1957; repr., Cambridge, MA: Malor Books, 1997).

29. R. R. Grinker and J. P. Spiegel, *War Neuroses in North Africa: The Tunisian Campaign* (January-May 1943) (New York: Josiah Macy Jr. Foundation, 1943).

30. 군 측은 이 연구를 시급히 배포해야 한다고 생각했기에 텍스트를 교정하지도 않았다. 너무 서둘러 제작되는 바람에 일반적인 책에서 볼 수 있는 오탈자뿐만 아니라 줄을 그어 원문을 지운 흔적들도 있었다. 전시에 출판된 이 논문은 낡은 신문지 같은 종이로 인쇄되었고, 표지는 조잡한 얇은 판지였다.

31. Grinker and Spiegel, *War Neuroses in North Africa*, 199-204.

32. 나치는 의도하지 않은 상황에서는 활성화되지 않고, 자살을 의도했을 때만 활성화되는 신뢰할 만한 자살 약을 만들려고 했다. 1957년 한 미국 과학자의 발언으로 특수 군인들의 청산가리 자살약 소지 문제가 다시 대두되었다. "암호화된 기계에 폭발물을 장착하여 적의 수중에 넘어갈 위기 시에 자폭할 수 있듯이 … 정보를 소지한 인간은 자살 수단을 갖게 될 것이다. 조제해낼 수만 있다면, 생명을 없애기보다는 기억을 제거하는 약물이 대안이 될 수 있을 것이다." James G. Miller, "Brainwashing: Present and Future," *Journal of Social Issues*, no. 3 (1957): 54.

33. U.S. Naval Technical Mission in Europe, technical report no. 331-45, "German Aviation Medical Research at the Dachau Concentration Camp," October 1945, Henry Beecher Papers, box 11, Countway Center for History of Medicine, Harvard Medical School, Cambridge, MA. 전후, 플뢰트너는 미국으로 끌려가 기밀 의학 연구를 하는 동안 전범 혐의를 받지 않을 수 있었다. 그는 공산주의와의 대립 상황 하에서 군사 연구를 강화하기 위해 나치 과학자들을 미국으로 데려온 냉전 프로그램인 오퍼레이션 페이퍼클립(Operation Paperclip)의 일원이었다.

34. J. H. Anslinger, "Marihuana - Assassin of Youth," *American Magazine*, July 1937, 18-19, 150-52.

35. Interoffice memo, June 21, 1943, Record Group 226, box 346, National Archives, College

Park, MD.

36. Memorandum on T.D., June 21, 1943, Record Group 226, box 346, National Archives.

37. Memorandum on T.D., June 21, 1943, Record Group 226, box 346, National Archives.

38. Interoffice memo, June 21, 1943, Record Group 226, box 346, National Archives, College Park, MD.

39. Bimmerle, "'Truth' Drugs in Interrogation."

40. J. A. Brussel, D. C. Wilson, and L. W. Shankel, "The Use of Methedrine in Psychiatric Practice," *Psychiatric Quarterly* 28 (1954): 381-94.

41. J. Dimsdale, *Anatomy of Malice: The Enigma of the Nazi War Criminals* (New Haven: Yale University Press, 2016).

42. J. R. Rees, ed., *The Case of Rudolf Hess: A Problem in Diagnosis and Forensic Psychiatry* (New York: Norton, 1948), 88.

43. 심지어 70년이 지난 오늘날에도 효과나 합법성 여부와는 상관없이 법원이 강제하는 진실 약물에 대한 요구가 계속되고 있다. 예를 들어, 2013년 콜로라도의 한 판사는 기소된 살인범 제임스 홈즈(James Holmes)에게 오로라 영화관에서 벌인 대량 살인을 정신착란성방위(정신착란 때문에 범죄라고 판결할 수 없다는 법적 개념)로 변론하려면 진실 약물을 투여받은 상황에서 마취분석 인터뷰를 받아야 한다고 경고했다. "Colorado: Massacre Suspect Could Get 'Truth Serum,'" Associated Press, March 11, 2013. 홈즈의 변호인들은 처음에는 종신형을 조건으로 유죄를 인정하자고 제안했다. 이후 모든 협상에서 판사는 아미탈 투여 인터뷰 명령을 실행하지 않았다.

44. 프랭크 새인(Frank Sain)은 쿡 카운티 보안관이었다.

45. Oyez, https://www.oyez.org/cases/1962/8 (accessed January 7, 2018); Cornell Law School, Legal Information Institute, https://www.law.cornell.edu/supremecourt/text/372/293 (accessed January 7, 2018).

46. 이 사건은 재심리를 위해 일리노이로 넘겨졌지만 여러 항소에 계속 얽혀 있다. 미국 제7호 순회 항소 법원은 이 사건이 '잔다이스적 규모'라고 평했는데, 이는 찰스 디킨스의 소설 『황폐한 집(Bleak House)』에서 끝없이 계속되는 잔다이스 대 잔다이스 사건을 기억나게 하는 표현이었다. 다음 사이트를 참고. https://law.justia.com/cases/federal/appellate-courts/F2/452/350/174800/ (accessed January 7, 2018).

47. *Acta Apostolicae Sedis*, November 30, 1953, 735-36, trans. Paul Kleinman.

48. "'Truth Serum' Ban Is Drioppped in U.N.," *New York Times*, April 1, 1950.

49. "'Truth Serum' Test Proves Its Power," *New York Times*, October 22, 1924.

50. 라틴어, 'In vino veritas'는 "와인 속에는 진실이 있다"는 뜻이다. 유사한 뜻을 지닌 고대 문헌들이 무수히 많다. 『게르마니아(Germania)』, 22장에서 타키투스(Tacitus)가 기술한 관찰 결과에 따르면, 게르만 민족은 사람들이 술에 취해서 본심을 숨길 힘이 없을 때 더 진실해진다고 믿었다. "그들은 축제 분위기의 자유로움 속에서 감춘 생각을 드러낸다."

51. F. Redlich, L. Ravitz, and G. Dession, "Narcoanalysis and Truth," *American Journal of Psychiatry* 107 (1951): 586-93.

52. L. D. Clark and H. K. Beecher, "Psychopharmacological Studies on Suppression," *Journal of Nervous and Mental Disease* 125 (1957): 316-21.

53. M. J. Gerson and V. M. Victoroff, "Experimental Investigation into the Validity of Confessions Obtained under Sodium Amytal Narcosis," *Clinical Psychopathology* 9 (1948): 359-75.

54. Louis Gottschalk, "The Use of Drugs in Interrogation," in *The Manipulation of Human Behavior*, ed. A. D. Biderman and H. Zimmer (New York: Wiley, 1961), 96-141.

55. Louis Gottschalk, "The Use of Drugs in Information-Seeking Interviews," in *Drugs and Behavior*, ed. L. M. Uhr and J. G. Miller (New York: Wiley, 1960).

제4장 한국, 냉전의 서막

제사: Joseph Stalin, "Inevitability of Wars between Capitalism Countries, in *Economic Problems of the USSR* (Moscow: Foreign Languages Publishing House, 1951), Marxists Internet Archive, https://www.marxists.org/reference/archive/stalin/works/1951/economic-problems/index.htm.

1. Winston Churchill, address at Westminster College, Fulton, MO, March 5, 1946.

2. Joseph Stalin, "Concerning the International Situation," in Works, January-February 1924 (Moscow: Foreign Language Publishing House, 1953), 6:293-314.

3. John Ranelagh, *The Agency: The Rise and Decline of the CIA* (London: Weidenfeld and Nicolson, 1986), 129.

4. John Dower, *Embracing Defeat: Japan in the Wake of World War II* (New York: Norton, 1999), 526.

5. "Aid Group for Hostages' Families Seeks to Help through 'Lonely Experience,'" NPR, November 23, 2018, https://www.npr.org/2018/11/23/670010389/aid-group-for-hostages-families-seeks-to-help-through-lonely-experience.

6. 이 초기 냉전시대의 인질들에 관해 훌륭히 설명한 글을 살펴보고 싶다면 다음 저작을 참고하기 바람. Susan Carruthers, *Cold War Captives: Imprisonment, Escape and Brainwashing* (Berkeley: University of California Press, 2009). 북한은 휴전 이후에도 수천 명의 한국인과 일본인을 납치했다. 인질극은 여전히 정권이 관심을 끌 수 있는 가장 강력한 방법 중 하나다. 북한은 1950년대에 그 교훈을 매우 효과적으로 배웠기 때문에 오늘날에도 여전히 그러한 방법을 활용하고 있다.

7. 망명 중에 민첸티가 반복적으로 공산주의를 신랄하게 비난했던 일은 러시아와 화해하려던 미국

의 심기를 거슬리게 했다. 어떤 면에서 그는 위키리크스의 명성—줄리언 어산지를 보호해준 에콰도르 대사관 관계자들을 자극한—을 낳은 줄리안 어산지와 같았다.

8. Jozsef Cardinal Mindszenty, *Memoirs* (New York: Macmillan, 1974), 94.

9. Mindszenty, *Memoirs*, 152, 154.

10. "The Mindszenty Story," *Time*, December 17, 1956, 47.

11. Albert Hauck, ed., *The New Schaff-Herzog Encyclopedia of Religious Knowledge* (New York: Funk and Wagnalls, 1910), 6:148. 'coactus feci'는 가끔 'State v. Burke, in Missouri, nos. 18181, 18947'과 같은 법적 소송사건에 등장하기도 한다. 존 버크는 1990년에 과속으로 단속됐다. 주 경찰관은 그에게 차 수색에 동의하는 동의서에 서명할 것을 요청했다. 버크는 동의서에 "존 버크 C.F."라고 서명했다. 이후 차에서 마리화나가 발견되었다. 버크는 자신의 이름 뒤에 쓴 약어를 근거로 수색이 강제로 이루어졌다며 문제를 삼았다. 하지만 소송에서 패했다. 여러 논거 가운데 특히 검사는 버크가 모호한 중세의 약어를 써서 동의를 거부했다는 걸 해당 경찰관이 이해할 수 없었을 것이라고 주장했다. 다음 사이트를 참고하기 바람. https://www.leagle.com/decision/1994929896sw2d331927(2018년 11월 26일 접속).

12. UK Parliament (Hansard), House of Commons sitting February 14, 1949, vol. 461, cc758.

13. "Mind-Control Studies Had Origins in Trial of Mindszenty," *New York Times*, August 2, 1977.

14. L. E. Hinkle and H. G. Wolff, "Communist Interrogation and Indoctrination of 'Enemies of the State': Analysis of Methods Used by the Communist State Police (A Special Report)," *AMA Archives of Neurology & Psychiatry* 76 (August 1956): 147; Stephen Swift, "How They Broke Cardinal Mindszenty," *Readers Digest*, November 1949, 1-10. 우리 대부분은 오랜 시간 비행해 여행한 다음에는 반(半)좀비가 된다. 비좁은 좌석, 제한된 이동성, 열악한 음식, 그리고 여러 시간대를 오가며 생긴 시차증 때문에 지칠 대로 지치는 것이다. 몇 달간 고문과 굶주림에 시달리면, 끝내 우리는 무기력한 자동인형과 같은 기분을 느낀다는 게 왜 그렇게 믿기 어려운 일인가?

15. William Shakespeare, *Cymbeline*, act 5, scene 4.

16. Allyn Rickett and Adele Rickett, *Prisoners of Liberation* (1957; repr., San Francisco: China Books, 1981), 126.

17. Rickett and Rickett, *Prisoners of Liberation*, 131, 140.

18. Rickett and Rickett, *Prisoners of Liberation*, 307.

19. Robert Lifton, *Thought Reform and the Psychology of Totalism* (New York: Norton, 1961), 17, 397.

20. Robert Lifton, "Thought Reform of Chinese Intellectuals: A Psychiatric Examination," *Journal of Social Issues*, no. 3 (1957): 9.

21. Lifton, "Thought Reform of Chinese Intellectuals," 14.

22. 이 근접성은 세계적인 관심사인 또 다른 분쟁지역과 유사하다. 예루살렘과 암만은 가까운 이웃이다.

23. 러시아 측은 대만이 중국의 합법적인 정부로 대표성을 갖는 문제를 놓고 유엔을 보이콧했기 때문에 유엔의 남한 지원에 대한 거부권을 행사하지 않았다.

24. Congressional Research Service, American War and Military Operations Casualties: Lists and Statistics, updated September 24, 2019, https://crs reports.congress.gov, RL32492. 북한의 사상자는 약 250만 명(민간인 사망자 및 실종자 60만 명, 군인 사망자 및 실종자 40만 명, 군인 부상자 150만 명)에 달했다. 남한의 사상자는 약 160만 명(민간인 사망자 및 실종자 1백만 명, 군인 사망자 및 실종자 약 21만 명, 군인 부상자 약 43만 명)에 이르렀다. 유엔군, 특히 터키군도 많은 사상자를 냈다. 한국전쟁에서 미군은 전사 말고도, 대략 10만 명 넘게 부상을 입었다.

제5장 한국전쟁과 세뇌의 탄생

제사: Edward Hunter, *Brainwashing from Pavlov to Powers* (New York: Farrar Straus and Cudahy, 1956), 203.

1. Ludwig Wittgenstein, *Culture and Value*, trans. Peter Winch (Chicago: University of Chicago Press, 1984), 2.

2. Edward Hunter, *Brainwashing in Red China* (New York: Vanguard, 1951).

3. Edward Hunter, quoted in Lorraine Boissoneault, "The True Story of Brainwashing and How It Shaped America," Smithsonian.com, May 22, 2017.

4. '시나오(xi nao)'라는 용어의 뿌리는 사회 개혁과 "뇌의 새로운 개조"와 "뇌의 과거의 오물 세척"을 주장한 20세기 전환기의 중국 지식인으로 거슬러 올라간다. 본래의 의미로 보면, 이 용어는 편견과 비합리성을 극복하기 위해서 이성적인 사고를 사용하는 것을 가리킨다. 헌터의 글에서 그 의미는 완전히 뒤집혀 개인이 독립적인 이성적 사고를 하지 못하고 사실상 다른 사람들의 통제를 받고 있다는 뜻으로 바뀌었다. 다음 글을 참고하기 바람. Ryan Mitchell, "China and the Political Myth of 'Brainwashing,'" *Made in China Journal*, October 8, 2019, https://madeinchina journal.com/2019/10/08/china-and-the-political-myth-of-brainwashing/.

5. Edward Hunter, *Brainwashing: The Story of Men Who Defied It* (New York: Farrar Straus and Cudahy, 1956), 257, 259, 22.

6. Hunter, *Brainwashing from Pavlov to Powers.*

7. Communist psychological warfare (brainwashing) - consultation with Edward Hunter, author and foreign correspondent, Committee on UnAmerican Activities, House of Representatives, 85th Congress, 2nd sess. (March 13, 1958).

8. Joost Meerloo, *The Rape of the Mind: The Psychology of Thought Control, Menticide, and Brainwashing* (Cleveland: World Publishing, 1956).

9. George Goodman Jr., "Dr. Joost Meerloo Is Dead at 73; Was Authority on Brainwashing," *New York Times*, November 26, 1976.

10. Meerloo, *The Rape of the Mind*, chapter 2.

11. David Halberstam, *The Coldest Winter: America and the Korean War* (New York: Hyperion, 2007), 138.

12. John W. Powell, "A Hidden Chapter in History," *Bulletin of the Atomic Scientist* 37, no. 8 (October 1981): 44-52.

13. S. Harris, *Factories of Death: Japanese Biological Warfare*, 1932.45, and the American Coverup (London: Routledge, 1994), 68-69.

14. John Dower, *Embracing Defeat: Japan in the Wake of World War II* (New York: Norton, 1999), 103.

15. Stephen Endicott and Edward Hagerman, *The United States and Biological Warfare: Secrets from the Early Cold War and Korea* (Bloomington: Indiana University Press, 1998).

16. Endicott and Hagerman, *The United States and Biological Warfare*, 163, 155.

17. Endicott and Hagerman, *The United States and Biological Warfare*, 155.

18. Endicott and Hagerman, *The United States and Biological Warfare*, 155.

19. Louis Jolyon West Papers, box 152, folder 10, UCLA Special Collections, Los Angeles.

20. Endicott and Hagerman, *The United States and Biological Warfare*, 157-59.

21. LaRance Sullivan, quoted in Virginia Pasley, *21 Stayed: The Story of the American GI's Who Chose Communist China. Who They Were and Why They Stayed* (New York: Farrar, Straus and Cudahy, 1955), 66.

22. Pasley, *21 Stayed*, 54, 119, 146.

23. Pasley, *21 Stayed*, 106, 100.

24. Pasley, *21 Stayed*, 182.

25. Pasley, *21 Stayed*, 58.

26. Peter Lowe, *The Korean War* (London: Macmillan, 2000).

27. 포로들의 충성을 놓고 맞붙은 세력들에 관한 데이비드 쳉 챙(David Cheng Chang)의 사려 깊은 책을 참고하기 바람. *The Hijacked War: The Story of Chinese POWS in the Korean War* (Stanford: Stanford University Press, 2020).

28. 중국에 남고 싶어했던 미군 포로 두 명은 결국 고국으로 돌아왔지만, 군법회의에 회부되었다. 벨기에군 포로 3명과 영국군 포로 1명도 중국에 남기로 했다.(Dominic Streatfeild, *Brainwash: The Secret History of Mind Control* [London: Hodder and Stoughton, 2006]).

29. Pasley, *21 Stayed*, 206, 204.

30. Pasley, *21 Stayed*, 206.

31. Pasley, *21 Stayed*, 37.

32. Pasley, *21 Stayed*, 43, 44, 50.

33. Pasley, *21 Stayed*, 54, 86.

34. Pasley, *21 Stayed*, 114.

35. Brandan McNally, "The Korean War Prisoner Who Never Came Home," New Yorker, December 9, 2013; H. G. Wolff, *Commitment and Resistance*, Special Report #3, ARDC Study SR 177-D, Contract AF 18(600)1797 (Washington, DC: Bureau of Social Science Research, 1959), 18.

36. Wolff, *Commitment and Resistance*, 18.

37. Interview with Major William E. Mayer, U.S. Army, "Why Did Many GI Captives Cave In?" *U.S. News and World Report*, February 24, 1956.

38. Major William E. Mayer, "Brainwashing: The Ultimate Weapon" (transcription of address given at the San Francisco Naval Shipyard in the Naval Radiological Defense Laboratory, October 4, 1956), 11.

39. Mayer, "Brainwashing," 9. 메이어는 중국의 세뇌 기술에 관해 식견이 풍부하고 탁월한 설명을 제시했지만, 나에게 그는 영화 〈닥터 스트레인지 러브〉에 등장하는 게거품을 물며 떠들어대는 인물, 즉 미국인의 소중한 체액의 오염을 우려하는 미 공군 준장 잭 D. 리퍼(Jack D. Ripper)에 가깝게 느껴진다. 메이어는 성공적인 군 경력을 쌓았고, 결국 1983년 보건 차관보가 되었다.

40. L. J. West, "Psychiatric Aspects of Training for Honorable Survival as a Prisoner of War," *American Journal of Psychiatry* 115 (1958): 335.

41. Eugene Kinkead, "The Study of Something New in History," *New Yorker*, October 26, 1957.

42. 킨케이드는 영양실조, 질병, 피폭, 치료받지 않은 상처가 사망률 대부분을 설명해준다고 여긴 것 같지는 않았다. 에드가 쉐인(Edgar Schein)의 다음 논문을 참고하기 바람. "Epilogue: Something New in History?" *Journal of Social Issues*, no. 3 (1957).

43. Kinkead, "The Study of Something New in History," 129. 아마도 미군 포로들은 중공군의 비판과 정보를 충분히 교육받았을 것이다.

44. Central Intelligence Agency, "CIA Interrogation Experts Wanted to Use Truth Drugs on American Prisoners of War Returning from the Korean Conflict," https://www.cia.gov/library/readingroom/document/cia-rdp88-01314r000100060010-8 (accessed February 21, 2019).

45. Eugene Kinkead, "Have We Let Our Sons Down?" McCall's, January 1959, 77.

46. Kinkead, "The Study of Something New in History," 160.

47. Kinkead, "The Study of Something New in History," 130, 133.

49. George Winokur, "The Germ Warfare Statements: A Synthesis of a Method for the Extortion of False Confessions," *Journal of Nervous and Mental Disease* 122, no. 1 (July 1955): 65–72.

50. Kinkead, "The Study of Something New in History," 158, 169.

51. Dr. Charles W. Mayo, "Destroying American Minds – Russians Made It a Science – World Gets Horrible Truth on Germ-War 'Confessions,'" *U.S. News and World Report*, November 6, 1953, 99.

52. Mayo, "Destroying American Minds," 100.

53. Raymond Bauer, "Brainwashing: Psychology or Demonology?" *Journal of Social Issues*, no. 3 (1957): 47.

54. Julius Segal, "Correlates of Collaboration and Resistance Behavior among U.S. Army POWs in Korea," *Journal of Social Issues*, no. 3 (1957): 37, 36.

55. Edgar H. Schein, "Reaction Patterns to Severe, Chronic Stress in American Army Prisoners of War of the Chinese," *Journal of Social Issues*, no. 3 (1957): 26.

56. I. E. Farber, H. F. Harlow, and L. J. West, "Brainwashing and Conditioning, and DDD (Debility, Dependency, and Dread)," *Sociometry* 20 (1957): 271-85.

57. Albert Biderman, "Communist Attempts to Elicit False Confessions from Air Force Prisoners of War," *Bulletin of New York Academy of Medicine* 33 (1957): 619.

58. 에드거 쉐인(Edgar Schein)은 사회 구조가 포로의 행동에 미치는 영향을 개괄적으로 훌륭히 설명한다. 다음 글을 참고하기 바람. "Reaction Patterns to Severe, Chronic Stress," 21-30.

59. Segal, "Correlates of Collaboration and Resistance Behavior," 40.

60. 포로의 행동에 대한 군측 조사를 밝힌 많은 설명 중에 줄리어스 시걸(Julius Segal)의 설명도 있다. 다음 글을 참고하기 바람. "Correlates of Collaboration and Resistance Behavior," 31-40.

61. 이러한 모순된 관찰 결과를 간략하게 검토한 글을 읽고 싶다면, 다음 글을 참고하기 바람. Schein, "Epilogue," 51-60.

62. R. West, *The Meaning of Treason* (New York: Viking, 1945), 245.

63. L. E. Hinkle and H. G. Wolff, "Communist Interrogation and Indoctrination of 'Enemies of the State': Analysis of Methods Used by the Communist State Police (A Special Report)," *AMA Archives of Neurology & Psychiatry* 76 (August 1956): 166.

64. Albert D. Biderman, *March to Calumny: The Story of American POWs in the Korean War* (New York: Macmillan, 1963), 24.

65. Wolff, *Commitment and Resistance*, 11.

66. Lewis H. Carlson, *Remembered Prisoners of a Forgotten War: An Oral History of Korean War POWs* (New York: St. Martin's, 2002), 5.

67. Biderman, "Communist Attempts to Elicit False Confessions," 624.

68. Biderman, *March to Calumny*, 58.

69. Kinkead, "The Study of Something New in History," 102.

70. Biderman, *March to Calumny*.

71. Kinkead, "The Study of Something New in History," 154.

72. Carlson, *Remembered Prisoners of a Forgotten War*, 8; Wolff, *Commitment and Resistance*, 8.

73. Chang, *The Hijacked War*, 130.

74. Biderman, *March to Calumny*, 160.

75. Carlson, *Remembered Prisoners of a Forgotten War*, 13.

76. Wolff, *Commitment and Resistance*, 25.

77. West, "Psychiatric Aspects of Training for Honorable Survival," 329-36.

78. Wolff, *Commitment and Resistance*, 41.

79. '사회생태연구소'라는 이름은 몇 년 사이에 약간 바뀌었다.

80. Hinkle and Wolff, "Communist Interrogation and Indoctrination of 'Enemies of the State,'" 169-70.

제6장 CIA의 반격

제사: J. Doolittle, W. Franke, M. Hadley, and W. Pawley, report of the second Hoover Commission on Organization of the Executive Branch of Government, *Report on the Covert Activities of the Central Intelligence Agency*, submitted to President Eisenhower on September 30, 1954, page 3, https://www.cia.gov 〉 library 〉 readingroom 〉 docs.

1. Allen Dulles, 1953, John Marks Papers, Central Intelligence Agency, MORI#146077, National Security Archives, Washington, DC, The Black Vault, https://www.theblackvault.com/.

2. Doolittle et al., *Report on the Covert Activities of the Central Intelligence Agency*.

3. Anonymous, quoted in John Ranelagh, *The Agency: The Rise and Decline of the CIA* (London: Weidenfeld and Nicolson, 1986), 203.

4. 'QKHilltop'과 'MKNaomi'와 같은 수많은 다른 프로그램이 있었지만, 이 프로그램의 이름은 70년이 지난 지금 그다지 중요하지는 않다.

5. John Marks Papers, Central Intelligence Agency, MORI #144829.

6. Christopher Simpson, *Science of Coercion: Communication Research and Psycho logical Warfare*, 1945-1960 (New York: Oxford University Press, 1994), 9. See also Alfred McCoy, *A Question of Torture: CIA Interrogation from the Cold War to the War on Terror* (New York: Metropolitan Books,

7. John Marks Papers, Central Intelligence Agency, MORI #144686.

8. Harold Wolff, proposal for collaboration between Human Ecology and CIA, Cornell Committee to Investigate CIA Activities, box 1, folder 2, Medical Center Archives of New York-Presbyterian/Weill Cornell, New York.

9. Carl Rogers, quoted in S. P. Demanchick and H. Kirschenbaum, "Carl Rogers and the CIA," *Journal of Humanistic Psychology* 48 (2008): 6.31.

10. John Marks, *The Search for the "Manchurian Candidate": The CIA and Mind Control* (New York: Times Book, 1979), 159.

11. Jo Thomas, "Extent of University Work for C.I.A. Is Hard to Pin Down," *New York Times*, October 9, 1977.

12. Marks, *The Search for the "Manchurian Candidate,"* 160.

13. Helen Goodell, Cornell Committee to Investigate CIA Activities, box 2, Medical Center Archives of New York-Presbyterian/Weill Cornell.

14. Lawrence Hinkle, Cornell Committee to Investigate CIA Activities, box 1, folder 1, Medical Center Archives of New York-Presbyterian/Weill Cornell.

15. J. N. Blau, "Harold G Wolff: The Man and His Migraine," *Cephalalgia* 24 (2004): 215-22.

16. Rebecca Akkermans, "Harold G. Wolff," *Lancet Neurology* 14 (2015): 982-83.

17. Lawrence Hinkle, quoted in Marks, *The Search for the "Manchurian Candidate,"* 131.

18. Harold Wolff, MD, Papers, 2008, Medical Center Archives of New York-Presbyterian/Weill Cornell.

19. L. E. Hinkle and H. G. Wolff, "Communist Interrogation and Indoctrination of 'Enemies of the State': Analysis of Methods Used by the Communist State Police (A Special Report)," *AMA Archives of Neurology & Psychiatry* 76 (August 1956): 159.

20. Carl Rogers, quoted in Demanchick and Kirschenbaum, "Carl Rogers and the CIA."

21. A. M. Gotto and J. Moon, *Weill Cornell Medicine: A History of Cornell's Medical School* (Ithaca: Cornell University Press, 2016), 115.18.

22. Hinkle, Cornell Committee to Investigate CIA Activities, box 1, folder 1.

23. Hinkle, Cornell Committee to Investigate CIA Activities, box 1, folder 1.

24. Hinkle, Cornell Committee to Investigate CIA activities, box 2, folder "Correspondence."

25. 화이트와 울프 간에 교환된 서신, Harold Wolff, MD, Papers, box 6.

26. Human Ecology Committee to Investigate CIA Activities, box 2, folder 1, Medical Center Archives of New York-Presbyterian/Weill Cornell.

27. Human Ecology Committee to Investigate CIA Activities, box 2, folder 1.

28. Christopher Tudico, *The History of the Josiah Macy Jr. Foundation* (New York: Josiah Macy Jr. Foundation, 2012).

29. H. M. Magoun, "Introductory Remarks," in *The Central Nervous System and Behavior: Transactions of the Third Conference* (New York: Josiah Macy Jr. Foundation, 1960), 13.

30. Harold A. Abramson, "Lysergic Acid Diethylamide (LSD-25): XXII. Effect on Transference," *Journal of Psychology* 42 (1956): 51.98.

31. Louis A. Gottschalk, *Autobiographical Notes of Louis A. Gottschalk* (New York: Nova Science, 2007), 10.

32. Senate Subcommittee on Health and Scientific Research of the Committee on Human Resources, Human Drug Testing by the CIA, 95th Cong., 1st sess. (1977), 85, 90.

33. Marks, *The Search for the "Manchurian Candidate,"* 155.

34. Harold Wolff, Cornell Committee to Investigate CIA Activities, box 1, folder 1, Medical Center Archives of New York-Presbyterian/Weill Cornell. 인용문의 강조는 저자가 한 것임.

35. H. P. Albarelli Jr., *A Terrible Mistake: The CIA Murder of Frank Olson and the CIA's Secret Cold War Experiments* (Waterville, OR: Trine Da, 2009), 367.

36. Martin Lee and Bruce Shlain, *Acid Dreams: The Complete Social History of LSD: The CIA, the Sixties and Beyond* (New York: Grove Weidenfeld, 1992), 219.

37. Albarelli, *A Terrible Mistake*, 301.

38. Albarelli, *A Terrible Mistake*, 392.

39. Alexander Cockburn and Jeffrey St. Clair, *Whiteout: The CIA, Drugs and the Press* (London: Verso, 1998), 208.

40. Senate Subcommittee on Health and Scientific Research, Human Drug Testing, 115.

41. 국장에게 보낸 CIA 감찰관의 보고서, "Report on MKULTRA," July 26, 1963, 정보 선발위원회와 건강 및 과학 연구 소위원회 앞에서의 공동 청문회, 인간 약물 테스트(Human Drug Testing), MK울트라 프로젝트 : CIA의 행동 수정 연구 프로그램에서 인용.

42. Stanley Lovell, quoted in Marks, *The Search for the "Manchurian Candidate,"* 14.

43. Gordon Thomas, *Journey into Madness: The True Story of Secret CIA Mind Control and Medical Abuse* (New York: Bantam Books, 1989), chapter 7.

44. Senator Edward Kennedy, U.S. Senate, 노동 및 공공복지 위원회의 건강소위원회와 행정실무 및·절차소위원회 앞에서 열린 공동 청문회, Committee on the Judiciary, Biomedical and Behavioral Research, 94th Cong. (1975), 143-44.

45. Thomas, *Journey into Madness*, 156.

46. S. Kinzer, *Poisoner in Chief: Sidney Gottlieb and the CIA Search for Mind Control* (New York: Henry

Holt, 2019), 3.

47. Albarelli, *A Terrible Mistake*, 225.

48. Marks, *The Search for the "Manchurian Candidate,"* 71.

49. Lee and Shlain, *Acid Dreams*, 296.

50. 건강 및 과학 연구 소위원회에서 고틀립의 발언., Human Drug Testing.

51. Vernon Walters, quoted in Ranelagh, *The Agency*, 584.

52. 독자들은 이 책 전체에 걸쳐 반복적으로 등장하는 특정한 이름들을 알아차렸을 것이다. 울프, 에이브럼슨, 사건트, 웨스트, 고트샬 이들은 모두 1940년대 후반부터 서로를 알고 있었고 남은 생애 동안 강압적인 설득과 관련한 문제들을 연구했다.

53. L. J. West, C. Pierce, and W. D. Thomas, "Lysergic Acid Diethylamide: Its Effects on a Male Asiatic Elephant," *Science* 138 (1962): 1100-1103.

54. Louis Jolyon West Papers, box 103, UCLA Special Collections, Los Angeles.

55. L. J. West, "Group Interchange Following Symbolysis," in The Use of LSD in *Psychotherapy*, ed. Harold A. Abramson (New York: Josiah Macy Jr. Foundation, 1960), 185.

56. Abramson, "Psychoanalytic Psychotherapy with LSD," in *The Use of LSD in Psychotherapy*, 62.

57. Abramson, "Psychoanalytic Psychotherapy with LSD" and "Appendix: Resolution of Counter-identification Conflict of Father during Oedipal Phase of Son," in *The Use of LSD in Psychotherapy*, 63, 273.

58. 많은 출처가 있지만, 특히 존 마크스(John Marks)가 자신의 저작,『"맨츄리안 캔디데이트" 추적(The Search for the "Manchurian Candidate")』에서 MK울트라 이야기뿐만 아니라 올슨 사건에 관해서도 탁월하게 분석한 점을 인정할 수밖에 없다. 또 하나의 훌륭한 자료로는 알바렐리(Albarelli)의『끔찍한 실수(A Terrible Mistake)』가 있다.

59. E. Olson, 개인적 서신, 2019년 11월 26일. 용의주도한 내용의 넷플릭스 시리즈 〈어느 세균학자의 죽음(Wormwood)〉과 다음을 참고하기 바람. memorandum from Gordon Thomas to Eric Olson, November 30, 1998, Frank Olson Legacy Project, org/_http://frankolsonproject.backup/Statements/Statement-G.Thomas.html.

60. John Marks Papers, Central Intelligence Agency, MORI #144972, MORI #144963.

61. 예컨대, 다음을 참고하기 바람. J. Groves, B. Dunderdale, and T. Stern, "Celebrity Patients, VIPs, and Potentates," *Primary Care Companion to the Journal of Clinical Psychiatry* 4, no. 6 (2002): 215.23; and M. Davies, "Do You Know Who I Am? Treating a VIP Patient," *British Medical Journal* 353 (2016): i2857.

62. Harold A. Abramson, John Marks Papers, Central Intelligence Agency, MORI #144981.

63. Bob Vietrogoski, archivist, biographical note, Harold A. Abramson Papers, 2000, Archives and Special Collections, Columbia University Health Science Library, New York.

64. Project MKULTRA, The CIA's Program of Research in Behavioral Modification, 106. 에이

브룀슨의 합의체 LSD 연구단을 알고 싶으면, 예컨대, 다음 저작을 참고하기 바람. Abramson, *The Use of LSD in Psychotherapy*.

65. Allen Dulles, John Marks Papers, Central Intelligence Agency, MORI #146416.

66. Carl Rogers, quoted in Demanchick and Kirschenbaum, "Carl Rogers and the CIA."

제7장 죽은 기억들

제사: Allan Dulles, Address to Princeton Alumni meeting in Hot Springs, Virginia, 1953, John Marks Papers, Central Intelligence Agency, MORI #146077. National Security Archives, Washington, DC, The Black Vault, https://www.theblackvault.com/.

1. 펜필드는 자신의 옛 스승인 교수 찰스 셰링턴(Charles Sherrington)에게 이 연구를 설명했다. 셰링턴은 열광하며 이렇게 논평했다. "'표본'에 질문을 던지고 답을 듣는 것은 정말 흥미로웠을 것이다." Sherrington, quoted in Stanley Finger, *Minds behind the Brain: A History of the Pioneers and Their Discoveries* (Oxford: Oxford University Press, 2000), 230.

2. Donald Hebb, "Conditioned and Unconditioned Reflexes and Inhibition" (MA thesis, McGill University, 1932), 1, McGill Library and Collections, http://digitool.library.mcgill.ca/R/-?func=dbin-jump-full&object_id=119257&silo_library=GEN01 4/5/19.

3. 밀러는 그러한 손상이 서술적 기억(사실과 이름)에는 주된 영향을 미쳤지만, 절차적 기억(일을 이행하는 방법)에는 상대적으로 별 영향을 미치지 않았다고 보고했다.

4. P. Solomon, P. H. Leiderman, J. Mendelson, and D. Wexler, "Sensory Deprivation: A Review," *American Journal of Psychiatry*, October 1957, 357-63; A. H. Riesen, ed., *The Developmental Neuropsychology of Sensory Deprivation* (New York: Academic Press, 1975).

5. Donald Hebb, quoted in Alfred McCoy, "Science in Dachau's Shadow: Hebb, Beecher, and the Development of CIA Psychological Torture and Modern Medical Ethics," *Journal of the History of the Behavioral Sciences* 43, no. 4 (2007): 404.

6. J. C. Pollard, L. Uhr, and C. W. Jackson, "Studies in Sensory Deprivation," *Archives of General Psychiatry* 8, no. 5 (1963): 435-54.

7. Woodburn Heron, "Cognitive and Physiological Effects of Perceptual Isolation," in *Sensory Deprivation: A Symposium Held at Harvard Medical School*, ed. Philip Solomon, Philip Kubzansky, P. Herbert Leiderman, Jack Mendelson, Richard Trumball, and Donald Wexler (Cambridge, MA: Harvard University Press, 1961), 22-23.

8. W. Heron, "The Pathology of Boredom," *Scientific American* 196, no. 1 (1957): 52.57.

9. 예컨대, 다음 논문을 참고하기 바람. P. Suedfeld, "Attitude Manipulation in Restricted Environments, I: Conceptual Structure and Response to Propaganda," *Journal of Abnormal*

and Social Psychology 68, no. 3 (1964): 242-47.

10. Heron, "Cognitive and Physiological Effects of Perceptual Isolation," 15-16.

11. Jack Vernon, *Inside the Black Room* (New York: Clarkson Potter, 1963).

12. Lawrence Hinkle, quoted in McCoy, *Science in Dachau's Shadow*, 407.

13. Joshua Knelman, "Did He or Didn't He? The Canadian Accused of Inventing CIA Torture," *Globe and Mail*, November 17, 2007, updated April 26, 2018; McCoy, *Science in Dachau's Shadow*, 401-17.

14. D. O. Hebb, "Introduction to Cognitive and Physiological Effects of Perceptual Isolation by Woodburn Heron," chapter 2, in Solomon et al., *Sensory Deprivation*, 6.

15. LSD 연구가 심문 연구에서 시작되어 이후에 인간의 성장 잠재력으로 옮겨 갔던 것처럼 감각 격리 연구에서도 똑같은 일이 일어났다. 변형된 격리는 부유 탱크를 이용해 개발되었다. 부유 탱크 안에 들어가 있는 사람들은 평온함과 편안함을 느꼈고, 어떤 경우에는 성장이 촉진된다고 느꼈다.

16. Heinz Lehmann, quoted in John Oldham, "Heinz Lehmann Obituary," *Archives of General Psychiatry* 58 (2001): 1178.

17. Alan Gregg, quoted in Anne Collins, *In the Sleep Room: The Story of the CIA Brainwashing Experiments in Canada* (Toronto: Key Porter Books, 1988), 104.

18. Rebecca Lemov, "Brainwashing's Avatar: The Curious Career of Dr. Ewen Cameron," *Grey Room* 45 (Fall 2011): 60.87.

19. Joel Dimsdale, *Anatomy of Malice: The Enigma of the Nazi War Criminals* (New Haven: Yale University Press, 2016).

20. Collins, *In the Sleep Room*, 88-89.

21. Collins, *In the Sleep Room*, 95.

22. Lehmann Collection, box 12, folder 50, UCLA Special Collections, Los Angeles.

23. 우리는 캐머런의 상호작용 방식을 세심하게 연구한 돈 길모어에게 많은 빚을 지고 있다. 다음 저작을 참고하기 바람. *I Swear by Apollo: Dr. Ewen Cameron and the CIA-Brainwashing Experiments* (Montreal: Eden, 1987).

24. Gillmore, *I Swear by Apollo*, 321.

25. "Termed Heresy: Humanistic View Scored," Friday, *Windsor Daily Star*, April 27, 1951.

26. Dorothy Trainor, "Looking Back at 21 Years: D. Ewen Cameron, M.D., a Pioneer in Canadian Psychiatry," 1965, folder MG1098/10, 1205A, McGill University Archives, Montreal. 캐머런의 동료이자 후계자인 로버트 클레그혼 박사는 캐머런의 교회 및 펜필드와의 적대적인 관계에도 비슷한 점이 있다고 생각했다. 두 경우 모두에서 그는 자립하기 위해 싸우는 반항아처럼 행동했다. Robert Cleghorn Diaries ("A Search for Meaning in Hormones and Humans"), Lehmann Collection, box 13, UCLA Special Collections.

27. Gillmore, *I Swear by Apollo*, 5.

28. D. E. Cameron, "The Process of Remembering," *British Journal of Psychiatry* 109 (1963): 325–40.

29. Plato, *Theaetetus and Sophist*, ed. Christopher Rowe (Cambridge: Cambridge University Press, 2015), 191 d1.

30. 딜레스와 사귀어 본 적이 있느냐는 질문을 받았을 때, 작가 레베카 웨스트(Rebecca West)가 "아아, 아뇨. 정말 사귀어봤더라면 좋았을 텐데요"라고 대답했을 정도로, 딜레스는 아주 담대하고 매력 있어 보이는 인물이었다. Stephen Kinzer, "When a C.I.A. Director Had Scores of Affairs," *New York Times*, November 10, 2012.

31. Gordon Thomas, *Journey into Madness: The True Story of Secret CIA Mind Control and Medical Abuse* (New York: Bantam Books, 1989), 90.

32. D. E. Cameron, presentation to third World Congress of Psychiatry, June 4, 1961, folder MG1098, item 5, 1205A, McGill University Archives.

33. Thomas, *Journey into Madness*, 152.

34. R. J. Russell, L. G. M. Page, and R. L. Jillett "Intensified Electroconvulsant Therapy: Review of Five Years' Experience," *Lancet*, December 5, 1953, 1177–79.

35. D. E. Cameron, "Production of Differential Amnesia as a Factor in the Treatment of Schizophrenia," *Comprehensive Psychiatry* 1 (February 1960): 26–34.

36. Collins, *In the Sleep Room*, 129.

37. Joseph Wortis, *Soviet Psychiatry* (Baltimore: Williams and Wilkins, 1950), 150–51.

38. Harold A. Palmer, "The Value of Continuous Narcosis in the Treatment of Mental Disorder," *Journal of Mental Science* 83 (1937): 636–78.

39. Gillmore, *I Swear by Apollo*, 57.

40. H. Azima, "Prolonged Sleep Treatment in Mental Disorders (Some New Psychopharmacological Considerations)," *Journal of Mental Science* 101 (1955): 593–603.

41. D. E. Cameron, "Psychic Driving," *American Journal of Psychiatry* 112 (1956): 502–9.

42. Aldous Huxley, *Brave New World* (1931; repr., New York: RosettaBooks, 2000), 30.

43. "Learn while You Sleep," https://sleeplearning.com/info/learn-while-you-sleep/ (accessed April 19, 2019).

44. L. Leshan, "Breaking of a Habit by Suggestion during Sleep," *Journal of Abnormal and Social Psychology* 37, no. 3 (1942): 406–8.

45. D. E. Cameron, "Psychic Driving: Dynamic Implant," *Psychiatric Quarterly* 31, no. 4 (1957): 703–12.

46. 때로는 테이프에 담긴 목소리는 심리치료 과정에서 발췌 녹음된 환자의 목소리였다. 이 발췌 녹

음을 틀어주는 것은 "자동정신 조종"이라고 불렸다. 때로는 테이프에 다른 사람들의 목소리가 담겨 있었다("이형(異型)정신 조종"). 그의 조수 중 한 명이 이러한 이형정신 메시지를 많이 녹음했지만, 강한 폴란드 억양은 코믹한 효과를 낳았다. 한 환자는 "당신은 허약하고 부적격하다"는 (폴란드 억양의) 말을 수없이 반복적으로 들었던 일을 떠올렸다. 그녀가 불평하자, 캐머런은 친숙한 자신의 스코틀랜드 억양으로 메시지를 다시 녹음했다. Gillmore, *I Swear by Apollo*, 53.

47. Harvey Weinstein, *Psychiatry and the CIA: Victims of Mind Control* (Washing ton, DC: American Psychiatric Publishing, 1990).

48. Cameron, "Psychic Driving: Dynamic Implant."

49. Dominic Streatfeild, *Brainwash: The Secret History of Mind Control* (London: Hodder and Stoughton, 2006), 227, 228.

50. Weinstein, *Psychiatry and the CIA*, 42.

51. Streatfeild, *Brainwash*, 229-30.

52. D. E. Cameron, L. Levy, and L. Rubinstein, "Effects of Repetition of Verbal Signals upon the Behavior of Chronic Psychoneurotic Patients," *Journal of Mental Science* 106 (April 1960): 742-56.

53. Cameron, Levy, and Rubinstein, "Effects of Repetition of Verbal Signals."

54. Ludwig Wittgenstein, *Culture and Value*, rev. ed., trans. Alois Pichler (Oxford: Blackwell, 1998), 39e.

55. Gillmore, I Swear by Apollo, 93.

56. L. Levi, D. E. Cameron, T. Ban, and L. Rubinstein, "The Effects of Long-Term Repetition of Verbal Signals," *Canadian Psychiatric Association Journal* 10 (1965): 265-71.

57. 그렇다고 오늘날의 환경에서 그런 행동이 일어나지 않는다는 뜻은 아니다. 코로나 19 팬더믹이 일어났을 때, 임상 시험의 표본 크기가 작았고, 임상 시험에서 특정한 환자들을 "계산에서 제외하는" 세심하지 못한 결정을 했으며, 다른 복용량과 여러 약물의 혼합제를 처방받은 환자들도 있었음에도 불구하고, 일부 연구자들은 클로로퀸이 코로나 질환을 치료했다고 성급하게 보고했다. 다음 글을 참고하기 바람. Michael Hiltzik, "The Shaky Science behind Trump's Chloroquine Claims," *Los Angeles Times*, April 2, 2020.

58. W. Sargant, quoted in memorandum from Gordon Thomas to Eric Olson, November 30, 1998, Frank Olson Legacy Project, http://frankolsonproject.org/_backup/Statements/Statement-G.Thomas.html.

59. Thomas, *Journey into Madness*, 244; Gillmore, I Swear by Apollo, 101.

60. D. E. Cameron, "Adventures with Repetition: The Search for Its Possibilities," 1963년 회장 연설, 이후 출간. P. H. Hoch and J. Zubin, eds., *Psychopathology of Perception* (New York: Grune and Stratton, 1965), 312-22.

61. William Gladstone, quoted in Robert Cleghorn Diaries. 클레그혼은 캐머런의 연구를 설명하면서, 흥미로운 비유로 정부의 작동 방식에 관한 글래드스톤의 주목할 만한 인용문을 들었다. "정부는 지저분한 사업이고, 결과는 가장 불만족스럽다."

62. 보고서는 또한 표본의 6퍼센트가 "심각한 신체적 합병증"을 앓았다고 밝혔다.

63. A. E. Schwartzman and P. E. Termansen, "Intensive Electroconvulsive Therapy: A Follow-up Study," *Canadian Psychiatric Association Journal* 12 (1967): 217-18.

64. Donald Hebb, quoted in Joseph Rauth and James Turner, "Anatomy of a Public Interest Case against the CIA," *Hamline Journal of Public Law and Policy* 11 (1990): 336.

65. William Shakespeare, *Macbeth*, act 5, scene 3.

66. Margaret Somerville, "Psychiatry and Ethics: 'The Cameron Effect,'" Lehmann Collection, box 12, UCLA Special Collections.

67. Donald Hebb, quoted in Rauth and Turner, "Anatomy of a Public Interest Case against the CIA," 336.

68. 윌리엄 사전트가 캐머런의 사망기사를 썼다. *British Medical Journal*, September 23, 1967, 803-4.

69. D. E. Cameron, subproject 68 proposal to MKUltra, as abstracted in Orlikow v. United States, court document in the U.S. Direct Court for the District of Columbia, civil action number 80-3163, filed by Joseph Rauh Jr., attorney for plaintiffs, Committee to Investigate CIA Activities, box 1, folder 11, 144F (1979), 9, Medical Center Archives of New York-Presbyterian/Weill Cornell.

70. Orlikow v. United States, court document in the U.S. Direct Court for the District of Columbia, civil action number 80-3163, filed by Joseph Rauh Jr., 2.

71. Michael E. Parrish, *Citizen Rauh: An American Liberal's Life in Law and Politics* (Ann Arbor: University of Michigan Press, 2010), 273-74.

제8장 인질들의 돌발적 전향

제사: Jan-ErikOlsson, interviewed by Kathryn Westcott, "What Is Stockholm Syndrome?" *BBC News Magazine*, August 21, 2013, http://www..bbc.com/news/magazine-22447726.

1. Diane Cole, "Why a Hostage Cannot Forget," *Newsweek*, May 19, 1980, 17.

2. Kristin Ehnmark, quoted in Daniel Lang, "A Reporter at Large: The Bank Drama," New Yorker, November 25, 1974, 64.

3. Lang, "A Reporter at Large," 63-64, 77.

4. Lang, "A Reporter at Large," 65.

5. Lang, "A Reporter at Large," 73, 74.

6. Lang, "A Reporter at Large," 92, 96.

7. Lang, "A Reporter at Large," 115.

8. Brian Jenkins, Janera Johnson, and David Ronfeldt, "Numbered Lives: Some Statistical Observations from 77 International Hostage Episodes," P-5905, RAND, Santa Monica, July 1977.

9. A. Speckhard, N. Tarabrina, V. Krasnov, and N. Mufel, "Stockholm Effect and Psychological Responses to Captivity in Hostages Held by Suicide Terrorists," *Traumatology* 11, no. 2 (2005): 121–40.

10. "Russian Captives Latest Evidence of 'Stockholm Syndrome,'" *Christian Science Monitor*, June 30, 1995.

11. Interview with Frank Ochberg, "A Case Study: Gerard Vaders," in *Victims of Terrorism*, ed. F. Ochberg and D. Soskis (Boulder: Westview, 1982), 25.

12. "Bombs for Croatia," *Time*, September 20, 1976.

13. Richard Brockman, "Notes while Being Hijacked," *Atlantic*, December 1976.

14. Office of the Inspector General, Special Report: The California Department of Corrections and Rehabilitation's Supervision of Parolee Phillip Garrido, State of California, November 2009, https://www.google.com/url?sa=t&rct=j&q=&esrc=s&source=web&cd=1&cad=rja&uact=8&ved=2ahUKEwi1tZ_8tu_jAhWGJTQIHbbaA5UQFjAAegQIABAB&url=https%3A%2F%2Fwww.oig.ca.gov%2Fmedia%2Freports%2FARCHIVE%2FBOI%2FSpecial%2520Report%2520on%2520CDCRs%2520Supervision%2520of%2520Parolee%2520Phillip%2520Garrido.pdf&usg=AOvVaw2W2jGzk__ct03t4N-VjUuMJ.

15. Sean Dooley, Tess Scott, Christina Ng, and Alexa Valiente, "Jaycee Dugard, Her Daughters Today, and if They Ever Want to See Their Father," *ABC News*, July 18, 2016, https://abcnews.go.com/US/jaycee-dugard-daughters-today-father/story?id=40279504.

16. Jaycee Dugard, interview with Diane Sawyer, *ABC News*, July 9, 2016, https://www.youtube.com/watch?v=C520Vwryn6s.

17. Elizabeth Smart, *Where There's Hope: Healing, Moving Forward, and Never Giving Up* (New York: St. Martin's, 2018), 123, 124.

18. M. Haberman and J. MacIntosh, *Held Captive: The Kidnapping and Rescue of Elizabeth Smart* (New York: Avon Books, 2003), 302.

19. Elizabeth Smart, quoted in Margaret Talbot, "Gone Girl: The Extraordinary Resilience of Elizabeth Smart," *New Yorker*, October 14, 2013.

20. Martin Symonds, "Victim Responses to Terror: Understanding and Treatment," in Ochberg and Soskis, *Victims of Terrorism*.

21. Quoted in Thomas Strentz, "The Stockholm Syndrome: Law Enforcement Policy and Hostage Behavior," in Ochberg and Soskis, *Victims of Terrorism*, 156.

22. Cole, "Why a Hostage Cannot Forget," 17.

23. M. Namnyak, N. Tufton, R. Szekely, M. Toal, S. Worboys, and E. L. Sampson, "'Stockholm Syndrome': Psychiatric Diagnosis or Urban Myth?" *Acta Psychiatrica Scandinavica* 117 (2008): 4-11.

24. A. Favaro, D. Degortes, G. Colombo, and P. Santonastaso, "The Effects of Trauma among Kidnap Victims in Sardinia, Italy," *Psychological Medicine* 30 (2000): 975-80.

25. A. A. Slatkin, "The Stockholm Syndrome and Situational Factors Related to Its Development" (PhD diss., University of Louisville, 1997).

26. G. D. Fuselier, "Placing the Stockholm Syndrome in Perspective," *FBI Law Enforcement Bulletin* 68 (1999): 22-25.

27. N. De Farique, V. Van Hasselt, G. M. Vecchi, and S. J. Romano, "Common Variables Associated with the Development of Stockholm Syndrome: Some Case Examples," *Victims and Offenders* 2 (2007): 91-98.

28. Brian M. Jenkins, "Hostages and Their Captors.Friends and Lovers," Defense Technical Information Center, ADA022136, October 1975, RAND, Santa Monica.

29. Frank Ochberg, "The Victim of Terrorism: Psychiatric Considerations," *Terrorism: An International Journal* 1, no. 2 (1978): 160.

30. Thomas Strentz, "The Stockholm Syndrome: Law Enforcement Policy and Ego Defenses of the Hostage," *Annals of the New York Academy of Sciences* 347 (1980): 140.

31. F. Ochberg, personal communication, August 11, 2019.

제9장 세뇌 혹은 신념의 변화

제사: Patricia Campbell Hearst with Alvin Moscow, *Every Secret Thing* (New York: Doubleday, 1982), 1.

1. Bryan Burrough, *Days of Rage* (New York: Penguin, 2015), 275.

2. Stephen Gaskin, quoted in David Talbot, *Season of the Witch: Enchantment, Terror, and Deliverance in the City of Love* (New York: Free Press, 2012), 142.

3. Burrough, *Days of Rage*, 277.

4. Donald DeFreeze, quoted in Hearst and Moscow, *Every Secret Thing*, 66.

5. Burrough, *Days of Rage*, 286.

6. Hearst and Moscow, *Every Secret Thing*, 32.

7. Patricia Hearst, 허스트의 사면 요청에 대한 응답으로 법무부가 제시한 문서의 발췌문, 2008-

1268-F, box 1, folder 4, William J. Clinton Presidential Library, Little Rock, AK.

8. Hearst and Moscow, *Every Secret Thing*, 40.

9. Hearst and Moscow, *Every Secret Thing*, 333, 67.

10. Burrough, *Days of Rage*, 283.

11. Hearst and Moscow, *Every Secret Thing*, 84.

12. Hearst and Moscow, *Every Secret Thing*, 54.

13. 아이러니하게도 곧 어두운 설득 기술로 유명세를 떨치게 될 짐 존스(Jim Jones) 목사는 이 기회를 이용해 자신을 홍보하려고 애썼다. 패트리샤를 대신해 자신이 인질이 되겠다고 나섰고 심지어 허스트 가족이 몸값을 전부 마련하는 데 어려움이 있다면, 자신이 2천 달러를 내놓겠다고 제안하기도 했다. Jeffrey Toobin, *American Heiress: The Wild Saga of the Kidnapping, Crimes, and Trial of Patty Hearst* (New York: Doubleday, 2016), 77; and George Klineman, Sherman Butler, and David Conn, *The Cult That Died: The Tragedy of Jim Jones and the Peoples Temple* (New York: G. P. Putnam's Sons, 1980), 141.

14. Hearst and Moscow, *Every Secret Thing*, 86.

15. Hearst and Moscow, *Every Secret Thing*, 206.

16. Toobin, *American Heiress*, 213.

17. 작가 제프리 토빈은 친절하게도 방대한 허스트 사건 자료를 이용할 수 있게 해주었다. 다음 자료를 참고하기 바람. Jeffrey Toobin Papers, research material for "American Heiress: The Wild Saga of the Kidnapping, Crimes and Trial of Patty Hearst," box 138, folder "Patty Hearst Statements (Full Set) for Soliah Trial," Harvard Law Library Special Collections, Cambridge, MA.

18. 1975년 9월 20일에 녹음된 대화의 녹취록. Jeffrey Toobin "American Heiress" Research Collection, box 117, "PCH Docs, Section 17," Harvard Law Library Special Collections.

19. Hearst and Moscow, *Every Secret Thing*, 369.

20. Toobin, *American Heiress*.

21. Toobin, "American Heiress" Research Collection, box 107, folder "Kidnap Case - Harris Case." 결국 그녀의 감금 생활 초기에 있었던 사건을 증언해 줄 수 있는 생존자는 패트리샤와 빌과 에밀리 세 명뿐이었다. 빌과 에밀리는 패트리샤를 무자비하게 취급한 일을 최대한 줄여 말한 것일까, 아니면 패트리샤가 자신의 피해 상황을 과장한 것일까? 법원은 이러한 질문들을 놓고 공방을 벌이는 싸움터였을 것이다.

22. Toobin, "American Heiress" *Research Collection*, box 11.

23. Emily Harris, 1978년 9월 22일 앨러미더 카운티에 제출된 보호관찰관 보고서, Toobin Papers, box 19.

24. Patricia Hearst, 빌과 에밀리와 패티의 총격전 진술(shootout statement of Bill, Emily, and Patty), Toobin Papers, box 138, folder "Post 7/17/74."

25. Hearst and Moscow, *Every Secret Thing*, 250, 405, 385. 2000년, 법무부는 사건을 검토하면서 울프가 허스트를 강간했는지 여부에 집중했다. "청원자가 강간당했다는 주장은 지금껏 이견의 대상이었지만 … 그 논쟁은 실질적인 것보다는 의미론적인 것으로 보인다. … 재판에서 [허스트]는 벽장에 갇혀 있는 동안에 두 명의 납치범과 강제적으로 성관계를 가졌다고 증언했다. 처해 있는 상황을 볼 때 성관계를 요구할 수 없는 사람이 일반적으로 성관계에 동의할 수 있다고는 볼 수 없으며 … [그녀는] 납치 피해자였기 때문에 … [그녀]가 성행위를 의미할 때 '강간'이라는 단어를 사용한 것은 적절해 보인다. … 그러나 검사는 물리적 힘을 이용해 피해자를 제압해서만 가질 수 있는 성관계라고 하는, 좀 더 좁은 의미로 '강간'이라는 단어를 사용한 것으로 보인다. … [허스트]는 자신을 상대로 한 성행위가 납치범들이 물리적 힘을 이용해 자신을 제압한 결과라고 말한 적이 없다." 2000년, 법무부가 대통령에게 보낸 패트리샤 캠벨 허스트 쇼의 사면을 거부할 것을 제안한 보고서, 2008-1268-F, box 1, folder 4, Clinton Presidential Library.

26. Steven Weed with Scott Swanton, *My Search for Patty Hearst* (New York: Crown, 1976), 235, 298.

27. R. Hearst, quoted in Burrough, *Days of Rage*, 349.

28. Hearst and Moscow, *Every Secret Thing*, 412.

29. F. L. Bailey, "Patty Hearst: The Untold Story," Toobin, "American Heiress" Research Collection, box 117, "PCH Psych Binder."

30. Trial transcript, March 18, 1976, in *The Trial of Patty Hearst* (San Francisco: Great Fidelity, 1976).

31. William Sargant, "How 60 Days in the Dark Broke Patty Hearst," *Times* (UK), January 29, 1976.

32. William Sargant, quoted in Malcolm Macpherson, "A Psychiatrist's Notes," *Newsweek*, February 16, 1976.

33. William Sargant, quoted in F. Hauptfuhrer, "Her British Psychiatrist Says Patty Hearst Is Recovering from 'Conversion,'" *People*, March 15, 1976.

34. L. J. West, testimony in criminal case 74-364, *U.S. v. Patricia Campbell Hearst*, February 23, 1976, trial transcript, in *The Trial of Patty Hearst*.

35. West, testimony, February 24, 1976, in *The Trial of Patty Hearst*.

36. M. Orne, testimony in criminal case 74-364, *U.S. v. Patricia Campbell Hearst*, February 26, 1976, trial transcript, in *The Trial of Patty Hearst*.

37. P. Hearst, quoted in testimony in criminal case 74-364, *U.S. v. Patricia Campbell Hearst*, February 26, 1976, trial transcript, in *The Trial of Patty Hearst*.

38. 그의 주장이 전적으로 옳았다. 앞 장에서 살펴보았던 루이스 고트샬은 미국 국립위생연구소(NIH)와 미 재향군인관리국(Veterans Administration), 국방 핵지원국(Defense Atomic Support Agency)으로부터 대규모 정부 자금을 지원받아 언어 내용 분석을 연구했다. 다음 저작을 참고하기 바람. L. A. Gottschalk and G. C. Gleser, *The Measurement of Psychological States through the Content Analysis of Verbal Behavior* (Berkeley: University of California Press, 1969).

39. D. Bourget, P. Gagne, and S. Wood, "Dissociation: Defining the Concept in Criminal Forensic Psychiatry," *Journal of the American Academy of Psychiatry and Law* 45 (2017): 147-60.

40. American Psychiatric Association, *Diagnostic and Statistical Manual of Mental Disorders*, 5th ed. (Washington, DC: American Psychiatric Publishing, 2013), 306. "세뇌"가 『DSM5』의 명확한 범주에 포함된 사실은 허스트 재판 이후 45년 동안 사람들이 종종 치명적인 결과를 초래하는 행동을 하도록 설득되었던 많은 사례 경험을 반영한 것이다.

41. R. Lifton, quoted in testimony in criminal case 74-364, *U.S. v. Patricia Campbell Hearst*, February 27, 1976, trial transcript, in *The Trial of Patty Hearst*.

42. Lifton, testimony, February 27, 1976.

43. 포트 박사는 허스트 재판을 바보짓이라며, 처음부터 허스트 가족에게 양형 거래를 해서 낮은 형량을 받아내라고 말했다. 그는 "[변호사] 베일리는 소송을 심리하는 것을 좋아하고 [검사] 브라우닝은 연방 판사가 되고 싶어 한다"고 말한 것으로 알려져 있다. Testimony in criminal case 74-364, *U.S. v. Patricia Campbell Hearst*, March 4, 1976, trial transcript, in *The Trial of Patty Hearst*.

44. Testimony in criminal case 74-364, *U.S. v. Patricia Campbell Hearst*, March 5, 1976, trial transcript, in *The Trial of Patty Hearst*.

45. J. Fort, testimony in criminal case 74-364, *U.S. v. Patricia Campbell Hearst*, March 8, 1976, trial transcript, in *The Trial of Patty Hearst*.

46. Fort, testimony, March 8, 1976.

47. H. Kozol, testimony in criminal case 74-364, *U.S. v. Patricia Campbell Hearst*, March 15, 1976, trial transcript, in *The Trial of Patty Hearst*.

48. Kozol, testimony, March 15, 1976.

49. Kozol, testimony, March 15, 1976.

50. N. Groth, testimony in criminal case 74-364, *U.S. v. Patricia Campbell Hearst*, March 16, 1976, trial transcript, in *The Trial of Patty Hearst*.

51. A. Johnson, testimony in criminal case 74-364, *U.S. v. Patricia Campbell Hearst*, March 16, 1976, trial transcript, in *The Trial of Patty Hearst*.

52. Robert Jay Lifton, *Witness to an Extreme Century: A Memoir* (New York: Free Press, 2011), 212, 213.

53. O. Carter, testimony in criminal case 74-364, *U.S. v. Patricia Campbell Hearst*, March 19, 1976, trial transcript, in *The Trial of Patty Hearst*.

54. C. Browning, testimony in criminal case 74-364, *U.S. v. Patricia Campbell Hearst*, March 18, 1976, trial transcript, in *The Trial of Patty Hearst*.

55. Browning, testimony, March 18, 1976.

56. F. L. Bailey, testimony in criminal case 74-364, *U.S. v. Patricia Campbell Hearst*, March 18, 1976, trial transcript, in *The Trial of Patty Hearst*.

57. L. Fosburgh, "Hearst Jurors Hoped to Believe," *New York Times*, March 22, 1976.

58. Fosburgh, "Hearst Jurors Hoped to Believe."

59. Hearst and Moscow, *Every Secret Thing*, 441.

60. Toobin, *American Heiress*.

61. John Wayne, quoted in "Miss Hearst's Clemency Pleas Gains Wide Support," *New York Times*, December 17, 1978.

62. "Major Issues in Current Presidential Adult Mail," weeks ending February 2, 1979, February 9, 1979, and February 16, 1979, Toobin, "American Heiress" Research Collection, box 19, folder unlabeled.

63. David Bancroft, 1976년 9월 24일, 대통령에게 보낸 패트리샤 캠벨 허스트 쇼의 사면을 거부할 것을 제안한 보고서의 각주, 2008-1268-F, box 1, folder 4, Clinton Presidential Library.

64. Nancy Manners, 1999년 11월 9일, 클린턴 대통령에게 보낸 편지, 2008-1268-F, box 1, folder 1, Clinton Presidential Library.

65. Robert Mueller, 1999년 3월 12일, 미국 법무부 사면관 로저 아담스(Roger Adams)에게 보낸 편지, 2008-1268-F, box 1, folder 4, Clinton Presidential Library. 1988년 검사 데이비드 밴 크로프트(David Bancroft)도 사면에 반대했다. 그는 이렇게 말했다. "체포된 후에도 … 허스트 는 여전히 혁명적 감정을 표출했다. … 아울러 그녀의 배경은 경멸과 반항심이라는 그녀의 성향 을 보여주었으며, 공생해방군은 이런 성향을 키울 이색적 수단을 마련해주었다." Bancroft, 대통 령에게 보낸, 패트리샤 캠벨 허스트 쇼의 사면을 거부할 것을 제안한 보고서.

제10장 인민사원의 집단 자살

제사: William Shakespeare, *The Merchant of Venice*, act 1, scene 3. Jim Jones, last words on "Death Tape," FBI no. Q042, November 18, 1978, transcription in D. Stephenson, ed., *Dear People, Remembering Jonestown: Selections from the Peoples Temple Collection at the California Historical Society* (Berkeley: California Historical Society Press and Heyday Books, 2005), 142.

1. 특별한 이유 없이 Peoples Temple(인민사원)이라는 말에는 소유격 부호가 없는데 이 장은 이를 따를 것이다.

2. 생존자들에 관해 자세히 알고 싶다면 다음을 참고하기 바람. "How Many People Survived November 18?" Alternative Considerations of Jonestown & Peoples Temple, https://jones?page_town.sdsu.edu/_id=35419(2019년 6월 27일 접속). 한 노인 여성은 3시간 동안의 대학살 내내 잠들어 있었던 덕분에 존스타운 한복판에서 기적적으로 살아남았다.

3. Jim Jones, quoted in Tim Reiterman with John Jacobs, *Raven: The Untold Story of the Rev. Jim Jones and His People* (New York: E. P. Dutton, 1982), 149.

4. 이 추정치에 관해 알고 싶다면 다음을 참고하기 바람. "How Many People Belonged to Peoples Temple?" Alternative Considerations of Jonestown & Peoples Temple, https://jonestownpage.sdsu.edu/?id=35340 (accessed June 27, 2019).

5. Reiterman and Jacobs, *Raven*, 214.

6. Annie Moore, quoted in Rebecca Moore, *The Jonestown Letters: Correspondence of the Moore Family*, 1970-1985, Studies in American Religion, vol. 23 (Lewiston, NY: Edwin Mellen, 1986), 83.

7. 로라 존슨 콜(Laura Johnson Kohl)과의 인터뷰, "Jonestown Survivor: 'Wrong from Every Point of View,'" CNNAccess, November 17, 2003, http://www.cnn.com/2003/US/West/11/17/cnna.kohl/.

8. Jim Jones, sermon, annotated transcript Q987, Alternative Considerations of Jonestown & Peoples Temple, https://jonestown.sdsu.edu/?page_id=63129 (accessed June 26, 2019). 이 언급은 사도행전 2:44-45(킹 제임스 판)와 유사하다. "믿는 모든 사람들이 함께 지내며 모든 것을 공유하고 자기 소유물과 재산을 팔아 필요대로 모든 사람에게 나누어 준다."

9. Jim Jones, sermon, transcript Q1053.4, Alternative Considerations of Jonestown & Peoples Temple, https://jonestown.sdsu.edu/?page_id=63365(2019년 6월 27일 접속).

10. George Klineman, Sherman Butler, and David Conn, *The Cult That Died: The Tragedy of Jim Jones and the Peoples Temple* (New York: G. P. Putnam's Sons, 1980), 64.

11. 클레어몬트 맥케나 대학(Claremont McKenna College)의 한 교수는 자신의 차 타이어가 베여 있고 창문이 박살나 있고 차는 온통 인종차별적인 낙서로 뒤덮여 있었다고 주장했다가 허위 경찰 신고 혐의로 유죄 판결을 받았다. Arlene Martinez and Monte Morin, "Conviction in False Hate Crime Case," *Los Angeles Times*, August 19, 2004. 보다 최근에는 배우 주시 스몰렛(Jussie Smollet)이 인종차별 및 게이 혐오 공격을 받았다고 주장했다. Megan Crepeau, Jason Meisner, and Jeremy Gorder, "Judge Scolds Jussie Smollett over Allegations He Staged Racist, Anti-gay Attack: 'Vile and Despicable,'" *Chicago Tribune*, February 21, 2019.

12. Reiterman and Jacobs, *Raven*, 202.

13. Advertisement, *Indianapolis Recorder*, May 19, 1956, Alternative Considerations of Jonestown & Peoples Temple, https://www.flickr.com/photos/peoplestemple/sets/72157706000175671.

14. Klineman, Butler, and Conn, *The Cult That Died*, 145.

15. Deborah Layton, *Seductive Poison: A Jonestown Survivor's Story of Life and Death in the Peoples Temple* (New York: Anchor Books, 1998), 113.

16. Stephenson, *Dear People*, 26.

17. George Moscone, Endorsement of Peoples Temple, FBI RYMUR documents 89-4286-I-1-a-5a-I-1-a-5y, FBI Records: The Vault, https://vault.fbi.gov (accessed June 27, 2019).

18. Moscone, Endorsement of Peoples Temple.

19. Q962 transcript, July 4, 2014, last modified on March 12, 2019, Alternative Considerations

of Jonestown & Peoples Temple, https://jonestown.sdsu.edu/?page_id=60680.

20. James Reston Jr., *Our Father Who Art in Hell* (New York: Times Books, 1981), 56.

21. Reiterman and Jacobs, *Raven*, 110.

22. Klineman, Butler, and Conn, *The Cult That Died*, 191.

23. Reiterman and Jacobs, *Raven*, 125, 173.

24. Klineman, Butler, and Conn, *The Cult That Died*, 281.

25. Government of Guyana, "Findings, Analysis and Inventory of the Peoples Temple Agricultural Settlement," appendix K, 1979, Alternative Considerations of Jonestown & Peoples Temple, https://jonestown.sdsu.edu/?page_id=69387.

26. Nate Thayer, "Comrades in Mass Murder: The Secret Alliance between Suicide Cult Leader Jim Jones and North Korea," October 22, 2018, Alternative Considerations of Jonestown & Peoples Temple, https://jonestown.sdsu.edu/?page_id=80857.

27. Reston, *Our Father Who Art in Hell*, 148.

28. Jim Jones, quoted in Reiterman and Jacobs, Raven, 405.

29. Larry Schacht on cyanide, RYMUR document 89-4286-EE-1-S-55-EE-1-S-56, Alternative Considerations of Jonestown & Peoples Temple, https://jonestown.sdsu.edu/?page_id=13207 (2019년 6월 26일 접속).

30. Jonestown tape transcript Q734, December 18, 2014, Alternative Considerations of Jonestown & Peoples Temple, https://jonestown.sdsu.edu/?page__id=27567.

31. "What Were the Disciplines and Punishments in Jonestown?" May 24, 2014, Alternative Considerations of Jonestown & Peoples Temple, https://?pagejonestown.sdsu.edu/id=35333.

32. Jonestown tape transcript Q734, December 18, 2014, Alternative Considerations of Jonestown & Peoples Temple, https://jonestown.sdsu.edu/?page__id=27567.

33. Layton, *Seductive Poison*, 175.

34. Annie Moore, quoted in Moore, *The Jonestown Letters*, 78.

35. Advertisement from Concerned Relatives, reprinted in Stephenson, *Dear People*, 93-94.

36. Charles Garry, quoted in Stephenson, *Dear People*, 95.

37. Charles Garry, "I Have Been to Paradise," *Sun Reporter*, November 10, 1977, Alternative Considerations of Jonestown & Peoples Temple, https://jones?page_town.sdsu.edu/id=86603.

38. Angela Davis, radio broadcast, September 10, 1977, Alternative Considerations of Jonestown & Peoples Temple, https://jonestown.sdsu.edu/?page__id=19021.

39. Layton, *Seductive Poison*, 278.

40. Stephenson, *Dear People*, 86.

41. Ryan, quoted in Reiterman and Jacobs, *Raven*, 494.

42. 재키 스피어의 끔찍한 경험과 여러 발의 총상으로부터의 장기간 회복에 대한 자세한 내용은 다음을 참고하기 바람. Jackie Speier, *Undaunted: Surviving Jones town, Summoning Courage, and Fighting Back* (New York: Little A, 2018) 사이비종교는 지도자가 죽거나 지위에서 물러나더라도 금방 없어지지 않는다. 존스타운 총격 사건 이후 몇 주가 지나서도 스피어는 인민사원 고립 지역의 신자들이 지속적으로 가하는 살해 위협 때문에 미 집행관 24시간 보호 요청을 했다.(80)

43. 녹취 내용을 알고 싶다면, 다음을 참고하기 바람. the extensive site Alternative Considerations of Jonestown & Peoples Temple, https://jonestown.sdsu.edu/.

44. Jim Jones, quoted in Stephenson, *Dear People*, 129.

45. Stephenson, *Dear People*, 131, 132.

46. Dianne Wilkinson, Q245 transcript, FBI Records: The Vault, Alternative https://jonestown.sdsu.edu/?page_id=27394.

47. FBI audiotape Q245, transcribed in Rebecca Moore, *Understanding Jonestown and Peoples Temple* (Westport, CT: Praeger, 2009), 85.

48. Tish Leroy, FBI FOIA doc. 89-4286-484, cited in Moore, *Understanding Jonestown and Peoples Temple*.

49. RYMUR 89-4286-1894, FBI Records: The Vault; 다음 글도 참고하기 바람. Rebecca Moore, "The Forensic Investigation of Jonestown Conducted by Dr. Leslie Moo-too: A Critical Analysis," May 18, 2020, Alternative Considerations of Jonestown & Peoples Temple, https://jonestown.sdsu.edu/?page_id=80811.

50. Klineman, Butler, and Conn, *The Cult That Died*, 363.

51. Excerpts from the tape in Stephenson, *Dear People*, 137-41.

52. Richard Tropp, FBI FOIA doc. X-1-A-54, Stephenson, Dear People, xv.xvii.에서 발행됨.

53. Reston, *Our Father Who Art in Hell*, 41.

54. Elazer ben Yair, as recounted by Josephus, *The Jewish War*, trans. G. A. Williamson, rev. E. Mary Smallwood (New York: Dorset, 1981), 398-403.

55. Annie Moore, quoted in Moore, *The Jonestown Letters*, 286.

56. 존스타운의 생활 조건이 열악하고 식량 공급이 부족했지만, 식민지에 돈이 없었다는 생각은 오류다. 사실, 존스는 부동산 거래와 신도들의 사회보장연금으로 수백만 달러를 모았다. 그는 필요할 경우 가이아나에서 다른 지역으로 공동체를 옮기는데 그 기금이 도움이 될 거라고 확신했다.

57. Michael Prokes, RYMUR document 89-8286-2035, February 8, 2018, 3, FBI Records: The Vault, Alternative Considerations of Jonestown & Peoples Temple, https://jonestown.sdsu.edu/_id=13683.

58. Laura Johnston Kohl, *Jonestown Survivor: An Insider's Look* (Bloomington, IN: iUniverse, 2010).

59. United States v. Laurence John Layton, 855 F.2d 1388 (9th Cir. 1988) Court of Appeals, docket number 87-1071, https://www.courtlistener.com/opinion/510998/united-states-v-laurence-john-layton/.

60. Larry Layton, as quoted in "Former Aide of People's Temple Confessed 5 Killings at Guyana Airstrip," *New York Times*, April 2, 1981.

61. Reston, *Our Father Who Art in Hell*, 25.

62. Jay Matthews, "Layton Is Called 'Inside' Man as Peoples Temple Trial Opens," *Washington Post*, August 19, 1981.

63. U.S. v. Layton 90 F.R.D. 520 (N.D. Cal. 1981), https://casetext.com/case/us-v-layton-/II.

64. U.S. v. Layton, https://casetext.com/case/us-v-layton-6.

65. Moore, *The Jonestown Letters*, 62.

66. "Layton, Jones Had Sexual Relationship, Lawyer Says," *Los Angels Times*, April 24, 1987.

67. Matthews, "Layton Is Called 'Inside'' Man"; "Cult Member Cries over Plea to Jury," *New York Times*, September 17, 1981.

68. Charles Garry, quoted in Spencer Sherman, "Jones Statements Not Admitted," United Press International, August 1, 1981.

69. Robert Strand, "Jonestown Survivor Goes to Prison," United Press International, June 16, 1987.

70. Dan Morain, "Layton Sentenced to Life in Ryan's Death," *Los Angeles Times*, March 4, 1987.

71. Moore, *Understanding Jonestown and Peoples Temple*, 108.

72. "Larry Layton Released from Federal Prison," January 15, 2020, Alternative Considerations of Jonestown & Peoples Temple, https://jonestown.sdsu.edu/? page_id=32946.

73. John Moore, quoted in Moore, *The Jonestown Letters*, 365-70.

제11장 믿음 혹은 망상

제사: Eugene Zamiatin, We, trans. Gregory Zilboorg (New York: Dutton, 1924), 171.

1. 사이비종교에 가까운 종교는 관심을 끌기 마련이다. 퀘벡, 서부 스위스, 프랑스에 있는 태양사원단(Order of the Solar Temple)의 이웃들로서는 그 집단의 살인과 자살은 잊을 수 없는 일이었다. 마찬가지로 도쿄 지하철 승객들은 옴진리교(Aum Shinrikyo)의 사린가스 공격을 절대 잊

지 못할 것이다.

2. R. W. Balch and D. Taylor, "Seekers and Saucers: The Role of the Cultic Milieu in Joining a UFO Cult," *American Behavioral Scientist* 20, no. 6 (1977): 839-60.

3. 많은 경우 이들은 자신들이 우주 시대의 목자임을 의도적으로 지칭하는 보(Bo)와 피프(Peep)와 같은 다른 이름을 가지고 있었다.

4. "The Next Level," *Newsweek*, April 7, 1997, 31.

5. Barry Bearak, "Eyes on Glory: Pied Pipers of Heaven's Gate," *New York Times*, April 28, 1997.

6. Stmody, quoted in Benjamin Zeller, *Heaven's Gate: America's UFO Religion* (New York: New York University Press, 2014), 187.

7. James Brooke, "The Day a Cult Shook a Tiny Town," *New York Times*, March 30, 1997.

8. Gibson, quoted in Douglas E. Kneeland, "500 Wait in Vain on Coast for 'The Two,' UFO Cult Leaders," *New York Times*, October 10, 1975.

9. "Statements That Heaven's Gate Released over the Years," *New York Times*, March 28, 1997, https://www.nytimes.com/1997/03/28/us/statements-that-heaven-s-gate-released-over-the-years.html.

10. "Overview of Present Mission," by Jwnody, a student, Heaven's Gate, April 1996, http://heavensgate.com/misc/ovrview.htm.

11. 이러한 천년왕국 신앙은 2000년이 다가올 무렵 흔했다. "Y2K"와 모든 컴퓨터의 예상된 오류— 일종의 세속적인 천년왕국설—에 대한 사회 전반의 우려가 있었다.

12. Bearak, "Eyes of Glory."

13. "'88 Update-The UFO Two and Their Crew-A Brief Synopsis," October 18, 1988, http://heavensgate.com/book/3.3.htm.

14. Robert Balch and David Taylor, "Salvation in a UFO," *Psychology Today*, October 1976, 61.

15. "Do's Intro: Purpose-Belief," Heaven's Gate, http://heavensgate.com/misc/intro.htm (accessed September 19, 2017).

16. "Last Chance to Advance beyond Human," Heaven's Gate, January 16, 1994, http://heavensgate.com/misc/lastchnc.htm.

17. "'95 Statement by an E.T. Presently Incarnate," section 9, Heaven's Gate, January 1977, https://www.psywww.com/psyrelig/hg/95upd96.htm.

18. Joshuah Bearman, "Heaven's Gate: The Sequel," *LA Weekly*, March 21, 2007.

19. George Johnson, "Comets Breed Fear, Fascination and Web Sites," *New York Times*, March 28, 1997.

20. Quoted in Barry Bearak, "Time of Puzzled Heartbreak Binds Relatives," *New York Times*,

March 30, 1997.

21. "Earth Exit Statement," by Chkody, a student, Heaven's Gate, http://heavensgate.com/misc/exitchk.htm (accessed September 19, 2017).

22. "Earth Exit Statement," by Glnody, a student, Heaven's Gate, http://heavensgate.com/misc/exitgln.htm (accessed September 19, 2017).

23. Heaven's Gate Class Exit Videos, Heaven's Gate, https://video.search.yahoo=yset_chr_syc_.com/search/video?froracle&p=heaven%27s+gate+cult#action=view&id=20&vid=d9305e905b2dcca26bef49388bd61b1b (2017년 8월 12일 접속). 죽음을 앞두고 찍은 비디오의 모든 후속 인용문은 이 출처를 따른 것이다.

24. 정신의학 및 종교위원회(the Committee on Psychiatry and Religion)가 공식적으로 발표한 정신의학 발전을 위한 GAP 보고서(GAP Report for the Advancement of Psychiatry), report number 132, *Leaders and Followers: A Psychiatry Perspective on Religious Cults* (Washington, DC: American Psychiatric Press, 1992).

25. Mark Muesse, "Religious Studies and 'Heaven's Gate': Making the Strange Familiar and the Familiar Strange," in *Heaven's Gate: Postmodernity and Popular Culture in a Suicide Group*, ed. G. K. Chryssides (Burlington, VT: Ashgate, 2011), 54.

26. Values and Beliefs Poll, Gallup Poll Social Series, Gallup Organization, Princeton, March, 2004.

27. Claire Gecewicz, "'New Age' Beliefs Common among Both Religious and Nonreligious Americans," Pew Research Center, October 1, 2018, https://www.pewresearch.org/fact-tank/2018/10/01/new-age-beliefs-common-among-both-religious-and-nonreligious-americans/.

28. 주류 종교조차도 때로는 독특하고 해로운 믿음을 신봉한다. 2017년 6월 15일, 프란치스코 교황은 글루텐을 함유하지 않은 제병은 성변화(聖變化)를 일으키지 않기 때문에 성찬식에 사용될 수 없다고 선언했다. 이로 인해 셀리악병을 앓고 있는 가톨릭 신자들(약 1퍼센트)은 고통스러운 딜레마에 빠졌다.

29. Zeller, *Heaven's Gate*, 57.

30. Winston Davis, "Heaven's Gate: A Study of Religious Obedience," in Chryssides, *Heaven's Gate*, 78.

31. 벤자민 자블로키(Benjamin Zablocki)의 신중한 분석을 참고하기 바람. Benjamin Zablocki, "Exit Cost Analysis: A New Approach to the Scientific Study of Brainwashing," *Nova Religio: The Journal of Alternative and Emergent Religions* 1, no. 2 (1998): 216-49.

32. Benjamin Zablocki, "The Blacklisting of a Concept: The Strange History of the Brainwashing Conjecture in the Sociology of Religion," *Nova Religio: The Journal of Alternative and Emergent Religions* 1, no. 1 (1997): 96-121.

33. 실제로 그가 스스로 거세했는지에 대한 논쟁은 있다.

34. Daniel F. Caner, "The Practice and Prohibition of Self-Castration in Early Christianity,"

Vigiliae Christianae 51 (1997): 396-415. 나는 2천 년 전에 종교적으로 영감을 받은 거세가 가톨릭 교회에만 국한된 것은 아니라는 점을 덧붙이고 싶다. 헬레니즘 시대의 유대인 작가 필로(Philo, 20 BC-AD 50)는 거세된 남자는 "사악함을 피하고 정욕을 없앨" 수 있기 때문에 거세할 필요가 있다고 생각했다. Sean D. Burke, "Eunuchs," in *Queering the Ethiopian Eunuch: Strategies of Ambiguity in Acts* (Minneapolis: Fortress, 2013), 111.

35. Frank Rich, "Heaven's Gate-gate," *New York Times*, April 17, 1997.

36. American Psychiatric Association, *Diagnostic and Statistical Manual of Mental Disorders*, 5th ed. (Washington, DC: American Psychiatric Publishing, 2013), 93.

37. Daniel Freeman and Philippa Garety, *Paranoia: The Psychology of Persecutory Delusions* (Hove, UK: Psychology Press, 2004), 2.

38. Freeman and Garety, *Paranoia*, 4; M. Olson et al., "Psychotic Symptoms in an Urban General Medicine Practice," *American Journal of Psychiatry* 159 (2002): 1412-19.

39. David Laporte, *Paranoid: Exploring Suspicion from the Dubious to the Delusional (No, This Book Is Not about You)* (Amherst, NY: Prometheus Books, 2015).

40. Freeman and Garety, *Paranoia*, 82.

41. Richard Mullen, "The Problem of Bizarre Delusions," *Journal of Nervous and Mental Disease* 191 (2003): 546-48.

42. Michael Flaum, Stephen Arndt, and Nancy Andreasen, "The Reliability of 'Bizarre' Delusions," *Comprehensive Psychiatry* 32 (1991): 59-65.

43. 두 사람 이상이 연관되어 있다면, 그 용어는 'folie plusieurs'이다.

44. American Psychiatric Association, *Diagnostic and Statistical Manual of Mental Disorders*, 122.

제12장 세뇌는 존재하는가?

제사: Søren Kierkegaard, *Works of Love*, trans. Howard V. Hong and Edna H. Hong (Princeton: Princeton University Press, 1995), 5.

1. B. Spinoza, *Tractatus Theologico-Politicus* (1670), trans. R. H. M. Elwes (New York: Dover, 1951), 257.

2. 핵심 주역들은 이 책의 모든 장에서 파블로프를 언급했다.

3. 스키너마저 파블로프 신봉자였다. 스키너는 원래 소설가가 되고 싶었지만 1927년 파블로프에 관한 기사를 읽은 후에 마음을 바꿨다. 스키너는 자신의 연구실에 파블로프의 사인이 있는 사진을 보란 듯이 걸어 놓았다. M. Specter, "Drool: Ivan Pavlov's Real Quest," *New Yorker*, November 24, 2014.

4. B. F. Skinner, quoted in Peter Schrag, *Mind Control* (New York: Pantheon Books, 1978), 10.

5. 세뇌당한 사람들을 재교육시키는 문제가 반복적으로 제기된다. 이러한 재교육은 원래 한국에서 귀국한 미군 포로들에게 적용할 수 있는 전략으로 여겨졌다. 전 포로들이나 사이비종교의 신도들을 대상으로 한 "재교육"은 비교적 전통적인 믿음을 회복시키고자 할 경우에만 세뇌와 동일한 것으로 간주될 수 있다.

6. Joseph H. Fichter, *Autobiographies of Conversion*, Studies in Religion and So ciety, vol. 17 (Lewiston, NY: Edwin Mellen, 1987), 86-87.

7. Report of the Task Force on Deceptive and Indirect Techniques of Persuasion and Control, November 1986, Center for Studies on New Religions, https://www.cesnur.org/testi/DIMPAC.htm.

8. APA Memo to Members of the Task Force on Deceptive and Indirect Methods of Persuasion and Control, May 11, 1987, Center for Study of New Religions, https://www.cesnur.org/testi/APA.htm.

9. M. Dittmann, "Cults of Hatred," *APA Monitor* 33 (November 2002): 10.

10. 호프만(Hoffman)의 이 긴 보고서는 2015년 7월 10일자로 발행된 APA 문서에 요약되어 있다. "Press Release and Recommended Actions: Independent Review Cites Collusion among APA Individuals and Defense Department Official in Policy on Interrogation Techniques," https://www.apa.org/news/press/releases/2015/07/independent-review-release.

11. 햄버그는 의학연구소의 책임자이자 카네기재단의 대표였다.

제13장 세뇌의 미래

제사: W. B. Yeats, "The Second Coming" (1921), in *Modern Poetry*, 2nd ed., ed. M. Mack, L. Dean, and W. Frost (Englewood Cliffs, NJ: Prentice-Hall, 1961).

1. T. Holbrook, J. Anderson, W. Sieber, et al., "Outcome After Major Trauma: Project," *Journal of Trauma and Acute Care Surgery* 46, no. 5 (1999): 765-73.

2. M. Stein, C. Kerridge, J. Dimsdale, and D. Hoyt, "Pharmacotherapy to Prevent PTSD: Results from a Randomized Controlled Proof-of-Concept Trial in Physically Injured Patients," *Journal of Traumatic Stress* 20, no. 6 (2007): 923-32.

3. W. Qi, M. Gevonden, and A. Shalev, "Prevention of Post-traumatic Stress Disorder After Trauma: Current Evidence and Future Directions," *Current Psychiatry Reports* 18 (February 2016): 20; S. Horn, D. Charney, and A. Feder, "Understanding Resilience: New Approaches for Preventing and Treating PTSD," *Experimental Neurology* 284 (2016): 119-32.

4. P. Broks, M. Preston, M. Traub, et al., "Modelling Dementia: Effects of Scopolamine on

Memory and Attention," *Neuropsychologia* 26, no. 5 (1988): 685.700.

5. G. Preston, C. Brazell, C. Ward, et al., "The Scopolamine Model of Dementia: Determination of Central Cholinomimetic Effects of Physostigmine on Cognition and Biochemical Markers in Man," *Journal of Psychopharmacology* 2, no. 2 (1988): 67-79.

6. G. Preston, C. Ward, P. Broks, M. Traub, and S. Stahl, "Effects of Lorazepam on Memory, Attention and Sedation in Man: Antagonism by Ro 15-1788," *Psychopharmacology* 97 (1989): 222-27.

7. H. Nomura, H. Mizuta, H. Norimoto, et al., "Central Histamine Boosts Perirhinal Cortex Activity and Restores Forgotten Object Memories," *Biological Psychiatry* 86, no. 3 (2019): 230-39.

8. 셰익스피어는 엘리자베스 1세 시대 매 사냥에서 사용된 고전적인 기술을 언급했다. 수면 박탈로 성체 매를 다루기 쉽게 만들 수 있다. 훈련 교본에 따르면, "피로에 지칠 대로 지쳐 길들여지고 온순해질 때까지" 매를 "밤새 감시하며 잠들지 못하게 해야 한다." G. Lascelles, "Falconry," in *Shakespeare's England: An Account of the Life & Manners of His Age* (Oxford: Clarendon, 1950), 2:351-66. 『오셸로』에서 데스데모나는 카시오를 위로하면서 자신이 오셸로가 막역한 사이인 그를 복직시키도록 힘써주겠노라고 말한다. "잠 못 들게 하는 것"이라는 말은 매를 길들이는 기술을 뜻한다. "난 남편을 길들이기 전에는 잠 못 들게 하고 못 견딜 때까지 졸라댈 거예요. / 침대는 학교로, 식탁은 고해실로 보일 거예요. / 난 남편이 하는 모든 일과 카시오의 청원을 엮을 거예요. (『오셸로』, 3막 3장). J. Dimsdale, "Sleep in Othello," *Journal of Clinical Sleep Medicine* 5, no. 3 (2009) :280-81.

9. S. Diekelmann et al., "Sleep Loss Produces False Memories," *PLoS One* 3, no. 10 (2008): e3512.

10. S. Frenda et al., "Sleep Deprivation and False Memories," *Psychological Science* 25, no. 9 (2014): 1674.81; J. C. Lo et al., "Sleep Deprivation Increases Formation of False Memory," *Journal of Sleep Research* 25 (2016): 673-82.

11. J. A. Hausser et al., "Sleep Deprivation and Advice Taking," *Scientific Reports* 6 (2016): 24386.

12. See, for instance, E. F. Loftus and K. Ketcham, *Witness for the Defense: The Accused, the Eyewitness, and the Expert Who Puts Memory on Trial* (New York: St. Martin's, 1991).

13. S. Frenda et al., "Sleep Deprivation and False Confessions," *PNAS* 113, no. 8 (2016): 2047.50.

14. C. Walsh et al., "Weaker Circadian Activity Rhythms Are Associated with Poorer Executive Function in Older Women," Sleep, December 1, 2014, 2009.16; T. Endo, D. Kripke, and S. Ancoli-Israel, "Wake Up Time, Light, and Mood in a Population Sample Age 40.64 Years," *Psychiatry Investigation* 12, no. 2 (April 2015): 177-82.

15. A. Huhne, D. Welsh, and D. Landgraf, "Prospects for Circadian Treatment of Mood Disorders," *Annals of Medicine* 50, no. 8 (December 2018): 637-54; L. Friedman et al., "Brief Morning Light Treatment for Sleep/Wake Disturbances in Older Memory-Impaired Individuals and Their Caregivers," *Sleep Medicine* 13, no. 5 (May 2012): 546-49.

16. I. Pavlov, *Lectures on Conditioned Reflexes, vol. 2, Conditioned Reflexes and Psychiatry*, trans. Horsley Gantt (New York: International, 1941), 26.

17. 여담으로 말하자면, 이 특수성 문제는 양면성이 있다. 처치의 대상 부위가 너무 광범위하면, 훨씬 더 많은 조직이 파괴되면서 더 많은 기능 장애를 일으킬 수 있다. 반면에 처치의 대상 부위를 너무 정밀하게 잡으면, 그 부위를 실수로 놓칠 수 있다. 현대 방사선종양학 종사자는 바로 이런 딜레마에 직면해 있다.

18. J. Delgado, *Physical Control of the Mind - Toward a Psychocivilized Society* (New York: Harper, 1971).

19. V. Mark and F. Ervin, *Violence and the Brain* (New York: Harper and Row, 1970).

20. J. Olds, "Pleasure Centers in the Brain," *Scientific American* 185 (1956): 105. 16.

21. R. G. Heath, "Electrical Self-Stimulation of the Brain in Man," *American Journal of Psychiatry* 120, no. 6 (1963): 571-77.

22. R. G. Heath, "Pleasure and Brain Activity in Man," Journal of Nervous Mental Disease 154, no. 1 (1972): 3-18.

23. R. G. Heath, quoted in L. Frank, *The Pleasure Shock: The Rise of Deep Brain Stimulation and Its Forgotten Inventor* (New York: Dutton, 2018), 142.

24. M. P. Dandekar et al., "Deep Brain Stimulation for Treatment-Resistant Depression: An Integrative Review of Preclinical and Clinical Findings and Translational Implications," *Molecular Psychiatry* 23, no. 5 (May 2018): 1094, 1112; Frank, *The Pleasure Shock*. 심각한 강박성 장애와 불안 장애를 치료하기 위해 DBS를 사용한다는 현대의 보고가 있었다. 예컨대, 다음 논문을 참고하기 바람. M. Synofzik, T. Schlaepfer, and J. Fins, "How Happy Is Too Happy? Euphoria, Neuroethics, and Deep Brain Stimulation of the Nucleus Accumbens," *AJOB Neuroscience* 3, no. 1 (2012): 30-36.

25. Margaret Thaler Singer with Janja Lalich, *Cults in Our Midst* (San Francisco: Josey-Bass, 1995), 114.

26. P. Cappellen et al., "Effects of Oxytocin Administration on Spirituality and Emotional Responses to Meditation," *Social Cognitive and Affective Neuroscience* 11, no. 10 (2016): 1579.87,; J. Jouret, "The Sport Hormone?" *Lancet Diabetes & Endocrinology*, August 1, 2013, S8.S9; M. Nagasawa et al., "Oxytocin-Gaze Positive Loop and the Coevolution of Human-Dog Bonds," *Science* 348, 6232 (2015): 333-36.

27. K. Carsten et al., "Oxytocin Promotes Human Ethnocentrism," *Proceedings of the National Academy of Science* 108, no. 4 (2011): 1262-66.

28. 바람이 엉뚱한 방향으로 부는 순간, 조지 헌터 화이트(George Hunter White)의 환각제 흡입 실험이 실패했다는 사실을 명심할 필요가 있다.

29. 애쉬는 어린 시절 유월절 만찬에 참석한 경험을 생각하는 동안에 아이디어가 떠올랐다고 말했다. 엘리야를 위해서 술을 한 잔 더 부었고, 일곱 살 솔로몬은 엘리야가 정말 올 것인지 물었다. 그러자 그의 삼촌은 "응, 그래. 그냥 지켜봐"하고 대답했고, 솔로몬은 잔에서 포도주가 약간 줄어드는 게 보였다고 생각했다. David Tout, "Obituary - Solomon Asch Is Dead at 88: A

Leading Social Psychologist," *New York Times*, February 29, 1996.

30. Singer and Lalich, *Cults in Our Midst*, 76.

31. S. Milgram, *Obedience to Authority: An Experimental View* (New York: Harper and Row, 1974).

32. V. Packard, *Hidden Persuaders* (New York: David McKay, 1957), 4.

33. 패커드는 시장의 쇠퇴를 우려한 자두 농부들이 판매 개선 방안을 파악하고자 동기부여 연구자들을 고용했다는 인상적인 말을 했다. 자두 농부들은 단어연상 검사를 통해 '자두(prune)'라는 단어에 긍정적인 의미가 없다는 것을 알게 됐다. 그것은 '늙은 하녀', '삐쩍 마른', '늙은이의 주름살투성이 얼굴', 검은 액체에 떠 있는 싸구려 완화제 등과 같은 대상을 연상시켰다. 패커드가 설명했듯이, 해결책은 자두의 '맛'을 이야기하고, 자두를 역동적인 젊은 사람들을 위한 멋진 과일이라는 점을 강조하는 밝은 색상의 광고를 이용하는 것이었다. (Packard, *Hidden Persuaders*, 136).

34. S. Matz, M. Kosinski, G. Nave, and D. Stillwell, "Psychological Targeting as an Effective Approach to Digital Mass Persuasion," *PNAS* 114, no. 48 (2017): 12714-19.

35. 순간노출기는 이미지를 너무 빨리 투영하기 때문에 사람들은 그 이미지를 의식적으로 인식할 수 없다. 많은 사람들이 광고에 이미지를 투영해 시청자에게 영향을 미치는 그와 같은 장치가 이용될 수 있다고 우려했다. 잠재의식 광고는 의도적이고, 체계적이며, 표적 대상이 광고 사실을 알지 못하기 때문에 위협적이다. 사실 순간노출기를 매개로 한 광고는 그처럼 작은 효과를 보이기 때문에 세뇌에 효과적인 도구는 아니다. 예컨대, 다음 논문을 참고하기 바람. C. Trappey, "A Meta-analysis of Consumer Choice and Subliminal Advertising," *Psychology and Marketing* 13, no. 5 (1996): 517.30; and William M. O'Barr, "Subliminal Advertising," *Advertising & Society Review* 13, no. 4 (2013), https://muse.jhu.edu/article/193862. 그럼에도 불구하고 일부 사람들은 광고에 숨겨진 가슴과 성기 이미지, 즉 시청자들을 흥분시키고 고객이 회사의 제품을 성과 연결하도록 설득하는 메시지가 있다고 확신한다. 이는 얇게 구운 옥수수빵인 토르티야에서 성모 마리아의 모습을 찾거나 구름 속에서 동물들을 보는 것과 같다. 이것은 검열관에게 돋보기로 모든 예술작품을 면밀히 조사해 반혁명적 내용을 찾으라고 했던 스탈린의 문학 및 출판 업무 감독을 떠올리게 한다. 다음 저작을 참고하기 바람. Yuri Slezkine, *The House of Government: A Saga of the Russian Revolution* (Princeton: Princeton University Press, 2017), 818. 인터넷은 설득을 위해 순간노출기를 필요로 하지 않는다.

36. N. Cousins, "Smudging the Unconscious," *Saturday Review*, October 5, 1957, 20.

37. A. Bandura, D. Ross, and S. A. Ross, "Transmission of Aggression through the Imitation of Aggressive Models," *Journal of Abnormal and Social Psychology* 63, no. 3 (1961): 575-82.

38. 예컨대 다음 글을 참고하기 바람. "Boy Who Tried to Fly 'Like Superman' Dies," *New York Times*, February 12, 1979; and "5-Year-Old Dies After Falling from 10th Floor while Pretending to be Superman," January 13, 2019, https://www.news24.com/World/News/5-year-old-dies-after-falling-from-10th-floor-20190113.

39. American Psychiatric Association, "Suicide Deaths, Calls to Hotlines In creased Dramatically Following Robin Williams' 2014 Suicide," *Psychiatric News Alert*, May 1, 2019.

40. Serah Wanza, "Countries That Drink the Most Gin," World Atlas, May 16, 2018, https://www.worldatlas.com/articles/countries-that-drink-the-most-gin.html.

41. 비슷한 이야기를 새로 도입된 다른 중독물질(예컨대, 신세계에 들어온 알코올, 중국에 전파된 아편)에 대해서도 할 수 있다. 이런 경우 사람들은 새로운 북극성을 중심으로 삶의 방향을 강박적으로 바꾸며, 실제로 자신을 파괴하고 있는 것으로부터 위안을 찾고, 불꽃 주위를 맴도는 나방처럼 강박적으로 약물 주위를 맴돈다.

42. L. M. Maruschak, "DWI Offenders under Correctional Supervision," Bureau of Justice Statistics, June 1999, https://www.bjs.gov/content/pub/ascii/dwiocs.txt. 유사한 연구 결과를 보고한 최신 분석을 살펴보고 싶다면, 다음을 참고하기 바람. Office of Behavioral Safety Research, Traffic Safety Facts Research Note, "Results of the 2013.2014 National Roadside Survey of Alcohol and Drug Use by Drivers," DOT HS 812 118, February 2015, https://www.nhtsa.gov/behavioral-research/2013-14-national-roadside-study-alcohol-and-drug-use-drivers. 음주운전은 감소했지만, 여전히 매우 일반적인 문제로 존재하고 있다. 2010년, 미국에서 음주운전으로 체포된 사람은 140만 명에 이른다. M. Chambers, M. Liu, and C. Moore, "Drunk Driving by the Numbers," Bureau of Transportation Statistics, 2017, https://www.bts.gov/archive/publications/by-the-numbers/drunk_driving/index.

43. H. Cash et al., "Internet Addiction: A Brief Summary of Research and Practice," *Current Psychiatry Reviews*. 8, no. 4 (November 2012): 292-98.

44. 예컨대 다음을 참고하기 바람. the Brookings Report "How to Combat Fake News and Disinformation," December 18, 2017, https://www.brookings.edu/research/how-to-combat-fake-news-and-disinformation/.

45. S. Vosoughi, D. Roy, and S. Aral, "The Spread of True and False News Online," *Science* 359 (2018): 1146-51.

46. Callum Borchers, "A Harsh Truth about Fake News: Some People Are Super Gullible," *Washington Post*, December 5, 2016.

47. Catherine Rampell, "Americans - Especially but Not Exclusively Trump Voters - Believe Crazy, Wrong Things," Washington Post, December 28, 2016. 다음 글을 참고하기 바람. K. Frankovic, "Belief in Conspiracies Largely Depends on Political Identity," YouGov, December 27, 2016, https://today.yougov.com/topics/politics/articles-reports/2016/12/27/belief-conspiracies-largely-depends-political-iden.

48. 수천 년 전 투키디데스(기원전 460~400)는 확증 편향을 지적했다. "인간은 자신이 갈망하는 것을 헛된 희망에 맡기고, 마음에 들지 않는 것을 배제하는 데 절대적 이성을 사용하는 습관이 있다." Thucydides, *The Peloponnesian War*, trans. Richard Crawley, book IV, 108. 보다 최근엔 요기 베라(Yogi Berra)가 "믿지 않았다면 보지 못했을 것이다"라고 말했다.

49. G. King, J. Pan, and M. Roberts, "How the Chinese Government Fabricates Social Media Posts for Strategic Distraction, Not Engaged Argument," *American Political Science Review* 111, no. 3 (2017): 484-501. 중국만 트롤 농장을 이용한 것은 아니다. 필리핀, 터키, 러시아, 그리고 기타 많은 국가들도 자국을 홍보하거나 영웅적인 용병을 키우고자 그런 기관을 유독 많이 이용한다. 다음 글을 참고하기 바람. Shibani Mahtani and Regine Cabato, "Why Crafty Internet Trolls in the Philippines May Be Coming to a Website Near You," *Washington Post*, July 25, 2019, https://www.washingtonpost.com/world/asia_pacific/why-crafty-internet-trolls-in-the-philippines-may-be-coming-to-a-website-near-you/2019/07/25/c5d42ee2.5c53.11e9.98d4.844088d135f2_story.html. 다음 글도 참고하기 바람. Fruzsina Eordogh, "The

Russian Troll Army Isn't the Only One We Need to Worry About," *Forbes*, April 11, 2018, https://www.forbes.com/sites/fruzsinaeordogh/2018/04/11/the-russian-troll-army-isnt-the-only-one-we-need-to-worry-about/#2d2446602334.

50. U.S. Senate, Report of the Select Committee on Intelligence, Russian Active Measures Campaigns and Interference in the 2016 U.S. Election, 116th Cong., 1st sess. 1:5.

51. Jane Mayer, "How Russia Helped Swing the Election for Trump," *New Yorker*, September 24, 2018.

52. U.S. Department of Justice, *Report on the Investigation of Russian interference in the 2016 Presidential Election* (Washington, DC, 2019), https://www.justice.gov/storage/report.pdf.

53. P. Beinart, "The U.S. Needs to Face Up to Its Long History of Election Meddling," *Atlantic*, July 22, 2018.

54. Jason LeMiere, "Who Is Michelle Carter? Verdict Reached in Texting Suicide Trial Involving Death of Conrad Roy III," *Newsweek*, June 16, 2017, https://www.newsweek.com/michelle-carter-verdict-conrad-roy-626649.

55. Dalton Main, "'Such Unusual Circumstances': Here's What Michelle Carter's Appeal Hinges On," *Boston25 News*, updated July 8, 2019, https://www.boston25news.com/news/-such-unusual-circumstances-here-s-what-michelle-carter-s-appeal-hinges-on/846074193.

56. Joey Garrison, "Former Boston College Student Charged in Suicide Death of Boyfriend, Echoing Michelle Carter Case," *USA Today*, October 28, 2019, https://www.usatoday.com/story/news/nation/2019/10/28/former-boston-college-student-charged-suicide-death-boyfriend/2484454001/.

57. Mark Pratt, "Woman in 'Total Control' of Boyfriend Charged in His Suicide," Associated Press, October 28, 2019.

58. L. Coviello, Y. Sohn, A. Kramer, C. Marlow, M. Franceschetti, N. Christakis, and J. Fowler, "Detecting Emotional Contagion in Massive Social Networks," *PLOS One* 9, no. 3 (March 2014): e90315; R. Bond, C. Fariss, J. Jones, A. Kramer, C. Marlow, J. Settle, and J. Fowler, "A 61-Million-Person Experiment in Social Influence and Political Mobilization," *Nature*, September 13, 2012, 295–98.

59. William Shakespeare, *Henry IV*, Part 2, Induction.

60. C. Paul and M. Matthews, "The Russian 'Firehose of Falsehood' Propaganda Model," RAND Corporation Perspectives, 2016, https://www.rand .org/pubs/perspectives/PE198.html.

61. Plato, *The Republic*, chapter IX.

후기

1. 예컨대, 다음 저작을 참고하기 바람. D. Seed, *Brainwashing: The Fictions of Mind Control - A Study of Novels and Films since World War II* (Kent: Kent State University Press, 2004).

2. George Orwell, *1984* (1949; repr. in ebook edition, Columbus, OH: Biblios, 2017), part 3, chapter 3.

3. H. G. Wells, "What This World Might Be Were Men United in a Common Peace and Justice," in *Outline of History: Being a Plain History of Life and Mankind* (New York: Macmillan, 1920), 2:594.

찾아보기

세뇌의 역사

2024년 8월 18일 1판 1쇄 발행
2024년 9월 9일 1판 2쇄 발행

지은이   조엘 딤스데일
옮긴이   임종기
펴낸곳   에이도스출판사
출판신고   제2023-000068호
주소   서울시 은평구 수색로 200
팩스   0303-3444-4479
이메일   eidospub.co@gmail.com
페이스북   facebook.com/eidospublishing
인스타그램   instagram.com/eidos_book
블로그   https://eidospub.blog.me/
표지 디자인 공중정원
본문 디자인 개밥바라기

ISBN   979-11-85415-72-7 93180